川大學哲學系儒家哲學合集

明礴四集

曾海軍　主編

華夏出版社

HUAXIA PUBLISHING HOUSE

2013 年度國家社會科學基金西部項目
"禮記儒家通論十篇研讀"（13XZX015）之中期成果

目 录

前　言

　　中國哲學前推諸子，後重宋明，自上世紀初以來，已經走過了上百年的歷程，這期間顯得既艱難、曲折又古怪、乖張。諸子思想紛呈，宋明觀念迭起，這正是哲學之最愛。自哲學傳入中土之日起，現代學人們左手持範疇、右手握邏輯，身穿理性主體、腳踏自由民主，在中國思想史上指指點點，也算是處處留下了刀斧之工，惟獨對於經學則避之惟恐不及。這上百年的哲學工作，說到底都是在爲他人做嫁衣裳。要讓中國哲學回歸本位，必須得回到兩千多年的經學傳統當中。中國哲學是時候該遭遇經學了，而遭遇經學的頭等大事，就是如何重新來認經識聖。

　　經書或聖人之所以如此難以獲得哲學的首肯，是出於一種哲學與神學判然二分的西學視域，自以爲神聖經學的東西自有神學來收攝，而與哲學絕不相干。同時，啟蒙理性的大行也將所有神聖之處歸於神秘範疇，而與理性絕不相涉。明白了這其中的緣故，則祇要能破除哲學與宗教之迥然二分的啟蒙魔咒，哲學與經學便不難親密接觸。中國哲學一旦進至以聖人和經書爲前提的經學傳統當中，先前那種屑屑無爲的哲學面貌將大可改觀。中國經學以通經致用爲旨歸，始終不離民族大義與百姓福祉，這正是西方哲學所缺失的眼光與胸懷。不過，經書或聖人似乎是哲學所難以跨越的門檻，經不可疑、聖不可瀆的品格，顯得與哲學的理性精神如此格格不入。如果哲學真衹能是這副德性，則正可以通過經學來豐富它的形象。認經識聖非但不會妨礙中國哲學的致思，反而會使得中國哲學獲得牢靠的思想空間，並且成就出其之所以爲中國哲學的根本所在。中國哲學依此終於可以知道真正要幹什麼了。

　　本冊論文集收錄的所有文章，都可以視爲在不同程度或層面上做認經識聖的工作。《關雎教怡疏義》和《〈禮記·學記〉研讀》（上）屬於直接對經書做疏解，《皮錫瑞〈孝經鄭注疏〉的學術與政治》是對經注的研究，而《六經之所由作》一文則對聖人與六經之間的關係做了卓越的闡明。在該文中，丁紀通過對王史與國史的區分，認爲《易》《書》《禮》《樂》《詩》作爲王史，其事爲王者之事，其文爲王史之文，其義即事也；晋之《乘》、楚之《檮杌》、魯之《春秋》作爲國史，其事爲霸者之事，其文爲國史之文，其義則付諸闕如。因此，與孔子筆削五經不一樣，其作《春秋》是要"竊取其義"，使得原本不在其義中的其史、其文獲得了與其義的重新統一。這一"竊取其義"的工作意義非凡，一方面使得"王道理想乃由此而寄寓於一套霸者的事爲、文爲之中以期表而出之"，另一方面，也使得其義"獲得一種真正的普遍性、獨立性"成爲了可能。如此一來，聖人與六經之間的關係以從未有過的清晰面貌呈現出來，丁紀的這一闡明亦可謂突破了今、古文經學的視野：以上五經爲王者親作而孔子"述"之，孔子之前的五經便不再是今文經眼中的史籍；以《春秋》爲國史之文而孔子親"作"，刪削六經的孔子亦不再是古文經眼中的整理者。這是一次認經識聖的典範性工作。

　　除了經書或聖人，儒家的一些核心價值，也常常被哲學過濾之後顯得無足輕重。如何避免哲學對儒家價值的這種不恰當的打量，恐怕正需要自儒家的價值立場出發，追索一條更爲豐富的哲學之途。編者曾在研究生課堂上以"惻隱之心"爲主題，講授了如何重新展開對"惻隱之心"的致思方式。這次講授在一些同學那裡獲得了某種共鳴，並激發了他們的思考。本集中的"'惻隱之心'專題"所收錄的三篇論文，拙文《"惻隱之心"的哲學之途》便是在此次講義的基礎上寫作而成，另外兩篇《論惻隱之心的超越性意義》和《真實與惻隱》，則是由課堂上的同學改編自其所提交的課業論文。三篇論文相互發明，固然是在加深對“惻隱之心”的理解，卻未必不是在改變對哲學的理解。

　　本論文集除了收錄這種具有某種學術規範性的論文之外，仍然延續了過往幾集形式多樣的特色。兩篇劄記文字無不是在肯認經書和體貼聖人，其間所表達出相當深切而又明著的精彩致思，正說明經書或聖人不是在束縛思想，而是在成就思想。“儒家經典研習營專題”中的兩篇文字，是今年暑期在賀麟故居開辦第三期儒家經典研習營之後所產生的。一篇是參與師生之間的學術交流討論稿，一篇主要是參與同學的生活隨筆文字。兩篇文字相互觀照，回憶那青年學子們在經典中體會聖人之意的日子便顯得相當飽滿。

曾海軍謹識
癸巳年冬月初十於文星花園

六經之所由作

丁　紀

　　六經當然是人類文明所可能有的最好的東西，此固不特於中國文明以言之。過去的學者所以專以中國言，是在夷夏之辨極爲明定的前提下說的，而非在夷狄有君、諸夏之亡①的意義上說。在夷夏之辨的意義上說，則中國實等同於文明本身，或至少是全體人類文明的引領者。

　　聖人既作六經，又當然就可以說人文以成、文明以止②，也可以說“天地位焉，萬物育焉”③的。這個人類文明最好的東西，其實就使一切東西的好好壞壞，從其最終的判別準則上，獲一根本之底定。

　　至於言六經之所由作，在聖人，一面衹是言其本分，則自自然然，大段不費力氣；另一面，所謂删《詩》、叙《書》、訂《禮》、正《樂》、贊《易》、作《春秋》，其事甚繁，其大則措畫天地、賓客萬象，研窮幽微以肇端立極，其小則雖一義之斷、一名之命，靡不講究，精當嚴實至使“游、夏不能贊一詞”④，則聖人之作六經，又實在是一項艱苦卓絶的大工程。

---

① 《論語》總章四五。
② 《易·賁》象辭。
③ 《中庸》首章。
④ 《史記·孔子世家》。

　　今學者讀經，倘知道理祇是一個、人心祇是一個，則亦自知六經祇是一個，如"《詩經》祇是詩體的書經，《尚書》祇是書體的詩經"① 而已。既如此，則直入其裏，遵其道、會其旨可也，他亦可以不論。但若"行有餘力"，於"學文"之事②又不肯任之荒疏，則如六經成書之始末來由、系統內部之肌理條次等問題，就須正視而肯下工夫予以說明，此於理會經義亦必有所助益。

　　讀《論語》，如這樣一些章節："加我數年，五十以學易，可以無大過矣"③、"子所雅言，詩、書、執禮，皆雅言也"④、"吾自衛反魯，然後樂正，雅、頌各得其所"⑤ 等等，皆流露聖人所以作經之端倪，可以詳玩。

　　又例之以《四書》引《詩》：如，《論語》引逸詩"唐棣之華，偏其反而；豈不爾思，室是遠而"，夫子曰："未之思也。夫何遠之有！"⑥《大學》引《詩·小雅·綿蠻》"緡蠻黃鳥，止於丘隅"，夫子曰："于止，知其所止。可以人而不如鳥乎！"⑦《中庸》引《詩·大雅·皇矣》"予懷明德，不大聲以色"，夫子曰："聲色之于以化民，末也。"⑧《孟子》引《詩·大雅·烝民》"天生烝民，有物有則。民之秉夷，好是懿德"，夫子曰："爲此詩者，其知道乎！故有物必有則，民之秉夷也，故好是懿德。"⑨ 凡此，固夫子爲學者立一論經、解經之明法，然又孰謂不得即此以見夫子之作六經而所以行乎去取者哉？

---

　　① 丁紀《短章集·什麼是經典》，收入《切磋三集》，華夏出版社 2013 年版。
　　② 《論語》總章六。
　　③ 《論語》總章一六三。
　　④ 《論語》總章一六四。
　　⑤ 《論語》總章二一九。
　　⑥ 《論語》總章二三五。
　　⑦ 《大學》傳之三章。
　　⑧ 《中庸》章三三。
　　⑨ 《孟子》總章一四六。此類尚有，如《孟子》總章二七引《詩·豳風·鴟鴞》之句，夫子曰"爲此詩者，其知道乎"云云，此不一一枚舉。而若與詩序及歷代詩解對觀，或亦將有見。

　　然總論六經之所由作，實屬甚大甚難之事，或可俟諸將來。而六經序列，別有關竅，此自《孟子》論《春秋》之所由作兩章稍可以見之。

　　《孟子》總章六〇曰：

　　　　……世衰道微，邪說暴行有作，臣弒其君者有之，子弒其父者有之。孔子懼，作《春秋》。《春秋》，天子之事也。是故孔子曰："知我者，其惟《春秋》乎！罪我者，其惟《春秋》乎！"……孔子成《春秋》而亂臣賊子懼……

　　《孟子》總章一一〇曰：

　　　　王者之迹熄而《詩》亡，《詩》亡然後《春秋》作。晋之乘、楚之檮杌、魯之春秋，一也。其事則齊桓、晋文；其文則史；孔子曰："其義則丘竊取之矣。"

　　此兩章，雖似僅涉《詩經》與《春秋》，於六經全體，實頗泄漏消息，其意蓋有足多者。

　　晋乘、楚檮杌、魯春秋所以謂之"一也"，一指其皆可以"其事""其文""其義"三分言之，一亦可以將三方面一一言之而各爲一種"一也"。如"其事"既爲"一也"、"其文"既爲"一也"，然"其義"之爲"一也"尚待孔子"竊取"之；若非孔子"竊取其義"，乘、檮杌、春秋三者顯然不可謂徑有之，然雖無有，亦一皆無有而猶得謂之"一也"。以"其事""其文""其義"三分言之，又不但可施之於《春秋》，實可一律之於六經全體。以下即從這樣的角度，對一些重要意味稍詳說明之。

一、自"其事""其文"看所謂"一也"

　　晋乘、楚檮杌、魯春秋三者，所以謂之"一也"，朱子曰："古者列國皆有史官，掌記時事。"① 此蓋自史官制度一端以言之也。三者所以爲"一也"，一言以蔽之，皆國史也。至於分而言"其事""其文"，"其事則齊桓、晉文"，國史所載，不過如齊桓公、晉文公等當世人物之行事也，"其文則史"，史官所以具載成文，若以文字、文獻爲當時人物做一種寫照留真也，故自"其事""其文"方面分而言之，三者亦無二致，謂之"一也"亦自可矣。

　　然此三者之間的這個"一也"，上而准之於《詩經》不亡、"王者之迹"不熄之時，實已發生一種嚴重的"不一"。

　　所謂《詩經》不亡、"王者之迹"不熄之時，以制度言之，列國固已各有記事之史官，然天下史職，實總於王史氏，即有王官之史者以總成王史也。此制度方面"王史"對於"國史"之"不一"也。王史而自"其事""其文"兩面言："其文"雖皆史也，然王史甚寬大，《易》《書》《禮》《樂》《詩》等皆屬之②；國史則專，乘、檮杌以及魯春秋，實與後出之《國語》《國策》一類等，非真足與王史比也。此"其文"方面"王史"對於"國史"之"不一"。至於"其事"方面對比尤重要，《詩經》以上，"其事"乃非齊桓、晉文，而爲"王者之迹"也。迹，事而已，今所謂"事迹"是也③。故"王者之迹"，言王者之事也。如，在《易》則伏羲、文王之事，在《書》則堯、舜、禹、湯之事，在《禮》《樂》則周公、成王之事，在《詩》則文、武、周、召之事，凡此皆王者之事也。故"其事"方面，更有著"王者之迹"對於齊桓、晉文之事之"不一"。又

---

　　① 朱子《集注》。本文下引朱子語，非有明注者，皆出此。
　　② 《文中子·王道》，條三："子謂薛收曰：'昔聖人述史三焉：其述《書》也，帝王之製備矣，故索焉而皆獲；其述《詩》也，興衰之由顯，故究焉而皆得；其述《春秋》也，邪正之迹明，故考焉而皆當。此三者，同出於史而不可雜也，故聖人分焉。'"可參見。
　　③ 朱子所以無解者，蓋以其義爲顯然也。程樹德、楊伯峻皆引朱駿聲之說而以其爲然，謂"迹"乃"迂"之誤，解作道人。此說專於制度，備爲參考亦可矣；然用其說，恐於"熄"字上無著落，於文義未必無礙。"熄"如"爝火息"之"息"，日月不出，爝火猶熄，此夫子所以曰"久矣吾不復夢見周公"（《論語》總章一五二）。

《易》既爲伏羲、文王之事，亦即爲伏羲、文王之書；《書》既爲堯、舜、禹、湯之事，亦即爲堯、舜、禹、湯之書；《禮》《樂》既爲周公、成王之事，亦即爲周公、成王之書；《詩》既爲文、武、周、召之事，亦即爲文、武、周、召之書。此其意乃曰：王者不以史文之事假手於人，而即以之爲王者之大事也，故王史之文，無非王者親爲之，演《易》則親自演之，修《書》則親自修之，制《禮》《樂》則親自制之，頒《詩經》則親自頒之，既成於王者，然後付諸王史，以專典守；列國之史則不然，諸侯一惟責成於史官而已，故雖齊桓、晉文之事，不得即謂之齊桓、晉文之書也。一爲典藏之史，一爲具載之史，此“其文”方面“王史”對於“國史”又一“不一”也。

而“王者之迹”，其間也存在著一個“一也”的關係。如孟子論夏以貢、殷以助、周以徹，謂之“其實皆什一也”①；若統而論之，此固亦可曰：夏之禹、殷之湯、周之文武，“其實一也”。這個所謂“一也”，乃由千聖一揆、易地皆然所保證。自伏羲、堯、舜以至於周公、成王，王者之迹蓋屢見之，所以這個“一也”亦始終爲不斷；然自成康之後迄於平王東遷，更延而至於孔子所處之世，王者之迹不復得見，此所以謂“王者之迹熄”，然後《詩經》乃亡、《春秋》乃作。

則我所謂嚴重的“不一”，發生於晉乘、楚檮杌、魯春秋之所謂“一也”，與“王者之迹”之“一也”之間。依孟子所論，這個“不一”，乃是王者之事與霸者之事的“不一”。孟子曰：“五霸者，三王之罪人也。”② 齊桓、晉文之事，霸者之事也。以霸者之事而謂之“一也”，則又可知不限於晉、楚、魯三國而已，設如更有所謂“齊志”“燕春秋”乃至“百國春秋”之類，其對於此“一也”者，亦無一有所例外也。蓋王道既熄，普天之下入此霸道之世，此非或晉或楚一數國爲然；既非偶然一數國爲然，僅就“其事”與“其文”言，當世竟無可覓“王者之迹”處！此所以孔孟周游，非複以際遇王者

① 《孟子》總章四九。
② 《孟子》總章一六七。

爲意矣。

故就"其事""其文"的角度上看，要從這個"一也"處看出另有一個"一也"在，又要看出兩個"一也"之間有著絕大之"不一"，然後不得不說，這裏出現了一種巨大的"歷史斷代"，有一種時代的截斷感、撕裂感存乎其間。《春秋》之作，乃是在一種歷史時代斷裂的事情發生過後完成的。

二、自"其義"看所謂"一也"

名義上言之，有"其事""其文"者得與有"其義"焉；然非夫子"竊取之"，則若晉乘、楚檮杌、魯春秋等，實皆可以"無義"視之①。有"其事"，祇得爲"無義"之事而已；有"其文"，祇得爲"無義"之文而已；一皆如所謂"春秋無義戰"②之爲"無義"也。蓋霸者之事，祇有逞力使詐而已，豈復知有義？

故孔子作《春秋》，在巨大的歷史斷代之餘，所作猶足與《易》《書》《禮》《樂》《詩》等上而并之爲六，其由純在於夫子之"竊取其義"，與夫魯春秋之地位品格等等大概可以謂之無關。其對於魯春秋，雖然承襲其迹，然非有絲毫取決於彼者。乘、檮杌與魯春秋既謂之"一也"，則若從乘、檮杌處去做"竊取其義"的事情，與從魯春秋這裏"竊取其義"，結果亦必爲"一也"而大體不差。故夫子雖即魯春秋而完成"作《春秋》"之事，若謂之祇肯爲魯春秋作一"善後書"，卻不肯爲乘、檮杌作一"善後書"，則非也；或若謂之乃出於系戀父母之邦而然者，亦非也。此處蓋用一點兒私意不得③！

---

① 萬斯大《學〈春秋〉隨筆》曰："諸史無義，而《春秋》有義也。"意即言此。焦循《孟子正義》總章一一〇引之，可參見。

② 《孟子》總章二二五。

③ 鄭樵《通志·總序》曰："乘、檮杌無善後之人，故其書不行。春秋得仲尼挽之於前，左氏推之於後，故其書與日月并傳；不然，則一卷事目，安能行于世？""與日月并傳"者，孔子之所作也；若魯之春秋，亦果然"一卷事目"而已，聖人或無意改乎此。鄭氏未能顯別二"春秋"，其說非是。

　　所謂"竊取"，取者，予也。所謂"其義"者，乃純由夫子賦予出來。然而夫子如何將"其義"賦予出來？楊伯峻將"其義則丘竊取之矣"解作："《詩》三百篇上寓褒善貶惡的大義，在《春秋》上便借用了。"① 謂"其義"乃自《詩經》來，與《詩經》以上諸經大義蓋爲"一也"之"義"，所說亦可謂不差。然此其語中，多見有不精細處。如，"其義"在《詩經》中，與其在《春秋》中，是否一樣爲一種"寓"之義（寓義）？如，褒貶善惡的"大義"，是否可由某處"借用"而得？此等處，關係皆非小小。

　　"其義"之於王者之事，乃是一個事即義也、義即事也，即事即義的關係。凡王者之所從事，赤骨便是顯義立教之事，別無須推尋②。故"其義"之在《詩經》以上諸經的"其事""其文"中，總是直下呈現，而非"寓"在那裏面的；反過來，《詩經》以上諸經的"其事""其文"，也全然不可以"其義"之"寓言"視之，蓋其對於此義，無往而非質以言之、直以言之也。《詩經》以上諸經，大概於《易》之象與義之間、《詩》除二南以外之十三國風，尚可謂有些子"寓"的意思在，其餘則無矣。前謂王史之文，乃王者所自作；王者亦非專以作文爲一事也，祇從事於王者之所當爲，其事自然顯義，其事自然成文。故其於文也，又不但不假於人手，己亦無所事事也。則自王者之事言，"其事""其文""其義"三者祇是權分，此亦可謂之"其實一也"。當"其事""其文""其義"關係如此，而欲有所刪述撰作，其功必不在於如何"竊取其義"，惟"述而不作"則可矣。由此可見，夫子之於《易》《書》《禮》《樂》《詩》，皆非有所"竊取其義"也，惟於《春秋》則然。

　　然以"述而不作"言此，一個"述"字，亦須同時見得裏面有

---

　　① 楊伯峻《孟子譯注》，頁177，中華書局2010年版。
　　② 由此，讀經之法亦當大不同於讀子，亦不同於今之讀思想書、哲學書也。後之類，須下推尋，故特尚理性；讀經則須是情理并用、身心交至，然後可以得益。如程子尚以義理養心之與威儀辭讓等養身體血脉二者相脱節爲憾（《遺書》卷二上，條六四等），亦可見後世學問滅裂之象。惟於經，則自養其身，心無所不得其深；自養其情，理亦無所不得其明矣。

"作"與"不作"兩種意思在，正如"易"字同時含有"易"與"不易"兩種意思者然。"述"乃"不作而作""'不做作'之作"；亦即，不是真不要"作"，而是要一個去盡"做作之意"的"作"，是如毋意必固我"絕四"①之後的"作"。若一味祇是不要"作"，則說個"述"字已了，何必又拈出一個"不作"出來說？"述"便是"作"，然而不是"做作"之"作"，乃是個"不作之作"。人若執死"不作"一面意思到底，使"作"字意思全然無從著落，於"述"之義終難明白，其至將有廢聖功之虞。聖人何不有作？聖人不作，天地之間無六經。天地何不有作？天地不作，六合之內無萬物。惟天地作而不有，聖人作而不居。不有、不居，所謂"天何言哉""予欲無言"②，故民"無能名焉"③"無得而稱焉"④；有而居之，則天地一物而已，聖人一器而已。有所做作之"作"，祇是泛泛匠作所以作成諸般器物之法，道成天地、聖人成經豈法乎此哉！

"述而不作"，於《詩經》以上諸經見"不作"的意思多，於《春秋》則見"作"的意思多，孟子故曰孔子"作《春秋》"也。"作《春秋》"，亦是"作"，亦是"不作"，由此所以爲"述"；然其所"述"，又非魯春秋也，全在"竊取其義"。自"王者之迹熄"到齊桓、晋文霸者之事一統無餘，時代斷裂所造成的，是"其事""其文"的"無義"化，亦即是"其事""其文""其義"三者關係從王者之事上的渾融相即，到霸者之事上"其事""其文"對於"其義"的嚴重偏離乃至根本背離。孔子當此霸者之世，即"其事"與"其文"，而重新演述諸經大義，這是從來王者未嘗爲之的事情。將"其義"重述於霸者的一套"其事""其文"之中，與《詩經》以上諸經的一大變化，就是桓文"其事"與國史"其文"，盡成爲先聖先王"其義"的一套"寓言"，亦即，王道理想乃由此而寄寓於一套霸者

---

① 《論語》總章二〇九。
② 《論語》總章四五二。
③ 《論語》總章二〇三。
④ 《論語》總章一八五。

的事爲、文爲之中以期表而出之。這裏實隱伏一種極重大的危險，就是"寓言"的形式、外殼壓倒"其義"，"其義"在它完全不相即的"其事""其文"中徹底隱淪；另一個重大危險則是，"其事""其文"似得由"其義"進行一種自我粉飾，"以力假仁"[①] 以實現自我正當化辯護之伎倆似更得其便利。

　　但是，縱冒如此之風險，重述"其義"之舉依然爲正大、迫切，因而爲必要與值當的。這是因爲，一可以向慣於憑恃"時代因素"而生活的人們指出，他們對於"無義"之"其事""其文"的這一依恃態度，已落入到若何虛妄無根乃至背義的地步上去；二在於向"新時代"的人們指出，雖經如此巨大之時代跌宕，"其義"猶保持其全部的可能性而不失，以此之故，雖"其事""其文"皆成"無義"，亦未果爲弃絕而淪入萬劫不復，其既爲事也、文也，則亦未必不始終保有"其義"的轉化、實現之機；三亦在於，可以破除把"其義"僅僅歸諸王道時代的無論善意還是惡意的誤解，從而使"其義"獲得一種真正的普遍性、獨立性，不但將其解放於當前的"其事""其文"及其關係，亦解放於王者之事意義上的"其事""其文"及其關係，總使義以率事、義以率文，使"其義"對於"其事""其文"總得以保持根本的主動性。從最後這個意義上講，"竊取"之"取"，也可以直解如字，"其義"對於王者之事與文的主動性、獨立性地位的獲得，也有一種"擇取"乃至"抉離"的意味。

　　故自"其事""其文"的角度講，從王者之事到霸者之事，有一個"斷代"，其前其後，可以謂之已然發生了改天換地；然自"其義"的角度講，卻祇有一個"其義"，"其義"跨越巨大的歷史鴻溝而始終保持其自身爲"一也"的狀況。"其義"得以保持自身爲"一也"，不以王、霸之"不一"而改，則雖經天崩地解、縱然"山河大地都陷了"，一句"雖百世可知也"[②] 的意思終歸是要講出來的。

　　祇對《春秋》而言，"其義"乃"寓"在"其事""其文"之

---

① 《孟子》總章二六。
② 《論語》總章三九。

中，因而"其事""其文"都可以被看作"其義"的"寓言"，這是可以說的；但是，把孔子當如此之"其事""其文"而進行一種"竊取其義"的事情、而重述《詩經》以上諸經大義的做法，僅僅說成是一種"借用"，則絕對不可。就像是舜對於堯不可能是"借用"、禹對於舜不可能是"借用"、文武周公對於堯舜禹湯不可能是"借用"，孔子之對於堯舜禹湯文武周公同樣不可能是"借用"。凡由"借用"而得，這個"其義""大義"即落"第二義"。"其義""大義"要必爲"第一義"事，"第一義"事則必須第一等之作爲以待之，方不至於鑿空、旁落。所以孔子之"竊取其義"，當然是孔子之自出之，就像堯舜禹湯文武周公無一不是自出之一樣，朱子乃以"斷之在己"謂此也。自出以聖心，所以孔子的"竊取其義"，就像"天命之謂性"，乃是直接、無所假借援據地命於一切人、物，亦是如此直接、無所假借援據地演述或賦予"其義"；惟雖自出之，對其終不異於先聖先王，亦抱一份深切之洞明與自信而已，然後謂之有所"取"於先聖先王，則亦未必全無可說。

三、知我罪我，其惟《春秋》

孔子究系如何地自出之？程子有曰："《詩》、《書》、《易》言聖人之道備矣，何以複作《春秋》？蓋《春秋》，聖人之用也。《詩》、《書》、《易》如律，《春秋》如斷案；《詩》、《書》、《易》如藥方，《春秋》如治法。"[1] 又曰："《詩》、《書》，載道之文；《春秋》，聖人之用。《詩》、《書》如藥方，《春秋》如用藥治病。聖人之用，全在此書，所謂'不如載之行事深切著明'者也……"[2] 所謂"聖人之道""載道"者，皆言"其義"也；而"不如載之行事"之所謂"行事"者，則"其事""其文"之類是也。《詩》《書》《易》等之所以言道，自非"托之空言"，亦必載之古人之"行事"，然今人之

---

① 《外書》卷九，條一。
② 《遺書》卷二上，條四三。

不善會者，或至於"空其事""空其文"，或至於疑心古人之欺我；
惟今人之於今事、今文，往往不至亦以爲空，空則不空，然其實又往
往僅以爲有其事、有其文，更不知有義。所以即其不至於以爲空者而
漸使知有義，故此特於《春秋》而以"載之行事深切著明"言之也。

　　程子全從"聖人之用"上看《春秋》。"聖人之用"與其體，蓋
如王者之事與其義，皆不得兩而言之也。故所謂"聖人之用"者，
又不得以爲祇是對於既有之道與義的現成沿用乃至"借用"，即不得
以爲"聖人之用"乃對於"聖人之道"下一層之事情。然既以"載
之行事"爲其用，則一面的意思固是謂其據律以斷案、依方以施治；
另一面的意思，則已是律在案判之中、方在治法之中矣，所以，不可
以見案而不見律、見治而不見方。

　　一部《春秋》，自"王者之迹熄"以下二百四十二年，聚訟紛
紜、病狀顛倒，倘非孔子來斷、來治，久後世人或將以訟爲平、以病
爲常矣。然"必也，使無訟乎"，孔子之志，乃在《詩》《書》，苟得
周公其人而與之，更不須來做此"竊取其義"之事矣；來斷、來治，
乃所謂"聽訟，吾猶人也"①者也，因而可知，所謂"作《春秋》"，
實夫子之所不得已也。孔子不得其位，乃以平治天下之資，施以治六
經；故六經者，亦聖人當天下無道之"卷而懷之"②也。故於讀六
經，既須知作之者乃以經綸天地之德之才而爲此，所以綽綽而有餘
裕；而於讀《春秋》又不可不知，倘滿眼祇見"其事""其文"而不
見"其義"，是將孔子之《春秋》讀回至魯春秋去矣；惟又不可以指
望脫略"其事""其文"而突兀以見"其義"也，須即事見義、即文
見義，　如案上見律、治上見方者然。

　　聖人運用"其義"之"律"，來斷此無數"其事""其文"之陳
年積案者，孟子謂爲"天子之事"也。所以謂之"天子之事"，朱子
引胡氏曰："仲尼作《春秋》以寓王法，惇典、庸禮、命德、討罪，
其大要皆天子之事也。"（胡氏此處也使個"寓"字以言王法之在

　　① 《論語》總章二九〇。
　　② 《論語》總章三八四。

《春秋》）禮樂征伐皆當出自天子，所以其爲天子之事蓋無疑也。然惇典、庸禮之意，或以《書》《禮》最明且備；而命有德、討有罪，雖天子之專賞罰也，然天子所用爲旌表有德、誅罰有罪者，往往以臧否黜陟，而孔子不得與有進退二百四十二年人物之權限與可能。故《春秋》之於德罪善惡，非以賞罰，乃以褒貶，此亦古學者之所屢言，所謂《春秋》一字褒貶者也。如，文中子曰："昔者明王在上，賞罰其有差乎？《元經》褒貶，所以代賞罰者也。其以天下無主，而賞罰不明乎？"薛收曰："然則《春秋》之始周平、魯隱，其志亦若斯乎？"文中子曰："其然乎？而人莫之知也。"薛收曰："今乃知天下之治，聖人斯在上矣；天下之亂，聖人斯在下矣。聖人達而賞罰行，聖人窮而褒貶作。皇極所以複建，而斯文不喪也，不其深乎！"①賞罰明，則無事乎褒貶矣；由賞罰不明，乃須作此褒貶以"代"賞罰。自"其義"而言，褒貶之與賞罰，亦可謂之"一也"；然既曰"代"，代者，替也，其間亦有微別。蓋賞罰足屬當世，而褒貶則用以垂憲百代②，此孔子替天子行事，與天子之所自爲終有不同，而孔子之"賢于堯舜遠矣"③者亦在是也。

天子之事，天子何不自爲之？朱子曰："平王東遷，而政教號令不及于天下也。"天子失政，不得自爲，此所謂聖人不"達"、不得"在上"，故"天下無主"而賞罰不行，是非善惡皆不得其所也。天子不得爲，而孔子何得以爲之？以"竊取其義"，且尤自信於我之義蓋與先聖先王"一也"，此所謂聖人"窮"而"在下"，乃作此褒貶之經，以替天子行賞罰也。是非善惡失所，則爲素王也罷，不爲素王也罷，總須出之以此褒貶而爲天下一施手；其義既一，天生德於予，

---

① 《文中子·王道》，條八。
② 程子論謚法曰："刑罰雖嚴，可警于一時；爵賞雖重，不及于後世。惟美惡之謚一定，則榮辱之名不朽矣，故歷代聖君賢相，莫不持此以勵世風也。"（《文集》卷九，"伊川先生文五"，《爲家君上宰相書》，《二程集》，頁591）謚之義，蓋與《春秋》之褒貶也通。則孔子之"作《春秋》"，亦可謂爲二百四十二年人物一定其美惡之謚、榮辱之名而由以顯"其義"之不朽也。
③ 《孟子》總章二五。

則舍我其誰，於有天子也、無天子也亦奚以异？

　　然則孔子何以曰："知我者，其惟《春秋》乎！罪我者，其惟《春秋》乎？"朱子引胡氏曰："知孔子者，謂此書之作，遏人欲于橫流，存天理于既滅，爲後世慮，至深遠也；罪孔子者，以謂無其位而托二百四十二年南面之權，使亂臣賊子禁其欲而不得肆，則戚矣。"此專以後孔子之人而言之：知孔子者，後之有道君子也；罪孔子者，後之戚戚小人也。孟子曰："孔子成《春秋》而亂臣賊子懼。"亂臣賊子，其心固必以《春秋》大義爲礙，紛紛起而訾議之也，然孔子既曰"誰毀誰譽"①，孟子又曰"有不虞之譽，有求全之毀"②，此則何足以罪孔子而致孔子憂？妄人毀譽既非所計，道義所在，雖"違衆"③、"雖千萬人"④又在所不惜；且既知舍我其誰，雖"無其位而托二百四十二年之權"，亦非有所不自安矣。

　　孔子曰："知我者其天乎。"⑤又曰："獲罪于天，無所禱也。"⑥如孔子者，知我罪我存乎天，人亦如之何哉！孔子既以"獲罪于天"爲深憂，所以謂君子必須天命是畏⑦；惟我心坦蕩，可表日月，以天道之至公至明，豈不知我諒我？倘若不幸而更有餘辜，既獲罪於天，亦得罪於先聖先王，則惟明天子當位以正其罪而已，是則我幸也！故如孔子，不憚物議、不避違衆，惟恐得罪於天、得罪於聖王；其既褒貶於二百四十二年間以各當其德善、各當其罪惡，己若有德，非傲天幸，己若有罪，無所逃罪，將俟天罰。所以既曰"知我"，而更曰"罪我"者，愈見其必自信於清白無罪，而又見其道終將伸達於天地矣。如此其功其德，亦全然爲立乎天地之間、立乎萬世之後矣。我之"竊取其義"，以至不敢自信可以絕免乎尚有"罪我者"，然此豈若五

----

① 《論語》總章四〇二。
② 《孟子》總章八二。
③ 《論語》總章二〇八。
④ 《孟子》總章二五。
⑤ 《論語》總章三六八。
⑥ 《論語》總章五三。
⑦ 《論語》總章四二七。

霸之行事，一味昧乎大義而急乎事功，終而得罪於三王者哉？五霸，三王之罪人也以"其事"；我豈一是爲三王之罪人而以"其義"哉？

知我罪我惟在於《春秋》者，《詩經》以上諸經雖經我手，然我"述而不作"，故功我不居、罪我不有，全系之於先聖先王可也。《春秋》則我"作《春秋》"也，雖二百四十二年德罪善惡必須予以論定故我實有所不得已，雖"王者之迹熄"然"其義"却不得隨之而熄則我又有所不得已，此固屬可知可諒；終究置"其義"於一套霸者之事爲、文爲中，使得假借、緣飾之機，又使"其義"與王者之事、之文稍相"脫節"，或竟使人以爲倘得"其義"而可以稍懈怠於王道之重振乎？若此，則果"其惟《春秋》"而"罪我"可矣。以《詩經》以上諸經而言，無王須是無經，有則不過乘、檮杌之類而已；今有乘、檮杌之類而無王者，乃"作《春秋》"，於諸經之例而言，亦可謂從來王者所未嘗爲也。故《春秋》既可以謂之承《詩經》之後，又可謂乃於諸經之例中爲有開必先之舉。然謂之繼志乎？謂之亂例乎？亦惟天與王者取裁。

經過孔子的"竊取其義"，王者之事上"其事""其文"對於"其義"的相即相顯關係，被霸者之事上"其事""其文"對於"其義"的錯離隱寓關係所取代；類之於《論語》的一個表達，大致可曰，"始吾于人也，聽其言而信其行"如王者之事，"今吾于人也，聽其言而觀其行"如霸者之事，而變化的不得不然，適可以用"于桓文以及諸史與改是"① 說之。消極地看，這是一種理想完滿關係的脫節、破損；積極地看，則是"其義"根本上取得一種獨立、普遍之地位。這兩面意思，前皆已言之。此特自積極一面更複言之：當"其義"與王者之事、之文相融相即，其實也尚有某種意味隱伏著，可能發生出來，就是將"其義"僅僅當作王道事業所實現的一種特定結果而已，或者將王者之當位看作"其義"實現的一種先決條件。"其義"與王道自不相外，然將王道作爲實現"其義"的條件，甚至

① 《論語》總章一〇一。

有可能置"其義"於永無可能實現之境地；而對於"其義"的特殊化理解，又似謂僅有王化之中的人民對於"其義"纔抱有意願、負有義務，未蒙王化的人民竟得以無價值、無意義視之似的。"其義"的這種特殊化、有條件性，恰惟通過孔子之"竊取其義"，乃得以徹底融銷。由之，雖在一個無王的時代，乃至，雖在一種王道一往不復的永世歷史悲情之中，獨立、普遍的道義理想猶得爲一種根本、真實的理想，深深植根於凡有人心人性存在的地方，隨時保持其全部的價值和可能性，夫然而後，所謂"雖無文王猶興"① 云云乃得以言之，而人類文明最終的希望之火乃得以永續而不至澌滅。

四、"天不生仲尼，萬古如長夜"

據上所論，對於六經之所由作的問題，可以簡括言之：

六經之所以爲經，皆在於"其義"有一種不以王者之事、霸者之事之"不一"而改變的根本之"一也"。然六經之《易》《書》《禮》《樂》《詩》五者，"其事"爲王者之事、"其文"爲王史之文，得孔子"述而不作"之"不作"各得以爲經，此經之正例，故五者可以稱爲六經之"上五經"。王者之事以先後之序言，《禮》《樂》周公之書，不比《詩經》爲早；然以"王者之迹"言，《詩經》下迄周平，遂得以《詩經》爲"上五經"之末造，故以《春秋》爲承《詩經》之後，而曰"《詩》亡然後《春秋》作"也。"王者之迹熄"，經之正例不可複繼，故所謂"《詩》亡"者，亦即謂"上五經"俱亡也。如世爲"禮崩樂壞"之世，《禮》《樂》豈獨不亡乎？《春秋》不然，"其事"爲霸者之事、"其文"爲國史之文，得孔子"述而不作"之"作"，亦即"竊取其義"而後得以爲經，其於經義也無變，而其於經例也有變。故"上五經"，尚可以說爲先聖先王之經，乃至可以說其"皆史"（史必爲王史）之類；惟《春秋》，真"孔子之

---

① 《孟子》總章一八六。

經"也，朱子故曰"孔子之事，莫大于《春秋》"，《春秋》決不可以等視於史，無論王史、國史也。

故言六經，其中"上五經"爲一等，《春秋》自是一等。至若言七經，《論語》又自是一等，蓋是孔子身成之經也，與"上五經"、與《春秋》皆有不同。

一部《春秋》，既爲繼後，又爲開先。以繼百代之後而言，既昔列聖列王，得有孔子爲善終之"最後一人"，此孟子所以稱孔子爲"集大成"① 者也；以開萬世之先而言，將來有聖人複出，其必以孔子爲善始之"第一人"，蓋其破萬世之迷暗而爲亘古一人，儀封人所以曰"天下之無道也久矣，天將以夫子爲木鐸"② 也。唐之人曰"天不生仲尼，萬古如長夜"，蓋謂此也；元之人曰"先孔子而聖者，非孔子無以明；後孔子而聖者，非孔子無以法"，亦謂此也。

後之人對於"天不生仲尼，萬古如長夜"一語，往往祇從開先方面予以理解，此固屬可說③，蓋萬古以下得沾溉文明光耀，莫非自孔子所開出也。然此語實須同時從繼後一面看：微孔子，後之人敢謂孔子以上、上之萬古，人們皆生活在一種"原始社會""野蠻時代"而處乎所謂"前文明狀態"也，遂出一種"進步史觀"之自負，而對古人抱十分之簡慢；天生仲尼，照徹萬古，歷史迷暗一掃而空，後之人張眼望去，雖上古堯舜之世，宇內海晏風清，明明朗朗的，方知古昔之人，原來既已生活於聖人治下、王化之中矣，後人知乎此，惟欽惟羨而已。嘗見西人有言曰，文明從來都具有最古老的價值，而野

---

① 《孟子》總章一三二。孟子之意，"集大成"亦須兼終、始兩義言之。

② 《論語》總章六四。

③ 至如雖亦從開先一面言此，却又不以此爲然者，爲不足論。如明人李卓吾，謂孔子以前之人莫非白日行走須打燈，取爲笑謔。適見其狂悖複淺薄，其智何足論！今亦有作如此之論者，如陳平原竟指此十字爲"詩張而蹩脚的吹捧"（《假如沒有"文學史"……》，《讀書》2009 年第一期）！既見其人對於人性自覺，對於文明、文化精神之自覺爲根本欠缺；而此十字所以不脛而走，常誦於無知無識者之口，若非引動肝膽，必難至此，此輩自又屬莫名其妙。"天不生仲尼，萬古如長夜"，以修辭論，果"蹩脚"乎？以孔子之德論，果"誇張"乎？惜乎今之文學教授，雖窮其一生之力至死，或可以"著作等身"，必做不得此十字出來！

蠻根本上乃是一種後起的東西。誠如斯言！如王道、如"其義"，最爲古老；而如齊桓、晋文之事，更如後來秦政等等，其貌甚若"近現代化産物"者然。

癸巳三月

附記：

（一）本文由《中國哲學略講》"孔子與七經"一節敷衍成篇。文中之義，蓋自丙戌（2006 年）以來所屢言者也。

討論此類問題，漢儒那裏盡有資源可利用。漢儒亦盡有謹細人。然本文所以專從孟子處起論者，以漢儒所論，多屬漢學範圍內特有之問題，非必爲全部儒家學問或真正意義之經學（四書五經之學）當有以及自然而有之問題也。如《春秋》分傳，如今古文學分派，如公羊三世說等等，皆漢學中之大問題，然於透闢六經綱領、領會聖人精神命脉，皆非第一等事，而可謂尚差一著。三傳謂之各得《春秋》之一體可矣，要非《春秋》之"本體"；依本文所論，"上五經"當王者之事，《春秋》當霸者之事，而《論語》又可見聖人身處乎亂世而所以撥亂反正之機也，似也結成一種別樣之"三世說"，則稍出《春秋》之範圍矣；雖皆不能說便與《春秋》、與六經無關，待要看《春秋》、看六經時，又須別有事，非必循此門徑也。漢儒往往前見既定，格局執泥，又複師法叢生，百結莫解，人墜此五里霧中，望聖門猶恐愈遠，或致貽誤畢生。故要看大本統體時，宜從孟子以上人物著眼，則於漢學，要做一種"跳出三界外，不在五行中"的對待，而更著眼於各種漢學問題尚未發生以前之階段也。

（二）（四月初八又記）章實齋《校讎通義·漢志六藝》曰："六經之文，皆周公之舊典，以其出於官守而皆爲憲章，故述之而無所用作；以其官守失傳而師儒習業，故尊奉而稱經。聖人之徒，豈有私意標目，强配經名，以炫後人之耳目哉！故經之有六，著於《禮記》，標於《莊子》，損爲五而不可，增爲七而不能，所以爲常道也。至於《論語》、《孝經》、《爾雅》，則非六經之本體也；學者崇聖人之緒餘而尊以經名，其實皆傳體也（原注：非周公舊典、官司典常）。

可以與六經相表裏，而不可以與六經爲幷列也。蓋官司典常爲經，而師儒講習爲傳，其體判然有別；非謂聖人之書，有優有劣也。"

由章氏此論可見，其於"述而不作""集大成"之旨，皆可謂無所善會。而其所大可議者有二：一僅以"官司典常爲經"，既儳侚六經，尤不知雖"上五經"於官司典常以上須更有事，乃以爲經不必聖王，遂成於史家而已；二以《論語》爲"師儒講習"之作而歸之爲傳，如此，對於將孔子等倫於泛泛師儒之做法似予一口實矣。我意，歸《論語》爲傳，是將其視同《公》《左》之類也；人果欲將《論語》與六經區以別之，至做一傳看，則於今一切稱爲"傳"者，勢不得不另擬一名，以坊之僭。然則所謂"傳"之名，作爲《論語》特有之專名而一用之，抑亦可也；否則，《論語》上不得同於諸經，下不得同於列傳，將何以置之？

雖然，章氏明非不以孔子爲聖矣，明非以儒者之尊稱舊典憲章爲經爲有所私相標榜、眩惑後世矣，明非以經、傳之殊爲其義有優劣高下之等差而僅以爲體例有別而已矣。此皆關乎儒者底限之所在，白紙黑字，彰彰可辨，章氏之心，可厚誣哉！

今有人於此，讀章氏書，而將章氏之所不敢謂、不忍謂者皆謂其謂之，既謂章氏以孔子非聖，又謂章氏以經、傳分優劣，又謂章氏以儒者強配經名爲眩惑後世！

聞之大起憂憤，當時即指爲"喪心病狂"。三年學，對於聖賢之學當有基本之同情，其不然者，非失心乎？積學之餘，雖不自謂"清明在躬"，亦必不至於變本加厲、落井下石，其不然者，不得視爲染瘋疾之類乎？所以其言也厲，蓋不欲其以此道此學之罪人終矣。然竟不果改。惟道義所系，誠不敢得罪於聖人，故出此篇，拙見既望就正於大方君子，於彼妄思妄言者倘能聞風有悔，抑或稍戢其無忌憚之心，尤所願也。

皮錫瑞《孝經鄭注疏》的學術與政治[*]

陳壁生

　　有清光緒二十一年，即西元 1895 年 5 月，湖南善化皮錫瑞《孝經鄭注疏》成，同年刊刻，清代《孝經》學，至此可謂集其大成。自唐玄宗《孝經注》刊落典憲，以理說經，朱子分別經傳，錯落經文，元之吳澄、董鼎，皆沿其波，削經文而亂其序，弃典禮而用空言。及至清季，漢學大興，丁晏以《孝經》徵漢事，知非漢儒所僞作，阮福本邢疏作《疏補》，發明玄宗之舊義。而如桂文燦《孝經集證》、劉沅《孝經恒解》之類，咸有其得。然十三經之中，清人多有集大成之作，如陳奐之於《毛詩》，胡培翬之於《儀禮》，孫詒讓之於《周禮》，陳立之於《公羊》，焦循之於《孟子》，劉寶楠之於《論語》。而《孝經》新疏，至皮氏《孝經鄭注疏》出，方得媲美於他經。

一、經、注之定位

　　鄭玄《孝經注》久佚，清季輯佚者，不下十家，如朱彝尊《經義考》、王謨《漢魏遺書鈔》、余蕭客《古經解鈎沉》、陳鱣《涉聞梓舊》、袁鈞輯《鄭氏佚書》、孔廣林《通德遺書所見錄》、嚴可均《咫

---

　　[*] 本文爲 2010 年國家社科基金重大項目"中國經學史"（項目批准號 10&ZD058）子課題"孝經學簡史"的階段成果。

進齋叢書》、黃奭《漢學堂叢書》之中，皆有輯佚本。此外，臧庸有
《孝經鄭氏解》，潘任有《孝經鄭注考證》，孫季咸有《孝經鄭注附
音》，洪頤煊有《孝經鄭注補證》。① 其中，以嚴可均輯本爲備。皮疏
《序》云，輯佚諸本，"嚴鐵橋四錄堂本最爲完善。錫瑞從葉煥彬吏
部假得手鈔四錄堂本，博考群籍，信其確是鄭君之注，乃竭愚鈍，據
以作疏"②。

《孝經》鄭注，經出孔子，注自鄭玄，本無异議。皮錫瑞對這兩
條原則的捍衛，是其《孝經鄭注疏》的基本定位，而這兩條原則，
也成爲皮《疏》取材的基本依據。

對於《孝經》作者，《十三經注疏》本元行沖、邢昺疏文，認同
隋代劉炫的說法，以爲"《孝經》者，孔子身手所作，筆削所定，不
因曾子請問而隨宜答對也"③。是以"仲尼居，曾子侍"之類，皆非
當時之實錄，而爲孔子所虛擬之場景。皮錫瑞《疏》駁之云：

> 《鉤命決》引孔子曰："吾志在《春秋》，行在《孝經》。"
> 是《孝經》本夫子自作，而必假曾子爲言者，以其偏得孝名，
> 故以《孝經》屬之，《鉤命決》又引孔子曰"《春秋》屬商，
> 《孝經》屬參"是也。④

《三才章》："曾子曰：'甚哉，孝之大也。'"鄭注云："曾子乃
知孝之爲大。"皮錫瑞疏引邢疏并駁曰："鄭云曾子乃知孝之爲大，
則不必謂假曾子之嘆矣。"⑤ 也就是說，皮氏以爲，"仲尼居，曾子

---

① 民國時期，尚有龔向農輯本《孝經鄭氏注》、曹元弼《孝經鄭氏注箋釋》，而
敦煌出土經部文獻中也有鄭玄《孝經注》，陳鐵凡整理爲《孝經鄭氏注校證》。
② 皮錫瑞《孝經鄭注疏》，《師伏堂叢書》，光緒乙未刊本。
③ 林秀一《孝經述議復原に關する研究》，頁 78，文求堂 1953 年版。
④ 皮錫瑞《孝經鄭注疏》。
⑤ 皮錫瑞《孝經鄭注疏》。皮氏《六藝論疏證》於此微異，皮氏云："鄭君之
論，以爲孔子以六藝題目不同，故作《孝經》以總會之。邢疏與劉炫《述義》皆謂孔
子自作，與鄭義合。"（皮錫瑞《六藝論疏證》，《師伏堂叢書》，光緒乙未刊本）

侍"等孔子與曾子對話的場景不是虛擬,而是實錄,《孝經》之作,是孔子在居講堂,廣延生徒之時所講,因曾子偏得孝名,故獨言曾子而不言其他學生。孔子講《孝經》內容之後,由孔、曾寫定此經。《漢書·藝文志》據《七略》所云:"《孝經》者,孔子爲曾子陳孝道也。"① 其說與皮氏之見相合。

而對於鄭注,南齊自陸澄、唐代劉知幾疑注非出於鄭君,唐修《禮記·王制正義》因之,而皮《疏》一一申駁。劉知幾以爲鄭注非鄭玄,列十二驗,而皮錫瑞於"鄭氏解"之下疏文,對此十二驗加以反駁。以皮氏之見,鄭玄《孝經注》與他經鄭注有違異之處,不足以證明《孝經注》非出鄭玄,因爲鄭玄先習古文,後學今文,故注經有先後之別。皮《疏》序云:

> 鄭君先治今文,後治古文,《大唐新語》、《太平御覽》引鄭君《孝經序》云"避難于南城山",嚴鐵橋以爲避黨錮之難,是鄭君注《孝經》最早。其解社稷、明堂、大典禮,皆引《孝經緯·援神契》、《鉤命決》文。鄭所據《孝經》本今文,其注一用今文家說。後注《禮》箋《詩》,參用古文。②

《禮記·王制》鄭注言朝聘之法與《孝經》鄭注不同,孔疏云:"《孝經》之注多與鄭義乖異,儒者疑非鄭注。"皮錫瑞於《孝治章》"昔者明王之以孝治天下"疏駁云:

> 鄭君先治今文,後治古文,注《孝經》在先,用今文說,與《公羊》、《王制》相合,自可信據。注《禮》在後,惑于古文异說。……鄭注《禮》箋《詩》,前後違异甚多。孔疏執《禮注》疑《孝經注》,真一孔之見矣。③

---

① 班固《漢書·藝文志》,頁 1719,中華書局 2010 年版。
② 皮錫瑞《孝經鄭注疏》。
③ 皮錫瑞《孝經鄭注疏》。

此爲皮氏《孝經鄭注疏》之基本定位。皮氏一生學問，曰《尚書》學，曰鄭學，其治《尚書》，宗《大傳》，從今文說。其治鄭學，有反駁之語，蓋鄭玄早年尊經學，中歲以後崇古文，學術不盡一致，而其綜合百家，囊括大典，以使今古文二家之异說，合爲鄭氏一人之通途，則爲經學史一大轉折。皮錫瑞尊信今文，爲鄭玄諸佚書作注，於鄭氏可謂"愛恨交織"。《經學歷史》言："鄭君兼通今古文，溝合爲一，于是經生皆從鄭氏，不必更求各家。鄭學之盛在此，漢學之衰亦在此。"① 不由鄭注則不能知經學，全由鄭注則不能知今文，此皮氏之所以愛恨交織也，而在《經學歷史》《王制箋》中尤甚。

皮錫瑞認爲鄭玄的《孝經注》純用今文家說，與皮氏學問尤爲契合。而且，在皮錫瑞看來，今文家說即孔子之說。也就是說，《孝經》是孔子爲曾子陳述孝道的作品，而鄭玄的注，則是遵從兩漢今文家的立場，今文家的立場就是孔子的立場。由此，"經—注"獲得了統一性，而皮錫瑞的《疏》，正是在這種統一性的基礎上，延續這種統一性。

在皮錫瑞之前，廖平的《今古學考》以禮制平分今古，確立了經學今古文的區分標準，即在於禮制。因此，皮錫瑞《孝經鄭注疏》以典禮注經，其典禮即爲今文家說之典禮。在《孝經鄭注疏》中，皮錫瑞所徵引禮制，主要爲東漢今文十四博士議定之《白虎通義》、孔子所定之《禮記·王制》、傳孔子微言之緯書。皮氏於《白虎通義》，云其"爲曠世一見之典，《石渠議奏》今亡，僅略見於杜佑《通典》。《白虎通義》猶存四卷，集今學之大成。十四博士所傳，賴此一書稍窺崖略"② 其於《禮記·王制》，則云："孔子斟酌四代，未嘗不采夏殷，然既已經孔子損益，定爲一王之法，則是素王新制，非夏殷舊制矣。"③ 其於緯書，則云："漢儒增益秘緯，乃以讖文牽合

---

① 皮錫瑞《經學歷史》，頁 142，中華書局 2008 年版。

② 皮錫瑞《經學歷史》，頁 117。

③ 皮錫瑞《王制箋》，《師伏堂叢書》，光緒乙未刊本。

經義。其合於經義者近純，其涉於讖文者多駁。"① 職是之故，皮錫瑞《孝經鄭注疏》以典禮說經義，而其典禮，多出於《白虎通義》、《王制》及《孝經緯》。

二、皮錫瑞之政治關懷

在宋代道學興起之前，經學之要旨，不在個人道德，而在政治建構。經書中談論個人道德，也是在政治中談道德，而不是以道德去談政治。鄭玄的《孝經注》就非常明顯地表現了這一點，而皮錫瑞的《疏》在鄭注的基礎上，對鄭注進行義理發揮，把"孝"視為政治中的"孝"，把《孝經》還原為一部經國大典。

皮氏《孝經鄭注疏》之作，本意在於通經，用心在於致用，致用即變法也。《孝經鄭注疏》著成刊刻之歲，南海康有為《新學偽經考》已流行四年，本年三月，中日和議成，議割遼、台，康有為於北京發動公車上書，請拒和、遷都、變法，又創辦強學會，鼓吹變法。時皮氏在江西經訓書院，雖未預於時政，而其學所念茲在茲者，即在以古經之義，推動政治變革。

在今文經學思想中，核心意義在於發明孔子"一王大法"的意義，并以孔子之法為基礎，改革現實政治。在皮錫瑞看來，經學是一個整體，《孝經》是經學之一部分，因此注解《孝經》，要將其放在整體性的經學大系之中，纔能真正發明《孝經》之制度義理。以制度解《孝經》，實際上就是把《孝經》中涉及的所有內容，放在整個經學制度體系中進行考量與疏解。皮錫瑞《孝經鄭注疏》以制度解經，精詳之處，不勝枚舉。例如辨《卿大夫章》"非先王之法服不敢服"句，以為鄭注用《尚書》歐陽說，解《孝治章》言朝聘制度，解《聖治章》辨析郊祀、明堂制度，都極其廣博明晰。

而且，皮《疏》以今文制度解經注，不是出於個人的考古趣味，

---

① 皮錫瑞《經學歷史》，頁109。

而是出於現實之政治關懷。茲舉數例以明之。

皮《疏》特別注重選舉之法。《卿大夫章》"非先王之法言不敢道，非先王之德行不敢行，是故非法不言，非道不行"，鄭注："非《詩》、《書》不言。非《禮》、《樂》不行。"經、注承上文而言，似無深意，然皮疏云：

> 《禮記·文王世子》（案：當爲《禮記·王制》）曰："順先王《詩》、《書》、《禮》、《樂》以造士，春秋教以《禮》、《樂》，冬夏教以《詩》《書》。"是《詩》、《書》、《禮》、《樂》皆先王所遺，法言、德行即在其內。①

鄭君以卿大夫所道之法言爲《詩》《書》，所行之德行爲《禮》《樂》，解之極難，而皮氏直接由《王制》造士之法探其本源。蓋《孝經》之中，卿大夫無世襲，與《王制》合，與《周禮》不合。據《王制》選舉之法，卿大夫所素習者，正在《詩》《書》《禮》《樂》。經皮錫瑞解釋，此句經、注之文，絕非泛言德行所在，而乃在於選賢舉能之國家政法。皮疏又釋"法言"云："《曲禮》曰：'毋勦說，毋雷同，必則古昔，稱先王。'古昔先王之訓，在於《詩》、《書》，故'子所雅言，《詩》、《書》，執禮'。《孝經》諸章引《詩》、《書》以明義，即是其證。"又釋"德行"云："《玉藻》曰：'趨以采薺，行以肆夏，周還中規，折還中矩。'是古人之行，必合禮樂。擇宮選士，'其容體比于禮，其節比于樂'者，得與于祭。"②法言、德行，一經皮氏疏解，可知其賴於選舉之法。在今古文經學的制度區別中，有一條重大差异，就是今文經學如《公羊傳》《王制》中，卿大夫不世襲，依靠選舉而出；而古文經學如《周禮》中，卿大夫是世襲的。皮錫瑞《孝經鄭注疏》之《卿大夫章》，將卿大夫之孝放在選舉的背景之中，正是今文經學的題中之義。

---

① 皮錫瑞《孝經鄭注疏》。
② 皮錫瑞《孝經鄭注疏》。

又，《聖治章》"君親臨之，厚莫重焉"句，鄭注云："君親擇賢，顯之以爵，寵之以祿，厚之至也。"皮疏曰：

> 《王制》："凡官民材，必先論之，論辨然後使之任事，然後爵之，位定然後祿之。"鄭注："論，謂考其德行道藝。辨，謂考問得其定也。爵，謂正其秩次，與之以常食。""擇賢"，即考德行道藝，"爵祿"，即秩次常食也。①

鄭注并沒有明言制度，而皮疏以《王制》選舉之法解釋擇賢、爵祿，使《孝經》原文、鄭注得到了具體的落實。

皮疏於事君之法，也有新的發明。皮氏生於文明轉型之世，其一生政見，在於維新變法，行君主立憲制，尊孔子之法。故對於君主，皮錫瑞雖尊重其爲君，而與傳統尊君卑臣之法迥異。

《五刑章》云："要君者無上。"鄭注曰："事君先事而後食祿，今反要之，此無尊上之道。"而明皇注引《孔傳》云："君者臣之所秉命也，而敢要之，是無上也。"②粗看鄭君舊注，曲折難解，明皇新說，曉暢明瞭。然細思之，則或不然。蓋父子天性，君臣義合，明皇之說，純爲尊君抑臣之法，若以此爲政教大綱，則凡臣諫諍，不合君意者，皆可以要君論之。"要君"之義，經典有說，如《論語·憲問》："子曰：'臧武仲以防求爲後于魯，雖曰不要君，吾不信也。'"僞孔注云："魯襄公二十三年，武仲爲孟氏所譖，出奔邾。自邾如防，使爲以大蔡納請曰：'紇非能害也，知不足也。非敢私請。苟守先祀，無廢二勳，敢不辟邑！'乃立臧爲。紇致防而奔齊。此所謂要君。"③臧武仲以出逃大臣，而求魯君封其後於防，孔子謂之要君。皮錫瑞疏解鄭注，未引此說，而與此義同。皮疏云：

---

① 皮錫瑞《孝經鄭注疏》。

② 唐明皇注，邢昺疏《孝經注疏》，頁 42，《十三經注疏》藝文印書館 2007 年版。

③ 劉寶楠《論語正義》，頁 569，中華書局 2007 年版。

《表記》："子曰：'事君三違而不出竟，則利祿也。人雖曰不要，吾弗信也。'"鄭注："違，猶去也。利祿，言爲貪祿留也。臣以道去君，至于三而不遂去，是貪祿，必以其強與君要也。"注義與禮注略同。①

此皮氏以經籍中事君之禮解鄭注也。事君之禮，君有過失，臣必諫諍，皮疏《聖治章》"君臣之義"云"三諫不從，待放而去"是也。三諫待放之制度，《白虎通·諫諍》云："《援神契》曰：'三諫，待放復三年，盡倦倦也。'所以言放者，臣爲君諱，若言有罪放之也。所諫事已行者，遂去不留。凡待放者，冀君用其言耳。事已行，灾咎將至，無爲留之。《易》曰：'介如石，不終日，貞吉。'《論語》曰：'三日不朝，孔子行。'臣待放於郊，君不絕其祿者，示不合耳。"②皮氏以"三諫待放"之古制，解"要君無上"之經義，經義大明，而君臣之分大定。其說較明皇注尊君抑臣之義，高下不啻天壤。

《孝經鄭注疏》之發明制度，隨處可見。乾嘉諸老，以爲訓詁文字，考據文獻，即可以明經學。而皮氏沿廖平之餘緒，以制度解經學，其制度關懷，即爲現實關懷，故《孝經鄭注疏》刊刻之後四年，西元1898年，湖南新政初興，皮氏即任南學會會長，鼓吹維新，推動變法，此其學術使然也。

三、《孝經鄭注疏》學術上之得失

皮錫瑞《孝經鄭注疏》中，鄭注用嚴可均輯佚殘本，而自敦煌遺書出土，《孝經》鄭注幾得璧全。以敦煌新出《孝經注》校皮疏，可見皮疏有極精確者，也有因文獻不足而疏失者。

皮錫瑞對鄭注疏解之精當，俯拾皆是，如《廣揚名章》："君子之事親孝，故忠可移于君。事兄悌，故順可移于長。居家理，故治可

---

① 皮錫瑞《孝經鄭注疏》。
② 陳立《白虎通疏證》，頁229～230，中華書局2011年版。

移于官。"鄭注云:"以孝事君則忠,欲求忠臣出孝子之門,故可移于君。以敬事長則順,故可移于長也。君子所居則化,所在則治,故可移于官也。"皮錫瑞辨析云:

> 此章文義易解,邢疏解經注亦明。然其中有可疑者,邢氏云:"先儒以爲'居家理'下闕一'故'字,禦注加之。"是唐以前古本無此"故"字矣。而《釋文》云"讀居家理故治絕句",陸氏在明皇之前,何以其所據本已有"故"字,與邢氏說不合。且鄭引《士章》"以孝事君則忠,以敬事長則順"解此經文,下云"故可移于君"、"故可移于長也",則鄭君讀此經當以"君子之事親孝故忠句可移于君句事兄悌故順句可移于長句",下二句准此。俗讀以"孝"字、"悌"字、"理"字絕句,非是。陸氏據鄭注本作《釋文》,乃不於前四句發明句讀,云"當讀從'忠'字、'順'字絕句",而發之於後,獨系於"居家理故治"之下,豈謂惟此句當從"治"字絕句,上二句不當從"忠"字、"順"字絕句乎?疑此當如邢氏之說,古本無此'故'字,《釋文》也本無之,當作"居家理治",陸氏見此句少一"故"字,與上二句文法有異,恐人讀此有誤,故特發明句讀。鄭注云"君子所居則化,所在則治",理、治是一事,部分兩項,與上孝、忠,悌、順當分兩項者不同,中間本不必用"故"字。古人文法非必一律,明皇見此句少一"故"字,乃以意增足之,與經旨鄭意皆不相符。後人又因明皇之注,於《釋文》"讀居家理治絕句"亦加一"故"字,其齟齬不合之處尚可考見,鄭意亦可推而得矣。①

此句之問題,本在邢疏言明皇加一"故"字,而明皇之前的陸德明《經典釋文》又有"故"字。考以敦煌新出各種《孝經》白文

---

① 皮錫瑞《孝經鄭注疏》。

本與鄭注本，此句皆無"故"字，更加可以證明《經典釋文》云"讀居家理故治絶句"之"故"字爲後人根據明皇改本所加。在《孝經‧庶人章》中，有"故自天子至于庶人，孝無終始，而患不及者，未之有也"一句，嚴可均輯佚鄭注，校對經文至此云："明皇本無'己'字，蓋臆删耳。據鄭注，'患難不及其身'，身即己也。《正義》引劉瓛云'而患行孝不及己者'，又云'何患不及己者哉'，則經文元有己字。"[1] 今敦煌《今文孝經》白文、鄭玄《孝經注》抄本出土，都作"故自天子至于庶人，孝無終始，而患不及己者，未之有也"。但是，古書傳本也有例外者，《漢書‧杜欽傳》引此句云："孔子曰：'孝無終始，而患不及者，未之有也。'"顏師古注《漢書》此句，列舉二說曰："《孝經》載孔子之言也。言人能終始行孝，而患不及于道者，未之有也。一說行孝終始不備，而患禍不及者，無此事也。"[2] 顏師古注《漢書》也在唐明皇之前，而此二說中，後一說所據經文必有"己"字，前一說可以有也可以無"己"字。而綜合目前所見唐寫本及傳世本，可以斷定《漢書》所引無"己"字，也必定是後人根據唐明皇所改的《孝經》經文而删之。

又有鄭注佚失，而皮疏解釋甚詳，可以與新出土鄭注相應者。如《五刑章》："五刑之屬三千，而罪莫大于不孝。"鄭注本已佚失，又有明皇注在前，其說曰："五刑，謂墨、劓、剕、宮、大辟也。條有三千，而罪之大者，莫過不孝。"[3] 是以爲不孝之罪，在五刑之中。皮錫瑞《孝經鄭注疏》解經文云：

> 鄭無明文，據《周禮‧掌戮》"凡殺其親者焚之"，鄭注："焚，燒也。《易》曰：'焚如，死如，弃如。'"疏引鄭《易注》曰："《震》爲長子，爻失正，不知其所如。不孝之罪，五刑莫

① 嚴可均《孝經鄭注》，頁4，商務印書館1959年版。
② 班固《漢書‧杜欽傳》，頁2674～2675，中華書局2006年版。
③ 唐明皇注，邢昺疏《孝經注疏》，頁42，《十三經注疏》藝文印書館2007年版。

大焉，得用議貴之辟刑之，若如所犯之罪。焚如，殺其親之刑。死如，殺人之刑也。弃如，流宥之刑也。"又《周禮·大司徒》"以鄉八刑糾萬民"，"一曰不孝之刑"。疏云："一曰不孝之刑者，有不孝于父母者則刑之。《孝經》不孝不在三千者，深塞逆源，此乃禮之通教。"賈公彥以為不孝在三千條外，當據鄭注《孝經》文。五刑三千，極重者不過大辟，鄭云"死如，殺人之刑"，與此注云"手殺人者大辟"正合。若"焚如"之刑更重於大辟，當在三千條外，是殺其親者不在五刑三千中矣。①

皮錫瑞根據《周禮》賈公彥疏，精細考證，確認在鄭玄思想中，不孝之罪不在三千條之中。而敦煌新出鄭注為："□□之罪莫大于不孝，聖人所以惡之，故不書在三千條中。"② 此注與皮錫瑞的推斷，若合符節。

同時，因為文獻不足，皮疏也有不少疏失之處。例如《士章》"故以孝事君則忠，以敬事長則順。忠順不失，以事其上"，皮錫瑞所見鄭注為："事君能忠，事長能順，二者不失，可以事上也。"皮疏云：

> 鄭注云"事君能忠，事長能順"者，承上文言。邢疏曰："事上之道，在于忠順，二者皆能不失，則可事上矣。'上'，謂君與長也。"③

細繹經、注之意，經言"以孝事君則忠，以敬事長則順"，然後又言"忠順不失，以事其上"，這裏的"上"，不應該和上文"君""長"相同，當另有所指。而皮氏所見鄭注曰"二者不失，可以事上也"，是說"忠、順二者不失，然後纔可以之事上"，而不是說"忠、

---

① 皮錫瑞《孝經鄭注疏》。
② 陳鐵凡《孝經鄭注校證》，頁165，國立編譯館1987年版。
③ 皮錫瑞《孝經鄭注疏》。

順二者不失，就已經是事上了"。由此，"上"之所指，必非"君"
"長"。《孝經》鄭注之言"君"，基本上都像鄭玄在注《儀禮·喪
服》"君之尊也"中所言："天子、諸侯及卿大夫有地者，皆曰
君。"① 以皮錫瑞讀書之細，竟忽略了這一點，而用邢疏。

據敦煌新出文獻，完整鄭注爲："事君忠，事長順，二者不失，
可以事上。上謂天子，君忠最尊者也。"② "忠"爲"中"之通假。
對"上"之所指的理解，表面上毫無意義，事實上大有深意。尤其
是將《孝經》五等之孝放到《王制》《白虎通》等今文經學文獻所提
供的制度背景之中，其意義更加凸顯出來。鄭注《卿大夫章》"夙夜
匪懈，以事一人"有云："一人，天子也。卿大夫當早起夜臥，以事
天子，勿懈墮。"這樣一來，《孝經》中的卿大夫，不是諸侯之國的
卿大夫，而是天子王畿之內的卿大夫；而《孝經》中的士，也不是
一般諸侯之國，卿大夫之家的士，而是天子王畿之內的士。《王制》
的政治設計中，天下分九州，天子之縣居於中心，其他八州大小諸
侯，通過朝聘等禮儀，與天子所在的中央發生關係。《孝經》的政治
哲學中，天子、諸侯、卿大夫、士、庶人五等之孝，卿大夫、士都主
要指向王畿之內，那就意味著以王畿之內爲天下道德的中心。

皮疏中因文獻不足而造成疏失的另一典型例子，是對《士章》
"然後能保其祿位而守其祭祀"鄭注的理解。嚴可均從《經典釋文》
中輯出"始爲日祭"一句，并下按語："《初學記》十三引《五經异
義》曰：'叔孫通宗廟有日祭之禮，知古而然也。'《藝文類聚》三十
八同。"③ 嚴可均的說法給了皮錫瑞非常嚴重的誤導，皮氏遍尋群籍
以疏解"日祭之禮"：

　　鄭注云"始爲日祭"者，《國語·周語》曰："甸服者祭，

① 鄭玄注，賈公彥疏《儀禮注疏》，頁346，《十三經注疏》藝文印書館2007年
版。
② 陳鐵凡《孝經鄭注校證》，頁58。
③ 皮錫瑞《孝經鄭注疏》。

侯服者祀，賓服者享，要服者貢，荒服者王。日祭、月祀、時享、歲貢、終王。"《楚語》曰："先王日祭、月享、時類、歲祀。諸侯舍日，卿大夫舍月，士、庶人舍時。"《漢書·韋元成傳》曰："日祭于寢，月祭于廟，時祭于便殿，寢日四上食。"又曰："劉歆以爲，禮，去事有殺，故《春秋外傳》曰：'日祭，月祀，時享，歲貢，終王。'祖禰則日祭，曾高則月祀，二祧則時享，壇墠則歲貢，大祫則終王。"《御覽》引《異義》："古《春秋左氏》說：古者先王日祭于祖考，月薦于曾高，時享及二祧，歲禱于壇墠，終禘及郊宗石室。許君謹案：叔孫通宗廟有日祭之禮，知古而然也。"韋昭注《周語》曰："日祭，祭于祖考，謂上食也。近漢亦然。"《祭法疏》曰："此經祖禰月祭，《楚語》云'日祭祖禰'，非鄭義，故《異義》駁。"今鄭駁之文不可考，竊意鄭君蓋謂《楚語》稱古者先王，乃夏殷禮，《祭法》鄭答趙商以爲周禮，故與夏殷之禮不同。然日祭之禮，古經傳皆無之，惟見於《國語》一書。《異義》引《左氏》說，亦即《國語》文也。……《釋文》引鄭注云："始爲日祭"，一作"始日爲祭"，皆不可通。嚴氏據善本作"日祭"，似可通矣。而下文闕，不知鄭意如何。玩"始爲"二字，或鄭所謂日祭，亦即指始死饋食而言，而非《國語》所謂日祭乎？①

皮錫瑞此疏，極盡墳典，梳理出"日祭"在《國語》等典籍中的各種說法，但是，始終不能和經、注合拍。清人鄭注輯本有不同於嚴可均者，洪頤煊《孝經鄭注補證》作"始爲日祭"，②臧庸《孝經鄭氏解輯本》作"始日爲祭"，③但皮氏惑於嚴可均之說，以"曰"爲"日"，故不能解此注。而敦煌新出鄭注此文爲："食稟曰祿，居

① 皮錫瑞《孝經鄭注疏》。
② 洪頤煊《孝經鄭注補證》，頁4，商務印書館1959年版。
③ 臧庸《孝經鄭氏解輯本》，頁6，商務印書館1959年版。

官曰位，始爲曰祭，繼世曰祂。"① 其中，將"祭祂"作"始爲曰祭，繼世曰祂"的區別，經籍無說。但是，這却是《王制》《公羊》選舉之法的必然產物。"士"這一階層不能世襲，便會出現父子不同爵位的現象，而父子不同爵位，喪祭之禮的基本原則，是喪從死者，祭從生者，父爲庶人，子爲士，父死，喪禮從庶人，祭禮從士。這樣，便出現"始爲"與"繼世"的區別。敦煌新出文獻中有一部對鄭玄《孝經注》的義疏殘卷，解釋此句云："注云'始爲曰祭，繼世爲祂'者，言一世爲士，謂之爲祭，系世爲士，謂之爲祂。所以然者，祭者際也，亦察也；祂，似也。言始得爲士，由德明察，繼世爲士，似象不絕。"② 在這種政治設計中，如果父爲庶人，子爲士，父死，子行庶人之喪禮，而行士之祭禮，且得爲父立廟，便是"始爲曰祭"，這也是爲人子者最大的孝。而如果孫又爲士，則是"繼世曰祂"。相反，如果父爲士，子爲庶人，父死，子行士之喪禮，却祇能行庶人之祭禮，祭於寢，且無廟，使作爲士的父親死而無廟，便是不孝。

四、結語

皮錫瑞的《孝經鄭注疏》是清代《孝經》學之集大成之作。而皮氏生於晚清之世，經學注疏的責任，已經不祇是乾嘉時代的"明經"那麼簡單，而必須以經學義理，回應中國兩千年來未有之大變局。因此，對於皮錫瑞而言，解經的行爲，不祇是學術性的，而且是政治性的；即便是極其學術化、解釋性的《孝經鄭注疏》，也是如此。

在皮錫瑞完成《孝經鄭注疏》之前，晚清經學史在廖平手中發生了根本性的變革。這種變革，表現在對制度問題的關注，并把制度問題系於孔子的"一王大法"。在廖平之前，清朝中期自常州學派興

---

① 陳鐵凡《孝經鄭注校證》，頁 59～60。
② 徐建平《敦煌經部文獻合集》之"群經類孝經之屬"，頁 1990～1991，中華書局 2008 年版。

起之後，今古文問題即爲有清一代經學之一大問題。莊存與始開今文經學之端，劉逢祿專治《公羊》何邵公說，宋翔鳳至於戴望，皆勾合《公羊》《論語》大義，魏源乃以漢廷十四博士之學盡歸今文，其分別今古之法，終不能確然一定。及至光緒十二年，西元 1886 年，廖平《今古學考》出，以制度平分今古，今文從《王制》，古文從《周禮》，於是今古之別，遂如冰炭之分，并且，今古文之別不在義理，而在制度。西元 1891 年，康有爲《新學僞經考》隨後刊刻，而廖氏之說益明。廖氏平分今古之學，實爲晚清經學之共同基礎。主今文者如康有爲、皮錫瑞，主古文者如章太炎、劉師培，雖師承有別，立論各異，然皆以廖氏之學爲根柢，即從制度的角度考慮經學問題。廖平學術之所以能夠產生如此大的影響力，成爲晚清民國經學的共同基礎，主要原因在於，晚清民國之世，華夏危殆，文明墜地，如何憑依經籍，改舊轍，立新制，以應兩千年未有之大變局，實爲今古文學家之最大問題。廖氏分今古文之法，不在經書，不在大義，而在制度。可以說，廖平提供的不但是一種區分今古文經學的方法，更重要的是，喚醒了經學的政治意識。

而這種政治意識在皮錫瑞的解經活動中得到了明顯的表現。皮錫瑞的解經，始於《尚書大傳箋》（1887 年），至 1895 年改爲《尚書大傳疏證》）、《孝經鄭注疏》（1895 年），終於《王制箋》（1907 年），而對經學制度的關注，貫穿著他的治經生涯。從這一意義上說，《孝經鄭注疏》不但是對鄭注的學理性疏解，而且內在地包含著華夏變局中一代經師對以經學爲核心的中國文明與中國命運的關懷。

論儒家學問與康德道德哲學

高小強

一

　　中西真實的交往，至少從近現代而言，耶教之耶穌會士利瑪竇來華傳教可以視爲一個有效的起點。他當然是以"中華歸主"爲目標，不過卻以"求同存異"爲其傳教策略。"利瑪竇謹記自己是個外國人，在這些中國人眼中，是個野蠻人。他謹記他所要推廣的宗教信仰在這裏是聞所未聞的，而且是從一個陌生的國度帶來的。"因而他努力尋求兩種文化的共同點，正是得益於這樣的跨文化立場，以他爲代表的耶穌會開啟了中國文明和歐洲文明首次精神上的對話。其中的一個重大成果就是，來華耶穌會士翻譯的中國儒家典籍，譬如《中國哲學家孔夫子》就是歐洲歷史上第一次最爲系統的對儒家經典的翻譯，它標誌著對儒家思想的解釋已經開始在更廣闊的範圍內展開。大量的翻譯與研究，連同耶穌會士的中國書簡等一系列的文獻傳到歐洲，中國文明的內在精神性展現在歐洲人面前，對歐洲大陸產生了極其深遠甚至決定性的影響。大航海歐洲人在北美發現的是土地，在東方發現的是文明，一個不亞於歐洲文明，甚至發展程度高於歐洲文明的中國文明。中國的政治制度、經濟、占統治地位的哲學觀念及其技術的例證，在十七到十八世紀整整一個世紀的時間裏強烈吸引了歐洲知識界，向他們提供了一種形象的思想庫。歐洲發現了它自己不是世界的中心，歐洲的舊制度因而遭致懷疑，受到衝擊直至最終崩潰。[①]

　　① 參閱張西平《儒家思想在歐洲早期傳播的經典之作》，載《讀書》，2011 年第六期。

　　德國近現代哲學鼻祖萊布尼茲亦積極地通過與來華傳教士的交往與通信，間接地參與了這場兩大文明精神上的對話，他的相關論述值得我們在這裏展示：

　　　　然而誰人過去曾經想到，地球上還存在著這麼一個民族，它比我們這個自以為在所有方面都教養有素的民族更加具有道德修養？自從我們認識中國人之後，便在他們身上發現了這點。如果說我們在手工藝技能上與之相比不分上下，而在思辨科學方面要略勝一籌的話，那麼在實踐哲學方面，即在生活與人類實際方面的倫理以及治國學說方面，我們實在是相形見絀了。承認這點幾乎令我感到慚愧。人們無法用語言來描繪，中國人為使自己內部儘量少產生麻煩，對公共安全以及共同生活的準則考慮得何等的周到，較之其他國民的法規要優越許多。人類最大的惡源出自人類自身，這是千真萬確的事實。人與人相互為狼，這條格言完全符合人類的實際。在已經遭受了許多自然災害的同時，我們仍然還自己加劇自己的痛苦，似乎還嫌痛苦不夠。這是我們這一方面特有的一大愚蠢，同樣，全人類均如此愚蠢。
　　　　如果說人類對這種惡習還有救藥的話，那麼中國人較之其他的國民無疑是具有良好規範的民族。他們在其龐大的社會群體中所取得的成效比宗教團體的創始人在其小範圍內所達到的要大得多。他們極為尊敬長者，敬重老人。孩子對父母雙親的關心與敬奉猶如宗教禮節，即便是因一言一語而傷害父母感情的事情在中國也幾乎聞所未聞，如或有之，也將如同歐洲的殺親之罪一樣受到嚴懲。此外，同輩之間或者相互關係不深的人們之間也都彼此尊重，禮貌周全。這對於我們這些不慣於受規矩約束的歐洲人來說，簡直有些低三下四，但對中國人來說，卻已習以為常，並且很樂意遵守。（尤其令歐洲人驚異的是）在中國，農夫與婢僕之輩日常也相互問安，倘若久日不見，彼此也非常客氣，相敬如賓，完全可以與歐洲貴族的所有社交舉止相媲美。我們再來看看中國的達官顯貴又是如何呢？他們彼此交談，從不侮辱對方，談吐溫文爾雅，很少將其憎惡、惱怒、憤激之情現於辭色。可在我們歐洲，彼此間客客氣氣地或者誠懇地交談從未長久過，即便是在雙方新結識的最初幾天裏。人們一旦相互熟悉了，馬上就拋棄那客氣的一套。儘管這樣顯得隨便自在，但很快也就會引起蔑視、譏諷、憤慨乃至敵視。反之，在中國，不論鄰里之間，還是自家人內部，人們都恪守習慣，保持著一種禮貌。

　　無疑中華帝國已經超出他們自身的價值而具有巨大的意義，他們享有東方最聰明的民族這一盛譽，其影響之大也由此可見。他們對其他民族所起到的典範作用表明，自有耶穌使徒以來，世上大概還沒有比這更偉大的事業值得耶穌使徒去從事。①

萊布尼茲的得意門生沃爾夫緊隨其後，在大學講演《中國實踐哲學》，熱情謳歌中華文化與文明，將中國人的哲學基礎歸結爲中國的"自然的力量"或"本性的力量"，並聲稱他個人的哲學基礎與此是完全一致的，以至於他本人被攻擊爲主張無神論而限令離開他所執教的那座城市。② 總之，萊布尼茲及沃爾夫對於傳統中國文化是有相

---

①　[德] 萊布尼茲（G. W. Leibniz）著《中國近事·序言》，載 [德] 賈瑞春編，陳愛政等譯《德國思想家論中國》，頁 3～16，南京：江蘇人民出版社 1995 年版。所謂《中國近事》，其書全名爲《中國近事——現代史的材料，關於最近中國官方特許耶教傳道之未知事實的說明，中國與俄羅斯戰爭及其締結和約的經過》，亦可參閱朱謙之著《中國哲學對歐洲的影響》，頁 231～235，石家莊：河北人民出版社 1999 年版。據說，萊布尼茲與中國哲學的關係，在歐洲當時學者均無異議。甚至，萊布尼茲實爲承認中國文化大足於貢獻西方文化發展的第一個人。他的《單子論》極其和中國儒釋道三教的德性論相同，他所提出的"前定和諧"又極像中國的"天下之道"。萊布尼茲和中國的哲人一樣，深信實際世界有其統一性，精神上有日新又新的進步，所以非常樂觀。他們都以爲宗教的任務在於創造知識，目的在於教成對於社會有用的行爲。這就是歐洲啟蒙運動的福音。他們以爲道德就是快樂，快樂爲所有思想的最高目標。（[德] 賴赫淮恩 A. Reichwein 著《中國與歐洲》，頁 79，柏林，1923 年版；轉引自朱謙之《中國哲學對歐洲的影響》，頁 223、224；亦可參閱《德國思想家論中國》，"編者後記"，頁 266～269）

②　參閱 [德] 沃爾夫著，郜世紅譯《關於中國人道德學的演講》（引者按，實際上也就是《關於中國實踐哲學的演講》），載賈瑞春編《德國思想家論中國》，頁

當深度的體認的，他們雖然從未到過中國，卻對中國始終心嚮往之，充滿溫情與敬意，這決定了他們比起同時代的人，甚至比起許多到過中國的傳教士都更能理解中國。舉例而言，萊布尼茲在禮儀之爭問題上必定站在贊成派一邊，對把中國哲學說成無神論這樣的重大錯誤，乃不惜一一加以批評，並糾正其對宋儒理氣說的誤解。總之是指摘其

29~45；"編者引言"、"編者後記"，載同上，頁1、269。其中，編者似將萊布尼茲用於中國的 eine natürliche Theologie（自然神學）——因爲萊布尼茲當時講由於歐洲道德的敗壞，應當由中國士人來教他們自然神學的運用與實踐，就像他們教中國人啟示神學那樣。——不加區別地直接用在了沃爾夫身上，其實沃爾夫是明確否認中國有自然神學的。沃爾夫談到中國時所採用的主導概念是 die Kräfte der Natur，即"自然的力量"或"本性的力量"，也就是人類精神的本性的力量，或者就是單純的理性。並且他強調指出，存在有德行的三個等級，要麼奠基於本性的力量，要麼通過自然的宗教，要麼出自啟示的真理。中國既不認識啟示，亦不擁有自然的宗教，當然也就衹有依靠本性的力量了，而中國人正是有賴於此而辨別善惡且好善惡惡與行善棄惡的，因而中國人的德行僅爲哲學的德行（philosophische Tugend）。中國既沒有自然的宗教，也沒有啟示的宗教。這也的確是沃爾夫反復強調的。既如此，何來自然的神學呢？不過，我懷疑萊布尼茲並非不明白這點，他不過是在變著法地表達歐洲人在德行上應當向中國學習罷了。或者一如佐勒所說：萊布尼茲反對所謂中國禮儀之爭的主流觀點，即中國禮儀具有明顯的宗教而非世俗性質，其所包含的迷信觀念與無神論如出一轍。萊布尼茲對此不能苟同，他認爲儒學中隱含著基於理性的"自然"（而非"啟示"）神學，他的意圖在於展示理性宗教與神學所共有的普遍特徵。隱藏在這一對歐洲與中國宗教信仰的相通性解讀背後的潛臺詞，則是試圖表明儒學的脆弱性與將其從一種自然或理性類型的宗教與神學改造、修正爲啟示性的（確切地說便是耶教式的）神學與相應宗教的現實必要性。其實正是因此而令萊布尼茲一葉障目，未能見及儒學文明的偉力以及中國實踐哲學足以充任市民社會的有效基礎，後者尚有待於沃爾夫的繼續發現。沃爾夫試圖令歐洲人更自由地接受中國思想，而不是像同時代的多數人那樣將目光衹局限於宗教與神學的一隅。（參閱同上《德國思想家論中國》，頁9；Christian Wolff, *Rede über die praktische Phlilosophie der Chinesen*, Übersetzt, eingeleitet und herausgegeben von Michael Albrecht, S. XX, XXXIX－XL, XLII, 23, 25, 27, 29, 31, 33, 35, 47, 49, 51, 145, 147, 149, 151, 153, 155, 157, 235, 237, 251, Felix Meiner Verlag, Hamburg, 1985. 以下簡注爲：沃爾夫《中國實踐哲學》，德文本頁碼、鄧世紅譯本及頁碼，以及參閱［德］佐勒［Günter Zöller］著，張書友譯《古中之今——沃爾夫的〈中國實踐哲學〉及其歐洲的語境》［*The Modernity of the Ancients: Christian Wolff's Oration on the Practical Philosophy of the Chinese and Its Sino－European Context*］，載《世界哲學》，2010年第五期，頁52。）不過需要特別說明的是，以上鄧譯本僅依《德國思想家論中國》一書將沃爾夫演講的主體部分翻譯出來了，而沃爾夫原書還包含有大量的

錯誤，以維護中國哲學爲己任。① 而沃爾夫比起他的老師顯然就祇有過之而無不及。無獨有偶，當沃爾夫的徒孫康德晚年發表討論理性宗教的著作時，也收到了當局的斥令。我們知道康德主張與堅持的是道德宗教與道德的神，② 這應當說是與他的師祖乃至師曾祖基本一致的，那麼，康德有沒有像他們一樣受到過中國儒家學問的影響，哪怕是間接的影響呢？ 這是我們想在這裏探討的一個話題。

促使康德寫作第一批判亦即《純粹理性批判》的動機，有多種說法，其中一種是說，是自由的二律背反這個難題成爲其首要動機的。③ 這與康德《純粹理性批判》的第二版序言所說"我要揚棄知識，爲信仰保留地盤"是相吻合的。這裏的信仰首先是關於道德的，其次纔是通向宗教的，而通向宗教反過來亦是爲了道德之完善。所以康德

他本人的注釋，注釋的篇幅甚至接近演講稿的三倍；沃爾夫的講演及其注釋爲阿拉伯數字頁碼，而德文本編譯者的長篇導言用羅馬數字頁碼（因爲沃爾夫書的原文，依那個時代學界通行的做法，用的是拉丁文。而本書沃爾夫的演講及其注釋即是拉德對照本），以及還有第 269 頁以後對沃爾夫的注釋的注釋等等。這些對於我們理解沃爾夫亦非常重要。事實上，比起同時代的人，包括許多到過中國的傳教士，更不用說在他們之後的人，萊布尼茲與沃爾夫對中國的理解要客觀準確得多，尤其沃爾夫的這部著作更稱得上是關於中國的一部傑作。面對西人甚至幾乎已經遺忘了中國曾經對歐洲的巨大甚至決定性的影響，而今日國人對此亦知之甚少甚至漠然無知的情況下，我個人以爲是否該考慮全文迻譯沃爾夫的這部傑作呢。又，據說，萊布尼茲與沃爾夫兩人世界觀的發展史，是有二重來源的，一個是受柏拉圖的影響，一個是對中國哲學的研究。（朱謙之《中國哲學對歐洲的影響》，頁 223）

① 參閱朱謙之《中國哲學對歐洲的影響》，頁 229～231。關於贊成派的主張，即"臣等管見以爲拜孔子，敬其爲人師範，並非祈福佑聰明爵祿而拜也。祭祀祖先，出於愛親之義，依儒禮亦無求佑之說，惟盡孝思之念而已。雖設立祖先之牌，非謂祖先之魂在木牌位之上，不過抒子孫報本追遠、如在之意耳。至於郊天之禮典，非祭蒼蒼有形之天，乃祭天地萬物根源主宰，即孔子所云'郊社之禮所以事上帝'也"（見前引書）。

② 有關康德的道德宗教和道德的神的詳細論述，請參閱拙文《論康德的宗教哲學觀——以辨析與確立作爲道德存在者的人乃自然之終極目的》，載《四川大學學報》（哲學社會科學版），2013 年第四期。

③ 據說，康德雖然推翻了萊布尼茲的形而上學體系，卻保存了萊布尼茲的"二元算術"；二元算術即辯證法思維，和中國《易經》思想有密切的關係，康德由它引申出"二律背反"。（參閱朱謙之《中國哲學對歐洲的影響》，頁 357）

哲學的中心是他的道德哲學，由此往前是他的知識論，往後是他的政治哲學、法哲學、歷史哲學以及宗教哲學等等。也就是說，它們全都是以道德哲學爲基礎的，因而貫穿於道德哲學的自由觀念，亦一以貫之地貫穿於它們之中。這也就是康德所謂"拱頂石"的意義之所在！①

由此從《純粹理性批判》到《道德形而上學之奠基》，再到《實踐理性批判》，總體上是吻合於康德思路的推進的，但具體細節上卻大有探討的餘地。據說康德在寫作《奠基》時受到過西塞羅《論義務》的影響，然而終究從西塞羅也視通常的榮譽或名譽爲義務的做法，恐怕走不到絕對的善良意志以及意志的自律、自由的觀念上去。因爲康德認爲，名譽祇是道德的外在形式，或者是"身外之名"。他很清楚那是取決於社會秩序，而且基於這個理由，他不把它視爲建立準則的基礎。他說，道德義務的基礎不應該在於"人的本性或者外在環境，而祇能要在純粹理性概念裏先天地發現"。我們無法以"榮譽"和"名譽"去掌握道德真正的本質。以群體生活爲基礎的西塞羅式倫理表現爲榮譽、忠誠、社會性和合宜，康德認爲都過於膚淺而沒有哲學性。基於這個理由，康德不僅拒絕西塞羅，也拒絕西塞羅式倫理學的開展。道德義務不可能透過榮譽或名譽引申出來，而祇能建立在我們自身當中，亦即我們在内心和理性裏發現的義務觀念。道德是關於我們的本來面目，或者我們應該成爲什麼樣的人，而康德認爲那和我們的社會階層完全無關。② 況且，《奠基》是一本令人印象深刻的書，它的運筆有力，表現了康德最好的一面。令人不解的是，它

———————————

① 參閱 Immanuel Kant, *Kritik der praktischen Vernunft*, *Grundlegung zur Metaphysik der Sitten*, Werkausgabe Band Ⅶ, S. 107 – 108, herausgegeben von Wilhelm Weischedel, suhrkamp taschenbuch wissenschat 1974; *Critique of Practical Reason*, Edited and Translated, with Notes and Introduction By Lewis White Beck, pp. 3 – 4, The Macmillan Publishing Company, Inc. 1993；韓水法譯《實踐理性批判》，頁 1~2，商務印書館 1999 年版；李秋零譯，載李秋零主編《康德著作全集》，第 5 卷，頁 4~5，中國人民大學出版社 2007 年版；鄧曉芒譯，頁 1~2，人民出版社 2003 年版。

② 參閱〔美〕曼弗雷德·庫恩（M. Kuehn）著，黄添盛譯《康德傳》，頁 318~329，上海人民出版社 2008 年版。

是康德的第一部處理道德哲學或倫理學的專著，在這之前，不管他的作品帶有多麼強烈的道德色彩，卻總是被放置在更大的形而上學脈絡裏。而《奠基》儘管篇幅短小，卻可能是康德最有影響力的作品。因爲在此康德提出了一個全新的觀念，那就是道德自律，以至於自律的善良意志。這在康德之前的西方都不曾明確地有過。那麼，是什麼或者說是誰促成了康德的自覺？過去人們說到萊布尼茲及沃爾夫的時候，大都會說到他們尤其沃爾夫對康德雖有影響，但似乎並不具有決定性的意義，人們總是津津樂道於康德通過批判其師祖而建立起自己的思想體系云云。直到最近我纔看到有人出來說沃爾夫對康德，尤其對康德的道德哲學的影響不僅是正面的，而且還可能是決定性的。這就是我要特別指出的德國學者佐勒的看法，他認爲康德之所以能夠建立起意志自主的自律倫理學，是因爲決定性地受到了他的師祖沃爾夫所論述的中國儒家的自主倫理學的影響。① 而沃爾夫相關的論述就主要存在於他的《中國實踐哲學》之中，於是研讀這部著作，主旨正在於釐清：康德的德性學說與道德哲學何以可能建立，其在何種意義下通過其師祖沃爾夫而受到儒家之影響等等。

二

首先，康德必然受到沃爾夫及其後學的影響，這是不爭的事實。

---

① 佐勒指出：沃爾夫受中國人（其實是孔子）的啟發而在 18 世紀初開啟的自主倫理學進路到這個世紀末又被他的那位長壽的崇拜者（當然，後者崇拜的祇是沃爾夫的理論抱負，他最終成爲沃爾夫教條主義體系的最嚴厲的批判者）所發揚光大。此人便是康德（Immanuel Kant, 1724—1804），那個"哥尼斯貝格的中國人"。（尼采語。完全可以想見，尼采在說這話時的那副自以爲是的諷刺和挖苦的嘴臉，不過他這次卻諧謔而言中，我們僅取其言中而棄去諧謔或謔虐，故說之爲美名！——引者按）康德在其成熟的實踐哲學中將沃爾夫提出的人類心靈的高低兩種能力深化爲感性與理性這樣兩個涇渭分明的認識與意志階段，並以純粹理性的意志動機取代了沃爾夫的"完滿"觀念作爲倫理知識的目標。在此過程中，沃爾夫參考中國實踐哲學提出的自主倫理學（autonomous ethics）就一變而爲關於如何僅依賴理性而使意志自主的自律倫理學（ethics of autonomy）。（參閱《古中之今——沃爾夫的〈中國實踐哲學〉及其歐洲的語境》，載《世界哲學》，2010 年第五期，頁 47~54）

康德的大學時代正是萊布尼茲及沃爾夫哲學體系風行德國大學及思想
界的時代，康德就讀的哥尼斯貝格大學，其哲學講席同樣要麼是沃爾
夫的弟子，要麼至少是接受了沃爾夫哲學體系的影響的哲學教師。而
且康德的老師舒爾茨也正是沃爾夫的嫡傳弟子，康德當然就是沃爾夫
的嫡傳徒孫了。所以，康德必定熟悉萊布尼茲及沃爾夫的哲學體系，
熟悉沃爾夫的思想，康德早期甚至也是一位萊布尼茲及沃爾夫主義
者。① 其次，沃爾夫同其老師萊布尼茲一樣，極其崇拜孔子哲學，而
且所發生的影響甚至超過了他的先生。沃爾夫完全將孔家思想用德語
遍佈於大學知識思想界，收到很大的效果。他的《中國實踐哲學》
的演講，在德國哲學史上可算是一樁大事，因他的提倡，其結果在他
哲學的全盛時代，中國哲學竟得到普遍的影響了。尤其是沃爾夫在演
講中極力讚美儒教，而稍帶輕視耶教的傾向，引發了當時普魯士國王
的驅逐令，限沃爾夫四十八小時內離開哈爾大學及普魯士國境，否則
將處以絞刑。由此而導致的爭論持續二十年之久，輿論把沃爾夫推舉
出來，其結果他的哲學更爲有名，甚至支配了那個時代。照實說來，
沃爾夫學說是主張孔子哲學和耶教並不衝突，這衹算萊布尼茲中國文
化觀的引申，不算什麼創見，然而當時德國政府和學校當局，竟認他
的言辭近乎無神論，把他驅逐出境。這一放逐倒使孔子哲學格外得到
意料不到的成功。後來正是在沃爾夫等人的思想影響之下，發生了德
國觀念論的哲學。觀念論實際即是理性論。這可以說明德國古典哲學
也可能間接地受到了中國哲學，特別是理學的影響。② 所以我們可以
合理地推斷，康德是熟知沃爾夫的這篇演講及其著述的，雖然從不見
康德對此有所提及。若再參照佐勒的看法，則我們完全可以說：恐怕
正是經沃爾夫介紹的儒家方纔令康德由自由、義務邁向了自主、自
律。因此我們有必要在此來專門看看，沃爾夫的《中國實踐哲學》，

---

　　①　參閱庫恩《康德傳》，頁 93～131。
　　②　參閱朱謙之《中國哲學對歐洲的影響》，頁 249～256。其實，較之萊布尼茲，
沃爾夫對中國實踐哲學的理解與領悟，顯然是更富創見的，一部《中國實踐哲學》即
是明證。

究竟是如何體現我們儒家哲學的核心思想的呢？

　　沃爾夫主要運用了法國耶穌會士衛方濟（Franciscus Noël）和比利時耶穌會士柏應理（Philipp Couplet）等的中國經典譯本及其著述來展開論說的。[①] 他首先簡略地回顧了中國古代自伏羲到孔子的歷史，高度讚揚中華古代聖王們對中華古國的建立，對華夏文化與文明的開創之功，尤其是他們不僅創立了德行哲學與國家哲學，而且還身體力行，成爲民眾衷心效仿的楷模，使中國成爲了令人嚮往的如柏拉圖所說的"哲學王"的國度。但是，到周代末年，"禮壞樂崩"，德

---

　　① 首先是柏應理等完成對儒家部分經典的編譯與論述，其最終成果即是《中國哲學家孔夫子，或中國知識》（*Confucius, Sinarum Philosophus, sive Scientia Sinensis*, Paris, 1687），裏面包含《大學》《中庸》《論語》，但遺憾的是沒有《孟子》，以及還包含《中華帝國年代表》《孔夫子傳》等等——這些後面附錄的內容多爲沃爾夫所採用——至於對於經文的注疏解說則主要採用了明代張居正的《四書集注直解》，這是張居正首先寫給十歲的萬曆皇帝的，所以比較深入淺出，通俗易懂，同時還融入了大量張居正本人對歷代王朝興衰的總結，等等。而衛方濟以二十多年之功，雖然也是在柏應理等的基礎之上，增譯《孟子》，並加上《孝經》和《小學》，從而構成《中華帝國六書》（*Sinensis Imperii Libri Classici Six*, Prague, 1711），不過他一反流行於耶穌會士中拒絕朱子的傾向，以自己的獨立見解，參照中國古注以及朱子的集注來處理譯文，譬如他準確地把"天"（tien）譯爲"Himmel"（天），而不像柏應理時而依邪教意譯爲"神"；他還放棄了逐段地對經文加以自己的導引與補充，而是始終直接地突出原典；他出版譯著並不像柏應理等更多的是出於耶穌會士在華傳教策略的考慮。因而衛方濟的譯本被認爲是那個時代儒家最重要的著作對於歐洲思想界的最佳推薦。而且衛方濟還在同時同地刊行了他的拉丁文著作《中國哲學》（*Philosophia Sineca*），極力讚美中國的思想與學術。萊布尼茲及沃爾夫均受衛方濟的影響，至少沃爾夫以衛方濟的本子而擁有了足可運用的最佳譯本，他可以完全由此而獲知儒家哲學的真諦。正是因此纔決定了沃爾夫最初對孔子及儒家的理解比較正確而幾無偏見，以至於纔有經過沃爾夫不懈的努力，他的《中國實踐哲學》最終成書，表達了無論柏應理等還是衛方濟都難以比擬地對孔子及儒家的最高的崇敬之情，提供出能夠對中國儒家更爲深入理解的思想和材料。沃爾夫一生都表達著對孔子及儒家的親和，意欲將儒家義理之學系統化，並與他自己的哲學體系的建構一致起來。（參閱 ［法］梅謙立 Thierry Meynard，《〈孔夫子〉：最初西文翻譯的儒家經典》，載《中山大學學報》，社會科學版，2008 年第 2 期，頁 131～142；《〈論語〉在西方的第一個譯本（1687 年）》，載《中國哲學史》，2011 年第 4 期，頁 101～112。沃爾夫《中國實踐哲學》，S. XXI – XXVIII，LIII – LXX，43，49，51，77，83，89，91，145，147，149，151，153，193，195，199，203，209，211，213，219，221，223，225；朱謙之《中國哲學對歐洲的影響》，頁 72～74）

行淪喪，國家衰落，於是聖人孔子應運而生，他要復興周禮，重建國家及天下秩序。所以沃爾夫講孔子不是華夏智慧的開創者，而是其復興重建者。不過沃爾夫大概也會明白，孔子的"述而不作，信而好古"，接續華夏道統，開創儒家學統，上承兩千五百多年與下啟兩千五百多年的中華文化與文明，因而孔子之偉大無與倫比！這在他的著述中處處都能夠感受得到的。他在論述中國儒家哲學時，首先就提出了我們在前面註腳中說到過的"本性的力量"觀念，也就是人類精神的本性的力量，或者就是單純理性的力量。中國人不依賴於神，亦不依賴於神之啟示，也不由偽教或者偶像崇拜等等，而就依照這本性的力量來效法聖賢之楷模，體認與踐履德行，把全副精力都用在提升精神之完滿上，因而訓練與培育自己的理性，調適情感，以確切地鑒別善惡而自覺以至自然地好善惡惡。中國的小學便主要培養孩童順從長者，孝敬父母，灑掃應對，待客接物，以及調適情感，以最終使情感的表達恰如其分，無不中節。大學則主要訓練與培育理性，明明德，新民，止於至善。具體言之就是：格物、致知、誠意、正心、修身、齊家、治國、平天下。一句"止於至善"，則表明人的精神的完滿提升，德性的體悟，德行的踐履，沒有止境，任誰都不能設定所謂上限。中國人的德行動機顯然是內在的，不過，孔子曾言，"君子去仁，惡乎成名？""君子疾沒世而名不稱焉"等等，君子亦擔心不能成就君子之實，從而不能有名實相符的君子之名。這是人格真實的完滿與完善，是做人的極高榮譽（Ruhm），而絕非虛榮（Ehrgeiz）堪可比擬。有人將榮譽與虛榮混爲一談，從而詆毀中國人的德行，對此，沃爾夫不禁反問道：倘若一個人做了善行，他獲得善行的意識並爲此而感到高興，則誰有權來指責他呢？誰又將指責，一個人以全部的細心來校正自己的行爲，使其不僅不存在任何可以指責的惡意，反倒值得爲大家所稱頌和效仿呢？誰又還將指責，德行因爲其美好而受人喜歡，以至於我們以德行來美化自己，就該值得讚賞；而不具有德性，便會視爲丟臉呢？再有，誰不知道，存在有行爲內在的善呢？誰不知道，由於其內在的善而喜愛、判定以及實行的行爲是絕不承受任何污點的呢？中國人之所以努力於善行，是因爲他們確切地考慮了行爲内在的善，我找不出任何可以指責之處，他們除了針對因行爲而發生的自己氣稟的改善外，沒有別的動機。由此沃爾夫甚至認爲他自己的哲學探討的基礎同孔子及儒家的完全一致。①

值得我在此反復強調的這樣一件事實，沃爾夫一改他老師萊布尼茲描述中國"自然神學"的說法，而以"本性的力量"爲他論述中國哲學的主導概念。他認爲，中華智慧的原理纔是與人類精神本性（Natur des menschlichen Geistes）相一致的真正的智慧原理。《中庸》中孔子所確認的人的行爲的準繩即在於與理性的本性一致。即使以耶教的所謂神恩來看，倘若無本性的力量，神恩也就完全不可能與人相關。其實本性的力量很簡單，也就是人天生的好善如好好色，惡惡如惡惡臭，由此而有進者，那就是始終不渝地遷善改惡。中國人的所爲從不違背本性或自然，因而他們的努力纔總是那樣的富有成果。沃爾夫面對中國，既不談傳教，亦不妄議所謂異教，不就信仰，而專就德行而言，以爲中國當之無愧爲世人之楷模。這既是沃爾夫有進於其師萊布尼茲之處，又正是他的高明之處，當人們還在爲中華文化究竟屬有神論還是無神論而爭論不休的時候，沃爾夫就敢於當機立斷，力排眾議，斷定中國既不屬於有神論，亦不屬於無神論。② 此一論斷在西方雖不敢說如石破天驚一般，至少也是有振聾發聵之效的。單憑這點我就敢斷定沃爾夫在衛方濟等迻譯的中國典籍上，所下的功夫實在是

---

① 參閱沃爾夫《中國實踐哲學》，S. 5－75；鄧譯本，頁29～45。沃爾夫此說令人想起夫子的教誨，即"唯仁者能好人，能惡人。""苟志於仁矣，無惡也。"朱子說："蓋無私心，然後好惡當於理，程子所謂'得其公正'是也。"游氏曰："好善而惡惡，天下之同情，然人每失其正者，心有所系而不能自克也。惟仁者無私心，所以能好惡也。"朱子說："其心誠在於仁，則必無爲惡之事矣。"楊氏曰："苟志於仁，未必無過舉也，然而爲惡則無矣。"（《論語·里仁第四》第三、四章，［宋］朱子撰《四書章句集注》，頁69～70，中華書局1983年版）

② 沃爾夫《中國實踐哲學》，S. XLIV－XLVI，23，25，31，129，131，145，147，149，151，153，155，201，243，245；鄧譯本，頁32～34。至於筆者有關此一問題的詳細論述，請參閱拙文《論宗教寬容》，載《宗教學研究》，2002年第四期。不過，需要提請注意的是，拙文是在盲信與過度推崇西方的心態下寫就的，因而存在有不少未經真正深入思考的、鸚鵡學舌於西人的主張，這些都該是我好好反省與自我批判的。

超過了前人。祇可惜同時代以及後來的西人對此幾乎都少有領會，以至於今，不僅西人，就連多數數典忘祖的國人也幾乎都不甚了了。中國人的德行既不依賴於神與宗教，亦不依賴於啟示，而僅靠本性的力量，那就當然是自主與自律的德行了。在這個最關鍵的點上，不僅沃爾夫從中受益，而且他的徒孫康德也必定是大受啟發的。或許這就正體現在，譬如爲康德所一再強調的道德不依賴於宗教而自足，以及康德之所以要將理性的完滿性原則確定爲他律的道德原則，其中的所謂"神學的完滿性概念"當爲康德所不能贊同；而且即使後來康德終究由道德導向了宗教，康德也仍然始終堅持所謂道德的宗教，道德的神。康德還因此遭受到了同他的師祖類似的命運，也受到宗教方面的激烈反對以至普魯士國王的斥責，等等。若再具體言之，康德在他的著作中所表達的下述思想，即每一個人，以至最普通的人，單憑自己的善良意志，既不需要科學，也不需要哲學，就能夠知道，每一個人必須做什麼，必須知道什麼，而且能夠知道，這樣做是誠實與善良的，甚至是智慧與高尚的①，以及"道德爲了自身起見（無論是在客觀上就意願而言，還是在主觀上就能夠而言）絕對不需要宗教。相反，借助於純粹實踐理性，道德是自給自足的"②，等等。這些顯然不是康德自己所說的僅

————————

　　①　Immanuel Kant, *Kritik der praktischen Vernunft*, *Grundlegung zur Metaphysik der Sitten*, Werkausgabe Band Ⅶ, S. 31 - 32, herausgegeben von Wilhelm Weischedel, suhrkamp taschenbuch wissenschat 1974; *Foundations of the Metaphysics of Morals*, Translated and with Introduction by Lewis White Beck, pp. 20 - 21, the Macmillan Publishing Company, Inc 1989; 苗力田譯《道德形而上學原理》，頁 53 ~ 54，上海人民出版社 1986 年版；李秋零譯《道德形而上學的奠基》，載李秋零主編《康德著作全集》，第 4 卷，頁 411 ~ 412，中國人民大學出版社 2005 年版；李明輝譯《道德底形上學之基礎》，頁 22 ~ 23，聯經出版社 2003 年版。

　　②　參閱 Immanuel Kant, *Die Metaphysik der Sitten*, *Die Religion innerhalb der Grezen der bloβen Vernunft*, Werkausgabe Band Ⅷ, S. 649, herausgegeben von Wilhelm Weischedel, suhrkamp taschenbuch wissenschaft 1977; *Religion within the Limits of Reason Alone*, p. 3, translated with an Introduction and Notes by Theodore M. Greene and Hoyt H. Hudson, Harper Torchbooks Harper & Row, Publishers, New York, 1960；李秋零譯《純然理性界限内的宗教》，載李秋零主編《康德著作全集》，第 6 卷，頁 4，中國人民大學出版社 2007 年版。

僅來自盧梭等人的啟發，而更該是源自此纔說得過去。① 祇不過在道德所能達成的境界上，康德越到後來就越做了退讓。一開初作爲有限理性存在者的人固然達不成至善或圓善，不過單憑自己善良意志的自主自律，於極善的達成，康德並未完全否認，但到後來康德則斷然否定了不僅圓善就連極善在人今生今世達成的可能性，而將這種可能性完全歸因到神之此在與靈魂不朽上。所以我講康德是既受惠又受限於他所在的耶教文明。至於這裏說到的德行的自主自律，因爲佐勒僅將“自主”歸給受儒家影響的沃爾夫，而以爲“自律”則是康德在此基礎上的創立，倒是該好好地在此梳理一番。

佐勒這樣說的理由主要在於所謂康德將沃爾夫關於人類心靈高低兩種能力深化爲感性與理性這兩個涇渭分明的認識與意志階段，並以純粹理性的意志動機取代了沃爾夫的“完滿”觀念，因而實現了由沃爾夫的自主向康德的自主自律的轉化。其中，這裏面實際涉及的“道德情感”與“完滿性”這樣兩個觀念，我曾有過專文論述，② 這裏不過再做些補充，以進一步說明真實的自主自律，康德恐怕是難以達到的。首先，區分感性與理性，在認識上康德知道必須兩者合作纔可能產生知識，單純的理性若無感性之助就必然會出現不可克服的假象、幻象等等。不過在道德的領域，單憑感性倒必定是假象之母，因而康德建立純粹理性的意志動機。不過，問題在於我們探討的不僅僅是道德理論，而且更重要的是道德實踐，要把道德真切地落實下來，單憑純理的動機恐怕難以辦到，必須有情感尤其道德情感之助，方纔可能。其實我這樣說都太支離，最好的就是《中庸》的說法："喜怒哀

---

① 譬如，康德早年曾寫道："我確信：做通過你而成爲可能的最完滿的事，這個規則是所有行爲的責任的形式根據；放棄對由於你而極有可能的完滿的事的阻礙，這個命題則是就放棄的責任來說的第一個形式根據。"（李秋零譯《關於自然神學與道德的原則之明晰性的研究》，載李秋零主編《康德著作全集》，第2卷，頁301，中國人民大學出版社2004年版）這其中的完滿性思想實際上是來自沃爾夫的，這說明康德尤其早期的確深受沃爾夫思想學說的影響，而思想的傳承似乎依慣例無須做出特別具體的說明。

② 請參閱拙文《知之者不如好之者，好之者不如樂之者》，載曾海軍主編《切磋三集——四川大學哲學系儒家哲學合集》，頁5~45，華夏出版社2013年版。

樂之未發，謂之中；發而皆中節，謂之和。中也者，天下之大本也；和也者，天下之達道也。”対此，朱子解釋道：“喜、怒、哀、樂，情也。其未發，則性也，無所偏倚，故謂之中。發而中節，情之正也，無所乖戾，故謂之和。大本者，天命之性，天下之理皆由此出，道之體也。達道者，循性之謂，天下古今之所共由，道之用也。”可見性情爲一，未發爲性，發而爲情。情之中節，即爲無所偏倚、無過不及之中正之情。沃爾夫亦認爲惟孔子把感性的訴求與理性的訴求完全一致起來，讓情感與理性合一，以及人之内外行爲合一，乃至天人合一，於是我們便是帶著快樂來踐履德行，這樣也就把道德德性完滿地落實下來了。①雖然，康德劃分開理性與感性，於道德的探討實屬必要，然而因此貶斥感性，讓純粹理性的意志動機完全孤懸起來，實際落實不了。這樣來說自主自律，恐怕難免僅僅成爲一些話頭，不能真實地成就人之德行。

再有，康德硬把純粹理性的意志動機同完滿性觀念對立起來，這也是問題。沃爾夫在自己的哲學體系著作中是如何論述完滿性的，沒有讀過不能說，在此單就沃爾夫《中國實踐哲學》來論說。總的來看，沃爾夫對《大學》最爲熟悉，而且他就是以完滿性來解釋“三綱領”，即明明德、新民、止於至善的。也就是如朱子所説：“大學者，大人之學也。明，明之也。明德者，人之所得乎天，而虛靈不昧，以具衆理而應萬事者也。但爲氣稟所拘，人欲所蔽，則有時而昏；然其本體之明，則有未嘗息者。故學者當因其所發而遂明之，以復其初也。新者，革其舊之謂也，言既自明其明德，又當推以及人，使之亦有以去其舊染之汙也。止者，必至於是而不遷之意。至善，則事理當然之極也。言明明德、新民，皆當止於至善之地而不遷。蓋必其有以盡夫天理之極，而無一毫人欲之私也。”所以沃爾夫認爲，孔子信奉人在精神上的完滿觀念，由明明德，亦即格物、致知、誠意、正心、修身來提升自己在德性精神上的完滿；又通過新民，亦即齊家以至治國、平天下來促成自家的親人、舉國之人以至天下之民共同自

---

①　《中庸》第一章，朱子《四書章句集注》，頁18；沃爾夫《中國實踐哲學》，S. 195，237，241，243。

覺地提升自己在德性精神上的完滿。之所以在此強調"自覺"，是因爲無論自己明明德，還是促成他人明明德皆是出於自主、自覺、自願、自律的行爲，是自由意志所致。於是我們看到，自由意志的要求在形式上則可以表達爲忠道和恕道，即"己欲立而立人，己欲達而達人"，"己所不欲，勿施於人"；而在內容上則根本就是明明德，也就是提升自己以及同時促成他人一道提升自己在德性精神上的完滿。所以可以說，康德所謂純粹理性的意志動機也即自由意志，與明明德或者說德性精神上的完滿根本上就是同一回事，是一而二、二而一之事。而且，無論是自己，還是促成他人明明德，提升德性精神上的完滿，都是沒有止境，不能設定任何上限的，"苟日新，日日新，又日新"，而新新常新，非"止於至善"不可！

關於"至善"，沃爾夫更寧願用由衛方濟而有的 summa perfectione（die grö**β**te Vollkommenheit，意爲最大的完滿性），因爲他認爲惟有此纔真能表達出新新常新之意，以及一位自己行爲的主人，他的完滿性以至最大的完滿性，就在於全部行爲都由理性所規定，因而不僅與理性相互一致，而且也與無論微觀宇宙還是宏觀宇宙的本性行爲或自然行爲相互一致。而柏應理等 summum bonum（das höchste Gut）的譯法，也正是康德的用法，僅僅表達出了全部行爲與健全理性的至上一致性的一個最終結果罷了。想必沃爾夫是考慮到了《大學》朱子的注釋"蓋必其有以盡夫天理之極，而無一毫人欲之私也"，和《中庸》朱子的注釋"蓋人之所以爲人，道之所以爲道，聖人之所以爲教，原其所自，無一不本於天而備於我"的，因而最終"致中和，天地位焉，萬物育焉"，"蓋天地萬物本吾一體，吾之心正，則天地之心亦正矣，吾之氣順，則天地之氣亦順矣"，這樣的天人合一觀。顯而易見，沃爾夫對儒家的"天"是有所領會的，他至少知道中國人的"敬天"，不能理解爲耶教的神，也不能簡單地看成自然之天，他正是因此纔敢於力排眾議地斷定，華夏既不是有神論，也不是無神論的。不過略微遺憾的是，他終究擺脫不了西方極端思維的模式，要麼有神，要麼無神。他最終還是取了有神，後來的康德也是，無論如何最後也必須確立一位哪怕僅僅道德的神。實際上，耶教的神，簡潔地講，本就是從人世間投射的結果，所謂神、天堂等等皆是，卻以爲就像現實世界一樣實有其事，於是頂禮膜拜，篤信不疑，這是"過"；而有些人譬如伏爾泰、費爾巴哈等一旦明白過來，就覺得受了欺騙，而必定堅決地主張無神，這是"不及"。惟華夏的天，既不被執持爲神，亦不被執持爲無神，不偏不倚，無過不及，恰正吻合於儒家的中庸之道。而前面爲沃爾夫所凸顯的中國人本性的力量，卻不單單是人的，因爲"天命之謂性"，所以是來自天的，若人能充盡地體現之，則天人爲一，天人合一。中國人祭祀天地，祭祀祖先，祭拜聖人孔子，"祭如在，祭神如神在"，對天地、祖先、聖人充滿了敬意與感恩之情。敬天就得如"天命"那樣所爲，敬祖先就不得辱沒了先人，敬古往今來的前聖先賢，就要以他們尤其以聖人孔子爲典範，"自天子以至於庶人，壹是皆以修身爲本"，於是現實中的士人與仕人以至於帝王皆應成爲修身之楷模，而民眾自發地效仿之。還有來自聖人制定的從上到下的禮教，以及由此而形成的民間的良善禮俗，這最爲沃爾夫所稱道，他反復講述中國古代的孕婦早已在踐行以品行端莊爲目標的胎教了。所以，舉世惟中國當之無愧於道德高尚的禮儀之邦，謙謙君子的國度。這一切若沒有自知自識自覺自願自主自律自好自樂的德行實踐可能嗎？以此來反觀康德，他通過其師祖沃爾夫而受儒家的啟發，也難能可貴地確立起了道德德行優先的原則。不過他爲了分隔感性與理性，卻孤懸純粹理性的意志動機，動機倒是夠純粹了，可是如何在現實中落實，就不能不是問題，因而終究難有真正的自知自識，而無以自主自律，或者即使自主自律，也完全不可能是自覺自願，更不消說自好自樂了。學人尚且如此，那麼庶民大眾呢，除了耶教之管教式的、痛苦的德行外，還能有別的可能嗎？①

---

① 參閱《大學》，經一章；《中庸》，第一章；朱子《四書章句集注》，頁 3、17~18；沃爾夫《中國實踐哲學》，S. 27、29、33、35、43、45、49、51、53、55、57、61、63、65、125、127、145、147、149、151、153、155、157、159、165、171、175、185、187、191、193、195、207、209、213、233、235、239、251、253、255、257、XLI – XLII、LIX – LXII、LXXX – LXXXI；郁譯本，頁 32~33、35~36、38~45。

三

然而，我們在康德那裏卻幾乎讀不到他從其師祖沃爾夫真有所獲之處，也更看不到有說中國儒家對之有何影響等等。沃爾夫《中國實踐哲學》的思想內容，無論是在康德的早期或晚期關於道德哲學的著作中，甚而就連在他的《教育學》講稿等等中都全然不見提及。晚期論文中倒是有寥寥幾處涉及中國的，譬如一處說中國由於所處位置無須擔心任何強大的敵人與戰爭，因而全無自由。還有一處居然論及了老子等關於至善體系之神秘主義的怪誕，① 但他對儒家的至善，卻仍然完全不見，或者説完全不曾提及。康德相對比較集中地談論中國的地方，是在他的《自然地理學》講稿中，可裏面對中國人的描述，似乎也僅僅限於一些道聽塗説的東西，它們多半可能是出自於商人的見聞，商人眼中恐怕除了利益、爲富不仁與爾虞我詐，還能有別的什麼呢？據說，也的確是十七世紀歐洲來華的商人率先厚誣中國人天生放蕩（geborene Lumpen）、騙子（Betrüger）等等，更晚些時候也影響到了歐洲的思想家，譬如孟德斯鳩等等的判斷。或者也有人說：歐洲工商業開始發達，歐洲的冒險家及商人也在中國找門路，他們所傳回去的中國形象與儒家思想沒有關係，主要是中國社會的貪污、腐敗及中國人之落後、無知、殘忍等等②。不過，作爲學者，罔顧同時代人相關的學術著作，輕信商人政客甚至無賴的見聞和一些道聽塗説，並人云亦云地妄

---

① 參閱 *Kants Gesammelte Schriften*，Band Ⅷ，*Abhandlungen nach* 1781，S. 124，335 – 336，herausgegeben von der Königlich Preuβischen Akademie der Wissenschaften，Berlin und Leipzig，1923；Kant，*Political Writings*，p. 232，edited by H. Rriss，translated by H. B. Nisbet，Combridge University Press 1970，1991；何兆武譯《歷史理性批判文集》，頁 75、90，商務印書館 1991 年版；李秋零譯《1781 年之後的論文》，載李秋零主編《康德著作全集》，第 8 卷，頁 124、338～339，中國人民大學出版社 2010 年版。

② 參閱康德著，李秋零譯《自然地理學》，載李秋零主編《康德著作全集》，第 9 卷，頁 377～382，中國人民大學出版社 2010 年版；亦可參閱夏瑞春《德國思想家論中國》，頁 61～67，以及"中文版序言"，頁 2；沃爾夫《中國實踐哲學》，S. XVII。事實也的確是，大概自孟德斯鳩以後，西人風向一轉，再少有人說中國的好話。從德國來看，所謂《德國思想家論中國》一書，康德之後的赫爾德、謝林、黑格爾等等且不

下判斷，此中所含意蘊，著實耐人尋味。是否這種時代風氣也左右了康德的思考？總之，康德給人的印象是，無論出於何種原因，都有些在刻意地避開儒家。但是，別人盡可以因此而與中國、與儒家完全撇清，深受儒家學問哪怕是間接影響的康德能這樣做嗎？康德又怎麼對得起他的師祖沃爾夫呢？

　　遺憾的是，恐怕西人幾乎都不會這樣想問題。西方自亞里斯多德起就有所謂"吾愛柏拉圖，吾更愛真理"的說法，後來還更普遍地說成是"吾愛吾師，吾更愛真理"。這大概可以與印度佛家"超佛越祖"的說法相提並論。還有人講中國也有"當仁不讓于師"之說，

論，就連被中國推崇備至的馬克思、恩格斯筆下的中國，也是滿篇"野蠻"或"半野蠻"、"不文明"或"半文明"、"腐朽"、"愚昧"、"貪婪"、"落後"、"怯懦"、"殘酷"等等字眼，要知道馬克思、恩格斯作爲共產主義者，作爲有良心的學者，是批判資本主義而同情中國的哦！（參閱馬克思著《中國革命和歐洲革命》《俄國的對華貿易》《英人在華的殘暴行動》《鴉片貿易史》《中國和英國的條約》《新的對華戰爭》《對華貿易》，恩格斯著《波斯和中國》《俄國在遠東的成功》，載中共中央馬克思、恩格斯、列寧、斯大林著作編譯局編《馬克思恩格斯選集》，第二卷，頁 1～61，人民出版社 1972 年版。）《德國思想家論中國》一書的封面這樣寫道："在德國大哲人的慧眼中，中國的形象如何？曾被推崇爲處於哲人治理之下的'模範社會'，爲何又被視作'一具塗了防腐香料的木乃伊'？曾被頌揚爲'理性的完美體現'的文化何以又被貶損爲'守舊落後的化身'？這裏輯錄的極其智慧的洞見，理應喚起我們反思、再反思。"這種說法卻有些令人不明就裏，我們固然可以反思，但總歸來講，引發這些現象的原因卻多半不在我們這裏。同樣的中國，在那數十載歲月裏並未發生什麼根本變化，而在歐洲人甚至同時代的歐洲人眼中卻有著如此不同甚至截然相反的形象，人們該相信誰的呢？我還是比較相信啟蒙運動時期來華的傳教士以及真正用心研究過中國的歐洲思想家，譬如萊布尼茲與沃爾夫等。傳教士雖然由於其所謂傳教的使命而不無偏見，但他們無一例外地都是極有教養的的科學家與學者，許多人不僅通曉漢語，而且熟諳中國儒家經典。他們甚至以中國的學者和官員的身份生活在中國人中間，與中國人彼此相互理解，相互接受和相互尊重，絕大多數傳教士不是沒有教養的野蠻人，中國人亦非無知無識的異教徒。這種既建立在個人感情基礎上又建立在文化層次上的互相尊重在傳教士的報告中得到了充分的反映，引發了歐洲有識之士的共鳴。而那些僅憑一些道聽塗說就做出斷定的歐洲人，無論他們在西方有多麼偉大，他們的看法其實是不值得我們爲之費神的。我總的還是同意夏瑞春先生對其中的原因的分析，不過就現代德國人乃至歐洲人對於中國的認識，即使是肯定的認識，也實在難說超出了他們啟蒙運動時的前輩，在我看來，恐怕還遠遠不如吧！（詳情請參閱《德國思想家論中國》，"編者後記"，頁 259～270）

其實此中意蘊並不相同。所謂當仁，以仁爲己任也。雖師亦無所遜，言當勇往而必爲也。蓋仁者，人所自有而自爲之，非有爭也，何遜之有？程子曰："爲仁在己，無所與遜。若善名在外，則不可不遜。"況且也還有說此"師"該訓爲"眾"者，"蓋仁行善舉，眾皆當任，人各相讓，則誰歟任此。故遇眾所當行之事，在己尤當率先不復讓。當仁不讓，即是見義勇爲也"。① 無論如何，儒家在師生關係的主張上，與西方及佛家有近於本質的不同，孔子一句話"述而不作，信而好古"，就根本上決定了儒家是"敬"字當頭！因爲儒家始終堅持人生不能失卻了最基本的"敬"意，無論是對天命，對大人，抑或對聖人之言，還是對師長。因爲"敬之一字"，誠如朱子所言，"聖學所以成始而成終也。爲小學者，不由乎此，固無以涵養本原，而謹夫灑掃應對進退之節，與夫六藝之教。爲大學者，不由乎此，亦無以開發聰明，進德修業，而致夫明德新民之功也"。② 故君子之心常存敬畏，雖不見聞，亦不敢忽，所以存天理之本然，而不使離於須臾之頃

---

① 參閱《論語·衛靈公第十五》第卅五章，朱子《四書章句集注》，頁168；程樹德撰《論語集釋》，第四冊，頁1124，中華書局1990年版；錢穆著《論語新解》，頁421～422，三聯書店2002年版。

② ［宋］朱子撰《大學或問》，載朱傑人等主編《朱子全書》，第六冊，頁506，上海古籍出版社、安徽教育出版社2002年版。敬的基礎是誠，也就是《中庸》及《孟子》所特別強調的誠。儒家的誠之重要，敬有賴於它，當今人類和平共處的基礎亦有賴於它。一位美國學者對比西方文化中的sincerity來論說誠，他認爲，儒家的誠（to be true to oneself）首先意味著以"普遍的真實情感"（true）面對"普遍的天性或自我"（self）。事實上，它已經包含了"實"（reality／nature／self）與"信"（sincerity）兩層含義。與西方中世紀的sincerity不同，"誠"是一種獨立的價值；它的有效性與事實性或一神教宗教性的真理無關。同時，與西方浪漫主義的sincerity不同，"誠"並不包含任何個體性的因素。如同周敦頤所說，它是"純粹至善"。所以西方人所擔憂的"某人（如希特勒）真心（sincerely）作惡"與"誠"根本無關。因爲包含於"誠"中的普遍的"真"與"自我"已經決定，它是一種有益於一切時間、一切地點中的一切個人的最高價值。所以說："誠者，天之道也；思誠者，人之道也。"在21世紀的世界，在中東戰場硝煙彌漫的今天，任何嚴肅的思想家都應該仔細思考人類和平共處的基礎。我覺得，比之歐洲中世紀，甚至近代浪漫主義的sincerity，中國儒家關於"誠"的思路，可能更有希望成爲這樣的基礎。（參閱［美］安延明《西方文化中的"Sincerity"與儒學中的"誠"》，載《世界哲學》，2005年第四期）

也。所以儒家是說不出類似於西人、佛家的話的。進而還涉及所謂獨立思考、懷疑與批判精神的主張，由於當今現實的種種原因，西方的考慮似乎被視爲理所當然，而在現實中起著支配性的地位與作用。如此，則印度佛家的考慮就可能僅僅被視爲對西方的佐證，而儒家就要麼被視爲錯誤的，要麼至少也是過時落伍的。這是我完全不能同意的。而事實反倒是，西方每每發生弟子背叛恩師之舉，還大言不慚，不以爲恥，反以爲榮。而佛家更是由"超佛越祖"淪爲禪宗末流的"呵佛罵祖"，以及甚至儒家也在此影響之下有陸王後學的種種輕狂的言論與行爲，這樣的弊端不就正是完全失卻了敬意而使然的嗎！更毋庸說，中國近世尤其深受西學東漸的嚴重影響，一代又一代的知識分子公開打倒孔家店，徹底詆毀與否定華夏自家的歷史文化傳統，以至於今的人們，又豈止於"超聖越師"甚至"呵聖罵師"呢！昔日禮儀之邦，謙謙君子的國度，竟淪爲最不文明、最無誠信、最無禮野蠻的一族，這究竟是誰之過，誰之罪呢？所以人應當是在滿懷敬意中向學，在滿懷敬意中獨立思考以至懷疑批判，離卻了敬意的獨立思考與懷疑批判，我不知道是否真有？即使真有，我也信不過！於是那所謂的個人獨立其實也多半可能是假象，尤其不出仰西人之餘唾，人云亦云罷了，恐怕這正是中國學界的現實。

就在孟德斯鳩、康德等對華夏轉爲普遍貶斥輕視的前後，西方大力發展出了資本主義文明，以迄於今，以其發達強勢，殊爲甚囂塵上，推行所謂全球化，獨尊自己爲普世文明與普世價值，世人幾乎皆信以爲真，不僅全球經濟資本主義化，而且還都不假思索地紛紛侈談所謂民主、白由、憲政、人權等等。西方究竟是否普世文明？亟須在此做一點澄清。至少目前的現代考古學已基本證明，由原始史前時期進入所謂"文明"時代，以中國爲主要代表的方式纏是世界式的、連續性的，因爲這之前的許多文化、社會成分皆延續下來，譬如人與世界的關係、人與自然的關係。也就是說，它仍然是通過宗教儀式行爲來掌握和決定政治行爲；文字完全也是在儀式、政治和曆法上使用的；親屬制度、氏族制度或稱宗族制度，仍與國家強烈結合，與城市密切結合；等等。而之所以稱之爲世界式的，是因爲這種傳承方式幾乎涵蓋了除兩河流域外的所有地區，如埃及、印度河流域、東南亞、大洋洲和中美洲、南美洲等等。相比之下，發端於兩河流域的蘇末社會及其後來的西方文明倒是人類文明的一個例外或異數，是人類文明的變異、變態或者說斷裂式突變的結果，它在人與自然環境的關係上，經過技術、貿易等新因素的產生而造成一種對自然生態系統束縛的破壞與突破，因而有了一個與人截然分開的、能夠造物以至創造生命的神界，產生了與國家分離的廟宇，於是親屬制度被破壞，親緣關係爲地緣關係所取代，等等①。這種文明的歷史常常表現爲"力量"，在其內部往往通過新生力量戰勝既有的力量，這就是"革命"，社會隨之發生斷裂式的巨變；其對外就是貿易、殖民、掠奪、征服與戰爭，甚至屠殺。所以講，戰爭自古希臘起以至於今的西方，都是一種

---

①　參閱張光直著《考古學專題六講》（增訂本），尤其第一講"中國古代史在世界史上的重要性"，頁 1～24，三聯書店 2010 年版。其中，張光直先生還特別強調："野蠻"和"文明"這兩個詞是不合適的。蒙昧（savagery）、野蠻（barbarism）和文明（civilization）是摩爾根在《古代社會》裏所用的名詞。在英文中，savagery 和 barbarism 兩個詞的意思相近，都是不文明的意思。但在實際上，原始人的行爲、人與人之間的關係以及對動物的態度等，比所謂文明人要文明得多。我們也知道：戰爭、人和人之間的暴力關係祇是到了文明時代纔愈演愈烈的。從這個意義上看，倒是把野蠻時代和文明時代的順序顛倒過來纔算合適。因此我覺得，這些詞無論是翻譯還是原文都有問題。這些名詞給我們一種先入爲主的偏見，容易造成我們對自己祖先的成見。（參閱如上，頁 18 註腳）這再次證明，是人類就該是文明的，而不能是野蠻與罪惡的。即使是原始時期的人，其文明與生活狀態或許略微簡陋，但絕不野蠻罪惡。那麼，究竟是什麼原因反倒使後來自稱爲"文明人"的越來越野蠻與罪惡了呢？世界式的、連續式的文明不會這樣，因爲代表這種文明的人們始終敬重祖先，從不以爲自己會比祖先更高明，他們的所作所爲就是努力把前人的文明成果體現在自己身上並世代地傳承下去。然而，正是在這種"述而不作，信而好古"的虔誠精神的感召之下，他們一代又一代地，卻真實地實現了始終有益於人類的偉大創造，有序而不斷地推動著文明的進展，令文明更爲輝煌。反觀非世界式的、斷裂式的文明，執持這種文明的人們總體傾向於自以爲是，自以爲更高明，在對先在文明傳統的否定當中實現所謂突破性斷裂式的進展，其結果祇會是適得其反，他們自以爲發達先進的"文明"，卻走向了歧途，迷失在爲他們所不恥的野蠻與罪惡當中，不僅將可能毀滅自己，而且還可能毀滅整個人類。今日西方霸權文明不正是這樣的嗎？而人類及其文明不正因此而處在岌岌可危之中嗎？

必需①。而所謂民主、自由、憲政、人權等等，它們的出生證上恰恰清晰地蓋有殖民、掠奪等等的烙印。對此，人們總是有意無意地忌言甚或完全遺忘，理所當然地以爲它們都是天經地義的好東西，即使國家、民族幾乎爲此而走向毀滅，還仍然篤信不疑，祇埋怨自己沒做對沒走好。至於這條道路自身是否就存在問題，它是否真能通向那些始作俑者所承諾的"美好"，等等，就幾乎無人考慮了。其實，西方這種文明完全與華夏中庸之道背道而馳，《中庸》開篇即言"天命之謂性，率性之謂道，修道之謂教"，其中所謂道，人物之生，即各循其性之自然，則其日用事物之間，莫不各有當行之路，以至"致中和，天地位焉，萬物育焉"，"萬物並育而不相害，道並行而不相悖"②。西人自命不凡，惟我之道，獨行於世，他人之道，皆不得行。道不讓並行，則天下紛爭以至戰爭不息，人類苦難災難不斷，並殃及天地自然，萬物不得並育而相互爲害，此極端之道盛行天下，終究會天地不位，萬物不育。尤其近世以來，仿佛所羅門的魔瓶被打開，瘋狂增長的經濟、科技以及軍事力量，令西方足以在全球範圍內殖民、貿易、掠奪、征服、戰爭與屠殺，眾多的非西方文明通通遭致滅頂之災。西方得以獨大，當下則幾乎是美國的絕對霸權，由此而來的全球一體化，會是人類的福音嗎？霸權的邏輯實際上極其簡單明瞭：你必須得接受我的"文明"，否則，你必被改造，直至要麼成爲准西方，要麼就被消滅！我們完全無以指望，這種霸權文明會給人類帶來真正的福祉與永久的和平，或許永久的墳墓倒是可能的。所幸我中華民族歷經

---

　①　參閱錢穆著《國史大綱》（修訂本），上冊，"引論"，頁 12～13、23～25，商務印書館 1996 年版；辜鴻銘著《中國人的精神》，載《辜鴻銘文集》，下冊，頁 21，海南出版社 1996 年版。不是早在古希臘，哲人赫拉克利特就已公開聲稱：人必須意識到戰爭是平常事。（殘篇 80，參 T. M. 羅賓森英譯及評注，楚荷中譯《赫拉克利特著作殘篇》，頁 90，廣西師範大學出版社 2007 年版）

　②　《中庸》，第一、三十章；朱子《四書章句集注》，頁 17～18。其實，西人爲了掩蓋其文明初創時期的罪惡，還發明了一種所謂"以惡致善"的說法，筆者在拙文《論正義》（載《切磋集——四川大學哲學系中國哲學合集》，頁 18～31，四川人民出版社 2010 年版）有過討論，讀者可以參考。

苦難與屈辱，卻仍然挺立於世，且逐漸積蓄與不斷增長足以與霸權文明抗衡的力量，終究能夠以其人之道，還治其人之身。倘若我們真能重新接續與復興我中華偉大的文化與文明傳統，那麼，拯救人類的文明以至開萬世之太平，舍我其誰也。①

---

①　筆者對革命與戰爭等等的反思，以及對華夏乃至人類文明未來的主張，詳情請參閱拙文《民族大義與天下興亡——辛亥百年反思》，載《切磋二集——四川大學哲學系儒家哲學合集》，頁 200～236，四川人民出版社 2012 年版。人類文明的毀滅並非危言聳聽，尤以被西方文明不斷推進的科技而論，英國皇家天文學家馬丁·里斯（Martin Rees）於 2003 年出版《我們最後的世紀：人類能否活過二十一世紀》一書，詳盡列舉科學進步中的種種可能導致人類毀滅的危險因素，它們已經高得如此難以令人置信，而無數的科學家還在僅僅爲了自己的好奇、名譽與利益等等而甘冒地球可能被毀滅的危險。況且，還有科技高度發達所帶來的足以一舉毀滅地球的武器，現代工業對環境的徹底破壞而科技本身其實對此根本上是無能爲力的，等等，這一切實質上都源於西方這個所謂突破性的文明以及由它所無限張揚與膨脹起來的人類無窮的欲望與貪婪。因而里斯預言我們地球上的文明能生存到本世紀末的機會不高於五五開，人類目前所面臨的風險大於歷史上的任何時期。倘若主要是這個突破性的文明導致了今天的惡果，那麼，難道屬於這個文明而與其爲一體的所謂一神教宗教不是一道地造成了這個惡果嗎，我們還能指望它們自己可能消除這個惡果嗎？美洲的印第安人在遠古和中國同屬於張光直先生所稱的"瑪雅–中國文化連續體"，也就是同屬於世界式的連續性的文明。近世以來印第安人被歐洲信仰耶教的白人殖民者屠殺殆盡，一位殘存的印第安酋長譴責歐洲人的暴行，同時表達了我們可以視之爲非西方式的文明的宣言："在我的人民看來，這個國家的每一寸土地，每一根閃光的松針，每一片沙灘及陰翳森林裏的所有霧靄，都是神聖的。……岩石聳立的山脈，柔和的草地，小馬溫和的身體，還有人——這一切屬於同一個家庭。"如此天人和諧合一之境，還需要尋問：神在哪裡？但是，面對西方霸權文明至今如此不可一世，我們還能有機會避免人類文明的毀滅嗎？毀滅的深淵已在眼前，可我們來看看作爲哲學家的西人如何設問：自然還能夠承受從其自身派生出的精神？自然會因爲過於受到精神的擠迫而必須再次從其系統中消除精神嗎？或者，如果精神看到了自然的無法忍受狀況，精神最終會使自己變得可以被自然忍受嗎？當爭鬥是各種關係的原始法則時，和解還會是可能的嗎？或者，也許悲劇從一開始就是精神的原初意義？即使結局悲慘，這齣戲仍然由於其情節而值得演出嗎？無論其結局如何，我們如何能夠使這齣戲自身是有價值的？在這種價值中我們可以付出多少纔可能避開毀滅？爲了讓人在地球上繼續生存，我們可以成爲非人嗎？等等。對僅僅出自西方文明的所謂自然、精神、爭鬥、價值、非人等等觀念，這位哲人並無任何真實的反省，全然不知還有世界式的、非西方式的文明在。這種自覺或不自覺的妄自尊大已深入其生命的本能，哲人尚且如此，還能指望政客與庶民嗎?!（參閱里斯《人類可能活不過二十一世紀——摘自〈我們最後的世紀〉》，顧信文譯；

　　但是，我必須得再次重申：做一名中國人，尤其一位中國學人，是自然而然與理所當然的嗎①？至少在現今不是。所以，作爲一名學者，我的最基本立場是：我首先是中國人，我有義務忠誠於自己的祖國，尤其自己祖國的歷史文化傳統，而不能成爲異族文化的“買辦”“洋奴”。其次，我是當下國家的國民，儘管我對當局等尚有許多不同的看法，甚至強烈的不滿等等，但是我還是應當維護這個國家，我對當局的批評、指責，以我所能推進其改進，都是旨在維護這個國家。甚至“邦有道，危言危行；邦無道，危行言遜”②，也同樣是爲了維護這個國家，而不能成爲一名賣國者或叛國者！無論何時，倘若當局不公不義，（過去或許是因爲革命，因爲階級鬥爭，或者說是“以鬥爲利”；現今卻是因爲 GDP，因爲經濟建設，亦即地道的“以利爲利”！）我必反對之，或者是“危行言遜”，而不得絲毫苟且！同時，我還得盡可能地辨析清楚每一事件的前因後果，既不爲當局所欺瞞，亦不輕信了傳言。不過反對不會是無限度的，限度就在於是否危害到國家。我肯定不會借助任何外部勢力，尤其那些別有用心的外部勢力來反對當局而危害國家。雖然近世以來中國的國家是由暴力革命建立起來的，其是否符合天命，或者說是否具有合法性，當容每位國民尤其士人反思之，乃至看能否推進其逐漸吻合天命，而萬不可輕言推翻等等。國家關乎每位國民及其家人的生死存亡，關乎每位華人及華裔的榮辱尊嚴，關乎中華民族的興盛衰落，所以，我必維護國家。

［英］康韋爾（John Cornwell）《路已到頭？——評〈我們最後的世紀〉》，鄭誠譯；［美］休斯曼（M. H. Huesemann）《環境科技能有效解決污染問題嗎?》，雷洪德譯，載《國外社會科學文摘》，2003 年第八期，頁 69~73；2002 年第四期；［德］儒爾根·莫爾特曼《與大自然和好》，王屹譯，載《當代宗教研究》，2000 年第二期；張光直《考古學專題六講》，頁 19~24；［德］約納斯 Hans Jonas《哲學：世紀末的回顧與前瞻》，辛啟悟譯，倪梁康校，載《世界哲學》，2005 年第六期）
　　① 關於此一論題，詳情請參閱拙文《如何可能成爲一位中國學人》，載《切磋二集——四川大學哲學系儒家哲學合集》，頁 129~150。
　　② 《論語·憲問第十四》，第四章。尹氏曰：“君子之持身不可變也，至於言則有時而不敢盡，以避禍也。然則爲國者使士言孫，其不殆哉？”（朱子《四書章句集注》，頁 149）

而對於祖國，我惟有無條件地忠誠！

德國著名物理學家海森堡在納粹統治時期不忍離開祖國，德國戰敗後被捕受審仍然拒絕去美國之邀，而甘願與民族一道受難。因爲他說：要是一個人認爲，如果國家做錯了，他就不應該愛祖國，那是錯誤的。德意志是生我養我的地方，是我長大成人的地方，她是我童年時的一張張面孔，是我跌倒時把我扶起的那雙大手，是鼓起我的勇氣支持我前進的那些聲音，是和我内心直接對話的那些靈魂。① 還有前蘇聯甚至再往前沙俄時代的許多著名文學家、思想者等等，他們亦是寧肯遭受當局的嚴酷迫害而不肯離開祖國。我想，支配他們的必定是對祖國的忠誠不渝！在華夏歷史上此類事例更比比皆是，像古魯國"和聖"柳下惠直道而事人，三仕三黜，仍不離故國，他講："直道而事人，焉往而不三黜？枉道而事人，

① 對於國家的錯誤，當政者以及幾乎每個國民的罪惡，德國人尤其知識分子群體是認罪的，1970 年聯邦德國總理勃蘭特著名的"華沙之跪"，既代表自己，也代表國家、國民對過去所犯戰爭屠殺罪惡的認罪懺悔。至今德國法律仍然規定：凡否定德國戰爭罪行的言行皆屬違法言行，而違者必究。德國及其國民由此終於從罪惡中走出來，可謂"知恥近乎勇"，"知恥自好，不爲不善之人也"。這當然也是毋庸置疑的愛國行爲！對比吾之東鄰倭人，其愈益無恥的行徑，豈可同日而語！據說，他們過去幾乎學去了我中華傳統的禮儀制度，然而畢竟東夷倭人的本性難移。有人講倭人之《源氏物語》有類於我華夏之《紅樓夢》，也是一部史詩般的不配杰作，不過，我讀前者卻太倒胃口，不僅絲毫讀不出《紅樓夢》的純情，甚至就連《金瓶梅》最起碼的廉恥也全然不見，而它主要說的卻是皇族而非市井小民的事情，似乎他們就整日以偷情爲樂且幾乎無人以之爲恥，我不知道除了稱作衣冠禽獸，還能稱爲什麼？孔子講："人而不仁，如禮何？"（《論語·八佾第三》，第三章）仁乃是人之根本，也是禮之根本。倭人乃喪本之人，他們學禮，卻獨獨仁義不取，待人看似禮貌周全，卻毫無誠心敬意，講人話却不做人事，粗野放縱與無恥居然同衣冠楚楚近於天然地并存。尤其倭人所謂武士道之"忍人"，其極端者不僅放任無辜者受難，而且還親自加害於人，甚至以殘害他人爲業、爲樂。如倭人在侵華戰爭尤其南京大屠殺中的所爲，竟然公開地做殺人的競賽，其殘忍至極，恐非偶然。至今倭人對此戰爭的殘暴惡行不曾有過真心的悔罪，不僅極盡抵賴之能事，而且還公然地祭祀與紀念那些罪大惡極的頭號戰犯。有此惡鄰，雖非華夏之福，却也足以對我們警鐘長鳴，切不可喪失人之根本以及華夏禮樂教化的優良傳統。（筆者有關後面這個問題的詳細論述，可參閱拙文《論孔子與禮教——重建華夏共同的論理政治基礎何以可能》，載《西南民族大學學報》，人文科學版，2013 年第 11 期，頁 50～56。

何必去父母之邦。"① 楚國大詩人屈原甯遭楚王冤屈流放，不離故土，終投江汨羅，與國家一道沉亡。南宋名將岳飛甯受當局迫害致死，也決不背叛國家，犯上作亂。明末清初的大學者王船山、顧炎武等等窮遁山野，亡命天涯而終身不仕異代，不做貳臣。而顧亭林不事二姓，是得力於其嗣母王氏之教，當清軍南下，明朝覆亡，王氏即不吃不喝絕食而亡，之前還讓人帶話給亭林，決不能做貳臣。所以纔有亭林之言，即使天下人皆事二姓，做貳臣，惟我炎武不能！再有，甲申變後學人吳佩韋既哭國恤卒，其妻張氏撫育三子，嘗數日不舉火。謂諸子曰："爾等亦知自今以後，饑寒之賢於溫飽乎？安之固宜如是也。"長子吳舫翁（雲）卒以苦隱終其身。明清易代之際，賢如顧母、吳母者，所在皆有。② 試想想，昔日婦孺皆知忠誠於祖國而維護國家，而今我等五尺鬚眉的所作所爲，慌不擇途打破頭地往國外鑽，還說愛國而國不愛我云云，乃至甘受別有用心的外部勢力的利用與支配，與當政勢不兩立，並公然要顛覆國家，等等，奈何！豈不愧煞古人！

　　或許今人對此會故作不屑，以爲時代巨變，豈能再讓歷史陳跡束縛手腳！這種想法其實僅僅似是而非，悠久的歷史文化傳統，絕非今人的包袱與負擔，反倒是，"祇有當我們在傳統方式的一代又一代薰陶下真正成長起來，我們纔能夠成爲真正的人；祇有當我們復活了新的環境視之爲不再有效的這個傳統，我們纔能保存我們生命的方向和完整。共同享有的傳統將人們聚集在一起，使他們成爲真正的人。對傳統的每一次拋棄，都意味著人們自我的一次斷裂。而對傳統的每一次真正的復活，都意味著人們自我的一次重新統一"③。今人普遍欠缺的正是這種歷史意識，或如錢穆先生所言的歷史智識，因而淺薄至極，自以爲立於歷史上前所未有的頂峰；傲慢至極，華夏五千多年的

---

　　① 《論語・微子第十八》，第二章。柳下惠三黜不去，而其辭氣雍容如此，可謂和矣。然其不能枉道之意，則有確乎其不可拔者。是則所謂必以其道，而不自失焉者也。（朱子《四書章句集注》，頁183）

　　② 參閱余英時著《方以智晚節考》，頁93，三聯書店2004年版。

　　③ ［美］芬格萊特（H. Fingarette）著，彭國翔、張華譯《孔子——即凡而聖》，頁70，江蘇人民出版社2002年版。

歷史皆不足道；又卑瑣至極，惟仰仗西人鼻息而甘做洋奴。一次偶遇一位年輕教師，手裏拿著一個 GPS 定位器，極度誇張地告訴我說，這纔是最了不起的東西！而中華文化經典都是垃圾。此人大概是從事理工科的，不但中華經典沒有認真讀過，而且西方的也沒有翻過，但卻可以如此理直氣壯地說，垃圾根本就不用看！看來我說什麼都沒用，也就祇有對他說：但願二十年後能見到一個不同的你！而類似這樣的人，當下卻不在少數。西人把分裂的種子播撒遍了全球，不少的國家與民族抵禦不了而走向或正在走向毀滅之路。不知我華夏能否在上天與先祖的庇佑之下，渡過這個劫難而浴火重生。我總是說，天不亡人類，則必不亡我中華民族。因爲中華文明不僅是中華民族，而且也是整個人類得以綿延賡續的真正保障。

儒墨的思想辯爭與歷史分際[*]

——何炳棣《國史上的"大事因緣"解謎》商論

廖 恒

一、墨者之殤與問題的提出

何炳棣先生 2010 年在清華大學的演講中通過重建秦墨史將墨家再次帶入思想史的視野，何先生將秦專制集權統一郡縣帝國的建立與傳衍視爲全部中國歷史上最重要之事，而此過程中"墨者竭忠盡智協助秦國完成統一大業，而本身卻消溶於時代政治洪流之中"是爲國史之大事因緣[①]。此說與王國維先生所持"中國政治與文化之變革，莫劇于殷、周之際"相異[②]，也不同於其師陳寅恪先生以"新儒學之產生及其傳衍"爲思想史大事因緣之論[③]。此三種說法前者有關墨家，後兩者系於儒家，其牽涉至深至廣，極能提示思想史的一些關鍵處，對於中國文化的當代命運亦不無鏡鑒。本文擬就儒墨兩家的思想歧異與辯爭著眼，對此問題作一初步辨析。

　＊　本文由"墨子思想的普世性和當代性"會議（北京大學高等人文研究院，2011）提交的論文修改而成。

　①　何炳棣《國史上的"大事因緣"解謎——從重建秦墨史實入手》，清華大學演講稿。

　②　王國維《殷周制度論》，見《觀堂集林》，頁 451，中華書局 2010 年版。

　③　陳寅恪《馮友蘭〈中國哲學史〉審查報告三》。

　　何先生在結論部分提到三點墨家由顯學轉爲衰微的原因：其一爲墨子理想過高，難爲常人接受；其二爲時代巨變不利於墨學及墨者；其三爲秦獻公與墨者的特殊因緣。第三點闡述獻公所需與墨者之用恰相遇合，這一具有歷史偶然性的事件使二者際遇均發生決定性的轉折。第二點表現爲墨家以兼愛非攻、無私救世的情懷投入歷史更革，卻反爲時代洪流所吞噬，此一點最能體現墨家的悲劇性命運，也是何先生最感痛切的；如果說悲劇意味著有價值之物遭到毀滅，那麼墨者以一種積極的方式參與了致其自毀的過程——相對於無可抗拒的外力，這無疑增進了墨者的悲劇色彩。其中值得注意的是，事功層面的極大成功反而促成了墨者團體的衰微乃至消亡，這一歷史的吊詭能否僅僅歸因於時代洪流與墨家理想的衝突？其與墨家思想自身的關繫究竟如何？甚或可以理解爲其內在邏輯在歷史語境中的展開和完成？[①]

　　按何先生所述，墨者在秦，在軍事（尤其是器械）、戶籍（在尚同思路下展開的連坐制）、縣制推廣等方面均有深度介入和長遠影響，"墨家爲秦所用以其專長"，入秦後即被作爲專業人才進入各官僚機構，其功效日顯而聲名漸匿，因秦一元專制下並不允許其他團體發展。入秦的墨者屬於墨家"從事"一派，[②] 即蒙文通先生所謂"秦墨"，而其仕秦初衷在於扶持當時尚居弱勢的秦國抵抗強鄰，更重要的是有機會施行尚同的政治理念，而終於使秦的一元化中央集權政體得以成長和完善。墨者在秦的技術性服務與制度性建設兩個層面工作都取得了成功，何先生認爲墨家湮滅的原因在於"秦制在政治上實現了墨家尚同的理想，但此制度背後的倫理觀念未被秦國考慮"，這可以理解爲墨家之殤衹是歷史的錯置而與墨家思想自身無涉。這裡可

----

　　① 蒙文通先生認爲墨學不彰爲其所含宗教思想難以驗證之故，並認爲儒墨二家思想多有融匯，見蒙文通《論墨學源流與儒墨匯合》，後文對此有所討論。

　　② 按《韓非子·顯學》，墨子死後，墨分爲三，秦墨之外，何文中另派爲"論辯""說書"，分事遊說從政與學說傳播，此即蒙文通據《莊子·天下》《呂氏春秋·去宥》所稱的"南方之墨""東方之墨"，見蒙文通《論墨學源流與儒墨匯合》，《先秦諸子與理學》，頁80~81，廣西師範大學出版社2006年版。

以問的是，倫理與政治是否可以打爲兩截分說？如果可以分說，墨者
祇是被工具性地利用，其倫理未得伸張，非但不能以其理想引導秦
政，即使基本的制約也難以達成；如果政治倫理爲一體，則祇能是墨
家倫理中本有的問題在其政治實踐中暴露並發展到致命的程度。何先
生說到，秦富國強兵之後變爲戰國時期主要的侵略國，與墨家理想即
已起衝突，而墨家思想的完全銷聲斂跡是自始皇採納李斯之議禁絕百
家詩書和以吏爲師，這不能不說與墨家思想尤其是"尚同"有相當
程度的關聯。

二、形上之分："天志"與"天命"

　　先秦諸子之有形上觀照者，皆以天道爲最高根據，但天的形象和
含義則在各家思想中呈現出極爲不同的面貌。在墨家的思路中，爲防
止"下比"蒙蔽上聽及"千人千義"爭鬥亂政，"是故欲同一天下之
義"，以達成"治天下之國若治一家，使天下之民若使一夫"的治
效，① 這體現的是策略性、技術性的治理方略。而從基礎理念上說，
墨家思想以是否能致民之利、國之利爲旨歸，此種功利主義（Utili-
tarianism）的傾向馮友蘭、胡適、牟宗三、李澤厚等現代學者均有相
關論說。墨家考量的重點是國家、社會、個人行爲結果的利弊，表現
爲物質生活的富庶與否，非樂、薄葬、非攻、兼愛都是在此標準下提
出的。能爲墨家思想提供更深入支援的是兼愛，除"交相利"之外，
兼愛有其形而上的支撐："戒之慎之，必爲天之所欲，而去天之所惡。
曰大之所欲者何也？所惡者何也？天欲義而惡其不義者也……順天之
意何若？曰：兼愛天下之人。"② 墨子認爲，對天的敬拜祭祀不分國
界，"天"兼天下而食，因此天兼愛天下之人，則人秉承天意而兼愛
世人，是明"天志"而行；墨子樹立了一個"執其規矩以度天下之
方圓"、賞善罰暴的天的觀念。

---

① 《墨子·尚同》。
② 《墨子·天志》。

　　對於墨子的"天志"，徐復觀評論說，這一思想帶有平民意味和宗教色彩，而墨子以經驗主義的方法去證明天志、鬼神的存在，並不具有說服力①；如果我們從墨家自己的陳述來看，墨子自謂法夏而不法周，但夏人以命爲尊，不事鬼神，不尚儀式，墨家則非命，其天志、鬼神的人格性、實存化更近于殷商的天帝、鬼神觀念。墨家同樣以三代聖王爲"順天意而得賞者"，② 但其"天意"一直與神力糾葛在一起，而未能如其所願建立起普遍的世間倫理與道德法則，最終祇能將全部希冀訴之于權力集中的王權，"是故選擇天下賢良聖知辯慧之人，立以爲天子，使從事乎一同天下之義"。③

　　《公孟》中，墨子與儒家學者公孟子論辯，從祭禮（"執無鬼而學祭禮，是猶無客而學客禮也"）、治國（"古聖王皆以鬼神爲神明，而爲禍福，執有祥不祥，是以政治而國安也"），擇君（"夫知者，必尊天事鬼，愛人節用，合焉爲知矣"）諸方面論述鬼神之義，與公孟子學祭祀而遠鬼神、準於義而非禍福形成了鮮明對比。儒家的天道觀因何所據？商周之際天的觀念經歷了根本性的變革，商人祭祀的上帝不是超然的普遍神，而是與本族群有親緣關繫的氏族神；或如傅斯年之見，商王自居爲帝之子孫，因而把帝置於宗祀系統內。④ 與殷商相異，周人的上帝觀念多出了德性維度，並以此爲政權的合法性依據，商之喪國是由於"爾德不明"⑤，上帝也從商的族群神轉變爲"監觀四方，求民之莫"、"維彼四國，爰究爰度"⑥ 的全民神。其目的固然是周爲政權轉移所作的自我辯護，但重要的是形成了天命靡常，惟德是依的天命觀。⑦

---

①　徐復觀《中國人性論史·先秦篇》，頁 283，上海三聯書店 2001 年版。
②　《墨子·天志》。
③　《墨子·尚同》。
④　許倬雲《西周史》，頁 99～100，三聯書店 1994 年版。
⑤　《詩經·大雅·蕩》。
⑥　《詩經·大雅·皇矣》。
⑦　錢穆《中國歷代政治得失》指出天命轉移的思想出自周，如"天命靡常"（《詩經·大雅·文王》）、"皇天無親，惟德是輔"（《尚書·蔡仲之命》）等表述。

　　許倬雲《西周史》引傅斯年對書寫周初事蹟的《尚書·周誥》十二篇的統計，"命"字共一百又四處，七十三處指天命或上帝之命，而殷革夏命，周改殷命均爲提到天命時最常見的說法。此處所列十二篇"周誥"，天命觀念在周初的重要，由此可知一斑。① 天作爲至上神使用主要始自周初史料，金文、《詩經》、《尚書》、《周易》等被考信爲西周所作的篇章中，天的出現頻率遠高於帝。② 顧立雅（H. G. Greel）詳考"天"字意義的沿革，認爲天本爲周人所用，本義爲大人、貴人的象形字，後來用作祖先大神，進爲多數神的集團，以其居於上而稱爲天；周克商後，漸成商人原用帝之異名③。此說與陳夢家論點相近，在周人這裡，天、天命的觀念表現出明顯的宗教倫理化特徵，即尚德、尚理、尚民的價值取向，迥異於殷商時代上帝的喜怒不定和尚力惟親。

　　既然有德之人纔能成爲天的輔佐者，也就是天命所歸的王者，"崇德象賢"④ 成爲周文極重要的一維。在論述天與人的關繫時，有"天視自我民視，天聽自我民聽"、"維天惠民"、"天矜於民，民之所欲，天必從之"。這是建立在"惟天地萬物父母，惟人萬物之靈"的觀念上，⑤ 由於天被賦予了道德意志，人對天的敬畏變得更爲明晰和理性，而一味地獻媚討好於天並無作用；天是公正無私的，"明明上天"⑥ 對人世的監察主要依據的是人的德行："敬之，敬之，天維顯思，命不易哉，無曰高高在上，陟降厥士，日監在茲"⑦。在位者是天命的承擔者，與商巫時代不同，周代的王者並不需要特殊的能力主導占筮行爲以與神靈溝通求得吉凶禍福之道，並以之作爲統馭民眾、維護政權的工具。周王祇有行明德保民之道，纔能祈天永保天命：

---

① 許倬雲《西周史》，頁 103。
② 顧立雅：《釋"天"》，載《燕京學報》第十八期，1936 年，頁 59 以下。
③ 同上，頁 71。
④ 《尚書·微子之命》。
⑤ 以上所引《尚書·泰誓》。
⑥ 《詩經·小雅·小明》。
⑦ 《尚書·周頌·敬之》。

"凡求固守天命者，在敬，在明明德，在保人民，在慎刑，在勤治，在毋忘前人艱難，在有賢輔，在遠檢人，在秉遺訓，在察有司；毋康逸，毋酗於酒，事事托命於天，而無一事舍人事而言天，祈天永命，而以爲惟德之用。"① 雖然商週二朝與至高者的溝通都是通過祭祀，但商之上帝喜怒無常、難知難測，因而商人與上帝的關繫表現爲畏神、佞神；而周與天的溝通是通過天德降命、人君稟受，中間的紐帶是德，有德者有其位，人的自識與成德成爲主題，西周成就燦爛的人文景觀無疑有賴於此。

孔子從周，其對天命的觀念亦本於周，但孔子時代德位一致已不復可能，儒者汲汲於復禮而不見用於有國者，退而述聖王之道，並以兩種形式對後世產生莫大影響。其一爲對天命的內化，《詩經·周頌·維天之命》："維天之命，于穆不已。"鄭康成箋："命，猶道也。"朱子《詩集傳》注："賦也。天命，即天道也。"孔子"五十而知天命"，即以自身所學所踐與此天命天道相印證而知己、知天，及天人之尺度符節。孔子厄於宋，而發"天生德於予，桓魋其如予何"② 之慨，中間有幾重意味：首先，天命"總是在那裡"的，天命作爲存在的終極意義或最高道理是恒在的。其次，天賦萬物以則，對此理此則的感受和印證就是與天命發生了聯繫，或者說與天命相逢。再次，既然得遇天命，即對"我之爲我"（人之爲人）之意義產生自覺，則我之爲我有了實現的可能。且天命爲至境，我向此境，則我能向上不已，從取向上說，天命與我一體而殊無分別，因此我之實現亦是天命之實現。孔子知"道"，因而道亦"知"孔子，故孔子說："不怨天、不尤人、下學而上達。知我者其天也。"③ 此一"內聖"的進路經子思、孟子發明爲天命之性④，並在宋代得以重光。其二爲孔子作《春秋》，此一"外王"的進路通過三家傳釋對兩漢制度產生了

---

① 《尚書·周誥》。
② 《論語·述而》。
③ 《論語·憲問》。
④ 《中庸》。

決定性作用。

三、人倫之別：“兼愛”與“差等”

　　王國維指出周人所立的新制主要爲立子立嫡之制、廟數之制、同姓不婚之制。這幾項是周用來綱紀天下的主要制度，而其核心在於納上下於道德，而合天子、諸侯、卿、大夫、士、庶民以成一道德之團體。周制是對商季“紀綱之廢、道德之墮極矣”的反動，而“以上諸制，皆由尊尊、親親二義出”，“此其所以爲文也”。① 墨家薄葬、尚儉、非樂，反對這些禮儀制度，牟宗三曾引唐君毅“次於人文”之言予以評點。② 對周文的反對實際上是對尊尊之等、親親之殺的否定，以兼愛觀之，親疏、等級自然泯然無存，在墨子看來，親疏之別帶來的祇能是人人自利其利、自親其親，既悖於天志，也在個體、家庭、等級之間造成爭鬥，兼愛可以看作墨家理想的核心要素與充分表達，也是同爲顯學的儒墨兩家爭論的焦點。

　　但墨家氾愛兼利，何至於“以此教人，恐不愛人；以此自行，固不愛己”？③ 從物質匱乏的角度可以爲之解說，墨子重視物質生產，追求國家富庶，在實現此目的之前要求實行一種儉樸生活方式，是循其實用主義與功利主義思路的應有之義。而“以自苦爲極”則帶有強烈的道德苦行色彩，何先生在總結墨者悲劇成因的第一點中以“理想過高”概言之，並引《天下》篇爲參考。《天下》篇言，“墨翟、禽滑厘之意則是，其行則非也”，與何先生一致，對墨者理想持肯定的評價，祇是認爲墨徒的行爲主張太過不近人情，“使人憂，使人悲，其行難爲也”。

　　祇有在儒家那裡纔對墨家理想本身提出了質疑，孟子與夷之的辯

---

① 王國維《殷周制度論》，《觀堂集林》，頁478、472、468。
② 牟宗三《中國哲學十九講》，頁61，上海古籍出版社1998年版。
③ 《莊子·天下》。

論以夷之受教（"命之亦"）告終，① 但夷之厚葬其親，與墨家主張本已衝突，雖然夷之用"愛無差等，施自親始"自辯，但如孟子所言已爲"二本"，不過夷之的所行與所信的不一致，既使其理想失色，也使這場辯論不能針對一個純粹的墨者或一個純粹的墨家理想而發——當然也可以說，夷之所呈現出的不純粹或許是墨家理想本身的不純粹，夷之若葬親以薄則心有所未安，這一點隱藏在夷之的兼愛信仰背後。

　　孟子在《盡心上》中直接就墨家理念進行了駁斥："楊子取爲我，拔一毛而利天下，不爲也。墨子兼愛，摩頂放踵利天下，爲之。子莫執中，執中爲近之，執中無權，猶執一也。所惡執一者，爲其賊道也，舉一而廢百也。"這段話至少有幾層意思：一、楊子爲我與墨子兼愛，一不爲，一爲之，都趨於極端而失中。二、執中爲近道，因其知"權"，即不執於一而"叩其兩端"方得其宜。三、進而，"執中"之"中"不可固化爲某一觀念的、或事實的、或歷史的現成物，朱子注爲"執中而無權，則膠於一定之中而不知變，是亦執一而已矣"，析之甚明。四、"執一"之所以賊仁害道，是因其舉一廢百，"百"可以理解爲"其他的""別樣的"，更可以解釋爲因時而變化、更易。朱子言此中爲"時中"，並舉禹"三過其門而不入"、顏子"居陋巷"二例，如將禹、顏子的行爲抽離其所處的時代和語境，則"三過而不入"近墨而"居陋巷"近楊②。五、從這個意義上說，兼愛說取消一切差別，隱藏有某種獨斷論、決定論的危險。

　　在《爲中國文化敬告世界人士宣言》（牟宗三、徐復觀、張君勱、唐君毅合撰）中說，"理想之不足，是在理想伸展爲更大之理想時，纔反照出來的"（第七節）③，如果對勘儒墨二家理想，兼愛本是惻隱之心的擴大，但不能脫離自然人情，以至於抹去個體之別、差等

---

①　《孟子·滕文公上》。

②　《朱子語類卷第六十·孟子十》。

③　轉引自丁紀《新儒家宣言的三重含義》，見"思問"哲學網。

之序，而造成個體、社會的均平化、板結化、模式化，而此理想的善願則不能不有轉爲惡果之憂。① 兼愛意在愛人，何以竟成"反天下之心"，並非無端無由。何先生墨家"理想太高"之語或含有對墨家衷願的同情與對墨者道德的敬意，而推本究極、止於至善言之，墨家理想不是"太高"，而是"不足"的。錢穆先生通過析讀後期墨者著述如《經》《經說》《大取》《小取》中，認爲："墨家兼愛，初本於'天志'，其後乃轉爲'萬物一體論'。"② 此一說似與程子"仁者以天地萬物爲一體"及《西銘》"民胞物與"相類。朱子指出：民胞物與的根基處是理一分殊，民、吾之間即有分殊了，否則何須"同胞"之？物、吾之間亦有分殊了，否則何須"吾與"之？故楊龜山疑其近於兼愛是不成立的。③

按《淮南子·要略》，墨子曾就學於孔子，或按《漢書·藝文志》，諸子皆出於王官，則儒墨二說本爲同源，經過戰國時期的思想演化，蒙文通、錢穆都認爲儒墨兩家在辯難的同時互爲影響和吸收，並達成了相當程度的融合，如《禮運》的"大同"思想與墨家理想已經頗爲接近，可能是孔子後學接受了墨家思想。而朱子對《禮運》多有批評，認爲其不僅不出自孔子，也不出自子游、子夏，④ 這裡體現的仍然是親親仁仁這一由差序生發、推及普遍的仁與無差等的兼愛的巨大分歧。

蒙文通認爲，先秦諸子中，稱引《詩》《書》者除儒家之外，惟見於《尚同》《天志》，此部分爲東方之墨所著，而《韓非子·五蠹》稱"今儒、墨皆稱先王兼愛天下"，故兼愛爲東方地區的共同思想。東方指鄒魯六藝傳衍之地，如前所述，二家之源流不無交叉融匯。需

① 《朱子語類卷第四·性理一》："如人渾身都是惻隱而無羞惡，都羞惡而無惻隱，這個便是惡德。這個喚做性邪不是？如墨子之心本是惻隱，孟子推其弊，到得無父處，這個便是'惡亦不可不謂之性也'。"
② 錢穆《墨辯探源》，《中國學術思想史論叢》（二），頁154，三聯書店2009年版。
③ 《朱子語類卷九十八·張子之書》。
④ 《朱子語類卷八十七·禮運》。

要辨析的是，這裡可以劃分出“思想史”與“思想本身”兩個視角，從前者看，學術的流變是歷史的事實，從後者看，義理的究竟是道理的真實；無論儒、墨，均以法天之常道爲本而行安民之使命。因此，在辨析二家同異的問題上，“思想本身”即道理的真實應被置於“思想史”之先，祇有在這個意義上，孟子辟楊墨、駁兼愛纔能夠得到恰如其分的理解，也祇有在此意義上，宋儒辟佛老不能僅視爲一個時代性的思想主題或文化本位問題，而須看作對人之爲人、人類社會之爲人類社會的根本道理的辯明和澄清——“承繼道統”也由此獲得了義理上的真實性。

四、結語：歷史遭際與思想的命運

儒墨兩家不僅是作爲思想者，而且是作爲實踐者而進入歷史的，何炳棣的墨者入秦說展開了一個十分有意義的視野，我們可以看到，墨家的天志、兼愛、尚同的背後是通過理性計算的功利論思想，繼而有種種制度與技術的設計，如“上之所是，必皆是之；所非，必皆非之”① 的自上而下的強制性集權。在戰國的大爭之世中，王權的擴張是時代性的需要，此一背景之下，墨者爲秦獻公所用，助秦完成霸業，之後在秦的統一帝國中衰微湮沒，其遺痕祇能在農民運動（李澤厚《中國古代思想史論》）或俠客（徐復觀《中國人性論史先秦篇》）中偶有所見。依何先生的說法，中國歷史的最重一筆爲墨者所書，而墨者殉身踐道的志行以身殉道消終結，這固然是歷史吊詭的一大悲劇，更大的吊詭是，墨家理想成就了一個二世而亡的帝國，這一並不複雜的現象不僅昭示了行霸道者不可長久，更是對一種思想或理想自身的提醒。秦制之下，所亡者非惟墨氏一家，民間所藏百家之書盡毀，“有敢偶語《詩》、《書》者棄市，以古非今者族”②，如此樹立起來的權威不可謂不“尚同”，而當其覆滅之時，纔知道這樣一種

① 《墨子·尚同》。
② 《史記·秦始皇本紀》。

“同”原來不過是抽離了人心之同然的徒有其表罷了。

　　對秦後墨家思想的去向，蒙文通另有看法，他認爲黃老學是稷下學派融合而成的雜家，墨學也在其中，且認爲對兼愛的吸收是黃老學在漢初壓倒百家的重要原因，蒙文通引《漢書·藝文志》“以孝治天下，是以上同”，將漢代推崇《孝經》的原因也歸結於墨家之泛愛。①如果接受蒙文通的說法，那麼何炳棣所惋惜的墨家理想在漢初得到了實現的機會，漢承秦制，政法苛嚴，在陸賈、曹參進言之下又行黃老之道，以清淨無爲、與民休息矯正法治之苛，有文景之治，但隨後的七國之亂提示黃老學的無爲而治對秦制的反動仍然是矯枉過正的失中。按何、蒙，墨家先後與秦制、漢之黃老相結合，皆祇能得一時之效；正如孟子言“逃墨必歸於楊”，在兩個極端之間的搖擺、挖補並非長久之道。至於說東漢行孝道是受了墨家影響，根據前文對親親之愛與兼愛的辨析，恐怕很難說是成立的。

　　在漢初的秦制、黃老的並行中，以何、蒙之說皆不脫墨家的影子，直至董仲舒以“正其誼不謀其利；明其道不計其功”重申儒家道義論，以“德主刑輔”重申德治的教化論，在墨法的功利主義、黃老的無爲之術之外，立中道而行更化，方有漢制之建立，而文教與政治得以統一。

　　思想學術與歷史的關繫往往呈現出相當複雜的面貌，其與國族命運相表裏，是從歷史的遭際上來說，而思想是否有長遠乃至恒久的生命力，在於其對人之爲人、人類生活之爲人類生活的根本用心上。經由六經、孔子、思孟，儒家在“內向”上使人的“稟彝”與“天命之性”得到明澈的呈現，人的性分之所由、所持、所向有了堅實可靠的根據和道路，修齊治平本爲一事，無非是天命之性在人心與人間秩序的落實。墨家尚賢，雖強調人的主體性，但這祇限於人作爲“能在”（此處用作主體意志及智性上的意願和能力，而不是海德格爾意義上消解主客體的“本真或本己”），但無法對人之爲人的根本有所

───────────

　　①　蒙文通《略論黃老學》，《先秦諸子與理學》，頁206～207。

砥定。也就是說，相對於天志，墨家的人，即使是聖王，也祇是在"能"的意義上而非"性"的意義上成立。這導致了墨家無法在根據性的層面上立住，而隨歷史的洪流所俯仰乃至湮沒。

在"外向"上，儒家格致誠正、修齊治平的思路根植於親親、仁仁的等差之愛，最終指向天命之善，明德之明，而建立起人倫與政治一體、天人不相分離的社會秩序與群體生活。作爲歷史中的人總是無可選擇地生活於某一時代中，禮儀典章的制度往往是因時而損益的，儒家對周文有其嚮往和維護，但禮爲"天理之節文"，更爲根本的是制禮作樂所依據的理義，如果將"好古"理解爲現成的"復古"，則不免於王莽之禍。儒家與政府的關繫是以義合而非以利合，《中庸》云："故爲政在人……仁者，人也，親親爲大。義者，宜也，尊賢爲大。親親之殺，尊賢之等，禮所生也。"《釋名》："義，宜也。裁制事物，使各宜也。"義之於儒者，在己爲明本分，修己以安人；在政爲彰德治禮教，使民各止其所、各居其分。在君主制的時代，儒者之行義表現爲得君則行道，不得則守先待後，居易俟命。因此儒家與既有制度既是經的關繫，也是時的關繫，在不同的歷史語境中，儒家的聲音可能是維護性的，也可能是批判性的，可能發爲更化鼎新，也可能發爲湯武革命，其間分寸，本於義因於時而已。"孔子曰：'唐虞禪，夏后、殷、周繼，其義一也'"①，孟子解"義一"爲"天與賢則與賢，天與子則與子"，此即因天時而更革損益以配義之謂。

八百年前，朱子論《大學》明德新民之意，說："正如佛家說，'佛爲此一大事因緣出見於世'，此亦是聖人一大事也。千言萬語，祇是說這個道理。"② 當一種思想使世道人心得以安立，使家國天下得以綿遠，這種思想就成爲該民族精神生活和社會生活的價值來源與根據。從這個意義上說，微儒家，則無中國。這並非說儒家與中國的關係是一種"歷史形式"或"現實選擇"，而是在根本的意義上，儒家非一家之私見或一時之習見。其於人心之同然，道理之當然外一無

---

① 《孟子·萬章下》。

② 《朱子語類卷第十七·大學四·或問上》。

可恃；儒家之於中國，在其以人性規定“中國性”、以理想性砥定“歷史性”與“現實性”，而使一個文明的生長與發展有了最大的可能性與可靠性。百年以來，中國在歷史遭際和文化命運的雙重意義上處於“千年未有之大變局”，而道之不墜，非其人而何所繫與？

對理解《西銘》的三條進路的批評

王明華

　　《西銘》原本名《訂頑》，據《二程外書》記載："橫渠學堂雙牖，右書《訂頑》，左書《砭愚》。伊川曰：'是起爭端。'改之曰《東銘》、《西銘》。"① 呂涇野在《二程子抄釋》中抄此條後："釋：亦以自訂。"② 可見，爭端之或將起者，在以他人爲頑愚而訂之砭之，而改稱東、西銘者，正在息爭端於未萌而又知"以自訂"。既無專訂他人之患，則"訂頑"之實義若何，又學者所不可不知，李退溪曰：

　　　　訂，平議也，平，去聲。平其不平曰平。故凡擬議商量，處置得宜謂之平議。亦有證正訛舛之義。頑者，不仁之名。不仁之人，私欲蔽錮，不知通物我、推惻隱，心頑如石，故謂之頑。蓋橫渠此銘，反覆推明吾與天地萬物其理本一之故，狀出仁體，因以破有我之私，廓無我之公，使其頑然如石之心，融化洞徹，物我無間，一毫私意，無所容於其間，可以見天地爲一家，中國爲一人，痒痾疾痛，真切吾身，而仁道得矣。故名之曰《訂頑》，謂訂其頑而爲人也。③

---

　　① 卷十一，條八十七，頁四一八。
　　② 呂涇野《宋四子抄釋》卷七，文淵閣《四庫全書》本。
　　③ 李退溪《西銘考證講義》，轉引自淺見安正《西銘參考》。

頑，《左傳·僖公二十四年》："心不則德義之經爲頑"，則頑自心而言，故曰"心頑如石""頑然如石之心"，而仁乃是"德義之經"之總名，故又曰"頑者，不仁之名"。頑心既不則德義，則墮入私欲，訂其頑即"破有我之私"，則訂爲"證正訛舛之義"，而"訛舛"專指私欲而言。有私欲之蔽錮，則人心"不知通物我，推惻隱"。可見，冥頑不靈之人惟知有我，不事推求而安於"不平"，伊川所謂"分殊之蔽，私勝而失仁"。"不平"者，知分殊而不知"其理本一之故"，而"平其不平"者，非泯滅差等，乃以"不平"平之，伊川所謂"分立而推理一"，則訂爲"平議"，使"物我無間"、疾痛真切也。故所謂"訂頑"者，既訂正私欲之心，有以見心體廣大，無物不包，本體因之而立，又平議分殊之蔽，有以見推擴之功，始於分立，工夫由此而生。這是典型的"理一分殊"的理解方式，乃詮釋《西銘》的經典進路，後之儒者多本程朱而開展。然則自程朱而後，除了質疑"理一分殊"的理解方式，"非《西銘》本旨"，如陳俊民、丁爲祥等外，[1] 有從境界的角度探討的，如馮友蘭[2]，又有從政治的角度，對《西銘》或褒或貶。本篇從李源澄"全是墨家思想"的質疑起始，辨明《西銘》非

---

① 　與此相反的態度，如羅羅山曰："無張子之《西銘》，無以明仁道之大；無伊川'理一而分殊'之言，亦無以明《西銘》之旨。二者皆有功於萬世者。"（《西銘講義》，載於《罗澤南集》，頁153，嶽麓書社2010年版）近讀伽達默爾《真理與方法》，提到："現代那種以作者的自我解釋作爲解釋規則的看法，乃是一種錯誤的心理主義的產物。"（腳注37，頁277，商務印書館2010年版）而事實上，"我們必須比作者理解他自己更好地理解作者"，而"解釋的唯一標準就是他的作品的意蘊，即作品所'意指'的東西"。程朱的"理一分殊"，達到了"更好地理解"，因爲其不僅指明了《西銘》的"意蘊"，而且並不與"本旨"相違背。

② 　東方朔指出："境界就其表現爲超越的體驗而言，也确是一種引導的力量，但另一方面，正如我們前面已經指出的，境界本身乃是帶有強烈的美的欣趣的意味，它表現爲個體性的、主觀體驗的意味強。"（《從橫渠、明道到陽明：儒家生態倫理的一個側面》，頁96，香港中文大學出版社2005年版）所以，從《西銘》乃教導"事天"來看，境界論無疑能"引導"人生。但是，《西銘》的意義不能囿於境界，而忽略了其本體論、工夫論及政治含義等。

墨家之思想；進而闡發《西銘》的政治含義，以見其實非"名教之大賊"；最後通過比較《西銘》與《孝經·感應章》，辨明兩個文本的界限，並展現事親與事天之間的張力，指出兩條進路的差異及中道之所在。

一、《西銘》非墨家之思想

李源澄在《理學略論》中說：

> 然而《西銘》一篇，全是墨家思想。在孔孟，則施由親始，由近推恩，未有此意。張子此篇，所以後人未曾窺破者，乃從政治說起。曰"乾稱父，坤稱母"，曰"民吾同胞，物吾與也"，與墨子之"他人之父若其父，他人之兄若其兄"何別？墨子以天志爲主，其兼愛根據，何嘗不在天志？推張子下言"大君者，吾父母宗子；其大臣，宗子之家相也"，以此助腳，始將兼愛"無父"之嫌掩過。《詩》云："君之宗之。"《禮》："諸侯以上絕旁親。"示民不私之意，此化國爲家也。張子之言，欲化家爲國乎？非墨者而何？①

李氏認爲"全是墨家思想"的理由有三點：一、孔孟所主張的差等之愛是"施由親始，由近推恩"的，而《西銘》"民吾同胞，物吾與也"，與墨子之兼愛無別，此與龜山之質疑，無有二致。二、然其較之龜山，更爲深入地指出，"墨子以天志爲主，其兼愛根據，何嘗不在天志？"他敏銳地覺察到，墨家之兼愛思想，也有天志作爲其形而上的"根據"，但卻完全沒意識到，以天志爲保證的兼愛，與以乾坤爲支撑的民胞物與，雖然在論證方式上是一致的，但其實質意義卻決然不同。實際上，李氏未嘗昧於儒墨之大分，觀其《諸子概論》

① 載於《李源澄儒學論集》，頁290，四川大學出版社2010年版。

墨子章自見①，祇是蔽於"民胞物與"之表，而未能深明張子之用心。惟朱子本伊川，講明橫截、直劈的兩種觀法，朱子曰：

> 問："《西銘》'理一而分殊'，分殊，莫是'民吾同胞，物吾與也'之意否？"曰："民物固是分殊，須是就民物中又知得分殊。不是伊川說破，也難理會。然看久，自覺裏面有分別。"②
>
> 用之問："《西銘》所以'理一分殊'，如民物則分'同胞'、'吾與'，大君家相，長幼殘疾，皆自有等差。又如所以事天，所以長長幼幼，皆是推事親從兄之心以及之，此皆是分殊處否？"曰："也是如此。但這有兩種看：這是一直看下，更須橫截看。若祇恁地看，怕淺了。'民吾同胞'，同胞裏面便有理一分殊底意；'物吾與也'，吾與裏面便有理一分殊底意。……看見伊川說這意較多。龜山便正是疑'同胞'、'吾與'爲近於墨氏，不知他'同胞'、'吾與'裏面，便自分'理一分殊'了。如公所說恁地分別分殊，'殊'得也不大段。這處若不子細分別，直是與墨氏兼愛一般！"③

關於"一直看下""橫截看"，少有細心理會者，惟罗罗山

---

① 李源澄曰："墨子兼愛之不可通者，非在其遍與不遍，非在其難與易，乃在其無緣耳。"（《諸子概論》，頁 74，華東師範大學出版社 2011 年版）又曰："儒家推恩，愛有厚薄，無不愛也，而由親始。墨家誠如此，則無以異於儒；不如此，則愛心何自起？墨子徒欲矯天下之敝，而爲過激之言，其說無根。"（頁 76）自"無緣""無根""愛心何自起"觀之，李氏乃本孟子"愛有差等"以辟墨。又曰："使兼愛之情發於性中，則必不安於薄其親，使出於事之利害而兼愛，則兼愛不出於至誠，偽必不可久，此墨學之蔽也。"（頁 75）又曰："墨子尚功而不貴志，與儒家異。"（頁 77）可見，李氏亦知墨家兼愛交利之蔽。又曰："故孔老雖前，新教也；墨子雖晚，舊教也。"（頁 71）又曰："墨子所謂天，與初民無異，謂有意志。"（頁 74）由此，李氏非不知墨家背周用夏、改文從質之意。

② 《朱子語類》卷九十八，條九十五，頁 2524，中華書局 1986 年版，以下簡稱《語類》。

③ 《語類》卷九十八，條九十六，頁 2524～2525。

《西銘講義》之《分立而推理一圖贊》最爲明晰。如"民吾同胞，物吾與也"，民、物皆天地塞帥所生，保民愛物是"無我之公"，而同胞、黨與皆男女構精所生，親同胞、疏黨與是"親親之厚"，然人能"推親親之厚以大無我之公"（朱子語），此爲"一直看下"之法則①，貫穿了《西銘》全篇。後人以"比喻性的思維"（余英時語）、"譬喻的手法"（呂妙芬語）言之，皆爲善推朱子意者。② 又，羅羅山曰，"民得天地之正氣，其理通"、"物得天地之偏氣，其理塞"，故民、物有貴賤之等，"同胞爲吾父母所自出"、"與非同胞"，故胞、與亦有親疏之分。又，羅羅山曰："大君、大臣，至疲癃殘疾、煢獨鰥寡者，民中之分殊也。"又曰："宗子、家相，至顛連而無告者，同胞中之分殊也。"可見，民、物、同胞、吾與"裏面便有理一分殊底意"，此即"橫截看"的觀法，李氏終不免看得"淺了"。

　　三、從政治的角度看，李氏進一步指出，"大君者，吾父母宗子"悖於《詩》《禮》之"化國爲家"，有欲"化家爲國"之病痛。他認爲："兼愛之目的，在於餘力相勞，餘財相分，良道相教，化國家人我之分界，而入於兼愛交利之域，與儒家所謂仁民愛物、民胞物與究不能無分，蓋儒家始終皆有差等也。"③ "化

---

① 又曰："他不是說孝，是將孝來形容這仁，事親底道理，便是事天底樣子。"（《語類》卷九十八，條九十八，頁2526）所謂"樣子"，余英時先生以爲"正是現代語言中所謂'模型'"（《朱熹的歷史世界》，頁150，三聯書店2011年版）。羅羅山按："《西銘》前半篇是推親親之厚以大無我之公，後半篇是因事親之誠以明事天之道。"（《西銘講義》，頁181）但二者皆屬"一直看下"的法則。竊以爲，不理解"一直看下"的觀法，決不能領會朱子《西銘解》的根本精神，亦難免認"《西銘》要句句見理一而分殊"爲造作。要之，"橫截看"的觀法，是要分別從乾坤、父母之一理處，看出其所生之物的萬殊不齊來；"一直看下"的觀法，則是要自分殊之立，推求其理之本一。惟須注意者，"分殊立"須ái縱（家國分界）、橫（親疏貴賤）兩面觀之，則"推理一"亦包含橫（推己及物）、直（推事親之心以事天）兩個方向。

② 朱子曰："乾父坤母，皆是以天地之大，喻一家之小。"（《語類》卷九十八，條九〇，頁2523）所謂"喻"，本義爲曉喻、推明，但可引申爲如同、比方也。

③ 《諸子概論》，頁77。

國家之分界"，在不可"化家爲國"，而"化國爲家"乃是家國一體的儒家宗法精神。① 李氏在《諸子概論》中，已然意識到"民胞物與"實際上"始終皆有差等"，然其對《西銘》的秩序路徑，由於不理解"比喻性的思維"，故而得出了相反的理解。"化家爲國"的思想，最明顯地表現在法家中，曾海軍老師在《從家到國與從國到家——論儒、法秩序的天壤之別》中提出："儒家自父子之間不忍親情往外推擴，自'里'而言以仁爲美，自'國'而言君臣有義。法家則自'國'的眼光往下打量，自'里'而言相坐爲務，自'家'而言父子怨怒。兩者之間決然相反的秩序路徑，一以自'家'推擴到'國'，一以自'國'侵蝕到'家'，由此而決定着人倫三綱的不同精神實質。"② 然墨家之兼愛，又何以會走向與法家一致的秩序路徑上呢？這是由於，兼愛也決然棄絕了"不忍親情"的根基，意圖泯除家國人我分界，雖不至於法家"令民相伍，有罪相伺，有刑相舉"的相互殘賊，但家族中的"餘力相勞，餘財相分，良道相教"仍不脫"交相利"的底色。親親之恩非但不能以利合，如此則成爲鈎心鬥角的名利場；亦不當以義合，所謂"門內之治恩掩義"，所以也不能容納大義滅親的人爲法。《西銘》的政治內涵，實際上是"化國爲家"，而決無"化家爲國"之意。先來看《西銘》此處原文：

> 大君者，吾父母宗子。其大臣，宗子之家相也。
>
> 然繼承天地，統理人物，則大君而已，故爲父母之宗子。輔佐大君，綱紀眾事，則大臣而已，故爲宗子之家相。③

---

① 同理，"化人我之分界"，則在不可"化我爲人"，如《孝經·聖治章》云："故不愛其親而愛他人者，謂之悖德。不敬其親而敬他人者，謂之悖禮。"然"化人爲我"，須是從己到人的推擴所致，如孟子"老吾老，以及人之老；幼吾幼，以及人之幼"，與墨子"他人之父若其父，他人之兄若其兄"的決無分界卻"究不能無分"也。
② 載於《切磋二集——四川大學哲學系儒家哲學合集》，頁254，四川人民出版社2012年版。
③ 朱子《西銘解》。

觀朱子《西銘解》，無法明顯看出"比喻性的思維"。羅羅山順《語類》之提點講，使此意凸現出來：

> 民物並生，若無君臣以綱維之，必至於亂。一家之中，猶必有主，況天下之大乎？是故爲其民者，固當知大君、大臣代天理物，斯民皆爲其所覆育，我之所以事乎上者，必如支、庶子之聽命於家相、宗子，不敢有所犯也。而其爲大君者，則當體天地生物之心，仁以育之，義以正之，使天下之民皆得其所，如宗子之待眾兄弟焉。大臣理君之職，是即亮天之功，則當思盡瘁王事，使天地之所生者無一不被大君之澤，如家人之相宗子而安眾兄弟者焉。①

大君使民，"如宗子之待眾兄弟"。大臣輔君安民，"如家人之相宗子而安眾兄弟"。民之所以事上，"如支、庶子之聽命於家相、宗子"。羅羅山點出三個"如"來，便見其深諳朱子之意。用現代語言來表达，余英時先生較爲透徹：

> 從現代的分析角度說，《西銘》是以父母子女——"家"——爲模型所推想出來的"人"與"天地萬物"的關繫，包括"人"與其他人的關繫；在這一推想中，"乾稱父，坤稱母"是惟一而且必然的始點。②
>
> 但《西銘》的最大特色卻恰恰在於通過以"仁體"爲"理一"的觀念，並借助比喻性的思維，將天下一切"等級"轉換爲血緣化的"分殊"。這樣一來，在理學家的獨特構想中，"等級"不但"合理"而且也"合情"了。③

---

① 《西銘講義》，頁166。
② 《朱熹的歷史世界》，頁149。
③ 《朱熹的歷史世界》，頁151。

　　余先生特別指出"真信仰與假意識之辨"，所以這個"推想"決不是"爲了'利害'（維持現有秩序）而造作的假意識"。今人認爲，思想觀念的創造是爲了維護統治秩序的態度，完全是强加於思想家的"意識形態"。姑且說張子是從家族關繫的模型"推想"出國家關繫，卻並不想讓家變成國的縮影，而是在家國一理的基礎之上，"借助比喻性的思維"，俾使國經受家的洗禮，"將天下一切'等級'轉換爲血緣化的'分殊'"。《西銘》正是欲"化國爲家"，李氏顯然弄錯了其"轉換"的方向。但在"化國爲家"的秩序路徑中，橫渠卻認爲，一國之君就像一家之宗子，這到底是"名教之大賊"，抑或有深長的意味？非知道者，何足以知之！

二、《西銘》非名教之大賊

　　林栗批評《西銘》說：

　　　　若言"大君者，吾父母宗子"也，其以大君爲父母乎？爲宗子乎？《書》曰："惟天地萬物父母，惟人萬物之靈。亶聰明，作元后，元后作民父母。"兹固《西銘》所本以立其說者也。然一以爲"父母"，一以爲"宗子"，何其親疏、厚薄、尊卑之不倫也。其亦不思甚矣。父母可降而爲宗子乎？宗子可升而爲父母乎？是其易位亂倫，名教之大賊也，學者將何取焉？[1]

　　林栗引《尚書・泰誓》"元后作民父母"，可見大君爲父母，然《尚書・召誥》："皇天上帝，改厥元子。"元子，即是宗子，故大君也爲宗子。《鶴林玉露》有云："余謂父母之說，不如元子、宗子之說意味深長。蓋謂之元子、宗子，則天父地母臨之於上。"大君既可

---

　　① 《記林黄中辨〈易〉〈西銘〉》，《晦庵先生朱文公文集》卷七十一，頁3409，《朱子全書》本，上海古籍出版社、安徽教育出版社2002年版。

"作民父母"，表明有教養之責，又可作元子、宗子，實則兩不相礙，各有攸當。然"不如元子、宗子之說意味深長"者，在於以宗子比大君，以父母比乾坤，既能向上爲政治秩序開闢形上學領域的保證（"人皆天地之子"），又能向下爲君臣一體、仁民愛物①創造破除隔膜的機遇，這是張子思想的宏大精密處。這也可視作"劃界"（康德語），而"劃界"的目的乃是：爲政治秩序的形上學建構留下地盤。余英時先生認爲：

> 張子比"大君"爲"宗子"，絕不可等閒視之。他的深層用意是通過宗法化以消減君主的絕對權威，縮短君臣之間一段不可逾越的距離。……如果君主衹是"宗子"，臣民都變成了"旁親兄弟"，君相之間也比照着"宗子"與"家相"的關繫重作安頓，則"三綱"中的第一"綱"——君臣——便將發生根本性質的變化。張載敢於將牢不可破的"天子"概念擴大應用在天下所有臣民的身上，僅此一端即顯出理學在中國政治思想史上的開創精神。②

讓不同等級的人意識到，人人都來自同一本原，其中大君作爲宗子而有君道，激憤地說"是通過宗法化以消減君主的絕對權威"，但嚴格地講，如《孝經》曰："故雖天子，必有尊也，言有父也；必有先也，言有兄也。"與其說是"消減"，不如說是恢復君主的本位，既須知上必有尊、先當敬，又須知下必有臣民當親，但這並不意味着君臣關繫"將發生根本性質的變化"，宋儒恐無意對"君爲臣綱"發起挑戰，余氏之言稍過。③ 以下借助朱子"棋盤"的比喻，發揮《西

---

① 此處詳於君的性質，而其與臣民的關繫，則參見《朱熹的歷史世界》之《敘說》"程氏《易傳》中的政治思想"部分。
② 《朱熹的歷史世界》，頁155。
③ 如朱子注"十世可知也"章，引馬融曰："所因，謂三綱五常。"下按語曰："三綱，謂：君爲臣綱，父爲子綱，夫爲妻綱。"

銘》政治思維的大旨，朱子曰：

> 《西銘》前一段如棋盤，後一段如人下棋。①
> 罗罗山曰：前一段自乾稱父至兄弟顛連而無告者也，後一段
> 自於時保之至篇終。②

　　黃勉齋驟聞此言，亦"未曉其說"③，後來"思之，方知其然"，其言大意曉暢，的然有得。然"如棋盤""如人下棋"之喻，恐未能直揭其隱，罗罗山曰：

> 前一段如棋盤者，乾坤、父母、民物、胞與，以及夫大君、
> 宗子、長幼、聖賢、疲癃、殘疾、煢獨、鰥寡，其親疏之分、貴
> 賤之等，各有位置，不相混淆者也。④

　　棋盤自"理一"而言，而"乾坤、父母、民物、胞與，以及夫大君、宗子、長幼、聖賢、疲癃、殘疾、煢獨、鰥寡"是其間"分殊"處，自有"親疏之分，貴賤之等"，則分殊在理一中"各有位置，不相混淆"。世間萬物之分殊莫非原出一理，就連"疲癃、殘疾、煢獨、鰥寡"也有其"位置"，故不可任私意而棄之。分殊立又

---

① 《性理大全書》卷四，文淵閣《四庫全書》本。
② 《西銘講義》，頁154。
③ 嘗記師說："《西銘》自乾稱父以下至顛連無告，如棋局，自子之翼也以下至篇末，如人下棋。"未曉其說。丁卯夏，三衢舟中，因思之，方知其然。乾父坤母、予混然中處，此四句是綱領，言天地，人之父母；人，天地之子也。天地之帥塞為吾之體性，言吾所以為天地之子之實。民吾同胞至顛連無告，言民物並生天地之間，則皆天地之子。而吾之兄弟黨與，特有差等之殊，吾既為天地之子，則必當全吾之體，養吾之性，愛敬吾之兄弟黨與，然後可以為孝。不然，則謂之背逆之子。於時保之以下，即言人子盡孝之道，以明人之所以事天之道，所以全吾體，養吾性，愛敬吾兄弟黨與之道，盡於此矣。（《西銘說》，載於《勉齋集》卷三十四，文淵閣《四庫全書》本）
④ 《西銘講義》，頁154。

當推求復歸於一理，必當"全吾之體，養吾之性，愛敬吾之兄弟黨
與"，然後可以爲仁人孝子。羅整菴曰："夫此理之在天下，由一以
之萬，初匪安排之力，會萬而歸一，豈容牽合之私?"① 等級名位之
分莫非天之所爲，初非人力所能安排，而"會極一統，熔鑠眾殊"②
又不容以私意牽合之，惟仁人盡己之性而盡人物之性，俾使人皆有以
全其體、養其性，萬物各得其所而一理貫通也。對於人間秩序的構
建，余英時先生認爲："'理一'是統合性的因素，將人間世界融成
一整體；'分殊'則是規定性因素，將内部無數歧異——包括功能
的、類群的、個人的——安排成一個井井有條的秩序。"③ 一統不能
抹殺分殊之異，而殊散也不能礙於理一之同，此乃禮樂世界的真正
精神。

又，隨着個人德性的進退、家族命運的興衰及天下國家秩序
的變遷，不同等級名位的人皆會面臨"下棋"中的勝敗，罗罗
山曰：

> 後一段如人下棋者，後一段是言事天工夫。其所以事天者，
> 不過盡吾之性，全吾之體。凡所以待父母，待兄弟，待民物，待
> 大君、大臣，待高年、孤弱，待聖賢，待疲癃、殘疾、煢獨、鰥
> 寡，着着下得得當耳。畏天、樂天，是局中最妙秘訣。悖德、害
> 仁、濟惡，敗着也；知化、窮神、存心、養性等，勝着也。知其
> 勝負之所在，而小心以運之，斯可以不至於敗矣。④

人皆天地之子，所以人皆有以"事天"。作爲一粒棋子儿，生而
爲何等級名位、貧富壽夭，皆非人所能逆知者，但每個人必得"下
棋"。"其所以事天者，不過盡吾之性，全吾之體"，故而命可能參差

---

① 《困知記》卷上，條七。
② 丁紀《大學條解》，頁 46。
③ 《朱熹的歷史世界》，頁 143。
④ 《西銘講義》，頁 154。

不齊，而吾之性卻無不可盡。盡己之性，而後能盡人物之性，"着着下得得當"也。由此可知，每一個"下棋"的人，都會面臨與父母、兄弟、民物、君臣、高年、孤弱、聖賢、疲癃、殘疾、煢獨、鰥寡等其他棋子儿的關繫。每一個位分的人，都能掌握"畏天""樂天"的秘訣，也都存在"勝着""敗着"的可能性。"畏天"爲學者主敬下手工夫，"樂天"爲大賢學問之極功。"勝着"有以優入聖域，過蒙拔擢，而"敗着"則有以喪絕幾希，黜陟幽明。所以，不知勝負所在，而肆意以運之，終必鑄成敗局。即便是受命之君，如若殘賊仁義，終必至於"誅暴國之君，若誅獨夫"（荀子語）。在面對道德淪喪、家國凋敝、階層僵固、貧富懸隔等之時，天命會召喚士民中的有識者，更換棋局中身居要位的棋子。但不是每個人都能成爲英雄，卻定然能做到"以修身爲本"，因爲這對人人都是定然不易的，而君子則當"終日對越在天"（伊川語）也。總起來說，《西銘》的政治思維，不外乎仁、敬二字：自前一段棋盤來看，在於分雖殊而理一於其中在在得實，惟須分殊立而推求乎理一，以至於"天下爲一家，中國爲一人"而後已，所謂"仁者，以天地萬物爲一體"（程明道語）也；而從後一段如人下棋來說，則在於人人皆爲天地之子，故而人人皆須小心事天，而事天之方，《大學》之"自天子以至於庶人，壹是皆以修身爲本"，所謂"修己以敬"也。但對事天與事親關繫的理解，宋明儒存在着較大差異，而這卻源於晚明《孝經》學的興起，以及思維方式上的變遷。

三、《西銘》非《孝經》之正傳

《西銘》與《孝經》的關繫，從文獻上來考察，"違曰悖德"，朱子解曰："不愛其親而愛他人也，故謂之悖德。"此言出自《孝經·聖治章》第九。又，"不愧屋漏爲無忝，存心養性爲匪懈"，朱子解曰："《孝經》引《詩》曰：'無忝爾所生。'……又曰：'夙夜匪懈。'"所引二《詩》分別出自《孝經·士章》第五、《卿大夫章》

第四。雖朱子曰"張子此篇，大抵皆古人說話集來"①，但並未與《孝經》相提並論。然而，對《西銘》的解釋，在晚明醞釀出與《孝經》合觀互釋的趨勢，如明虞淳熙《宗傳圖》曰："《西銘》一書明事親、事天之孝，此《孝經》之正傳，即天明地察語也。"②

　　從傳統的理解來看，欲知《孝經》大義，當先知《孝經》之義"不爲庶人而發"、"非特爲家庭而言"及"非徒爲曾子而言"③，尤其從今文經對《孝經》的理解，可說《孝經》之主旨不在教誨庶人的家庭倫理，而在"以孝治天下"的經世大法，其要義在政治秩序的建構。又，朱子對《西銘》的理解，也可說其核心不在孝，而在"事天底道理"（龜山語），其要義在存心養性以事天。程朱雖推尊

---

　　① 《語類》卷九十八，條七十九，頁2520。

　　② 臣以爲《西銘》一書，乃經文"事父孝，故事天明；事母孝，故事地察"之敷言耳。（《御定孝經衍義》）又，呂妙芬提到，明代"楊起元在《孝經引證》中抄錄了《西銘》全文，文末所附的經文也是'事父孝，故事天明；事母孝，故事地察'"。清代"應是的《讀孝經》同樣以《西銘》注《感應章》"。又有甚者，如李榕村曰："程朱極推《西銘》，不知卻從《孝經》脫出。如云：'事父孝，故事天明；事母孝，故事地察'是'乾坤大父母'；'通於神明'，即'窮神達化，以繼志述事'也；'光於四海'，即'民胞物與'也。"（《榕村語錄》卷十七，《孝經》，頁303，中華書局1995年版。《孝經集注述疏》所附《讀書堂答問》感應章條一何猷問曰："《孝經》於《西銘》何如？"簡氏所引"李氏清植"，乃李榕村之孫，故其說顯本其祖而來，頁208，華東師範大學出版社2011年版）又有更甚者，如許三禮曰："《孝經》自天經地義豎起，《西銘》亦自乾父坤母溯來，此是說親所自始處。《孝經》以孝事父母爲明天察地，以孝事天地爲通於神明，《西銘》以窮神爲盡善，以知化爲善述，□歸於存順歿寧，此是說親所自終處。《孝經》謂愛親不敢惡於人，敬親不敢慢於人，謂教孝以敬父，教弟以敬人兄。《西銘》言民吾胞、物吾與，言長其長、幼其幼，言兄弟顚連而無告，此是說親所自推處。"（《海昌會語》）參見呂妙芬《〈西銘〉爲〈孝經〉之正傳？——論晚明仁孝關繫的新意涵》，《中國文哲研究集刊》第三十三期，2008年9月。

　　③ 鄔慶時《孝經通論》之《大義》第六，頁四一，商務印書館。又，《批評》第八："要皆專從孝字着想，誤將孝與《孝經》混而爲一。不知孝爲一事，《孝經》又爲一事，不能謂孝即《孝經》，亦不能謂《孝經》即孝也。"（頁60）又曰："然《孝經》一書，兼陳孝道與孝治二義，而特重於孝治。書中言孝治者十之九，言孝道者僅一耳。謂其專陳孝道，未免取一而廢百。先儒之所以如此者，其或者有畏時遠害之思乎？"（頁62）

《西銘》，但卻認爲《孝經》可疑。① 在《孝經》的作者方面，堅持曾子弟子說，並在思想上問難：《孝經》中的孝治，可以脫離《論語》中的孝道，獨立建構起"以孝治天下"的制度嗎？如《孝經刊誤》"右傳之二章，釋要道"下，朱子曰，"但《經》所謂'要道'，當自己而推之"，"右傳之四章，釋'民用和睦，上下無怨'"下。朱子曰："蓋《經》以孝而和，此以和而孝也。""自己而推"、"以孝而和"，皆有打通孝道、孝治之心，但明顯認爲孝道更爲根本。又，在梁濤的思孟學派研究中，對《孝經》則是大加批判："《孝經》中的孝被進一步政治化、功利化"②、"將孝與政重新結合起來，孝具有強制性，具有類似法的地位"③、"而孔子倡導的'菽水承歡'的真情實感反遭到扭曲、污染，所以孝與忠的統一，其實也就是孝被異化、被閹割的開始。以後汉代'以孝治天下'，其選擇實行的恰恰是《孝經》之孝，而不是孔子之孝"④。

如果今文經學對《孝經》的定位，和程朱理學對《西銘》的解釋，皆如上所言本不是說孝，並無互相闡釋的通孔，那麼明儒又是何以使之貫通無礙，且形成"《西銘》乃《孝經》之正傳"的觀點呢？溯其源頭，乃是陽明的良知學說爲晚明《孝經》學提供了思想資源。晚明《孝經》學復興，傾向以陽明學（尤其罗汝芳思想）詮釋《孝經》，把"孝"提升到形上本體義，企圖擺脫"本不是說孝"的傳統解釋⑤。又，從思維方式來看，明儒傾向"即體即用"的圓融觀，"是將孝來形容這仁"則未免割裂。如呂維祺曰，"孝弟即事天"、"神明、孝弟不是兩事"；又如船山曰，"以孝道盡窮神知化之致"；又如李榕村曰，"《西銘》是從孝上指點出一個仁來"；又如許三禮

---

① 參見《二程遺書》卷十五，條一七二，頁168；朱子《孝經刊誤》、《語類》卷八十二。

② 《郭店竹簡與思孟學派》，頁494。

③ 《郭店竹簡與思孟學派》，頁495。

④ 《郭店竹簡與思孟學派》，頁496。

⑤ 參見呂妙芬《〈西銘〉爲〈孝經〉之正傳？——論晚明仁孝關繫的新意涵》。

曰："敬天敬地，當如親父親母；其事父事母，當如高天厚地。"① 於是，對於朱子所謂"推親親之恩以大無我之公，因事親之誠以明事天之實"，明儒深切地擔憂着"親親之恩""事親之誠"被架空，因此他們援《孝經·感應章》以釋《西銘》，堅定地認爲孝弟與事天是"合一"的、"不是兩事"，而事天的全部意義皆端賴於孝弟的踐行。《孝經·感應章》曰：

> 子曰："昔者明王事父孝，故事天明；事母孝，故事地察；長幼順，故上下治。天地明察，神明彰矣。故雖天子，必有尊也，言有父也；必有先也，言有兄也。"

鄭注曰："盡孝於父，則事天明。盡孝於母，能事地察。其高下，視其分理也。"皮鹿門曰："是鄭解《孝經》所云天地，皆以時行物生，山川高下爲言。"② 鄭解妥帖平實，通於事務。然則，對於"天地"的解釋，有與鄭君不同者，且也確然"有據"，如《白虎通》有"王者父天母地"之說，邢疏又引《易·說卦》乾坤立說。"事天"從"順四時"之義，走向"事天能明天之道"③。張子曰："仁人孝子所以事天誠身，不過不已於仁孝而已"④，所謂"事天誠身"，"不已於仁孝"乃是必經之途，蓋與《孝經·感應章》之序不異。所以，"《西銘》乃《孝經》之正傳"的說法，不僅淆亂了兩個文本的界限（尤其是理學、今文經學的異見），而且在事天、事親關繫上，也存在兩條進路的差異，在朱子、船山之間表現得尤爲明顯。讓我們先從船山說起。

船山《西銘注》曰：

> 盡敬以事父，則可以事天者在是；盡愛以事母，則可以事地

---

① 參見呂妙芬《〈西銘〉爲〈孝經〉之正傳？——論晚明仁孝關繫的新意涵》。
② 《孝經鄭注疏》，《師伏堂叢書》本。
③ 《孝經注疏》，文淵閣《四庫全書》本。
④ 《正蒙·誠明篇》第六，條四，頁21，中華書局1978年版。

者在是；守身以事親，則所以存心養性而事天者在是；推仁孝而有兄弟之恩，夫婦之義，君臣之道，朋友之交，則所以體天地而仁民愛物者在是。人之與天，理氣一也；而繼之以善，成之以性者，父母之生我，使我有形色以具天性者也。理在氣之中，而氣爲父母之所自分，則即父母而溯之，其德通於天地也，無有間矣。若捨父母而親天地，雖極其心以擴大而企及之，而非有惻怛不容已之心動於所不可昧。是故於父而知乾元之大也，於母而知坤元之至也，此其誠之必幾，禽獸且有覺焉，而況於人乎！故曰："一陰一陽之謂道"，乾、坤之謂也；又曰："繼之者善，成之者性"，誰繼天而善吾生？誰成我而使有性？則父母之謂矣。繼之成之，即一陰一陽之道，則父母之外，天地之高明博厚，非可僭等而與之親，而父之爲乾，母之爲坤，不能離此以求天地之德，亦昭然矣。①

　　船山之意，根本上認爲"天親合一"，父母便是生成我之乾坤，而盡愛敬以事父母，則事天地的意義便在其中；若"捨父母而親天地"，乃"僭等而與之親"，故決無離父母之爲乾坤，而能求得"天地之德"者也。其理據在於："人之與天，理氣一也；而繼之以善，成之以性者，父母之生我，使我有形色以具天性者也。理在氣之中，而氣爲父母之所自分，則即父母而溯之，其德通於天地也，無有間矣。"船山告訴我們，天與人是一理相貫、一氣流通，所謂"人之與天，理氣一也"，便是張子之"天地之塞，吾其體；天地之帥，吾其性"；但是，"誰繼天而善吾生？誰成我而使有性？則父母之謂矣"，若非父母生我，我之與天何能"相遇"？故而，不可謂天地生我，而父母僅爲一中介物。既然如此，"吾之形色天性，與父母無二，即與天地無二"，何能捨棄"事親之誠"而有"事天之實"？然船山之論孝，也非全無波瀾，船山曰：

---

① 《張子正蒙注》，頁 313～314，中華書局 1975 年版。

　　親志以從而無違爲順，然有可從、不可從之異，而理則唯其
善而從之者爲順。不從其善而從其不善，或至於殘害天理，則賊
所生之理矣。濟惡而不能幹蠱，父母成乎惡而爲天之蠹矣；故必
踐形斯爲肖子，肖乾坤而後肖父母，爲父母之肖子，則可肖天地
矣。故舜所踐者瞽叟之形，而與天合德。①

　　深究船山之心，子必須意識到，此身形色分於父母，即"氣爲父
母之所自分"，子於父母雖有"不可從""幹蠱"，但這並不意味着，
是肖乾坤而後不肖父母之舉，而正是"爲父母之肖子，則可肖天地"
之行。這是因爲，即我而溯之父母，即父母而溯之天地，我與父母之
德皆可謂"通於天地"，不可謂我之德可自通於天地，而可捨棄父母
於道理之外也。故"踐形斯爲孝子"，亦不可謂我之形可自盡其理，
而可撇開父母於吾身之外也。實際上，親之令與道理是有可能陷入衝
突之中的，而戰場則在人子之心。但船山認定"天親合一"之旨，
以此消弭了天親之間的張力，固然能保全"天性之愛"的正途，② 但
同時也變成一道牢不可破的符咒，既會爲父母的人欲之私開道，又會
使人子喪失獨立的人格。比如，當面對"潁封人""申生""伯奇"
的問題時，船山曰：

　　道盡而安命，而不以死爲憂，蓋生我者乾、坤之大德，非己
自有生而天奪之。故身爲父母之身，殺之生之，無可逃之義；德
未至於聖，無如自靖以俟命。③

　　由於船山認定"天親合一"之旨，天地固於我掌生殺大權，而

————————

　　① 《張子正蒙注》，頁317。
　　② 船山曰："此處輕重未審，則將有輕天性之愛，而專意於責善者。"（《讀四書
大全說》卷九，頁617，中華書局1975年版）於此可見，船山所守者，天性之愛；所
防範者，責善傷恩也。
　　③ 《張子正蒙注》，頁318。

人子之"身爲父母之身"，且父母通於天地之德而無間，所以父母亦於我可"殺之生之"，人子固無可逃之義。船山認爲"德未至於聖，無如自靖以俟命"，而朱子《西銘解》於此並無不同。但當門人問及申生恐未爲盡道時，《語類》中朱子又認爲，申生實陷父於不義，未盡乎子道，[①] 而父母之命，有時出於人欲之私，朱子曰：

> 蓋事親卻未免有正有不正處。若天道純然，則無正不正之處，祇是推此心以奉事之耳。[②]
>
> 天命無妄，父母之命，有時而出於人欲之私。[③]
>
> 天不到得似獻公也。人有妄，天則無妄。若教自家死，便是理合如此，祇得聽受之。[④]

在朱子看來，事親未免有不正，而父母之命亦非能無往而不妄，祇有"天道純然，則無正不正之處"。申生實未了勇敢之真義（"勇於從而順令"），當逃而逃亦無非勇也，且獻公置申生於死地，其罪亦不可不正之。罗罗山曰：

> 申生本無罪，獻公置之死地，故《春秋》書曰："晉侯殺其世子申生"，罪獻公也。況申生此時亦應逃而去之，不至陷父有殺子之罪，則其死也，於道亦有所未盡耳。若必諉之於氣數，則申生不逃之失可以不議，獻公之殺子亦是順天行事，其罪可以不書。如是之論出，凡天下之亂臣賊子、巨盜強寇，皆可以肆行無

---

① 船山曰："如申生固能爲人之所不能爲，卻令天下之父子許多疑難處依舊不得個安靜在。中材以下，要死既難，賢智者又慮死之猶未爲盡道，從此便開出歧路，以至不忍言之事而亦犯之。"（《讀四書大全說》卷九，頁618）不忍而亦犯之，固爲"歧路"無疑，然死或於中材無難，而中材以下之良善者，亦須有活下去的空間，且對於悖於德禮的父母，亦當於公論而書其罪也。

② 《語類》卷九十八，條八十三，頁2522。

③ 《語類》卷九十八，條八十五，頁2522。

④ 《語類》卷九十八，條八十四，頁2522。

忌矣，其禍可勝言哉？①

　　順此而行，德未至於聖人者，其可行事之餘地，不止於自靖無逃，而出於私欲的父母，其所行之有妄處，可得而糾之正之。"不議"、"不書"之論起，後世劇烈之批評，皆自此而攻訐之，如劉廣明曰："更有屬害的，則申明父母對子女有打罵生殺之權。《禮記·內則》'父母怒不悅，而撻之流血，不敢疾怨，起敬起孝。'魏禧《日錄》：'父母即欲以非禮殺子，子不當怨，蓋我本無身，因父母而後有，殺之，不過與未生一樣。'這是極爲猙獰、殘酷的道德，個體不僅毫無權利，而且是擱在宗法倫理案板上的一塊隨時被宰割的肉。"② 須知"非禮殺子，子不當怨"，父悖於道而子未盡道，正是"父不父，則子不子"，羅整菴曰：

　　　　蓋凡"篡弑"之書，非但以垂戒臣子，亦以垂戒君父。夫君不君，則臣不臣，父不父，則子不子，此一說也。君雖不君，臣不可以不臣，父雖不父，子不可以不子，此又一說也。君君，臣臣，父父，子子，然後綱常正而品物遂，此《春秋》所以有功於萬世也。或乃謂《春秋》凡書弑君，弑即是罪，何必更求其詳？果如其言，即不過發讀者一長叹而已，於世道竟何補，而聖人又奚以作《春秋》爲哉！③

　　若父母之命出於私欲之心，顯然違背天道，人子則當"從義不從父"（荀子語）。有幹蠱之責，且當法"舜百事事父母，祇殺他不得"（朱子語）。有可逃之義，而不可生離親之志，故人處反常之地，不可遂至於亂，要歸於正。如此而不得，則在人子心中那塊天親對立的戰場上，與其棄父母於義理之外，寧可自靖而俟命，然其人未盡子

---

① 《西銘講義》，頁177。
② 《宗法中國》，頁196，三聯書店1993年版。
③ 《困知記》卷下，條三十四，頁32，中華書局1990年版。

道而可議論，其父母亦爲殺子而當批判也。據整菴的理解，《春秋》書法於君父、臣子胥皆"垂戒"，所以一方面，我們在批判一百多年來人們誤將"子不可以不子"當作被閹割、宰殺的謬誤之時，另一方面也須領悟到，上一代人對"父不父"的批判作爲一份遺產，我們選擇去肩負而並不認肯其叛逆，去重建而並不加劇矛盾、衝突。

從事天、事親關繫的討論，我們可以看出，船山"天親合一"的思路，與朱子"人有妄，天則無妄"適成對照，一爲"合"而一爲"分"，形成兩條幾乎不可調和的進路。前者易於對人子嚴格，對父輩不議，防範的是責善、犯上，則有狷介之人的捨生而赴死，可謂賢者守經以俟命。後者則易於對父輩垂戒，對人子長傲遂非，防範的是不論子之失、不書父之罪，則有狂者之流的從道不從父，亦可謂賢者踐義而改過。竊以爲，這兩條路子恐怕皆非中道。明儒所失察的是，《孝經》反對"以從親之令爲孝"，所以一合之中不可無區域分別，無分別則人子爲案板魚肉也必矣。同樣的道理，一分之後亦不可無合之之力，欲合之則有人子之委曲求全也必矣，若徑爲"捨父母而親天地"①，則又不免爲恣意妄行了。② 所以，狷者雖有所不爲，然若明"合中有分"，亦必有所爲，如法舜之逃，而狂者雖進取，但若知"分必能合"，亦須逡巡退讓，如法舜之慕也。據我看來，這兩條進路或許都缺少了"我思古人，實獲我心"的忠厚惻怛、自得於心，"靜言思之，不能奮飛"的怨怒中節、不失其正。讓我們以朱子論《邶風·柏舟》一條作結：

　　如《柏舟》，婦人不得於其夫，宜其怨之深矣。而其言曰："我思古人，實獲我心！"又曰："靜言思之，不能奮飛！"其詞氣忠厚惻怛，怨而不過如此，所謂"止乎禮義"而中喜怒哀樂

---

　　① 朱子亦非不知此意，他認爲："不可認是一理了，祇滾做一看，這裡各自有等級差別。且如人之一家，自有等級之別，所以乾則稱父，坤則稱母，不可棄了自家父母，卻把乾坤做自家父母看。"（《語類》卷九十八，條九十三，頁2524）
　　② 參見拙文《父與子》，載於《切磋二集——四川大學哲學系儒家哲學合集》。

之節者。所以雖爲《變風》，而繼《二南》之後者以此。臣之不得於其君，子之不得於其父，弟之不得於其兄，朋友之不相信，處之皆當以此爲法。如屈原不忍其憤，懷沙赴水，此賢者過之也。賈誼云："歷九州而相其君兮，何必懷此都也？"則又失之远矣！讀《詩》須合如此看。①

　　君子之淵靜自守，乃萬世處變之法，朱子論《詩》之言，"實獲我心"者也！

壬辰七月初十初稿於四川大學郭家橋
壬辰八月廿七改稿於中山大學南校區
癸巳四月十三定稿於北京雙榆樹南里

---

① 《語類》卷八十一，诗二，邶柏舟，條二，頁2102。

一貫與忠恕

——《論語》總章八一沉潛

李　毅

《論語》總章八一：

> 子曰："參乎！吾道一以貫之。"曾子曰："唯。"子出。門人問曰："何謂也?"曾子曰："夫子之道，忠恕而已矣。"

《朱子語類》："且要沉潛理會，此是論語中第一章。"① 蓋在朱子，雖然論語四百九十八章無不是道理之彰顯、無非至關重要者，然此章者，總四百九十八章之綱領，猶"在明明德、在新民、在止於至善"之於《大學》全文也。朱子《論語集注》（下文簡稱《集注》）於此章用力頗深，蓋論語本文之要求也。然體例所限，朱子很多意思並沒有在《集注》中講明，而放在了《四書或問》（下文簡稱《或問》），間或被保留在了《論語精義》（下文簡稱《精義》）、《朱子語類》（下文簡稱《語類》）之中。《集注》中的一些容易被誤讀甚至後世果然被誤讀的地方，須其他四種書之輔助纔能明白；《語類》中一些看似和《集注》衝突的說法，也需要一定的說明纔能夠貫通無礙。而圍繞此章，很多切題的引申討論不但在後世，而且在朱子的時

---

① 《朱子語類》，頁965，《朱子全書》第十五冊，上海古籍出版社、安徽教育出版社2002年版。

代中也發生著，是以採集所見《精義》《或問》《語類》中關於此章而有補於《集注》者，撰爲此篇，以明《集注》之深意，并展示朱子心中此章之全貌。是亦"沉潛理會"之事也。

一

此章核心，固在於"一以貫之"及"忠恕"兩處，但是，歷來在這兩個義理大關節上的分歧，在一定程度上是和注解者對此章情境的不同理解相關的。而朱子的注解，也是奠基於他對此章情境的判斷之上的。《精義》存游氏之言曰：

> 子曰："吾與回言終日，不違如愚。"又曰："語之而不惰。"又曰："於吾言無所不悅。"則其師資之際，朝夕相與言而默契於道者，宜不少矣，而論語所載，止於爲仁爲邦而已，則其所不載者，皆二三子所不得聞也。由此觀之，則仲尼、曾子所以授受者，門人所不得聞，而所以告門人者，不過忠恕而已。"①

看來後儒的詬病不無來歷。洪頤煊《讀書叢錄》曰：

> 宋儒謂一貫爲孔門不傳之秘，惟曾氏得其真詮，端木氏次之，其餘不可得而聞，此其說非也。②

夫子"無隱"，故縱然夫子果然某些時候和顏子、曾子單獨談話，其中也絲毫不含有"秘而不宣"的意味，而或者是"侍坐"，或者是"憤而啟之、悱而發之"：雖未必對人言，然實無不可對人言也。難不成夫子每次都要等所有學生都到齊了纔能開口說話？或者要對所有的學生說幾乎同樣的話？無此理也。這一點游氏不會不知道，所以游氏"二三子所不得聞"祇是一種對於已經出現的經驗事實的

---

① 《論孟精義》，頁155，《朱子全書》第七册。
② 程樹德《論語集釋》，頁258，中華書局1990年版。

描述，祇是在說夫子和曾子這番關於"一以貫之"的對答是發生在
"私下"場合，而非大庭廣眾之下，並不含有"夫子故意秘而不宣"
之意。換句話說，游氏說的是"不得而聞"，並非"不可得而聞"。
"不可得而聞"，說的是可能性的斷絕，"不得而聞"祇是說已經出現
的經驗事相而已。

朱子自然不曾說一貫是"不傳之秘"，但也不同意游氏"門人不
得而聞'一以貫之'"的看法。《或問》載朱子曰：

> （游氏）又謂"仲尼、曾子所以授受，門人有不得而聞者"，
> 亦非也。夫師弟子相與處於一堂之上，其可爲咕囁耳語以私於一
> 人哉？特學至者，聞之而有得，其未至者，雖聞而若弗聞耳。故
> 門人之問，以"何謂"爲辭，則固聞其言而不曉其所謂者也。
> 若初不聞，則又豈得而筆之於書耶？①

據"子出，門人問"及"以何謂爲辭"兩方面的證據，可知此
章情境，當如朱子所言無疑：在大庭廣眾之下，孔子獨呼曾子之名而
與之言。

這樣的情境也意味著：夫子是此番對話的"起事人"。這一點，
對於後續情境的展開，有決定性作用。《精義》載：

> 世儒以爲夫子之道高遠，而曾子未足以見之，所見者止於忠
> 恕而已。②

對於身處其境的曾子是否"聞之而得夫子之旨"，在程朱的時
代，便已經有人發出了質疑。這固然有待於講明一貫和忠恕的關繫而
後能圓滿解決，但夫子是此番對話的"起事人"這一點向我們展示
出了一種保證。《精義》載：

---

① 《四書或問》，頁693，《朱子全書》第六冊。
② 《論孟精義》，頁152。

　　遊曰：“使曾子之知不足以及此，則仲尼不以告，而曾子不自誣。”①

　　論語中夫子兩言“一貫”，一以告曾子，一以告子貢，告曾子者，以其行足以及此，告子貢者，以其知足以及此。行可以兼知，知不可以兼行。故行足以及此者，知必已足以及此，此言“曾子之知”，亦可。如上面所言，對於曾子的“唯”，夫子不但是“當事人”，而且是“起事人”，不但是“起事人”，而且“於曾子，纔應即出”②，一點點不擔心“如何收場”這個問題，所以，無論從哪個層面上質疑曾子，質疑者都需要知道自己其實是質疑到了孔子。也即在此章之中，孔子和曾子是共是非、同甘苦的，任何一種拆開兩人、拆開兩番對話的做法都是在事實上無法成立的。

　　質疑者的依據，還有曾子的年齡問題。程樹德曰：

　　考史記弟子傳“曾子少孔子四十六歲”，孔子卒時，曾子年不及三十。以云大徹大悟，似尚非其時，何秘密傳授心印之有？③

　　朱子也注意到了曾子的年齡問題，《或問》載：

　　以史記考之，則夫子卒時曾子之年纔二十有九耳，其聞道之早蓋如此，可畏也哉！④

　　在曾子的“年輕”裏，朱子看出的是“後生可畏”四個字。看

---

①　《論孟精義》，頁 154。
②　丁紀《論語讀詮》，頁 104，巴蜀書社 2005 年版。
③　程樹德《論語集釋》，頁 260。
④　《四書或問》，頁 689。

來“年輕”這個因素會隨著視角的變化而有絕然不同的意味，所以“年輕”至少并不在任何意義上構成“不能大徹大悟”的理由。

　　基於此，在進入核心義理的辨析之前，朱子已經可以確定曾子當時必已得孔子之旨，其“唯”既非有意自欺欺人，也非自以爲是的想當然，其告門人之言，“亦猶夫子之告曾子也”，必定無所隱晦而合乎夫子之意。

　　正是基於這些事實，朱子展開了他的注解。朱子以“唯”爲斷，分此章爲兩節，第一節爲孔子與曾子之間的對話，第二節爲曾子與門人①之間的對話。

二

　　子曰：“參乎！吾道一以貫之。”曾子曰：“唯。”

《集注》曰：

　　參乎者，呼曾子之名而告之。貫，通也。唯者，應之速而無疑者也。聖人之心，渾然一理，而泛應曲當，用各不同。曾子於其用處，蓋已隨事精察而力行之，但未知其體之一爾。夫子知其真積力久，將有所得，是以呼而告之。曾子果能默契其指，即應之速而無疑也。②

　　“聖人之心，渾然一理，而泛應曲當，用各不同”，此言“一以貫之”也。“渾然一理”，言心體之清明也。“泛應曲當”，則言此清明心體之物來順應、物各付物之大用也。

　　聖人之心所以能夠“泛應曲當”，全在“渾然一理”之保證，無“渾然一理”，或此理不明於心，則此心不能自知、自主而未免二三，

————————

　　①　朱子認爲此處爲夫子門人，即曾子的同門師兄弟。或者以爲此處爲曾子門人。本文認爲此處不須深辯。

　　②　《四書章句集注》，頁72，中華書局1983年版。

雖交於萬事，不過似愚不肖一般渾渾噩噩、逐物而遷，從而敗己敗物。惟心與理一，心自知其準則、自主其方向，乃能心智清明、主一無適而物來順應，有"泛應曲當"之大用。在《語類》中，朱子說：

> 一以貫之，猶言一心應萬事。①

對比《集注》，這裡好似少了"理"字。鑒於無論智愚賢不肖，人皆是以其心來應對所遭遇到的所有事情，所以"理"字的缺少使得聖人和愚不肖無別。但這裡並沒有這樣的危險，因爲如果仔細看的話，"一心"之"一"，便是理字所在。如上所言，惟聖人之心於理無所不明，故能"一"，而言"一心"，則"一理渾然"自在其中。程樹德曰：

> 按：朱子之說一貫，以爲猶一心應萬事，是也。而欲以理貫之，則非也。理者，佛家謂之障，非除去理障不見真如，如何貫串得來？②

儒佛雖同用"理"字，然所指及其意味卻大不相同，如朱子所言，儒家理實，佛家理虛。是以以佛家對於"理"的理解來質疑朱子"渾然一理"之說，自然是義理上的誤植。取"一心應萬事"而捨"渾然一理"，又未免買櫝還珠之弊。《語類》又曰：

> 一是一心，貫是萬事。看有甚事來，聖人祇是這個心。③

看有甚事來，聖人祇是這"一心"。聖心即理。祇是這"一心"，即祇是這一理。《語類》中朱子曰：

---

① 《朱子語類》，頁966。
② 程樹德《論語集釋》，頁261。
③ 《朱子語類》，頁966。

孔子說，我每日之間，大事小事，皆袛是一個道理。①

理者，物之所以然之故，即我心之所當應之之則也。此心自知、自主，則心體虛明而物來理現，所以能處置妥當，物各付物，非此心添加理則於事物之上也。物各有則，理之現於心體者有萬，然萬理又袛是一理之流淌與展現，故此心之所以應之之則袛是"一個道理"而已。此是就根源上說，非"子莫執一"之謂也。惟其有此體，故能有"泛應曲當"之大用，惟其既有此體，亦必自我要求出"泛應曲當"之大用也。這和天地之道是一致的。《集注》曰：

　　蓋至誠無息者，道之體也，萬殊之所以一本也。萬物各得其所者，道之用也，一本之所以萬殊也。以此觀之，一以貫之之實可見矣。②

天地雖無心，卻並非盲目，而有其主宰，曰無息之至誠。惟其有此主宰，必使萬物得以各得其所而不至於淆亂無別；惟萬物各得其所，故足以見天地自我主宰之實。

"呼曾子之名而告之"作爲一個簡單的經驗事實，是每一個人都能看出來的，素以簡潔洗練著稱的朱子在這裡費如許筆墨，蓋以爲夫子在眾門人皆在場的情況下獨呼曾子之名，允有深意。

《論語》中曾子第一次和我們打照面時，是以"守約"的形象出現在我們面前的。在"三省"章《集注》引尹氏曰：

---

① 《朱子語類》，頁971。
② 《四書章句集注》，頁72。《朱子語類》："夫子說一貫時，未有忠恕，曾子說忠恕時，未有體用，是後人推出來。"朱子對於曾子使用了和孔子不同的名義、而自己使用了和孔曾不同的名義，是有自覺的，但是正如此章所示，聖人從來不禁止後學使用新的名義，關鍵在於名義是否能夠精確地表彰道理，能否"聖人復起，不易吾言"。

> 曾子守約，故動必求諸身。①

所謂"守約"，即"動必求諸身"也。"三省"章《集注》又引謝氏曰：

> 諸子之學，皆出於聖人，其後愈遠而愈失其真。獨曾子之學，專用心於內，故傳之無弊，觀於子思孟子可見矣。②

無獨有偶，在"一貫"章的《精義》中也有這樣一句話：

> 范氏曰："曾子守約，有受道之質。"③

但是，在"一貫"章的《語類》之中，我們發現朱子也曾反復表達這樣的意思：

> 或問："曾子能守約，故孔子以一貫語之。"曰："非也，曾子又何曾守約來！且莫看他別事，祇如《禮記〈曾子問〉》一篇，他甚底事不曾理會來！卻道他守約，則不可。祇緣孟子論三子養勇，將曾子比北宮黝與孟施舍，則曾子爲守約者爾。後世不悟，卻道曾子之學專一守約，別不理會他事。如此，則成甚學也！曾子學力到聖人地位，故孔子以一貫語之。不可道爲他祇能守約，故與語此也。"④

是朱子忘記了自己在"三省"章的注解嗎？並非如此。"後世不悟，卻道曾子之學專一守約，別不理會他事"一語表明，這段話裏面

---

① 《四書章句集注》，頁48。
② 《四書章句集注》，頁48。
③ 《論孟精義》，頁153。
④ 《朱子語類》，頁972。

所用的“約”字，乃是指“他事”之外的“又一件事”，也即當時許多學者都把“約”理解爲和“博”有別之特別一事而守之，朱子所反對的，是這種意義上的“守約”。《語類》中朱子又曰：

> 如夜來守約之說，祇是曾子篤實，每事必反諸身，所謂孝，所謂禮，必窮到底。①

聖學以學問、力行爲本，而學問又以心地爲本。事雖無窮，然所以應之者則一心而已，一理而已，此所謂“約”。故“約”乃在每一件事情之中，非於事情之外，別有一事曰“約”也；曾子日間多少行孝盡禮、“爲人謀”、“與朋友交”、“傳而習之”，然未嘗爲諸多事情所汩沒、未嘗祇是支應事情，反而無不即其事而自治其心、治其心而成其事。故“專用心於內”，非閉目塞聽冥思苦想也，乃即其事而自治其心、治其心而成其事也，其結果一定是此心之挺立、事物之成遂一時並了，非“是內而非外”，亦非“先治其內，後治其外”也。

博約之間，即“一”和“萬”之間。合曾子之博約和聖人之一貫一起看，我們會發現，聖人之心：“渾然一理”，可謂至約也，然必“泛應曲當，用各不同”，又未嘗不博也；曾子“隨事精察而力行之”、“真積力久”：“隨事”者，隨人倫日用之間所當行、所當接之事也，可謂博矣；“精察”者，說“精察其事”亦可，說“精察其心”亦可，蓋事之理即心之理，精察事之理，即精察心之理，所謂“纔明彼，即曉此”，不容毫髮間斷也。心無形影，因物而賦形，故即事乃能見其心，應事乃能治其心，可謂“約”也。要之，莫非即物窮理、窮理成物，因用明體、明體達用，雖守約而未嘗不博文，雖博文而未嘗不守約也。甚至，乃以博文之方式守約、以守約之方式博文，博、約非有二也，故其博不落於支離雜蕪而梏亡其心，其約不至於空談心性而脫離人倫。這樣我們便能理解朱子擔憂了：

---

① 《朱子語類》，頁972。

不愁理會不得"一"，祇愁理會不得"貫"。理會"貫"不得便言"一"時，天資高者流爲佛老，低者祇成一團鶻突物事在這裡。①

理會"貫"，則"一"自然在其中，理會"一"，祇有以理會貫的方式來進行。捨卻"貫"來理會一，則其所謂一，要麼是揣測臆度的談玄說妙，要麼是與"貫"平列的"鶻突物事"，必非真正之"一"也。

"未知其體之一"，《語類》曰：

> 他祇是見聖人千頭萬緒都好，不知都是這一心做來。及聖人告之，方知得都是從此一大本中流出，如木千萬枝葉都好，都是這根上生氣流注去貫也。②

此段與上面"一心應萬事"同，"一心"二字不可輕看。"人事莫不以人心爲本"，曾子豈不知？苟不知此，則日常所行，亦無以自治其心矣。《語類》曰：

> 他祇見得一事一理，不知祇是一理。③

故曾子之所"未知"，蓋尚不知其因物賦形之心所以能處置好各種事情，乃是準於同一個原則，或者說不知其日用之間因物而見的種種原則，原來祇是一個原則的流行而已，所謂"不能貫通"也。"真積力久"，博於諸事，久治其心也，"將有所得"，將最終貫而通之，明瞭"博約"之真意也。語類曰：

---

① 《朱子語類》，頁970。
② 《朱子語類》，頁979。
③ 《朱子語類》，頁969。

　　未唯之前，見一事上是一個理；及唯之後，千萬個理祇是一個理。①

又曰：

　　曾子一貫，是他逐事上做得到。及聞夫子之言，乃知祇是這一片實心所爲。如一庫散錢，得一條索穿了。②

　　"實心"者，自知自主之心也，以其不爲私欲牽引，又可以謂之"虛"。心之知理，雖可以平平地說一個"能覺者，心也，所覺者，理也"，一似和心知所有經驗事相無別，但是理終究並非心外一物，而是此心之所以然之故、所當然之則，故"心知理"，並不是帶來"心"之內容的豐富化，而是直接帶來"心"之能力的明澈化。心愈覺於理，則心愈虛、愈明，"理"一旦"被知"，便當即發生一種近乎"銷所入能"的情況："所覺者"直接化爲"心之能"而心體愈虛。心體愈虛，則應事愈見得力，其初也"事倍功倍"，而其后也事半功倍。這樣我們便可以理解，曾子在如此年輕的時候便到達"將有所得"的境地，並非是全然不可能的。知千萬個理祇是一理，曾子之心亦得以向"實於一"這個目標更加闊步前行。

　　"默契其指，即應之速而無疑"，《語類》曰："須是心同意契，纔說便領略得。"蓋聖賢之言，莫不指向學者身心之實，故不但須於言語上領會其意，更須從自家身心上看出所指之實，乃可有得。以此觀之，曾子默契孔子之指，其實是曾子對於自家身心的一種"自我默契"，或者說對夫子之言的一種"浹冷於心"。則"應之速而無疑"，可謂曾子在夫子指點下之"豁然貫通"也。惟是此心"天理俱

---

① 《朱子語類》，頁987。
② 《朱子語類》，頁969。

備，元無欠少"，而博文約禮之功又衹是去除此心之遮蔽、擴充本有之良知，乃能有此本體朗現之豁然貫通，如打破藩籬，廣闊之草原向我們呈現也。若本無廣闊之草原，則無論打破多少藩籬，也積累、歸納、拼湊不出一個"廣闊草原"來。又，惟此"貫通"之前，有"真積力久"、有漸磨漸進，故其貫通並非"頓悟"，而是"其來有自"，是"單看很不尋常，瞭解了原委，纔知道不過是順理成章而已"。夫子所以能"前知"曾子之貫通而必於此時此地啓發之，以此。《語類》曰：

> 今有一種學者，愛說某自某月末日有一個悟處後，便覺不同，及問他如何地悟，又卻不說。便是曾子傳夫子一貫之道，也須可說，也須有個來歷，因做什麼工夫，聞什麼說話，方能如此。今若云都不可說，衹是截自甚月甚日爲始，已前都不是，已後都是，則無此理。已前也有是時，已後也有不是時。①

朱子並不反對學者說自己"有悟"，衹是反對學者將自己的"悟"說成是一個無所自來的"頓悟"。"天地之化，以漸不以頓"，一陽來復，也須是期月積漸乃能，所謂"頓"者，不過是在"逝者如斯"的"漸"中提起一節來看而已，非真有所謂無漸之頓也。天道如此，人何能違？《文集》載：

> 彼既自謂廓然而一悟者，其於此猶懵然也，則亦何以悟也哉？②

看不清以前之是處、看不出以後之不是、說不出自己之解悟之所自來，則是於此"悟"之一事已然含混、糊塗而"未悟"，何長進之有哉？

---

① 《朱子語類》，頁981。
② 《晦庵朱文公文集》，頁1298，《朱子全書》第二十二冊。

　　而作爲當事人，自知其所從來、未嘗將此一刻之“默契”割裂出來看的曾子，也一定未嘗覺得這“豁然貫通”是什麼值得大驚小怪的事情。如溪水潺潺，縱然是有些波動，也不過是微波而已。這樣，我們便能理解朱子在《文集》中爲何總是把自己的“稍有所得，即張惶失措”說爲“躁迫浮露，無雍容深厚之風”這一病痛的表徵。蓋事出突然、得自僥倖，雖有所得，中間必有隱憂，今後亦難爲守，故君子不貴也。

　　“默契其旨”也並不意味著“一唯”之後，曾子便優入聖域而與聖人無別了。蓋“默契”雖建基於之前的一切“隨事精察而力行之”，但“默契”終究祇是知見上的事情，並不能代替“行”的工夫。《義門讀書記》：

> 曾子年甚少，夫子亦示之知本，使不求之汗漫耳。一唯之後，正有事在，非傳道已畢也。其應之速而無疑，則以平日篤學，事事反身切己，故渙然得其本耳。後人看做通身汗下，一悟百了，則異端高者猶不肯云爾也。①

　　“一唯之後”，可以說曾子在知見上，已經幾乎和聖人無別了，但是，向著已然見到的標的進發，正是這樣親切的知見本身的必然要求，不然，則此“一唯”亦必不實矣。此“大而化之”之事，通過進一步的“無時不習”，使得此心徹底擺脫“惟危”的境地，在自己的本來居所自安，自土地發見其仁義禮智之性，可謂“人有事在”也。而及其真正學而爲聖，則其於“一貫”之知見，亦得以在最大程度上落實也。需要說明的是，這種“無時不習”所帶來的，並不是“習慣成自然”，而是“習慣于其自然”。“習慣成自然”是說本來未必是自然的東西，通過反復地知行達到一種熟悉甚至“內化”的境地，“習慣”在先，“自然”在後，這之中，“習慣”本身是善惡混

---

① 程樹德《論語集釋》，頁262。

雜并無從保證其正當性的，故其所成之"自然"究竟是否是合乎人之仁義禮智之性的"自然"，也是無從保證的；而"習慣於其自然"則是"自然"在先，"習慣"在後，通過養成合乎仁義禮智之性的習慣，使得人的自然本性能夠得以順暢無礙地發見；回過頭來，我們會發現，"由好習慣所成的好自然"，其實不過是"習慣于其自然"而已，"由壞習慣所成的壞自然"無論如何"自然"，始終都是和人之爲人隔著一層的。

進一步，如孔子之聖，也祇是意味著"自治其心"的工夫已不需要再做，並不意味著無事可做了。恰恰相反，真正無所不正之心，恰恰必然自我要求出"使天地萬物各得其所"這一使命，并在處置每一件事情的時候投入全副的身心，此"爲天地立心"之義，亦"一必貫之"之謂也。

三

子出。門人問曰："何謂也?"曾子曰："夫子之道，忠恕而已矣。"

《集注》曰：

盡己之謂忠，推己之謂恕。而已矣者，竭盡而無餘之辭也。夫子之一理渾然而泛應曲當，譬則天地之至誠無息，而萬物各得其所也。自此之外，固無餘法，而亦無待於推矣。曾子有見於此而難言之，故借學者盡己、推己之目以著明之，欲人之易曉也。①

"盡己""推己"之"己"，非"毋我"之"我"，也即非泛泛說一個經驗意義上善惡混雜的"我自己"也，乃特指"我之所以爲我"

———————
① 《四書章句集注》，頁72。

“人之所以爲人”者也。

《語類》曰：

> 主於內爲忠，見於外爲恕。忠是無一豪自欺處，恕是稱物平
> 施處。①

見於外，非在外也。“無一豪自欺”者，知其仁義禮智之性、盡
其惻隱羞惡辭讓是非之情也；“稱物平施”者，己所不欲，勿施於
人，以己之心度人之心，本於人心之所同然者而施之也。　《語
類》曰：

> 忠是本根，恕是枝葉，非是別有枝葉，乃是本根中發出
> 枝葉。②

忠因恕見，恕由忠出。惟其本有仁義禮智惻隱羞惡辭讓是非之
心，是以能夠且必然去忖度得人心之所同然，而其忖度也，不但是在
成就他人，而且是在刮垢磨光自己這顆心，故忠乃恕之本，而恕所以
行忠、成忠也。《語類》曰：

> 忠祇是一個忠，做出百千萬個恕來。③

是則忠恕之間，也有一種“通”的意味，而這種“通”，和一以
貫之的“一”通於“萬”是完全相同的結構。換句話說，忠和恕之
間，有著與一和貫之間相同的關繫。所以，不論“忠恕”和“一貫”
兩者之間關繫如何，　“忠恕”都至少能在這一點上指明“一貫”
之義。

---

① 《朱子語類》，頁968。
② 《朱子語類》，頁969。
③ 《朱子語類》，頁968。

忠恕本來的意思並不難理解，但是放在此章，便有許多曲折精微的地方需要分疏了。雖"祇是一個物事"，且"忠""恕"二字孔子常用，然未嘗連用，首次連用即在曾子，次則在《中庸》，宜乎學者皆以《中庸》之言爲理解此章所必處理之要點也。以"忠恕違道不遠"推論"忠恕不能等同於一貫之道"，進而推論"曾子未得孔子之旨"，固已在孔曾"共是非""同甘苦"這一點上無法成立，然上文的情境因素也並沒有充分地解決問題，必待義理之辨明，乃能使"孔曾如何共是非"這一點落實下來。

值得注意的是，雖然不能同意"曾子未得孔子之旨"這個看法，但以"忠恕違道不遠"推論"忠恕不能不加說明地等同於一貫之道"，這一點朱子是贊同的。《語類》載：

> 《中庸》說忠恕違道不遠，是下學上達之意。即學者所推之忠恕。
>
> 忠恕而已矣，不是正忠恕，是借忠恕字貼出一貫底道理……忠恕違道不遠，乃是正名、正位。①

朱子承認，《中庸》中"忠恕"二字所表達的意義，乃是二字之"正名""正位"，也即"忠恕"之本義。而這裡曾子祇是"借來"忠恕二字，並不是嚴格地在其本義上使用。那麼，中庸所言"學者之忠恕"，其與聖人一貫之道之間的距離何在呢？《語類》曰：

> 忠恕是學者事，如欲子之孝于我，必當先孝於親；欲弟之弟于我，必當先敬其兄；如欲仁不慢於我，須先不慢於人；欲人不欺我，須先不欺於人。聖人一貫，是無作爲底，忠恕，是有作爲底。②

---

① 《朱子語類》，頁967。
② 《朱子語類》，頁973。

學者之心常常需要費一番思索："我之所思所行，是否本於人心之所同然？"或者心中時或出現一些自己知道是違背良知的念頭，需要經過"度人之心"纔能克去，甚至，有可能在言行失當之後，通過他人的忠告或者反饋纔能夠明白："原來這樣做是有悖於人心之所同然的"而後改之。這便是"推"，便是"求做""勉強"。然聖人之心，則從來不必這樣"推"，所思所言所行，自然無非本於人心之所同然者，是之謂"從心所欲不逾矩"，聖人"一理渾然"之心一想、一說、一做，便因其所想、所說、所做之中內涵著飽滿的恭敬之心而自然不會違背人情事理，自然"動而世爲天下道，行而世爲天下法，言而是爲天下則"。這便是"聖人又幾曾須以己度人？自然厚薄輕重無不適當"，便是"無待於推"。這種無待于推，在天地那裡能夠看得更加明顯。《語類》曰：

> 且如不欺誑、不妄誕是忠，天地何嘗說我不可欺誑、不可妄誕來！如己所不欲勿施於人是恕，天地何嘗說我要得性命之正，然後使那萬物各正性命來！聖人雖有心，也自是不欺誑，不妄誕，我所不欲的事，也自是不去做。故程子曰："天地無心而成化，聖人有心而無爲。"即是此意。①

天地無心，自然未嘗有欺瞞之意，不待推而後無；聖人雖有心，然亦未嘗生欺瞞之意，亦不須克己而後能無。故《集注》以天地譬聖人，而結之以"而亦無待于推矣"。

《語類》又曰：

> 但聖人則皆自然流行出來，學者須是"施諸己而不願亦勿施於人"，便用推將去。②

---

① 《朱子語類》，頁984。
② 《朱子語類》，頁986。

自然流行出來，非於流行時全然"無所用心"也，祇是因爲"源泉混混"，所以其流行中自然敬意充沛，心在心存，"非有所存而自不亡，非有所理而自不亂"。而學者這裡，施諸己而不願，纔"勿施於人"，比於聖人，何其緩也！

而"借來"的結果，在朱子這裡有三種表述。

其一曰：

> "忠恕違道不遠"與"夫子之道忠恕"，祇消看他上下文，便自可見。如《中庸》"施諸己而不願亦勿施於人"，勿者，禁止之辭，豈非學者之事。《論語》之言，分明先有個夫子之道，豈非聖人之事。①

這些意思，是在說這種"借來"是別於本義的借用，即在被借而用之的這個語境下，"忠恕"沒有保留其在《中庸》之中作爲學者工夫的意味，祇是在說聖人。在這個意義上，朱子直截了當地說：

> 忠是一，恕是貫，忠祇是一個真實。②

不但忠和恕之間，有著與一和貫之間相同的關繫，而且"忠"直截是"一"，"恕"直截是"貫"。這個意義上的"忠恕"，自然非學者所能及。換句話說，這時若說"聖人之忠恕"，便說不得"學者之忠恕"五個字了。

其二曰：

> 在聖人，本不消言忠恕。
> 聖人分上著忠恕字不得，曾子借此爲說。③

① 《朱子語類》，頁993。
② 《朱子語類》，頁966。
③ 《朱子語類》，頁969。

聖人分上著不得的"忠恕"，自然是"有待于推"的"學者之忠恕"。這時若說"學者之忠恕"，則說不得"聖人之忠恕"五個字了。

> 今若要做那忠恕去湊成聖人忠恕，做那忠恕去湊成一貫，皆不是。①

但是正如我們前面提到的那樣，這種說法也並不是說曾子說了一句和一貫之道無關的話。《語類》曰：

> 譬如水也，夫子自源而下者也，《中庸》所謂忠恕，溯流而上者也。②

"溯流而上"固然是由流及源，但是我們不能忘了，如果不是本源處有所發見、流淌的話，那麼一切"溯流而上"也將不可能，所以學者這裡其實也有自然流行，祇是這自然流行是"本體之明有未嘗息者"所言之"一隙之明"、"數隙之明"，非如聖人般生來便通體光明、源泉混混。《語類》曰：

> 學者亦有時做得如聖人處，但不堅牢，又會失卻。③

學者每一次的正當行動，尤其是在極其簡單之事上面，譬如乍見孺子入井，順其惻隱之心之直一發見無所顧慮不雜邪思而挽救之，其實和聖人處此情此景之所思所行是差不多的，都是良心之自然流行，祇是學者在其他更加複雜的事情上便未必能夠做得如聖人了，因學者心雖在此無蔽，在彼卻未必無蔽，而聖人之心則全然無蔽。這便是學

---

① 《朱子語類》，頁989。
② 《朱子語類》，頁980。
③ 《朱子語類》，頁986。

者之不能自然處。既然已經不能自然,那麼無所事事祇能是一種
"不自然"的持續而已,故此處必有"事"焉,必有一些看起來似乎
"不那麼自然"的東西來克服這種作爲遮蔽的"不自然"。而所要做
的事情,便是因著自己已知已能的地方,不斷在事情上磨煉,不斷地
明理克己,熟於仁義,這便是"忠恕"中"推"之工夫。待到真積
力久——一如上面所已言,"自然"雖非積累所得,然必由積漸乃能
發出——則不但豁然貫通而默契其指,且天理之發見亦將通暢無礙,
是達於聖人之自然也,"推"而至於"無待於推"也。而回過頭來
看,"隨事精察、真積力久",也即"學者之忠恕""推"的工夫,又
豈真有所"不自然"乎?

《語類》曰:

> 盡己之謂忠,推己之謂恕。忠恕二字之義,祇當如此說。曾
> 子說夫子之道,而以忠恕爲言,乃是借此二字綻出一貫。一貫乃
> 聖人公共道理,盡己推己不足以言之。緣一貫之道,難說與學
> 者,故以忠恕曉之。①

此即《集注》"曾子有見於此而難言之,故借學者盡己、推己之
目以著明之,欲人之易曉也"之意,而"綻出"二字,可謂精彩。
至此,我們可以說,學者之"忠恕",其實內涵著聖人之"一貫",
而聖人之"一貫",在學者這裡,自然會流淌出也必然要求著一段工
夫②。非"推"不能至於"無待於推"、非"忠恕"不能至於"一
貫"。是學者成聖必由忠恕也。

《精義》載遊氏曰:

> 然則曾子豈有隱於是耶?蓋門人知不足以及此而強告之,適

---

① 《朱子語類》,頁993。
② 丁紀《論語讀詮》,頁104。

足以滋其惑。使門人誠於忠恕，則於一道亦何遠之有？①

"何遠之有"即"違道不遠"之意。豈止是"何遠之有"，直接是內涵著"一道"於其中的。在這個意義上，完全可以說"忠恕"二字已經"竭盡而無餘"，在人自見之耳。所以，曾子告門人之時，不說"且先做著忠恕"，而說"忠恕而已矣"，確實是無所隱晦、無所保留。而作爲一個已經"隨事精察而力行之、真積力久"的人，曾子若不告同門或者門人以工夫，反而是"有隱"了。

《語類》朱子曰：

> 忠恕違道不遠，此乃掠下教人之意，下學而上達也。②

"掠下"並不是"等而下之"，乃是"俯而就之"之意。這種"掠下"，絲毫不損傷夫子"一以貫之"之教，反而使得"一以貫之"被門人理解、被門人踐行成爲可能。由此觀之，名爲"掠下"，實則未嘗下也。所謂"蓋一貫自是難說得分明，惟曾子將忠恕形容得極好"也。上已言夫子之善教，而此可見"曾子所以爲善學而善教者也"。

也正是因爲忠恕和一貫之間的這種關繫，《語類》中出現了第三種情況：

> 聖人是不犯手腳底忠恕，學者是著工夫底忠恕，不可謂聖人非忠恕也。③

在這裡，朱子將聖人之一貫稱爲"聖人之忠恕"而與"學者之忠恕"並提。

---

① 《論孟精義》，頁 155。
② 《朱子語類》，頁 993。
③ 《朱子語類》，頁 969。

天地是無心底忠恕，聖人是無爲底忠恕，學者是求做底
忠恕。①

"天地之忠恕"也可以和"學者之忠恕"並提。但正如"無
心""無爲""求做"三個限定詞所表明的那樣，每當這樣並提
的時候，朱子都會將各自是在什麼意義上說區分清楚。《語
類》曰：

夜來說忠恕，論著忠恕名義，自合依子思"忠恕違道不遠"
是也。曾子所說，卻是移上一階，說聖人之忠恕。到程子又移上
一階，說天地之忠恕。其實祇是一個忠恕，須自看教有許多等級
分明。②

聖人雖同天地，然終究不是天地本身，所以"到程子又移上一
階"與之前的說法並不衝突。看清三樣等級分明，則朱子對"忠恕"
二字各處不同甚至看似相互衝突的使用，亦可以各安其所、並行不悖
矣。《語類》曰：

固是一個道理，在三者自有三樣……若曉得曾子意思，雖即
是忠恕二字，而發明一貫之旨昭然。但此話難說，須自意會。若
祇管說來說去，便拖泥帶水。③

要在於明"無待于推""有待于推"之別以及"學者必推乃能至
於無待于推"之義也。意在言中，非言外別有所謂不可言傳之意也，
惟在人是否用心去會耳。

---

① 《朱子語類》，頁969。
② 《朱子語類》，頁996。
③ 《朱子語類》，頁996。

又，朱子在《語類》中說：

> 若未看透，且看後面去，卻時時將此章來提省，不要忘卻，久當自明矣。①

縱已有得，亦須能"溫故知新"。此筆者所當加勉者也。

---

① 《朱子語類》，頁965。

成長、成年與成人、成聖
——儒家成人之道的考察

孫　偉

　　無論中西方哲學，一個永恆而普遍的問題便是"人是什麼"。對於這一問題的回答，不同的哲學思想可能都有不同的答案。並且，從對這個問題的回答方式中，也體現出不同哲學思想各自的特點。比如，西方哲學家可能會用思辨的方式，通過重重分析，給"人"這個概念下一個定義，也許，人就是兩腿無毛的動物。佛教思想可能會從因果輪回的角度，來說人就是六道輪回中的一道，四大假合而生，生死流轉，空無自性。而儒家對這一問題的回答，既不同於西方的思辨理性的回答，也不同於佛家的空觀思維之認識，而是從人自身的道德實踐出發來回答這一問題。因此，在儒家這裡，"人是什麼"這一問題，既不需要給出一個"人"的概念，也絕不可能將"人"虛無化，而是就在人自身當下的道德實踐中去證成人之所以為人。正如杜維明先生所說："那種認為人在現實的生活能夠並且應該被分為各不相關的存在模式，而且人的生活在其本質上是為來世做準備的思想似乎在儒學傳統中從未出現過。相反，儒學思想卻十分重視生活過程本身。"① 所以，在儒家這裡，"人是什麼"的問題完全可以轉化為"如何成人"的問題。

---

① 杜維明《人性與自我修養》，頁 30，中國和平出版社 1988 年版。

　　首先，對於"成人"這一觀念的理解，我們先不必考慮對"人"下一準確定義的複雜性，單從"成"字所具有的不同含義中，就會生出如下兩種可能的理解。第一種理解是將"成"字作形容詞用，表示"完成的"或是"全具的"，和"人"放在一起即表示"完成的人"或是"全人"。第二種理解是將"成"作動詞用，表示"去成"或者"成就"，這個意義上的"成人"即是"去成就其爲人"。前一種理解意味著"成人"是一種結果，而且這結果是通過過去的種種所孕育的。而後一種理解卻是將"成人"的過程指向了未來，過去在此似乎無關緊要，重要的是一個人如何去朝著前方努力開拓，去造就其爲人。《說文解字》釋"成，就也"，"就，高也。從京從尤。尤，異於凡也"。從這一古老的解釋中我們也可以體會到，"成"不是向下的墮落，而是要不斷去向上超拔，超拔於流俗之中而顯示出人自身所具有的高貴性。結合上述兩種解釋，我們也可以這樣來理解，即前一種"成"作爲形容詞所表示的"成人"是後一種"成"作爲動詞表示的"成人"的境界，後一種"成人"是概言達到前一種"成人"所做的工夫。因此，要想深刻理解"成人"這一觀念，就必須對於完成意義上的最終所要達到的成人之境以及通達這成人之境所經歷的一步一步的過程做一分析。

　　其次，如果單純地將人看作一個生命體的成長變化過程，則從這個生命體的出生到死亡，是每個人都必須經歷的過程。但是，如果祇是單從這個意義上來講，則人和草木鳥獸等一切有生命體都是無差別的。而人之所以不同於草木鳥獸，在於人可以自主地選擇其生命的樣態并藉以安頓此生命。但是這裡存在的問題是，人的這種自主性是何時具有的。很顯然，一個呱呱墜地的嬰兒是絕對沒有這個自主性的。既然人所以不同於草木鳥獸而成其爲人的地方，在於此自主性的取得，則此自主性之有無實可以作爲一個人是否成人的標誌。那麼，這個自主性又是如何取得的？亦即一個人是如何從嬰兒走向成人的？並且，人一旦取得了自主性是否就可以是一個擁有完全意義上的自主性的人？這兩個問題，都需要做進一步的考察。如果單把這兩個過程放到人的個體生命的生長過程來看，則自主性的取得階段，幾乎與人的生命體從出生到成熟的階段同步，這一階段，可以看作人不斷地成長直到成年的過程。而成年之後的發展，可以看作此自主性不斷走向完全的過程。本文便試圖以傳統儒家相關文獻資料爲基礎，來說明儒家對於成人的幾個不同階段的相關思想。

成長——身心之養

從一個人從出生到死亡的時間向度來考慮，則每一個走向成人的人都必然會首先經歷一段身心成長以至成熟的時期。這一階段，人的發展主要是以自然生命的長成爲主。對於處在這一階段的孩子來說，我們不可能對他做求全責備的要求。父母的期許也許祇是盼望他能健康地成長，快快地長大。這個時候，我們的要求更多地是指向他的父母。因爲父母是一個已經擁有自主性的人，一方面，父母選擇去造就什麼樣的生命形態，就會潛移默化影響孩子的成長。另一方面，父母直接給予孩子的教育以及對孩子的發展所作的期待，也會直接影響孩子的成長方向。在這個階段，孩子是不能自主的。這不僅體現在其身體的成長需要父母來養育，而且，他的價值判斷，行爲習慣的養成，都需要父母的切身教育。儒家的典籍對這方面有詳細的記載。其詳細的程度甚至於包括嬰兒出生前的胎教。對這些文本的考察有助於我們對儒家成人觀的理解。

《大戴禮記‧保傅》：

胎教之道，書之玉板，藏之金匱，置之宗廟，以爲後世戒。青史氏之記曰：“古者胎教，王后腹之，七月而就宴室，太師持銅而禦戶左，太宰持升而禦戶右。比及三月者，王后所求聲音非禮樂，則太師縕瑟而稱不習，所求滋味者非正味，則太宰倚升而言曰：不敢以待王太子。太子生而泣，太師吹銅曰：聲中其律。太宰曰：滋味上某。”

《禮記‧內則》：

　　子能食食，教以右手。能言，男唯女俞。男鞶革，女鞶絲。
六年教之數與方名。七年男女不同席，不共食。八年出入門戶及
即席飲食，必後長者，始教之讓。九年教之數日。十年出就外
傅，居宿於外，學書計，衣不帛襦袴。禮帥初，朝夕學幼儀，請
肄簡諒。十有三年學樂，誦《詩》，舞《勺》。成童舞《象》，學
射御。

　　這兩段關於兒童教育的記載，幾乎可以將一個人的生命從孕結開
始到身心成熟階段的教育囊括殆盡。從《保傅》篇我們可以很清楚
地看到古人對胎教的重視。從王后懷胎開始，就會有太師、太宰御其
左右，使其所聞必正聲，所食必正味。這個時候，雖然嬰兒的身體還
沒有從母親的身體中分娩出來，但是它的生命之氣已經完全地蘊藏於
母親的身體里。祇要有生命就會有知覺，所有的有生之物都如此，但
惟獨人可以通過自己的行爲來選擇構造自身的所知所覺，其他有生之
物祇能順自然之所行。並且人對此渾淪生命所給予的知覺對象也同時
會給此生命的形態予以燻染，而期其能朝向人所自我期許的生命形態
發展。因此對生命孕育之初給予這生命的知覺對象就預示著人生的成
長方向。在這裡，太師與太宰都是通達禮樂天道之人，亦即能對其生
命形態完全有所主的人，至少，對於聲音和滋味，他們是很清楚一個
欲成就其爲人的人，是該如何擇取以得其生命之正的。在儒家，這樣
的人可以說是達到了理想人格的人，亦即是一個擁有了完全的自主性
的人。這種自主性，不僅體現在他們自身生活的實踐中，甚至也可以
來主導即使是處於位分極高的王后的生活。進而以他們的這種自主
性，亦即通過自己動容周旋一中於禮而無偏無倚的行爲模式，來燻染
這個渾然凝結的生命體，以期影響這個生命體將來的生命樣態。並
且，嬰兒一出生時的呱呱啼哭也會伴隨太師那順乎天文節律的樂器聲
響的衡準而被期許爲與天道相合。

　　從這裡我們可以看出，在儒家這裡，從一個生命的蘊結開始，它
被所以期許造就的人格，不僅是準於人生的禮文儀節的，而且這禮文

儀節還有它更爲深層的根據，那便是天道。人的動止語默能符合天道，這是在人的有生之初就被天藉助於其母親的身體所賦予的。以後的成長方向，亦不外是不斷地盡此天之所予而矣。孟子曰："大人者，不失其赤子之心者也。"朱子注曰："赤子之心，則純一無僞而已。然大人之所以爲大人，正以其不爲物誘，而有以全其純一無僞之本然。是以擴而充之，則無所不知，無所不能，而極其大也。"① 在這裡，大人之心，"無所不知，無所不能，而極其大"，可以說，"大人"即是一個擁有了完全自主性的人，而"大人"所擁有這樣完全自主性的本根，卻全然涵攝於完全沒有自主性的"赤子"之心中，亦即是人所期望成就的，不是後天的、外在的，而就蘊含於其有生之初的生命體里。故其成就的，不是一個他者，而全然就是其自身。且此作爲本根的"純一無僞之本然"，即有生之初，天之所賦予者。可謂有生之初，渾然天成。因此，這裡太師、太宰對於繦褓中的嬰兒予以這樣的影響，也絕然不是從外面強加給它的，而是就順天之所賦、人之所有而成就之。而後來的教育，亦不過是以此天賦之秉爲主，而根據其身體心智的可接受程度，而給予相應於此天道所該呈現的儀則的教育。如正容體，修辭氣，嚴男女之別，辨長幼之序，識四時之移。

另外，從出生的角度講，所有人的生命都是從呱呱一聲，赤條條地來到這個世界開始的。在這個意義上，所有的人都是平等的，甚至凡有生之物也都是平等的。《士冠禮》講："天子之元子猶士也，天下無生而貴者也。"無論你的出生地是天子之堂，還是寒門之家，被生出來而賦予有生之命，在這一點上都是毫無二致的。但有生並不代表就能成其爲人，且"生"總是充滿了"機"而要無限可能地向外暢動。我們今天好講平等自由，但平等自由祇是在這一層面上講。並且這一層面的平等自由是天作成的，卻並不能彰顯出我們作爲人的高貴性。人之異於禽獸者，在於人生下來便完全具有能成其爲人的可能性，這是人類間的平等，也是人對於禽獸之可貴性所在。但同時，人

---

① 《孟子集注：離婁下》。

也是自由的。即我們生命運動的方向是隨意的，生命的蠢動可以朝向任意的方向。比如你可以去修身養性，可以去念佛燒香，甚至也可以去亂倫敗常。但是，一個身軀似乎總是挺立著，一個靈魂似乎總是呼喊著，你是一個人，你要成就你之爲人。這個身軀是父母所予，這個靈魂是上天所予。倘若一任自由之濫，你將不但辜負了天地父母，同時也辜負了自己。這樣的一個身軀，這樣的一個靈魂，它所要求的，祇有這樣一個東西去成就，那就是人。這個靈魂，是驅使你向上超拔於流俗的動力。這個身軀，是踐履此靈魂之所求而充斥之光彩。自由對成人之路的嚮往，恰恰不是對其自身的約束，而是作爲成人之路的無限向上生長的一個底托。就像一株芳香高挺的花蕊下面向四方展開的花瓣。自由就是要突顯出你成人的高貴，並且你的高貴也反襯出它的美麗。而在這裡，靈魂的塑造，身體的成長，無一不是靠父母的撫養教育而取得的。

成年——人道之責

世界上大多數的民族都會在兒童成長到一定的年齡后爲他們舉辦一場標誌其成人的成人禮，儒家也不例外。在作爲儒家六經之一的《儀禮》中，第一篇所記便是標誌一個人成人的冠禮。這場儀式的舉行一般都是根據身體生長過程的經驗性總結（如身體發育的成熟，心智的開發）而約定俗成的在某一個具體的年齡舉辦。在《儀禮·士冠禮》中，除特殊情況外，一般都是要在男子二十歲時舉行。因此，我們不妨以年齡爲標誌來稱呼這一階段的成人過程爲成年。對成年意義的考察，我們不妨借助於《儀禮·士冠禮》以及《禮記》中記述這場禮儀意義的《冠義》一文來進行分析。

冠禮的舉行首先是從一場卜筮活動開始的。這場卜筮活動的目的是要借助於神靈而向天問吉凶。所問的內容包括冠禮具體舉辦的日期以及一位作爲賓客而爲冠者加冠的賢達之人。而且，在筮日這一天，爲了表示對天地神祇的尊重，主人與執事者所著的衣服也要比正式行冠禮時高貴。如前所述，我們生命的一切都可以說是天作成之，天是我們的本始所出。並且，我們的一切生活都不可避免天的臨在性。因此，當我們要舉辦一場重大活動的時候，怎能不敬以告天呢？並且通過鬼神所傳達的天意，也保證了天對這場活動的肯定與參與。因此，這場卜筮活動本身便反映了人們對於成人的重視。正如《冠義》所言："古者冠禮筮日筮賓，所以敬冠事。"一個呱呱墜地的嬰兒通過父母的撫養教育而走向成人，他所堪載的，不僅是一個成熟的身體，更是以此成熟的身體去踐履其所當行之天道天理。在這個時候，身體之養，父母已幫我們完成了。忠厚之性，父母也給我們造就了。有此身，稟此性，正當見我們所志。志之所趨，不僅是父母賓客之所期，更是我們自身之責。父母的問天與擇賢，便見其心所期之方向。天造就人心之善，賢爲踐此善性之既成者，他們就是我們未來的人生之路所當貼合者，所當歸趨者。

正式行冠禮的那一天，冠者之父會廣戒親朋好友來共同見證這場意義重大的禮儀。冠者服童子之服候於房中，等到賓主各就其位，依賓之讓而於其父所當居之位設席以加冠。這意味著今後冠者可以承父之命，繼父之志，代父行事。《冠義》所謂："冠於阼，以著代也。"著代之意，即冠者今後之一切行爲造作，都可以被社會之周遭當作一個成人來看待，而不再依附於其父母。這在冠者，即是要其對自己今後的種種言行負責，從而作爲一個他所生活於斯的世界中的一個主體而挺立。無論是他的內心世界，抑或是外在世界，他都要直面之并在此表現他的自主性。賓者爲冠者三加其冠。第一次所加之冠爲緇布冠。這種冠帽是一種非常簡陋質樸的帽子，即使在當時的日常生活中也已經不再使用了。但是，之所以在首加之時加這種冠帽，其主要有兩層意義。一是使加冠者不忘其本，因爲人類的繁衍即是一個由質轉文的發展過程，但文是在質的基礎上構造的，所以儘管今天有燦爛輝煌之文，但是其背後的質卻是一個更爲永固的根基，倘若忘了這個根基，則一切的文亦祇是一場虛浮的裝飾，而無任何意義。二是使加冠者注重自身之質。如前述，在出生時，上天即生我而爲人，則其便同時賦予我們成就其爲人的全部美好的德性。在我們一步步成長的歲月里，父母的教養也是在保育我們這美好的德性，而期它能在我們的生活實踐中彰顯出來。所以，我們今後的一切行爲造作莫不要根據於此，倘若背離此德性，則我們將不復成其爲人。

　　子夏問曰："'巧笑倩兮，美目盼兮，素以爲絢兮。'何謂也?"子曰："繪事後素。"曰："禮後乎?"子曰："起予者商也!始可與言詩已矣。"①

　　我們從小成長至今，正是父母的教養使我們不斷保養而成就起這個天所賦予的"素"的質地，而今後之路，也正是要以此素的質地爲底，去"文之以禮樂"，而成就其爲人。在過去成長的日子里，禮樂是通過父母師友的教育加給我們的，我們所做的，祇是順著他們的教育去認真執行，所謂由之而不知。而現在，禮樂不是一個外加於我的東西，而是順我內心中的天賦之德，自然而彰顯出來的。對於我們所重要的，即是在今後的生活中，能時時不忘并彰顯此德性。此初加緇布冠之意義。二加皮弁冠，這種冠服一般爲諸臣上朝時所著之服。如果一加所代表的是對過去的繼承和追念，那麼二加則似乎代表了對未來的期望。朝服在身，即預示冠者將來能學有所成，而達濟天下。這其中實含著儒家修己治人的理想。成人不祇是作爲一個單獨的個體而成立，而是要在社會中來成立。因此，作爲一個成人所要肩負的，不祇是成就自己，更是要成就生活於其間的整個社會。而對於社會的成就，亦不過是將此心中的明德不斷地推擴，使他人亦得以盡其心之所有而成就之。故而這一加所代表的，是成己以成人的推擴。三加爵弁冠。爵弁服爲與天子祭祀天地時所著之服。天子祭天地，象徵其順天應人，參贊天地之功。而群臣作爲天子之輔，亦皆得以參與其間。此實代表著對冠者將來能立人之極、成至之功的最大的期望。如果說，嬰兒出生時是一個渾然天德的話，那麼，三加爵弁所期待的，即是一個人的成長能盡此天德而合於天道。至此，一個人纔算真正成就

---

　　① 《論語·八佾》。

其爲人的全副價值所在,其生命之表現無非天也,無私意、無造作。明道先生言"天人本無二",① 天地生生萬物,而人與焉。故而人之爲人,亦不外乎參贊天地之德。到此,人的自主性亦不消說,衹是順理而行,行其所無事也。由此可知,於冠禮上所施的三加之冠,其所期所望的,既是對此内心天賦之德的彰明,更是推此德以及人及物,而使天下得其治,萬物得其所。從而能真實地、完全地成就其爲人。這一意涵,從加冠時所宣讀的對冠者的祝辭中也可以見之。

> 始加,祝曰:"令月吉日,始加元服。棄爾幼志,順爾成德。壽考惟祺,介爾景福。"

令,美好意。元,首也。爾,指加冠者。順,朱子解"古與慎通用",今取其原意,爲循或從之意。祺,吉祥意。介、景,皆大意。整句的大意是:在這美好祥和的日子裏,第一次給你加戴這成人的冠服。希望你能捨去你荒嬉的心志,順著天地父母所賦予你内心中的美好德行而成就它。這樣,你將會健康長壽,并得到廣大的福報。

> 再加,曰:"吉月令辰,乃申爾服。敬爾威儀,淑慎爾德。眉壽萬年,永受胡福。"

申,重也。淑,善也。眉壽,人老而眉毛秀出,故借指長壽。胡,遠、大也。整句大意爲:在這良辰吉月,再給你加戴更爲尊貴的冠服。你要整肅你的容貌,使它宣著盛大。常懷戒懼之心,以彰顯你美好的德行。你將會壽如南山萬年松,福如東海常流水。

> 三加,曰:"以歲之正,以月之令,咸加爾服。兄弟具在,以成厥德。黃耇無疆,受天之慶。"②

---

① 《二程集》,頁81。
② 以上引文,均出自《儀禮·士冠禮》。

咸，皆也。黄耇，長壽貌。句意爲：美好的日子正當時，人生之尊貴之服，皆加戴給你。兄弟親朋俱在此爲你見證，見證你成就廣大的德行。你的壽命將會和你的德行一樣廣大無疆，並且永遠享受上天的賜福。

通觀三加的祝辭我們可以發現，正如《冠義》所言："三加彌尊，加有成也。"不僅三次所加之服愈來愈尊貴，而且向冠者所期許的德行亦愈加廣大，對冠者所施予的祝福亦愈加深厚。從"棄爾幼志"到"以成厥德"，正是對一個可以直面其人生的成年人所給予的對其人生所應當嚮往的方向的期許。從此，人生的全部意義與價值便是去成就此德。子曰："朝聞道，夕死可矣。"朱子謂："道者，事物當然之理。"① 此理本具乎人心，在心而爲德。祇要我們能明得其理，此生之所行，皆行其所當行，則必不負其所生，雖夕死亦可了無遺憾矣！

在加冠祭祖之後，冠者所緊隨着要做的事便是去見母親，這位多少年來含辛茹苦，日無稍息盼望自己長大成人的母親。在小的時候，見到母親，我們第一個動作總是撲向母親溫暖的懷中，那是對母親保護自己的渴望。但今天，我們成人了，這也一定是母親期許而樂見的一天。所以冠者見母，不再是去撲向母親的懷抱，而是帶著祭肉，去回饋母親，感謝母親多少年來無私的生養之恩。"見於母。母拜受，子拜送，母又拜。"② 這個時候，母親的懷抱變成了母親的一拜。③ 這一拜，誠拜出了天地間一大擔待。生我養我者，父母也。我今後走向

---

① 《論語集注·里仁》。

② 《儀禮·士冠禮》。

③ 對於母拜，解經家或有疑母無拜子之禮，或言母拜乃拜子所送之祭祀之肉，其從祭祀先祖處來，故所拜乃敬先祖，非拜子。呂大臨曰："母拜之義，古今學者疑焉。孔氏疏義曰：廟中冠子以酒脯奠廟，子持所奠脯以見母，母以脯自廟中來，故拜之。非拜子也。此說未然。所薦脯醢爲醴子設，非奠廟也。蓋古者有庸敬，有斯須之敬，如爲師則不臣王臣，雖微在諸侯之上。尸在廟門内則全於君，皆斯須之敬也。與其所庸敬各申其義，並行而不相悖也。子之於母，固所尊也。所尊則庸敬矣。然婦人之義，在家從父，已嫁從夫，夫死從子，母雖尊也，卒有從子之道，故當其冠也，以成人之禮禮之，則屈其庸敬以申斯須之敬，明從子之義，猶未害乎母之尊也，庸何疑哉？"母從子，實子之所當擔待者。

成人之路，絕然不是脫離了父母而獨立成人，我之成實乃父母之成。《孝經》言："身體髮膚，受之父母，不敢毀傷，孝之始也。立身行道，揚名於後世，以顯父母，孝之終也。"① 我此身體，實稟於父母之身體。今我以此身行盡其道而得其光輝，又安得不歸顯於父母之身乎？且我行此道，亦必自見孝於父母始。父母與我一體，我今推擴我之德行，舍父母之體安得而能推焉？亦恐其寸步不得行也。是以人道之始，必自親親也。

　　冠者見母過後，復至廟堂，賓賜字。冠者與賓對。復以摯見於君以及鄉大夫、鄉先生而與行禮焉。這一過程，代表著一個人作為成人之後走向社會的第一步。人的成長不是脫離於社會的獨自的成長，而是必然要在與人打交道的過程中來成就自己。所謂"鳥獸不可與同群"② 也。《冠義》載："成人之者，將責成人禮焉也。責成人禮焉者，將責為人子，為人弟，為人臣，為人少者之禮行焉。"人來到這天地間，首先的一個身份便是人子，天下無無父無母之人。父母養子，子孝父母，此皆是天理之自然，不待安排而為天秩天序。順此而推，則長我者我敬之，尊我者我尊之，賢我者我賢之，友我者我信之。此我親之、敬之、尊之、賢之所表現出的儀節便是禮。朱子謂："禮者，天理之節文，人事之儀則也。"③ 言其為"天理之節文"，則非我之安排而自然有秩者也。言其為"人事之儀則"，則我即為人，就必然要順此而行也。舍是之外，別無所謂人道也。《冠義》謂："冠者，禮之始也。"冠禮之舉行，即意味著責其為成人之始，而其成人之始，亦是禮之始。禮之大節，不外乎在人生倫常中，盡其親親、尊尊、長長、幼幼、男女有別之道。此在這場責其成人的冠禮中，便已備具。如著代、見母，親親也。見於兄弟，長長也。見於鄉大夫、鄉先生，尊尊也。冠者在行這些人事之儀節的同時，也就預示著他成人的開始。從此，他不能再靠母親的懷抱來成長，而是一個頂

① 《孝經·開宗明義章》。
② 《論語·微子》。
③ 《論語集注·學而》。

天立地的責任體。這個責任，不是外界強加給他的一道枷鎖，而是他內心的呼喚，這個呼喚讓他必須用自己的行動去成就自己，勇往向前。正如那古老的盤銘所刻：“苟日新，日日新，又日新。”這不斷日新其自我的過程，即是他不斷成就其自我的過程。並且這個自我，不是另一個世界的自我，它的全部都已經孕育於我此刻的心中。

今天，當一個人具有某些性格或者做出某些特定的行爲來，環境決定論者往往會將這個人所以表現出這樣的行爲特徵歸因於其成長的環境，如父母對他的影響。但是對於一個取得其主體性的“成年人”自身來說，這并不能成爲他自身種種表現的理由。如果一味地拿自己的過去種種來爲自己的行爲辯護，那衹是表示了其對自身責任的推託，對自我能力的否認，進而不能正視并肯定自身主體性之所在。而作爲一個具有主體性的成年人，即意味著我們將成爲一切行爲造作的決定者，而我們所當去做的決定，亦不外我們即刻的反身而誠，是當下之所當是，趨當然之所當趨。絲毫推諉不得，亦絲毫鬆懈不得。

成人——禮義之守

如果說《冠禮》的舉行衹是表示對一個即將踏上成人之路的成年人所作的期許與祝願，那麼，在今後踏向成人的道路上，我們當如何表現，纔可以算作成人呢？在《論語》中，子路便以“成人”的問題來問夫子：

> 子路問成人。子曰：“若臧武仲之知，公綽之不欲，卞莊子之勇，冉求之藝，文之以禮樂，亦可以爲成人矣。”①

朱子將“成人”解作“全人”，即是在“完成”意義上理解的成人。然觀夫子之答語，似亦未在究竟之“完成”意義上答子路之問。

---

① 《論語·佾問》。

如朱子所言"亦之爲言，非其至者，蓋就子路之所可及而語之也。"此實乃夫子施教之高明。然先不論成人之"至者"當如何，我們不妨先就著夫子的答語做一分析。

這裡，知、不欲、勇、藝皆爲天縱之能，人得具此能而無所蔽，則爲材質之可美者。然而，人的施爲造作，並不是僅僅憑借某一方面單獨的一能就可以完成，必是各方面的能綜合起來所達到的結果。但是，上述材質之可美者，其祇有一能或長於眾人而表現得尤爲突出，但其他方面的能或有所蔽，則其特爲突出之能或可反受此蔽之影響而致使其所發不能得其正。如有其知而或施諸詐，有其廉而或近於吝，有其勇而或至於亂，有其藝而或失之淫。如此，則必不得謂其爲成人。並且，我們能否成人，不是責天所與我者之偏全開塞，而是靠我們自己的學問修爲去努力成其爲人。而這學問修爲之所施見者，不外乎禮樂之文。如前所述，"禮者，天理之節文"。我們有其能而其所發或不能得其正，實是因爲我們的私欲所間。但是，如果我們的行爲能以一禮爲衡準，過者節之，不及者進之，則偏者得其正，能者得其養，而又以樂和粹之，則彬彬然君子矣。如此則可謂之成人矣。然而此禮樂之文，並不是由外在強加給我們的一套準繩，而必自我們的內心求之。求之之功，亦在勉強以學問耳。我們人心本然全具天理，倘順此天理所發，即是禮文。然人身氣稟偏塞不齊，是以不能皆順此天理而發，致有邪僻之行而妨成人之道。因此，欲求禮樂之文之美，亦必先努力學問以明此天賦之理。如此，基於其生質之美而又文之以禮樂，則煥煥乎其於人道必可成矣。

又此處的成人，自是對一個具有生質之美而又能用心於此去爲之努力學問的人所下的一個封限。能有人用心於此，固然是好。然而，倘若一個人處於學問不彰，聖學不明的世界里，其不幸而不能披禮樂之教，聖人之澤。則對於處於這樣世界的人，我們該如何分判他是否成人呢？在《論語》中，緊接著上述的話，夫子又曰①："今之成人

---

① 或有解此句爲子路語者，今暫取朱子解，權做夫子之語論之。

者何必然？見利思義，見危授命，久要不忘平生之言，亦可以爲成人
矣。"夫子所說的"今"，即是春秋禮壞樂崩之時。先王之教不興，
亂臣賊子迭起。在這樣一個世界中，我們不能期望所有的人都可以
"文之以禮樂"。但是，作爲一個人，也應該有一個人成其爲人的最
基本的底線。倘若一個人連這點底線都無法做到，則縱然他是一個骨
肉健全的成年人，我們也不得稱其爲成人。這個底線就是"見利思
義，見危授命，久要不忘平生之言"。朱子訓義利之義曰："義者，
天理之所宜；利者，人情之所欲。"① 蓋趨利避害，凡有生者，莫不
如此。然人之所以異於他物者，祇在其能明於天理而成就其所以爲人
也。故欲成就其爲人，必須順此天理當然之則而行之，方不辜負其爲
人。倘若其行祇知逞一己之私欲，以至寡廉鮮恥，胡作非爲，則其去
禽獸不遠矣，又何可稱其爲成人。且其心閉塞，必小看其所以爲人，
故稱其爲"小人"。小人非成人也。是以，這最低限度的成人，祇在
於一個人能於具體的生活情境中，不失卻其内心明德所彰顯出的天
理，進而順之而行，方纔不至於迷失其人之爲人的根本所在。倘若連
這一點底線也無法堅守，則難乎其爲成人也。

成聖——人極之立

如果說，夫子答子路之語，僅就子路之所可及而告之，而非成人
之至，那麼怎樣纔可以算作完全意義上的成人呢？

在上引《論語》成人章下朱子注曰："若論其至，則非聖人之盡
人道，不足以語此。"下又引程子之語曰："語成人之名，非聖人孰
能之？孟子曰：'惟聖人然後可以踐形。'如此方可以稱成人之名。"
觀此言，則一個完全意義上的成人，天下祇有聖人可以當之。如本文
第一部分所論，一個人對於成人的期許就是其生命之形態能與天道相
合。那麼，聖人與天道又是什麼樣的關係呢？《中庸》言：

---

①　《論語集注·里仁》。

> 誠者，天之道也；誠之者，人之道也。誠者不勉而中，不思而得，從容中道，聖人也。誠之者，擇善而固執之者也。

這裡我們可以看出，聖人當下便是誠者，當下便是天之道。不待學問、不待勉強，所言便是天理，所發即是天道。可謂天生下來便是一個完具之人。所以，在聖人這裡，亦不消言一個成人之道。成人之道所要求做的事，便是去"勉而中，思而得"。而聖人之"中"與"得"，絲毫不待"勉"與"思"的學問修爲工夫，渾然天成，爽爽朗朗，如日之在天，光芒萬丈，照徹世界，無任何隱曲造作。

孟子曰："形色，天性也；惟聖人，然後可以踐形。"① 天無形，人卻必有形，且人必假人之形方纔得以爲人。此形人人所同得，聖人亦無異焉。然即具此形，則其所堪載之理亦賦焉。此理，天人一也。是以天以無形之理賦予有形之人，人得此形，正要成就此理。然此理既墮入形氣之中，便會因形氣之清濁厚薄而有所限隔。此形氣之清濁厚薄，乃天之偶成者，非人力所至也。人即有此形之限隔，則天理不能盡透，是以思爲造作不能盡此理而於人道有虧。惟聖人之氣，清明純粹，無絲毫私欲之蔽，是以動容周旋中禮而爲人道之極則。在聖人這裡，形不是一個蔽障之物，而是一個可彰顯之物。聖人不與其形打交道（實亦不需與理打交道），而其所自然發見之理亦自然會充斥其形，而能致使其光輝燦爛。此之謂"踐形"。而吾人所稟受之理卻不得不受此形氣之限隔，故而不能算作一個完全意義上的成人。因此，我們去成人的過程，便是一個與此形此理打交道的過程。與此形打交道，我們用一個"克"字；與理打交道，用一個"思"字。思則得其理，克則去其私。"擇善"，思而得其理；"固執"，克而不流於私。"擇善而固執"可以說是一個去"形踐"的過程。形包括我們的身與心。心以明道，身以體道。日積月累，一旦轟然灑落，則不再以此形爲累，而純然天理流行，人極立而人道成矣。

---

① 《孟子·盡心上》。

　　如前所述，無論是對一個人出生時所做的期許，或是在冠禮的舉行時的種種喻意，都是希望一個人能通達天道，而在人生的倫常中，敦倫盡分。那麼到此聖人之至，則是在此不斷的成人過程中，修至其極，而至一大飽滿、大和樂之境地。天道生生之德在此而表現爲純粹仁體之流行。無人我之殊，無物我之隔。莫非理也。《中庸》曰："誠者非自成己而已也，所以成物也。成己，仁也；成物，知也。性之德也，合外內之道也，故時措之宜也。"是故語成人之至，則必至體此仁體至精粹純熟，而能泛應曲當，使萬物莫不披其澤，參贊天地之化育而後可也。

　　因此，在儒家這裡，一個期於成人的人，亦必是一個立志要成爲聖人的人。在人生的路途中，通過不斷的修身工夫，以使己身貼合於天道的流行。而此聖人與天道亦非是彼岸天國般的玄絕高遠，而就在我們日常的人倫日用，我們即此人倫日用的生活世界，即此當體之身而成就之，成我們人之所以爲人。

　　《論語》中聖人自述其生命歷程曰："吾十有五而志于學，三十而立，四十而不惑，五十而知天命，六十而耳順，七十而從心所欲不踰矩。"朱子引諸家集注曰："程子曰：'孔子生而知之也，言亦由學而至，所以勉進後人也。立，能自立於斯道也。不惑，則無所疑矣。知天命，窮理盡性也。耳順，所聞皆通也。從心所欲，不踰矩，則不勉而中矣。'又曰：'孔子自言其進德之序如此者，聖人未必然，但爲學者立法，使之盈科而後進，成章而後達耳。'胡氏曰：'聖人之教亦多術，然其要使人不失其本心而已。欲得此心者，惟志乎聖人所示之學，循其序而進焉。至於一疵不存、萬理明盡之後，則其日用之間，本心瑩然，隨所意欲，莫非至理。蓋心即體，欲即用，體即道，用即義，聲爲律而身爲度矣。'又曰：'聖人言此，一以示學者當優遊涵泳，不可躐等而進；二以示學者當日就月將，不可半途而廢也。'"① 在此，夫子通過其自身生命之歷程，爲我們樹立一最高的成

----

① 《論語集注·爲政》。

人之典範。我們既生而爲人，則自不可辜負此生而昏昏走過，必盡此人之所以爲人而後可。而其成人之法，亦莫不由夫子所指示的，從立志爲學以始。學，所以學聖人之道也，聖人之道，成人之道也。學而至於立，則人之爲人之自主性可確然而立也，自此漸積漸進，而至於從心所欲不逾矩，則此生命始能真實呈露其爲生命之光彩，人道之極不期而自立於天地之間也。

古樂新樂之辨

劉　益

　　之所以提出古樂、新樂之辨這個問題，乃在於如今之樂早已不復有古意。何爲“古意”？此古，在中華民族的歷史裏雖與時間不可分割，然更深層的意義在於，古之爲古代表著王道蕩蕩而民心淳厚。而古樂之古即包含此種意思。辨別兩者之間關係的目的，正是要使古樂與新樂的真實意涵展露出來，不使新樂混淆古樂，而古樂的真實價值得以確立。雖不勝其力，姑盡力爲之。

　　首先，本文試圖從古樂與新樂的由來說起，見出其不同之一。此不同又牽涉到作者的不同，此其二。繼而過渡到古樂與新樂本質的不同，此其三。這些不同之間又有著頗多相牽連的地方，在梳理這些關係的同時，樂的真實形象也慢慢地清晰起來。

一、古樂之由來

　　黃帝使泠綸自大夏之西、昆侖之陰，取竹於嶰溪之谷，以生而空竅厚薄均者，斷兩節間而吹之，以爲黃鐘之宮。制拾貳箭以聽鳳皇之鳴，其雄鳴爲陸，雌鳴亦陸，以比黃鐘之宮，而皆可以生之，故曰黃鐘，律呂之本。①

---

① 朱子《儀禮經傳通解卷第十三・鐘律第二十二》。

此段文字表明樂的產生至少開始於黃帝時期，樂聲像鳳皇之鳴。《尚書·舜典》中又有：

> 帝曰："夔：命汝典樂，教胄子。直而溫，寬而栗，剛而無虐，簡而無傲。詩言志，歌永言，聲依永，律和聲。八音克諧，無相奪倫，神人以和。"

那麼，古時聖王以樂爲教化内容，時間最晚開始於舜時期。雖然據《尚書》的記載，先王的教化内容並非僅僅是樂，還包括五典①、五教②、三禮③等等，這些教化内容的目的都是培養人良好的德行。實際上，樂貫穿於五教、三禮等關於德行的教化中。從上文舜命夔典樂這樣的政治措施中也可以看出關於樂的教授似乎比五典、五教、三禮更爲特殊和意義重大，因爲樂始終寓教於樂，它以一種委婉但直接的方式感染人，在無形中培養人中正平和的性情，教人"中和祇庸孝友"④。

> 大司樂掌成均之法，以治建國之學政，而合國之子弟焉。凡有道者有德者，使教焉，死則以爲樂祖，祭於瞽宗。以樂德教國子：中、和、祇、庸、孝、友。以樂語教國子：興、道、諷、誦、言、語。⑤

這段文字明確地說明，在周代掌管整個國家教育的官員即屬大司樂，教授的重要内容有"樂德"和"樂語"。"成均之法"，鄭注云：

---

① 《尚書·舜典》："慎徽五典，五典克從。"傳曰："五典，五常之教，父義、母慈、兄友、弟恭、子孝。"

② 《尚書·泰誓》："建官惟賢，位事惟能，重民五教。"傳曰："所重在民及五常之教。"

③ 《尚書·舜典》："帝曰：'咨，四岳，有能典朕三禮。'"傳曰："三禮，天、地、人之禮。"

④ 見"教胄子"之鄭注。

⑤ 《周禮·春官·大司樂》。

"成均，五帝之學。成均之法者，其遺禮可法者。"① 則大司樂亦教國子以禮。"有道者有德者" 鄭注云："道多才藝者，德能躬行者。"②表明樂師不僅多才藝而且德行高尚，此處的多才藝當指樂歌、樂器、樂舞等。"瞽宗" 鄭注云："《明堂位》曰：'瞽宗，殷學也。泮宮，周學也。' 以此觀之，祭於學宮中。"③ 在《文王世子》"先師" 注中，亦引此段經文爲證。由此可知，樂師掌樂教、禮法、明德行而祭於學宮，樂師的職責當是包含了古代教育的主要内容，在古代教育中有著重大地位。

我們知道《周禮》中記載的官職包括六大類：天官、地官、春官、夏官、秋官、冬官。在古代中國人的觀念里，人的行爲或者人事的變化應當與天地四時相匹配對應。大司樂屬春官掌教化，春時代表著天地的生生不息之德，則知大司樂之教化乃代表著先王生養百姓最大的仁德，若沒有教化就談不上生養百姓，更不能被尊爲民之父母。所以對於聖王，教化自然是治理百姓的首要任務。而教化的内容至少自禹開始就以樂爲重要内容或者形式。閻步克在《樂師與史官》一書中曾詳細論述過樂師與儒家以及中華教化歷史的關係。他認爲古代中國執掌教育的官員就是樂師，他說："孔子之教《詩》、《書》與樂人之誦《詩》、《世》，明明又是一脈相承。"④ 即古代樂人以《詩》《世》爲教材教授學生。可以想象，中華文明輝煌的源頭就是從樂教開始的，而幾千年來也是以樂德（中和祗庸孝友）爲中心的，樂蘊藏著至爲博大精深的内容。

在這樣一個歷史脈絡里，起著關鍵作用的是古樂而不是新樂。因爲三代以前并無古樂⑤、新樂之名，更無古樂、新樂之爭。第一，因

① 鄭康成《周禮注疏》。
② 同上。
③ 同上。
④ 閻步克《樂師與史官》，頁10，三聯書店2001年版。
⑤ 這裡，並不意味著三代以前所有的樂都能配得上被稱爲"古樂"，古樂主要指被保存下來的聖王之樂。彼時，天下秩序仍然以德相尚，古樂能在如殷湯、周文王這樣的有德的王室中保存。且世多賢者，民心質樸。

爲三代以前祇有王者纔能制禮作樂，諸侯之有德者纔得天子賜樂。如
《王制》："天子賜諸侯樂，則以柷將之。賜伯子男樂，則以鼗將之。"
表明諸侯之樂是天子所賜，且有等級之別，而等級之別表明樂是有象
徵意義的。又曰："變禮易樂者爲不從，不從者君流。"所以，諸侯
絕對不能私自作樂。第二，三代以前之樂均爲聖王之雅樂。新樂之
起，源自王道衰落，民心不古，在上者無德以承繼先王雅樂，在下者
無良而僭禮作樂。所以新樂一無聖王之德爲保證，二無太平之世爲基
礎，其樂祇是淫亂溺禮。新樂之名得以提出，且與古樂相提並論，恰
恰意味著新樂對古樂造成的極大威脅，新樂已經不祇存在於小範圍內
了。自此以後，人們多祇能想象古樂之美好，卻不能親炙之。那麼，
古樂之美究竟美在何處，與新樂有何區別？以下將詳論之。

二、惟君子爲能知樂

魏文侯問於子夏曰："吾端冕而聽古樂，則唯恐臥。聽鄭衛
之音，則不知倦。敢問古樂之如彼，何也？新樂之如此，何也？"

子夏對曰："今夫古樂：進旅退旅，和正以廣，弦匏笙簧，
會守拊鼓。始奏以文，復亂以武。治亂以相，訊疾以雅。君子於
是語，於是道古。修身及家，平均天下。此古樂之發也。"

"今夫新樂，進俯退俯，姦聲以濫，溺而不止，及優、侏儒，
獶雜子女，不知父子。樂終，不可以語，不可道古。此新樂之發
也。今君之所問者樂也，所好者音也。夫樂者，與音相近而
不同。"①

正如子夏所言，古樂嚴正有序，可以及道，君子觀之則思道德仁
義、家國天下，即所謂"君子於是語，於是道古。修身及家，平均天
下"。新樂則是姦聲溺耳，男女混雜，小人觀之則思淫逸之事，即所

---

① 《禮記·樂記》。

謂"奸聲以濫，溺而不止"，"獶雜子女，不知父子"。新古樂何以有如此大的區別？子夏又說魏文侯所好的不過是音不是樂，音與樂不過表面相似而已。也就是說，新樂雖被稱爲樂，實際上是談不上樂的，祇是音而已。後代雖有樂之名，但樂的實質意義已經發生了變化，或者已經失去了它最本質的含義。如我們當代的許多樂曲，不過是些音而已。

那麼樂與音的區別，古樂與新樂的區別究竟在哪裡？試將從作樂之人和善於觀樂之人說起。

西周末年，王道衰落，古樂也隨之衰亡，繼之而起的是新樂大行其道。不僅世人多不知古樂，連王朝之中會古樂的樂師也不得重用，孔子過齊祇能在路邊聽聞韶樂（雅樂本當行於廟堂之上）。《論語》記載：子在齊聞韶，三月不知肉味。曰："不圖爲樂之至於斯也！"朱子注曰："不知肉味，蓋心一於是而不及乎他也。曰：不意舜之作樂至於如此之美，則有以極其情文之備而不覺其歎息之深也，蓋非聖人不足以及此。"① 則知在孔子看來古樂之美盛矣！遠非人間美味佳餚可以媲美。

然魏文侯之意，既然古樂如此之美，爲何他聽古樂時必得強打精神而聽新樂時則精神振奮，豈不表明新樂美於古樂么？若以常情判斷，確乎如此，因爲人祇會沉溺於他認爲美好的東西，就像人總是喜歡美的事物而討厭醜的事物一樣。如此看來古樂似乎也不是那麼好，因爲它祇能讓孔子這樣的人"三月不知肉味"，而孔子祇是那麼多人中的小部分；相反像魏文侯所聽的新樂或者鄭衛之音卻能讓大多數人沉溺其中，甚至於魯君爲了齊國女樂不分祭肉、氣走孔子。但以子夏的眼光，魏文侯等聽的新樂以及鄭衛之音，都是"樂終，不可以語，不可道古"之類的。一曲終了，不僅不能感法善心，反而放辟邪侈，不知所止。用這樣的樂，如何能與君子相交，如何去承繼先祖的道德與偉業。

---

① 朱子《四書章句集注・論語・述而》。

韶樂之美，用朱子的話說就是"極其情文之備"。在《樂記》中，對樂情和樂文都有描述。簡單說來，樂情即樂中包含的道理、蘊含的情感，樂文即用來表現樂的音律、鐘鼓、歌舞等形式。文所以載情，以情爲本，在樂這裡，理就是情，是中正光明的情。韶樂是舜之樂，自古流傳下來如韶樂一樣的樂還有：堯之樂《大章》，黃帝之樂《咸池》，禹之樂《夏》，以及殷周之樂《大濩》《大武》①。這些樂又被稱爲雅樂，是古昔聖王所作。孔子聽之三月不知肉味，則知孔子與先王之心息息相通，能深切明白韶樂中的情與文，也能深刻地感受韶樂中的道理，所以有盡善盡美之嘆！何以知之？因爲所有的樂中都包含著情感，這是作樂之人通過樂來宣暢的他內心的情感，也是他想要呈現給世人的道理。好比寫作一樣，祇是文字變成了音符和歌舞之類。所以韶樂中的情感入於孔子之耳，達於孔子之心，聽之自然與古昔聖王心有戚戚焉，則孔子能深知古樂之美矣！其美則善，美與善在古樂中達到了統一。同時，這三月不知肉味之間也還有一種觀此韶樂之美，想見古昔禮樂盛世，而反思今日王道不行、世風日下的悲涼，所以"不覺欷歔之深"。這是孔子觀古樂而思古道，思修身、齊家、治國、平天下之明證。當然，寓情於樂，在任何形式的"樂"中都是如此，祇是這情在不同的樂那裡有著或大或小的區別。

樂的作用主要通過寓理於情來達到，它因爲不直接說教而顯得委婉含蓄，但卻通過引導情感這種最直接有效的方式來感染人，使樂中的情感與人性情相結合。於是樂中的情感對人來說不是外在的，而是原本就根植於我們的內心，同時樂又使得這種源於內心的情感更加根深蒂固和不可磨滅。因此樂中的包含情感也就關乎樂的本質。若其情中正平和則善，其情驕奢淫逸則不善。

對比可見，古樂與新樂有著巨大的差別，在先王與魏文侯之間也有著巨大的差別。古樂使人觀古道、思古意而想見先王之爲人。新樂卻使人放辟邪侈，流湎忘返，志意消沉。至其極，則古樂能養人德

---

① 《樂記》中有記載。

行、治國安邦，新樂則是家國壞亂的根源。《樂記》中說，樂與政相通，樂通倫理，這既是由於由樂可以觀心之善惡正邪，也由於樂極易感染不定的心。

那麼可以大致歸納爲君子愛古樂，小人喜新樂，即是說有什麼樣性情的人纔能作包含什麼樣情感的樂，相應的如此性情的人也喜愛和理解與他性情相符的樂。所以祇有君子纔能懂古樂之奧妙，一般的人並不能領會。① 所以《樂記》中說：“知音而不知樂者，眾庶是也。唯君子爲能知樂。”

君子是有德行的人，並不在於地位的高低。雖然三代盛時地位與德行相當，衰世卻不能如此，所以君子的惟一標準祇是德行。孔子曾告誡顏子非禮勿視、非禮勿聽、非禮勿言、非禮勿動，因此樂若非禮，君子必不聽之，必不好之。

三、德音之謂樂

古樂合於禮，新樂溺於禮。那麼如何是合禮，如何是溺禮？首先來看樂中包含著些什麼元素，再逐一分析。

> 凡音之起，由人心生也。人心之動，物使之然也。感於物而動，故形於聲。聲相應，故生變，變成方，謂之音。比音而樂之，及干戚、羽旄，謂之樂。②

這段話表明，樂產生於人心之感於物而後動，感動而形於聲，聲變而爲音，再變而爲樂。感動即人的感官有攝取外物的能力，由此產生對外物的喜怒哀樂之情，情動於內必將發散於外，聲音動作於是形

---

① 眾庶不明樂理，但在無形中會受感染。同時，因爲不明樂理，對淫聲也沒有多大自覺，無形中極易受其影響。實際上，這樣的現象何止存在於樂中，社會風俗對普通人的影響也是如此。移風易俗莫善於樂，樂的力量比其他風俗更強大而已。

② 《禮記·樂記》。

矣。故其內心有如何之情感，其發於外之聲音動作亦將有相應之形態。由其根源於人心，故聽相應之聲音，必會感動類似之情感。如"哀心感者，其聲噍以殺"之類。①

"變成方謂之音"，鄭注曰："方猶文章也。"② 音是在聲的基礎上，把聲按照五聲十二律加以整合。天地萬物包括人、動物、各類樂器所發的聲都可以歸於五聲十二律之中。"五聲"即宮、商、角、徵、羽。"十二律"即陸律、陸呂。律呂相生，還相爲宮，所以五聲十二律代表著一定的秩序。音之區別於聲就在於它有一定秩序，也就是"文章"。正義曰："凡畫者，青黃相雜分佈，得成文章，言音清濁上下分佈次序，得成音曲也，似畫者文章，故云'方，猶文章也'。"又如朱子《儀禮經傳通解‧鐘律》注"文之以五聲"曰："文之者，以調和五聲，使之相次如錦繡之有文章。"所謂"文章"并不指現代狹窄意義上的文字，但從文字以一定章法組合起來成爲文章可以看出，音也是聲按照一定章法所得。雖有此章法，然由其變自於聲，故此音之中當有因喜怒哀樂之情而發的發散、粗厲、噍殺、嘽緩等形態。

再則，"比音而樂之"即"播之以八音"③。"八音"謂"金、石、土、革、絲、木、匏、竹"。"干戚、羽旄"則鄭注曰：干戚，"武舞所執"；羽旄，"文舞所執"。故樂是在音之外再播之以八音而與干戚羽旄等樂舞相合而成。那麼，既然聲音能象喜怒哀樂，文、武舞之動作亦能象喜怒哀樂。

表面上看來，聲、音、樂之間祇是五聲十二律八音及干戚羽旄之別，但如果樂祇不過比音多了一些干戚羽旄而已，那也并沒有什麼特別的。而眾庶"知音不知樂"，"唯君子爲能知樂"表明樂之區別於

---

① 《樂記》："是故哀心感者，其聲噍以殺。其樂心感者，其聲嘽以緩。其喜心感者，其聲發以散。其怒心感者，其聲粗以厲。其敬心感者，其聲直以廉。其愛心感者，其聲和以柔。六者非性也，感於物而後動。"

② 鄭康成《禮記正義‧樂記》。以下關於《樂記》的鄭注仿此。

③ 朱子《儀禮經傳通解‧鐘律第二十二》："播之以八音，曰金、石、土、革、絲、木、匏、竹，而大樂和矣。"

音並不是表面上可以呈諸視聽的。

　　樂與音的差別在於，當我們說音的時候袛是停留在音中之律，所謂變成方之“文章”。而說到新樂的時候也袛是停留在音上，音律等樂的表象雖與其本質息息相關，也可以脫離本質而存在。袛是沒有內涵的樂好比沒有靈魂的人一樣，失去了它的價值。那麼，樂的本質是什麼呢？

　　　　是故樂之隆，非極音也。食饗之禮，非致味也。《清廟》之瑟，朱弦而疏越，壹倡而三歎，有遺音者矣。大饗之禮，尚玄酒而俎腥魚。大羹不和，有遺味者矣。是故先王之制禮樂也，非以極口腹耳目之欲也，將以教民平好惡，而反人道之正也。①

　　　　正義曰：“隆，謂隆盛，言樂之隆盛，本在移風易俗，非崇重於鐘鼓之音，故云‘非極音也’。”又曰：“弦聲既濁，瑟音又遲，是質素之聲，非要妙之響。”又曰：“以其貴在於德，所以有遺餘之音，念之不忘也。”

　　所謂極音者，極盡音律之妙，務其悅耳動聽，如食物之極其美味而不順時令，如錦繡之極其華麗而無以象德行②。從引文可知“極口腹耳目之欲”即是“極音”“致味”之意。欲者人心之流，禍亂由此而生，極欲則使人忘人性之本善，忘篤厚之天性。而樂之隆盛並不在於極盡音律之妙，更不在於極人之慾望。因為隆盛並不意味著大排場的華麗，僭越和諂媚都是對神的褻瀆和對人的不敬，對人對物的敬意袛在於合於道理。樂之大用在移風易俗，若音樂太過淫巧，則易使人沉迷放縱，并不能敦厚人的品德。正如奇巧的衣食會使人驕奢淫逸一

① 《禮記·樂記》。
② 錦繡：古禮服上所繡的文章，根據尊卑不同而有差別，不可僭越。每一種文章所繡的圖案都代表著一定的含義，同時象徵著這個等級的官員當有的德行。無以象德行，即徒知錦繡紋飾之美而極其所欲，沒有尊卑上下之分，也不能觀錦繡而反思自己的德行是否相配等等。

樣，類似的東西是對人最大的毒害。所以《王制》里說："作淫聲、異服、奇技、奇器以疑眾，殺。"這種極音之妙的樂就是屬於淫聲一類，會妖言惑眾，先王之樂與此是絕不相同的。質素之音與極音，合理之欲與極欲，正是樂與音之別，古樂與新樂之別。古樂以敦厚人之品格，不務於極其音律之巧，故君子能借此反人道之正，"備舉其道，不私其欲"。

但"極音"之妙還會面臨一個問題。若問：如何是極盡音律之妙？難道雅樂都是難以入耳的，如糟糠之食難以入口嗎？《論語》中有"食不厭精，膾不厭細。食饐而餲，魚餒而肉敗，不食……割不正，不食"① 之語。對於君子來說，日常食物也是要精心對待的，而精心調製的食物又怎麼不美味呢？君子對於樂也同對待食物一樣，不會用噪音來刺激自己的聽覺。況且讓孔子三月不知肉味的韶樂怎能不美。君子之養體乃是內外交相養，內以德行，外以美物。那麼似乎出現了一個矛盾。但是在矛盾中恰好發現，這是由於對樂之美的定義不同以及對美的理解還不明確所導致的。

其實，很容易想象有著不同心性和觀念的人會有不同的喜好和判斷事物美醜善惡的標準。所以對於"美"，在不同的作樂之人和聽樂之人那裡他們的感受不同、定義也不同，這種不同表明的是心性的不同。君子以德性爲美，小人以極欲爲樂，所以君子和小人對於樂的認同和喜好自然很不相同。人多以爲，樂之美在極盡音律之美妙，在其可以把人之情感宣洩得酣暢淋漓，悲則至於痛心疾首，喜則至於狂蕩不羈，現代人就會認爲這纔是藝術的至高境界。但在古人那裡恰恰相反。樂極生悲，我們永遠不可能保持一個極致的狀態。孔疏的解釋樂以"質素"爲美，"貴在於德"，即判斷樂的標準在"德"。而樂是否有德，既不通過極音之妙表現，也不通過走向它的反面來表現。雅樂之美纔是真正的美，因爲惟有中正平和的快樂纔是可以永恆的，惟有德性的美好纔是至高的，也就是說衹有善纔是最美的。道理是惟一的

① 朱子《四書章句集注·論語·鄉黨》。

道理，不以人的意志爲轉移。對於樂來說也是如此，樂的惟一標準是"德"。這就是《樂記》所說的"德音之謂樂"。

論述至此，當知古樂以德音爲本，新樂以極欲爲要。下文將進一步闡明"德音"的内涵，以及如何算是"極欲"？

四、"德音"之"節"

> 天下大定，然後正六律，和五聲，弦歌《詩·頌》，此之謂德音，德音之謂樂。①

德者，三綱五常，所以明父子之親，長幼之序，君臣之義。而此段明知，"正六律，和五聲，弦歌《詩·頌》"是爲"德音"。

前面說到樂之基本組成是五聲十二律，再和此五聲十二律而歌，更播之以八音及干戚羽旄之舞。即是說一首完整的樂曲應包括樂音、樂歌、樂舞。樂歌往往來自《詩經》，即所謂"弦歌《詩·頌》"。樂舞簡單地說是配合著干戚羽旄等器具的手舞足蹈，即《樂記》中說的"屈伸俯仰，綴兆舒疾"。但這幾者當中又以"五聲十二律"爲基礎。因爲樂歌樂舞都是要"合"此五聲十二律。所以樂之德音需得首先"正六律，和五聲"。

那麼樂之"德音"則"正六律，和五聲"，而人之"德性"則"仁義禮智信"似乎並不能看出兩者之間的關係，即爲何六律之正、五聲之和可以使先王用之以爲德教之本，而教育國子"中和祗庸孝友"，并能使國子"直而溫，寬而栗，剛而無虐，簡而無傲"。

關鍵在"正"與"和"兩字上：

第一，五聲十二律本身有標準和章法，並非隨便一個竹管就可以作爲正聲正律。

朱子在其《文集》"定律"一文中提到：

① 《禮記·樂記》。

世之言琴者，徒務布爪取聲之巧，其韻勝者乃能以蕭散閒遠爲高耳，豈復知禮樂精微之際，其爲法之嚴密乃如此而不可苟哉！

故知制禮樂之法極其嚴密。如琴律的得當并不在如何彈出巧妙的聲音，甚至"蕭散閒遠"的韻律也是遠遠不夠的。

《國語》曰："律，所以立均出度也。古之神瞽考中聲而量之以制，度律均鐘。"言以中聲定律立鐘之均。①

故知律以"中聲"爲標準，若其長短合法，則能爲百事立法，而象"天之道"，且能"宣養六氣、九德"②。故必不隨意爲之。

前面引文中提到黃帝使泠綸自大夏之西、昆侖之陰，取竹於嶰溪之谷而作黃鐘之宮以爲律呂之本，又聽鳳皇之鳴而成陸律陸呂。則知此竹非平常之竹，其空竅厚薄均勻，必得天地精華而又生質極美，惟此竹所得之管音質極爲純正。而鳳皇乃是天地至靈之物③，王有聖德纔得鳳皇來儀，所以鳳皇之鳴必象天地正氣。如此所得之陸律、陸呂是爲律呂之正，而能合"中"。而陸律、陸呂還相爲宮而得五聲，此五聲是爲聲之正，亦得合"中"。再播之以八音，所得之樂音必宣發出一股正大清明之氣。正如《樂記》曰："清明象天，廣大像地。"又曰："樂者，天地之和也。"樂音本於天地之靈物，得天地之正氣，故能像天地之清明廣大。此清明廣大乃是至德之氣。人惟有志氣可以

---

①　朱子《儀禮經傳通解·鐘律第二十二》。

②　《國語》原文曰："律，所以立均出度也。古之神瞽考中聲而量之以制，度律均鐘，百官軌儀，紀之以三，平之以六，成於十二，天之道也。夫六，中之色也，故名之曰黃鐘，所以宣養六氣、九德也。"

③　由《尚書》"簫韶九成，鳳皇來儀"等語可知。孔安國注曰："雄爲鳳，雌爲皇，靈鳥也。儀，有容儀。備樂九奏，而致鳳皇，則餘鳥獸不待九而率舞。"《尚書全解》注此段曰："鳳皇來儀者，鳳皇羽族之最靈者，其爲物也，治則見，亂則隱，不可求而得，不可豢而養。"故知，惟天地大和，乃有鳳皇來儀。

奮動其血脈，提升其品格，超拔其精神。太史公曰："音樂者，所以動盪血脈，通流精神，而和正心也。"故律之"中"象人"中和"之德。

第二，五聲十二律之"和""正"又以國政、民性爲本。

> 宮爲君，商爲臣，角爲民，徵爲事，羽爲物。五者不亂，則無怗懘之音矣。宮亂則荒，其君驕。商亂則陂，其官壞。角亂則憂，其民怨。徵亂則哀，其事勤。羽亂則危，其財匱。五者皆亂，迭相陵，謂之慢。如此，則國之滅亡無日矣。①

所謂"怗懘之音"，鄭注曰："怗，敝也。懘，敗也。敝敗謂不和之貌也。若君臣民事物各得其所用，不相壞亂，則五聲之響無敝敗矣。"可見"五音不亂"則和，和則順正。而"五音不亂"之本在政。君臣民事物五者不亂纔得五音和諧不敝敗。君臣民事物代表國家自上到下所有的階層，五者不亂則是秩序不相紊亂，各安其份，各盡其職。其極則若君臣有義，父子相親，長幼有序，夫婦和順等等。故《樂記》有"順氣成象，而和樂興焉"。所謂"順氣"則是此君臣民事物之間有此仁義禮智信而各得其所。故惟政善與民善，音纔得其和。此是"天下大定"然後作樂之意。

反之，五音中若有一亂則荒、陂、憂、哀、危之情生。若皆亂則慢，慢則國家危亡。何爲慢？慢者，慢易以犯節，流緬以忘本。如此則人心淫逸，民怨叢生，官事敗壞，終至國家傾覆。則所謂"國家滅亡無日矣"。

> 夫政象樂，樂從和，和從平……於是乎氣無滯陰，亦無散陽，陰陽序次，風雨時至，嘉生繁祉，人民龢利，物備而樂成，上下不罷，故曰樂正。②

---

① 《禮記·樂記》。
② 《國語·周語》。

此段文字明確地表達了陰陽相合，萬物昌盛，民生物用各得其所，纔有所謂"樂正"。

故知，聲律之和正象國家之善政及百姓之善性，必得國家政治祥和及百姓安樂，乃得樂之平和。

第三，雖得聲律之正、民德之善，卻更待聖人作樂以象德。非聖人不能正六律，和五聲。

樂之六律五聲以德爲體，故必待德成而後能正、能和。聖人者，德成於內而光華發於外。惟聖人堪比於德成。

> 故知禮樂之情者能作，識禮樂之文者能述。作者之謂聖，述者之謂明。①

有聖德方能知禮樂之情，乃能作禮樂。鄭注曰："窮本知變樂之情，若能窮盡其本，識其變通，是知樂之情也。"又曰："凡制作者量事制宜。"

此窮本知變之意，"本"乃樂之本，即德。樂之德亦是人之德。"變"乃人情之變，即人心之喜怒哀樂。人之情亦是樂之情。"量事"則是本人之性而裁奪人之情；"制宜"則據此人情之變，而節制其情性，平其好惡，使之歸於人道之正。故樂與人相通，所謂"通倫理"是也。

聖人欲窮本知變必先明民心。民心即是民性民情。民性皆善，"人生而靜，天之性也"②；民情則有欲，"感於物而動，性之欲也"③。但《樂記》曰：

> 夫物之感人無窮，而人之好惡無節，則是物至而人化物也。

---

① 《禮記·樂記》。
② 《禮記·樂記》之文。
③ 同上。

人化物也者，滅天理而窮人欲者也。

　　所以民性雖善，但民情卻多變而無節。是故"先王之制禮樂，人為之節"①。可知樂之大旨在"人為之節"。"人為"者，因禮樂乃聖人所作，其順天理而合民心。"節"者，聲音之高下、長短、精粗、疾緩等和諧得當。禮樂本自天地生，然無聖人出於其間以參天地，贊化育，則亦不能有象天理之禮樂。因為惟聖人可以盡人物之性，可以通天地之理。②

　　若非聖人制禮作樂，則必將悖天理，窮人欲，流緬忘返。若非聖人，縱知樂之旨，亦不能成樂之德；縱能成其德，亦不能盡樂之美。

　　第四，樂之大旨"人為之節"，不是一種想象的狀態，是實實在在能通過五聲、十二律、八音以及干戚羽旄展示出來的。

　　　　是故先王本之情性，稽之度數，制之禮義，合生氣之和，道五常之行，使之陽而不散，陰而不密，剛氣不怒，柔氣不懾，四暢交於中，而發作於外，皆安其位，而不相奪也。然後立之學等，廣其節奏，省其文采，以繩德厚，律小大之稱，比終始之序，以象事行，使親疏、貴賤，長幼、男女之理，皆形見於樂，故曰："樂觀其深矣。"③

　　首先，"度數"，天地萬物皆有度數，若無此"度數"則天地失序，萬物失和。若天之度數則三百六十五度四分度之一，若地之度數則十二月，若星辰之度數則二十八宿，若位分之度數則爵等之大小等等。《日講禮記解義》曰："度數，謂五聲十二律上下損益之數。"是

____

①　《禮記·樂記》之文。
②　《中庸》曰："唯天下至誠，為能盡其性；能盡其性，則能盡人之性；能盡人之性，則能盡物之性；能盡物之性，則能贊天地之化育；可以贊天地之化育，則可以與天地參矣。"
③　《禮記·樂記》。

樂之度數。樂的度數的損益非隨意作爲,馬氏睎孟曰:"五音大不過乎宮,細不過於羽,此小大之稱,大師之奏,始作翕如至於繹如,此終始之序也。"① 故樂之度數即"人爲之節"。度數得當則音律得和、正②。

> 律有常數,數有常度,聲之洪纖高下咸取則于此,此謂之律和聲。八音克諧者,金、石、絲、竹、匏、土、革、木,單出者爲聲,雜比者爲音,八音之諧無至以奪其倫理,則純如、皦如、繹如,而樂成矣。③

所以洪纖高下、八音克諧、無相奪倫者均是樂之度數。因此能夠"合生氣之和,道五常之行"。故《尚書》曰:"八音克諧,無相奪倫,神人以和。"

鄭注"文采"曰"節奏合也";"律小大之稱"曰"《周禮·典同》:'以六律六同辨天地四方陰陽之聲,以爲樂器。'小大,謂高聲、正聲之類也";"比終始之序"曰"終始,謂始於宮、終於羽"。則"節奏"、"文采"以及"律小大之稱,比終始之序"均樂之"度數"。

故知,聖人之作樂也,其度數節文如此之盛,乃得使樂情文具備。其情文具備者,蘊德於內謂之情,光華文采發於外謂之文。惟此盛樂,纔得"繩德厚","象事行","使親疏、貴賤、長幼、男女之理皆形見於樂"。因此纔能即樂而觀德行。

"樂觀其深矣"的"觀"就是我們從中讀出了什麼,同時我們能對著一個榜樣、標準來打量和反思自己,這個標準就是古樂呈現給我

---

① 《欽定禮記義疏》。

② 《尚書精義》曰:"聲依永、律和聲,所謂稽之度數也也。"《陳氏尚書詳解》:聲依永者,"古之作樂者,先歌於堂上,故五聲各依其永言,蓋人聲之發有洪纖高下則有宮商角徵羽,故樂器亦依之而作";律和聲者,"聲有洪纖高下,苟無以爲之準,則五聲或失之過而樂不和矣,故以十二律和之"。

③ 陳經《陳氏尚書詳解》。

們道理，而這個道理是那麼深沉和豐富。孫希旦《禮記集說》注此句曰：“所以觀其理之深也。”又曰：“乃若無形無聲，則樂深之又深，載道而與之俱，且將不可識，況得而觀之乎。”故樂者，載道之體，道不可形見，卻可通過樂之文采節奏，屈伸俯仰，使人優游以自求，厭飫而自趨。

樂觀既深，而其節又據天理人情而制，故非聖人不能形見之，非君子不能深得之。

五、結語

以上所呈現者，古樂之象德。反之，新樂之中則無德可觀也。其律呂既不正；其君亦不能行王道；而其民不得受善政余澤，不得感和暢之樂而滌蕩其心靈，而樂教之移風易俗更反趨向於悖道溺禮。故其新樂也，子夏答魏文侯曰：“鄭聲好濫淫志，宋音燕女溺志，衛音趨數煩志，齊音敖辟喬志，此四者，皆淫於色而害於德，是以祭祀弗用也。”①

　　興於詩，立於禮，成於樂。②
　　注曰：“樂有五聲十二律，更唱迭和以爲歌，舞八音之節可以養人之性情，而蕩滌其邪穢，消融其查滓。故學者之終，所以至於義精仁熟而自和順於道德者，必於此而得之，是學之成也。”③
　　程子曰：“古人之樂：聲音所以養其耳，采色所以養其目，歌詠所以養其性情，舞蹈所以養其血脉。今皆無之，是不得成於樂也。”④

---

① 《禮記·樂記》。
② 《論語·泰伯第八》。
③ 朱子《四書章句集注·論語集注》。
④ 同上。

　　故知，古樂之別於新樂，其意義多矣。其本質則在於古樂爲德義之發，新樂爲慾望之無節。兩相比較，則古樂能涵養性情，成就溫良敦厚的人格；新樂則極耳目口鼻之欲，使人離中和之性越來越遠。故學者當以古樂養其耳目，使德性涵養於內，光華發越於外。此是古昔聖王教人之法，惜哉後世不行！

天命與人心

——從孟子不尊周談起

吳 丹

孔子一生致力於恢復周禮，強調君君臣臣父父子子，痛斥僭越篡弒之徒，《春秋》亦是以尊周爲本，使亂臣賊子懼。而孟子卻力勸齊梁之君行王道而王，置周王室於不顧。表面上看，孟子似乎違背了孔子的志向，勸諸侯僭越爲王，其實不然。程子曰：

> 孔子之時，周室雖微，天下猶知尊周之爲義，故《春秋》以尊周爲本。至孟子時，七國爭雄，天下不復知有周，而生民之塗炭已極。當是時，諸侯能行王道，則可以王矣。此孟子所以勸齊梁之君也。蓋王者，天下之義主也。聖賢亦何心哉？視天命之改與未改耳。①

程子認爲，孔子之所以尊周，是由於當時雖然周室比較微弱，但是天下仍然知道尊周是應當的，比如五霸雖然内心並非真正地尊周，但仍然要假借周的名義，不敢公開地打著自己的旗號。而孟子之所以不尊周，是因爲到孟子之時，形勢已經發生了很大的變化：一方面，諸侯國的格局出現了重大的變化，天下形成了七國爭雄的局面，諸侯

---

① 朱子《四書章句集注》，頁205，中華書局1983年版。

國爲了擴張自己的實力，不斷地吞併周圍的小國，且大國之間的戰爭也連年不斷，此時諸侯已經隨意地、明目張膽地發動戰爭，並不需要假借周天子的名義，天下已經不知道還有周王室的存在，更談不上尊周了；另一方面，由於諸侯國戰爭不斷，使得民不聊生、餓殍遍野，百姓的生存狀況已經達到了極度惡劣的狀態。由於這兩方面的因素，當時，祇要有諸侯能行王道，則"天下之民望之猶大旱之望雲霓也"，"雖欲無王，不可得矣"①。程子并由這個問題，引出了王的內涵及天命這兩個命題。

一、王者，天下之義主

要討論清楚爲何孟子不尊周王，要先討論王是怎樣的存在、王的內涵是什麼。《白虎通》云："王者，往也。天下所歸往。"② 王是天下之人所歸往之處，天下歸之則爲王。程子曰："夫王者，天下之義主也。民以爲王，則謂之天王、天子；民不以爲王，則獨夫而已。"③ 天下之人真心歸往之，纔能成爲天下之義主。

怎樣的人纔能使天下歸之呢？孟子曰：

> 得天下有道：得其民，斯得天下矣；得其民有道：得其心，斯得民矣；得其心有道：所欲與之聚之，所惡勿施爾也。民之歸仁也，猶水之就下、獸之走壙也。④

若能得民心，則天下歸往之；而得民心之道，在於使民得其所欲而勿施其所惡。民之所欲、所惡爲何？晁錯曰："人情莫不欲壽，三王生之而不傷；人情莫不欲富，三王厚之而不困；人情莫不欲安，三

---

① 《孟子·梁惠王下》，第十一章；《孟子·離婁上》，第九章。
② 《白虎通·號篇》，第一章。
③ 朱子《論孟精義》，頁653。
④ 《孟子·離婁上》，第九章。

王扶之而不危；人情莫不欲逸，三王節其力而不盡。"① 欲壽、欲富、
欲安及欲逸，皆是人之常情，是人生來而有，故不能不遂其欲，但亦
非一味地滿足其欲。如人情欲逸，則使勞者得息，但並非讓其不勞
作。前四者固然是民之所欲，但民之所欲不止於此。"天生烝民，有
物有則，民之秉彝，好是懿德。"② 民最重要亦是最根本之欲是懿德，
故孟子言民之歸仁，猶如水之歸下、獸之歸壙。因此，祇有仁者纔能
使天下歸之。那爲何程子不言"王者，天下之仁主"呢？雖然仁義
並非對立，但兩者仍然有區別，程子言"王者，天下之義主"，能體
現王霸之別。關於王霸之辨，孟子有很到位的論說，其曰：

> 以力假仁者霸，霸必有大國；以德行仁者王，王不待大。湯
> 以七十里，文王以百里。以力服人者，非心服也，力不贍也；以
> 德服人者，中心悅而誠服也，如七十子之服孔子也。③

以力假仁者，並非由其不忍人之心發而爲不忍人之政，祇是憑藉
其土地與軍隊之力而行仁者之事，雖然其能成爲諸侯之長，天下皆要
聽其命令，但其祇是以力服人，天下之人祇是由於力量不足而不得不
服之，並非真心歸往，故其祇能成爲霸者，而不能成爲王者。朱子注
曰："以德行仁，則自吾之得於心者推之，無適而非仁也。"④ 以德行
仁者，是由不忍人之心推出去而爲不忍人之政，"其先得人心之所同
然者"⑤，故天下之人皆能心悅誠服，無不歸往，因而其能爲王。王
霸之辨是公私義利之辨，祇有其心大公無私、惟義是從之人，纔是
王。所以，王是天下之義主。
　王既然是天下之義主，就意味著並非一個人祇要成爲王，就能保

① 朱子《四書章句集注》，頁 280。
② 《詩經·大雅·烝民》。
③ 《孟子·公孫丑上》，第三章。
④ 朱子《四書章句集注》，頁 235。
⑤ 《孟子·告子上》，第七章。

證其終身爲王。王之所以爲王，就是由於仁義；若其喪失仁義，則不配爲王。正如孟子所言：

> 賊仁者謂之賊，賊義者謂之殘，殘賊之人謂之一夫。聞誅一夫紂矣，未聞弑君也。①

桀、紂殘賊仁義、暴虐無道，最終落得眾叛親離的下場，既然天下之人皆離之，則其爲一夫而不再是王，由於其非王，湯、武與其的君臣關係亦斷絕，故湯、武所爲是誅一夫，而非弑君。

二、天命與人心

天下之主，既稱其爲王，同時亦稱之爲天子。王與天子是從不同的方面對天下之主的稱謂。《白虎通》云："天子者，爵稱也。爵所以稱天子何？王者，父天母地，爲天之子也。"② 天子是稱其爵，如孟子曰："天子一位，公一位，侯一位，伯一位，子、男同一位，凡五等也。"③ 雖然天下萬物皆是天所生，但是王作爲天下之主，參天地、贊化育，其是天之宗子，從位分而言，祇有王纔是天子。

一個人要得天下，成爲天子，必須享有天命。故程子隨後指出了天命的問題。孟子與萬章關於天命的問題有如下討論：

> 萬章曰："堯以天下與舜，有諸？"孟子曰："否。天子不能以天下與人。""然則舜有天下也，孰與之？"曰："天與之。"④

> 萬章曰："人有言'至於禹而德衰，不傳於賢而傳於子。'

---

① 《孟子·梁惠王下》，第八章。
② 《白虎通·爵篇》，第一章。
③ 《孟子·萬章下》，第二章。
④ 《孟子·萬章上》，第五章。

有諸?"孟子曰:"否,不然也。天與賢,則與賢;天與子,則與子……丹朱之不肖,舜之子亦不肖。舜之相堯,禹之相舜也,歷年多,施澤於民久。啓賢,能敬承繼禹之道。益之相禹也,歷年少,施澤於民未久。舜、禹、益相去久遠,其子之賢不肖,皆天也,非人之所能爲也。莫之爲而爲者,天也;莫之致而至者,命也。"①

堯將天子之位禪讓給舜,故萬章問,是否堯將天下給了舜。孟子回答說,並非堯將天下給了舜,而是天將天下給了舜。至於禹,由其子啓繼承了天子之位,因而有人言,禹沒有如堯、舜那樣將天子之位禪讓給賢者,而是傳給了其子,以爲其德衰。孟子回答說,天欲給賢則給賢,天欲給子則給子。

那麼,天是如何將天下給予賢或子的呢? 首先,堯、舜、禹之子的賢或不肖。人之賢或不肖是天生的,而非人力所能爲。雖然後天的環境會對人有一定的影響,但不可否認的是,每個人出生時其氣稟、資質就已經千差萬別,若衹是以後天環境而論,那麼堯、舜皆是聖人,其子從小受其燻陶,如何會不肖呢? 而舜之父頑母嚚,如何會成就舜的聖德呢? 其次,舜、禹、益相天子之相去久遠。人之死生夭壽、吉凶禍福亦是由天所定的,如舜之相堯、禹之相舜歷年多,而益之相禹歷年少,這是由於堯、舜及禹的壽命長短所決定的,並非禹故意使益相之年少。天就是如此作爲,而將天下給予賢或子。

故,非人力所能爲而自爲者,則是天;非人力所招致而自至者,則是命。孟子又曰:

莫非命也,順受其正。是故知命者,不立乎巖墙之下。盡其道而死者,正命也。桎梏死者,非正命也。②

① 《孟子·萬章上》,第六章。
② 《孟子·盡心上》,第二章。

夭壽吉凶皆是命，但並非皆是正命，祇有"莫之致而至者"纔是正命。如立乎巖墻之下與桎梏而死者，則是自己招致而非正命。盡道是人所當爲，不應該招致死亡；但若盡道而死，則非人爲招致而自至者，這就是正命。人之死生夭壽、吉凶禍福及智愚、賢不肖皆是天所命，而非人力所能爲。

既然要受天命纔能爲天子，那麼，如何知道天命呢？萬章也向孟子問了這個問題：

> 萬章曰："天與之者，諄諄然命之乎？"孟子曰："否。天不言，以行與事示之而已矣。"曰："以行與事者示之者如之何？"曰："天子能薦人於天，不能使天與之天下；諸侯能薦人於天子，不能使天子與之諸侯；大夫能薦人於諸侯，不能使諸侯與之大夫。昔者，堯薦舜於天而天受之，暴之於民而民受之，故曰，天不言，以行與事示之而已矣。"曰："敢問薦之於天而天受之，暴之於民而民受之，如何？"曰："使之主祭而百神享之，是天受之；使之主事而事治，百姓安之，是民受之也。天與之，人與之，故曰天子不能以天下與人……《太誓》曰：'天視自我民視，天聽自我民聽。'此之謂也。"①

天不會如人一樣言說，故其不是諄諄然地命令某人成爲天子，而是通過某人的所行及所爲之事而顯示其是否得天命。比如，堯薦舜於天，使其主祭而天受之；使其主事而事治，民受之，則知其得天命。故可以從神意與民心這兩個方面來知天命。

首先，從"百神享之"知天命。朱子曰："祇陰陽和，風雨時，便是'百神享之'。"又曰："祈晴得晴，祈雨得雨之類。"② 人是天地所生，故人心與天地之心能夠感通，若祭祀時能懷著誠敬之心，則

---

① 《孟子·萬章上》，第五章。
② 《朱子語類》，卷五十八，條十二、十三。

能使鬼神感格。"祭如在，祭神如神在。"① 鬼神祇是二氣之良能，百神享之，則陰陽之氣和，從而風調雨順。

其次，從民心見天意。如堯使舜主事而事皆治，百姓因之而安。當舜避堯之子而之南河之南，天下諸侯朝覲者及訟獄者，皆不之堯之子而之舜；謳歌者，亦不謳歌堯之子而謳歌舜。民心歸往之，因而可知天與之。"天視自我民視，天聽自我民聽。"② 此處之"民"，包含朝覲者、謳歌者及普通百姓，並非祇是言"民可使由之，不可使知之"③ 之"民"，而是指秉彝之人，人心是歸於道，因而能夠傳達天命。

朱子與弟子楊至亦討論過如何知天命的問題。《語類》云：

> 先生問至云："天命之改與未改，如何見得？"曰："莫是周末時禮樂征伐皆不出於天子，生民塗炭，而天王不能正其權以救之否？"曰："如何三晉猶尚請命於周？"曰："三晉請命既不是，而周王與之亦不是。如溫公所云云，便是天王已不能正其權。"曰："如何周王與之不是，便以爲天命之改？"曰："至見得未甚明。舊曾記得程先生說：'譬如一株花，可以栽培，則須栽培。'莫是那時已栽培不得否？"曰："大勢已去了。三晉請命於周，亦不是知尊周，謾假其虛聲耳。大抵人心不復有愛戴之實……到孟子時，人心都已去。"④

朱子在此處循循善誘，一步一步地讓至之明白如何知天命改與未改。至之最初以爲，從周天子不能正其權救百姓而知天命已改，但朱子以三晉請命於周的事件來反問之。至之以三晉請命與周王與之爲非爲天命已改。朱子進一步反問，爲何周王與之不是，則是天命已改。

① 《論語・八佾第三》，第十二章。
② 《尚書・太誓上》。
③ 《論語・泰伯第八》，第九章。
④ 《朱子語類》，卷五十一，條二十五，頁1224。

至此至之不能答。大概至之以周王不能正其權所爲非是爲天命已改，但是朱子指出，並非從周王的所爲正當與否來看天命之改與未改，而是從人心來看，當時人心已經不再愛戴周王室了，人心已離，大勢已去，從而知天命已改。故應該從人心看天命。

祗有以德行仁，纔能享有天命；若殘賊仁義，則會喪失天命。但孟子之時，周王並非殘賊之人，爲何其仍然喪失天命呢？喪失天命并非一人的原因，其前有周属王、周幽王，兩者皆是暴君，那時周已經元氣大傷，故從平王東遷之後，周室一落千丈；但先王之政未絕，若其后有賢聖之君作，仍然能繼承其先祖的遺澤而保其天命。但是其後，周室并沒有出現賢聖之君，故至孟子之時，周王已經完全喪失天命而爲獨夫。程子曰：

> 夫王者，天下之義主也。民以爲王，則謂之天王、天子；民不以爲王，則獨夫而已。二周之君，雖無大惡見絕於天下，然獨夫也。①

孟子所说的"獨夫"，指的是像桀、紂那樣殘賊仁義而失去人心的暴君；而程子這裡，是從民不以之爲王這個意義上稱二周之君爲"獨夫"。兩者用法微有差別。所以，當然不能將孟子所言"獨夫"直接用在二周之君身上，二周之君其实并未到桀、紂地步。

因此，孟子之所以置周王於不顧，不去輔佐周王平治天下，是由於孟子深知天命已改，周大勢已去，無力回天。當時，諸侯祗要能行王道，則可以王天下。故孟子所要做的就是選擇有能力行王道的諸侯，爲天下造就一位王。

三、行王道而王

王道难道祗有王者纔能实行吗？其實不然。王道與霸道相對，祗

---

① 朱子《論孟精義》，頁653。

是公私義利之辨，並非限於位分之別。王道就是仁政，行王道就是以不忍人之心行不忍人之政，這不僅是王所當行，亦是諸侯之所當行。若將王道的外延再进一步擴大，不僅是在位者，每個人都應當行王道，而且這是無條件的。至於行王道而王天下，則是有條件的。孟子曰：

> 匹夫而有天下者，德必若舜、禹，而又有天子薦之者，故仲尼不有天下；天之所廢，必若桀紂者也，故益、伊尹、周公不有天下。①

孟子指出，除了世襲之外，兩种情況能得天下。一種是天子禪讓，正如堯薦舜於天，而天受之，因而舜擁有天下；另一種是革命，如湯、武革命，由於桀紂暴虐無道，因而天廢之，其自身當然不可能將其天子之位讓給賢者，所以祇有通過革命的方式來完成天命的轉移。故雖大德者應得其位，周公、孔子這樣的聖人應當居於天子之位，但由於不具備以上兩個條件之一，因而不能得天下。

而在孟子之時，就當時整個天下的形勢而言，行王道而王是相對比較容易的。孟子曰：

> 且王者之不作，未有疏於此時者也；民之憔悴於虐政，未有甚於此時者也。飢者易爲食，渴者易爲飲。孔子曰："德之流行，速於置郵而傳命。"當今之時，萬乘之國行仁政，民之悅之，猶解倒懸也。故事半古之人，功必倍之，惟此時爲然。②

孟子之時，已經很長一段時間沒有出現王者了，百姓處於水深火熱之中，苦不堪言。若此時有王者興起，救民於水火之中，則百姓皆往而歸之，此時比較容易得人心，因而王天下相對較容易。故孟子要

---

① 《孟子·萬章上》，第六章。
② 《孟子·公孫丑上》，第一章。

把握住這個時機，當然要極力勸說諸侯行仁政。

孟子之所以會勸說齊宣王與梁惠王行王道，一方面是由於其德，一方面是因爲其勢。

從德而言，由不忍人之心，行不忍人之政，纔能王；若無不忍人之心，祇是行不忍人之政，亦祇是徒法而已。雖然齊宣王與梁惠王並無文王之德，同當時其他諸侯一樣，亦是好利好戰之徒，但是，齊宣王能對牛發出不忍之心，能慚其好世俗之樂，這些皆是良心的發見，若能擴而充之，則能行仁政而王。梁惠王能移粟移民，也能虛心誠意地接受孟子的教誨，這些都是他優於其他諸侯的地方。故孟子覺得他們二人可能行王道，纔會想方設法地勉勵他們行王道而王。如梁惠王之子梁襄王不如其父，是嗜殺人之徒，故孟子不會對其言王道，而祇是告誡其不要嗜殺人。

從勢而言，雖然孟子言王不待大，湯方七十里起，文王方百里起，但是並非說大國對王無絲毫影響。大國之勢對王天下也有重要影響。有文王之德，纔能方百里而王；若無文王之德，祇有百里之地不可能王，必須要像齊梁那樣的大國纔有可能王。孟子稱，以齊國之勢王，猶如反手。其曰：

> 夏后、殷、周之盛，地未有過千里者也，而齊有其地矣；雞鳴狗吠相聞，而達乎四境，而齊有其民矣。地不改辟矣，民不改聚矣，行仁政而王，莫之能禦也。①

齊國既有廣闊的土地，又有稠密的人口，若其行仁政而王，其千里之地則是王畿，不須另辟土地，其民則是畿內之民，不須再從別處遷移百姓。

雖然滕文公的資質比梁惠王與齊宣王更好，在眾多諸侯之中，孟子惟獨與其言性善，欲其學堯、舜，其爲人也篤厚，能夠真心地聽取

_____

① 《孟子·公孫丑上》，第一章。

孟子所言并將其很好地行出來，曾經亦將仁政付諸實踐，但由於其學力淺薄，對道理見得不明，以至於後來面對齊楚的威脅，不是想僥倖苟免，就是恐懼不已。即使滕文公之德不在梁惠王與齊宣王之下，但是由於滕國太小，并不足以行王道而王。滕文公問孟子爲國之道，雖然孟子亦告之制民之產、賦稅及井田等仁政的內容，和對齊梁之君所言并無二致，但是孟子并未對滕文公言如此做則能王，而是對其曰："有王者起，必來取法，是爲王者師也。"① 滕國雖能行仁政，然由於其實力太弱，未必能成就王業，但是其能將仁政的內容實施出來，如果有王者興起，其必定效法滕國的作爲。如此，則是王者之師。王者師當然不是在德行上劣於王者，實然地成爲王者因爲要受很多因素的影響，不能因爲王者師不能亲身成就王業，則以爲其地位低於王者；相反，在其作爲王者的老師方面，地位甚至有高於王者處。

故孟子之所以會勸齊宣王與梁惠王行仁政而王，是由其德與其勢兩方面的因素決定的，并無一毫私欲與偏好。而無論齊宣王與梁惠王問何種問題，孟子都將其引向王道。孟子欲其行王道的心如此急迫，是由於當時諸侯皆醉心於霸道而無心於王道，皆淹沒於利之中而不復知有仁義，且人民處於極度困苦之中，孟子深憂王道不行、仁義不明，又欲救民於水火之中，故其心如此急迫。

孔子以尊周爲本，而孟子卻力勸諸侯行仁政而王。雖然孟子所做看似與孔子背道而馳，卻是深得孔子之心。孔孟皆是順天命，其所做的，皆是處於當時的情況下應當做的。若孔子在孟子位置，也會勸諸侯行王道而王；而若孟子處於孔子之時，也會尊周，而不會勸諸侯行王道。因此，尊周或者不尊周並非目的，通過這種方式來尊義、順天命纔是目的之所在。

① 《孟子·滕文公上》，第三章。

“惻隱之心”的哲學之途

曾海軍

　　“惻隱之心”是孟子所提出的極具標誌性的學說，自孔子點撥出“仁”的真義之後，孟子以“惻隱”論“仁”便成爲後世儒者經典性的言說。跟儒家的許多其他道德論題不同，“惻隱之心”遭到現代學人的詬病似乎比較少一些。類似於“忠”或“孝”什麼的，現代學人往往對此嗤之以鼻，時不時地都要抨擊一下。而對於“惻隱之心”，則明顯要有好感得多，有其甚者竟以孟子的“惻隱”之說大過於孔子以“孝”論“仁”。其實，“惻隱之心”之所以會受到現代學人不同尋常的眷顧，不過是因了“惻隱”之說看起來不再限於君臣或父子之間，從而顯得更具普遍性。換句話說，“惻隱之心”這一論題更具哲學性，而“忠”或“孝”之類祇是一些瑣碎且不免過時的倫理法則。也許很多現代學人對“惻隱”之說確有好感，不過真正論說起來卻不敢令人恭維。一旦“惻隱之心”被當作了同情心，其哲學性就要大打折扣了。大體來說，孟子的“惻隱之心”在現代學人的論述當中，已經被太多地個體化、心理化以及情感化了。諸多的類似於情感心理學方面的論述已經與孟子的“惻隱之心”愈行愈遠，簡直令人不忍卒讀。這樣一來，“惻隱之心”即使方便當作一個哲學的論題，卻又常常被哲學所看輕。哲學據說是一門愛智慧的學問，在智慧跟前，“惻隱”作爲“情”究竟是在哪種意義上真正抵達了哲學的殿堂，一直以來都是頗受質疑的。哲學如果一定衹能以愛智慧的名義出場，則"惻隱之心"在智慧雙眼的打量下，註定不可能成爲一場觀念演繹與建構的盛宴。但如果"惻隱之心"對於儒家文明足夠地重要，則不妨反過來帶著滿腔的惻隱之心來衡量一下這門愛智慧的學問，給被智慧所捆綁住了的哲學松一下綁。不僅僅是以哲學的方式來解讀"惻隱之心"，同時更試以惻隱之心的方式來打量哲學，這便是筆者重拾"惻隱之心"這一論題再做文章的初衷。

一、一種具體而普遍的闡發

孟子在闡明"惻隱之心"時，引入了一個十分經典的場景：

> 所以謂人皆有不忍人之心者，今人乍見孺子將入於井，皆有怵惕惻隱之心。非所以內交於孺子之父母也，非所以要譽於鄉黨朋友也，非惡其聲而然也。①

孺子入井之說對於中國的思想者而言，如無意外的話，應該都是耳熟能詳的。其與"怵惕惻隱"四字早已血脈貫通，融爲一事。思想家在闡述思想主張的時候，很多都喜歡舉例子或打比方，也因此而留下了許多著名的思想案例。有的甚至都家喻戶曉了，比如有個例子就經常會被問出來：當你的母親和妻子同時掉水裏時，你會先救誰？看起來，這個思想案例與孟子引入的孺子入井頗有些相近之處，至少在設定一種有人落水的迫切情境上是相似的。不過，如果仔細琢磨一下就會發現，母親和妻子同時落水的思想案例其實有著太深的設計痕跡。雖說兩人同時落水並非不可能，但落水的現實情形其實是複雜的，尤其是在那樣一種迫切的情境中去救自己最親近的人，卻會變成在母親與妻子之間做一個非此即彼的選項。這裡頭的思想實驗性取代

---

① 《孟子·公孫丑上》。

了現實的迫切性，明擺著是用頭腦精心設計出來的結果。與此相比，孟子所言孺子入井則恰恰沒有任何設局的意味，他所引入的是一個非常生活化的場景，並且沒有對這個場景施加任何雕琢的手法。換句話說，孟子並非用一個思想家的頭腦精心設計出一個場景，以便於他來完成一個祇屬於他的思想試驗。他更像是在闡明“惻隱之心”時不經意間引入了孺子入井的情境，而發明其間的怵惕惻隱之情。可見，這樣的思想事例來得相當自然，完全是本來如此的思想內涵成就了其經典性，而非私智穿鑿所就。固如是，孺子入井作爲一個經典性的思想事例，更值得仔細玩味其中的細微處。

筆者以爲，孟子引入的這一具體情境時，其云“乍見”就特別值得玩味。趙歧注曰“乍，暫也”，焦循引《廣雅·釋詁》云“暫，猝也”①，又據朱子注“乍，猶忽也”②，是“乍”有猝然、冷不防之義，“乍見”即突然看見的意思。通常描述一種某人見某事的情形，這個“見”一定是某人帶著種種身份背景和思想意識去“見”，而見著的這個事也總是發生在有具體身份和經歷的人當中。所謂具體的情境，便是這種某人某事的具體經歷，具有充分的現實性。孟子所引入的這一情境，當然是發生在此時此地的此情此景，是一種完全具體化的真實情境。但問題在於，如何由這種具體化達到一種哲學上的普遍性呢？這個時候，仔細琢磨“乍見”就顯得十分關鍵了。不錯，“見”總是帶著某人的具體身份、意識在發生著的，比如每個人所見到的對象一樣，但不同的人因相同的見總會引發不同的思或感。這換成哲學的話語來說，就是對於客體的感受或認識會受主體性經驗的影響。正是孟子所運用的這一“乍”字，冷不丁地突然一見，充分強調出這一“見”的突如其來性，而使得主體性經驗發生暫時的中斷。即是說，在乍見的一刹那間，某人必定帶著的種種身份背景和思想意識會發生短暫的懸置，在此時此地的此情此景當中，這一“見”不受任何主體性經驗的作用。另外，所見的孺子入井亦強化了這一懸

---

① 焦循《孟子正義》（上），頁233，中華書局1987年版。
② 朱熹《四書章句集注》，頁237，中華書局1983年版。

置。所謂"孺子"，趙歧注"未有知小子也"，焦循引《釋名・釋長幼》云"兒始能行曰孺子"，是孺子"始能行而尚無知識，不知井之溺人，故將入井也"①。蹣跚學步的寶寶缺失顯明的社會身份和經歷，因其"尚無知識"而將入井意味著脫開了複雜的思想意識，從而使得乍見的某人作爲主體避免受到各種客體性經驗的牽引，入井一事呈現爲僅僅與一個活潑潑的人的生命迫切相關。再回到作爲"乍見"主體的某人，此人在此時此地的此情此景當中，這個"此在"在刹那間懸置了所有身份背景和思想意識，卻仍能升騰一種"怵惕惻隱"之情來，這意味著任何主體性的經驗都構不成"有怵惕惻隱之心"的理由。

　　其實，這一內在的思想脈絡，孟子緊接著就闡明了，其後的三個"非……"便是在排除"惻隱之心"的經驗性理由。結交父母、邀譽鄰里以及聽不得啼哭，這些顯然正是後天經驗上的事情，如果祇是這其中的某一個理由，那麼"惻隱之心"就是個體的、偶然的。比如以結交父母爲理由，有人喜歡結交就有人不喜歡結交，這會因人而異，故而是個體的。而孺子的父母是否值得結交，這又不一定，故而是偶然的。孟子列舉了這三種經驗事實作爲理由予以否認，而經驗上的理由其實是不勝枚舉的，任何可以作爲理由列舉出來的後天經驗，都可作如是觀。即是說，孟子以三個"非……"的列舉否認了任何經驗上可能的理由。由是，排除了任何個體的、偶然的經驗理由，卻仍有"怵惕惻隱"之情升騰出來，這必定是有一個理由的，而不可能是無緣無故的。這個理由就祇剩下是"人"本身，此人在此時此地的此情此景中，必有一種"怵惕惻隱"之情生發出來，這種生發不因"此人"具體是一個什麼樣的人，而僅僅因"此在"是一個"人"，這是"惻隱之心"的惟一理由。這個理由就是充分普遍和必然的：說其普遍是由於祇與作爲"人"的共同性相關而無關乎人的具體性，是謂"惻隱之心，人皆有之"②；說其必然是由於祇作爲

①　焦循《孟子正義》（上），頁233。
②　《孟子・告子上》。

"人"本身的結果而不受任何其他偶然因素的影響，是謂"無惻隱之心，非人也"①。此人在此時此地的此情此景中，這是一種活生生的具體性，於此中闡明出一個普遍必然的道理來，這是由具體而普遍的生動闡發，而非由抽象而普遍的思辨論證。此人在此時此地的此情此景中，沒有比這更具體的了。由這一具體情境闡明出來的"惻隱之心"祇關乎"此在"，也沒有比這更普遍的了。此人在世，必有惻隱之心。孟子由一個具體的情境所揭示的是，"怵惕惻隱"之情是"此在"的必然生發。

二、生生之義："不安"或"不忍"

然而以上所論，其實瞞不過那智慧的頭腦。"惻隱之心"也許是有著某種普遍必然性的，卻並不能論證出孟子所謂"由是觀之，無惻隱之心，非人也；無羞惡之心，非人也；無辭讓之心，非人也；無是非之心，非人也"②。人普遍具有的屬性會有很多種，何以惻隱之心就有那麼重大的意義？孟子亦言："人之有是四端也，猶其有四體也。"③ 這不正是以四體的普遍屬性來比喻"四端"麼？難道就可以說，無四體中的某一體，就得出"非人"的結論麼？孟子的四句"非人"的排比結論，往往令智慧的頭腦覺得如此武斷，簡直就像是在罵街一樣。不好意思，這真是有些以小人之心度君子之腹了。孟子的思想表達並非祇有這幾句話，整個《孟子》文本的思想還是十分豐富的。此處讀不十分完整的，可以放到《孟子》的全副思想遇境中去理解。甚至這還不夠的話，往前還有《論語》或者是"五經"文本，這在儒家的意義上都是可以相互參照著來讀的。孟子又不像有的哲學家那樣，要以一己之力建構一個全新的、屬於他的哲學系統來。這在儒家看來，也祇是私智穿鑿之事。"孟子道性善"，與孔子

---

① 《孟子·公孫丑上》。
② 《孟子·公孫丑上》。
③ 《孟子·公孫丑上》。

云"性相近也，習相遠也"，① 怎麼會是兩個不同的哲學體系呢？對於孟子所論"惻隱之心"，一定衹是人纔具有的嗎？而即便衹是人纔有的，能夠說到無此惻隱之情就不是人嗎？孟子對此做出過論證嗎？面對智慧的質疑，那就不妨再做進一步的闡明。"惻隱之心"何以能關乎人與非人之别，此義並不難明。

　　孟子所論"惻隱之心"亦叫"不忍人之心"，是面對孺子入井之時必然所要生發出來的。孺子入井其實就是一個生命要遭受不幸，而孺子衹是突顯出生命既充滿著朝氣卻又顯得如此脆弱。決不能允許這種夭折生命的現象發生，這是生命間忍不住必然會流露出的反應，其情狀體現爲怵惕惻隱之種種。對於這種忍不住流露出惻隱之情的反應，還可以做出進一步的闡明。也許現代生物學、心理學或人類學之類的諸種學科可以提供出很多科學的解釋，但都替代不了儒家所立定的價值根源。儒家有一個根本的教義叫"生生"，所謂"生生之謂易"② 即是。這當然就是一種"生"的觀念，重疊詞的運用衹是表達出難以止息的意味，就好像是衹說一個"生"止不住，所以又叫"生生不息"，其基本含義是天地化生萬物。所謂"鼓之以雷霆，潤之以風雨，日月運行，一寒一暑"③，通過日升月落、晝夜交替、寒暑往來、四季更迭等等，萬物獲得天地的鼓蕩和滋養而欣欣向榮、茁壯成長。對於天地的這種化生作用，通過現代科學的眼光來看，自然是算不了什麼。類似於日升月落什麼的，不過就是地球繞著太陽轉所形成的自然現象，實在是普通得很。然而儒家卻視天地的這種化生作用爲"大德"，所謂"天地之大德曰生"④，萬物的新陳代謝、生長消

① 分别出自《孟子·滕文公上》和《論語·陽貨》。
② 《周易·繫辭》。
③ 《周易·繫辭》。陸賈對此做出了更完整的敘述："張日月，列星辰，序四時，調陰陽，布氣治性，次置五行，春生夏長，秋收冬藏，陽生雷電，陰成霜雪，養育羣生，一茂一亡，潤之以風雨，曝之以日光，溫之以節氣，降之以殞霜，位之以衆星，制之以斗衡，苞之以六合，羅之以紀綱，改之以災變，告之以禎祥，動之以生殺，悟之以文章。"（《新語·道基》）
④ 《周易·繫辭》。

息在天地之間呈現出大化流行的景象，是儒家乃至整個中國文明的價值敘說所特別倚重之處。儒家據此主張"自強不息"，道家由此申說"生而不有"，其他如"化育萬物謂之德"、"天化育而無形象，地生長而無計量"，① 等等，類似的價值敘說十分繁富。不過，就儒家而言，在"天生、地養"的同時更有"人成"的一面。② 在天地之間的這種大化流行之中，天地的化育終究是無心的，所謂"天地無心而成化"，天地的大德必須要有人的成就。天地無心，人作爲"天地之德，陰陽之交，鬼神之會，五行之秀氣"③ 就要"爲天地立心"，天地的化育必須要有人的參與。一方面，天地化生萬物，人亦是萬物之一種由天地而來。另一方面則是"天地之性人爲貴"或者"故人者天地之心也"④，人要"贊天地之化育"而可以"與天地參矣"⑤。必須要說到最後這一層意思，纔是儒家"生生"之理所要抵達的教義。而孟子的"惻隱之心"由"天地之大德曰生"落實下來，便顯得極具根源性的力量了。

在儒家整個天地生萬物的大化流行之規模中，任何一物在綻放生命過程中所顯示出來的生機勃勃、生意盎然，都在這"生生不息"的道理當中。生命的這種不斷伸展、擴充的力量，倒是被某些哲學流派或現代學科做了充分的論述。尤其是在生命本能的層面上，對於種族生命的繁衍和保存提供了大量的生物學或人類學之類的解釋。當動物也時常體現出那種悉心照料乃至舍命相救的情形時，對於生命當中先天具有的那種呵護和持守的力量應該不難理解。因此，進一步表現在人這裡的"不忍"之情，其中飽含有怎樣一種止不住或不自已的真切性，料想不必再來質疑了。說起來，人情之"忍不住"也是很普通的現象，平常生活當中就經常會說到"忍不住"怎麼樣，或很

---

① 分別出自《周易·乾·象傳》、《老子》第二章和第十章、《管子·心術上》和《淮南子·兵略訓》。
② 《新語·道基》有謂"天生萬物，以地養之，聖人成之"。
③ 《禮記·禮運》。
④ 分別出自《孝經·聖治》和《禮記·禮運》。
⑤ 《中庸》。

多時候的"情不自禁"。不過，對於"忍"而言，稍微仔細琢磨一下，就會發現是一種相當特殊的品格。既不能說"忍"就是好的或壞的，比如孔子說"八佾舞於庭，是可忍也，孰不可忍也"，這個是不能忍；又說"小不忍則亂大謀"，① 這個卻又是要能忍。我們今天也面臨著同樣的用法，當描述一個好人的品格時可以說"堅忍"，形容一個壞人的品格時又說"殘忍"。看起來似乎是這樣的，在該忍的時候一定要能忍，這就是"堅忍"；而在不該忍的時候一定不能忍，否則就是"殘忍"了。但又有這樣的情形，即我們想忍的時候沒忍住，那也可能是"忍俊不禁"；而不想忍的時候又忍住了，則有可能是"忍氣吞聲"。總之，"忍"的情形顯得十分複雜，但也恰恰說明"忍"或者"不忍"是有著輕重之別，在這種普通的現象中可能隱藏著某種根本情態，正是孟子以其獨特的思想敏銳性抓住了其中的根本處。在一般人看來，面對孺子入井的生命攸關時刻，當然會有"不忍"之情，這聽起來不是挺平常的麼？其與忍不住哭或笑有什麼差別嗎？其實不然，正是由於"不忍"顯得特平常，而使得我們未曾真正意識到，如果在此處要是真忍住了意味著什麼？這要是問出來了，難道還是一點都體會不到，孟子爲何要在忍與不忍之間表達出不容含糊的用心麼？此處若真是忍下了，則"生生"之理可在？又置"天地之性人爲貴"的道理於何地？多少罪大惡極的行爲，難道不可以從中去思量麼？孟子作爲思想家的偉大，正是在極其平常的地方能發現最重大之處。當然，這並非孟子首創，而是秉承了孔子對"女安則爲之"的思想表達：

　　宰我問："三年之喪，期已久矣。君子三年不爲禮，禮必壞；三年不爲樂，樂必崩。舊穀既沒，新穀既升，鑽燧改火，期可已矣。"子曰："食夫稻，衣夫錦，於女安乎？"曰："安。""女安則爲之！夫君子之居喪，食旨不甘，聞樂不樂，居處不安，故不

---

① 分別出自《論語·八佾》和《論語·衛靈公》。

爲也。今女安，則爲之！"宰我出。子曰："予之不仁也！子生三年，然後免於父母之懷。夫三年之喪，天下之通喪也。予也有三年之愛於其父母乎？"①

　　細心的人可以發現，"安"與"忍"有著驚人的相似之處，也是該安的時候要能安，不該安的時候就不能安。孔子謂"仁者安仁，知者利仁"②，此是要能安；"食夫稻，衣夫錦"則是要不安。至親之人去世而行三年之喪，說到底不外乎是出於心不安而行之。可心安與否，難道不是因人而異的心理體驗麼？③ 如果將三年之喪建基於心安與不安，是不是顯得過於隨意而太不靠譜了？這就看在什麼意義上來理解心安了，我們平常說到的"心安理得"，是"心安"要能意味著"理得"，那就是牢靠的。當然不可能是靠每個人隨意的心安與不安來決定，儒家的智慧沒這麼低下吧。那既然是這樣，爲何不直接就在理得與不得上說，而要把捉摸不定的心理體驗牽扯進來呢？問題在於，心安與不安一定是先發動的，理得與不得是後闡明的。爲什麼理得之後不返回到心上來安頓，卻反而要在兩者之間畫一條鴻溝而視後來爲洪水猛獸呢？心安與不安不可能衹是一種主觀任意的心理體驗，當"理"反過來安頓好"心"之後，"心安"即是"理得"，行與不行全系於此心。固如是，儒家纔會說出一個"唯仁者能好人，能惡人"④。不然，誰還沒個好惡，幹嗎非仁者哉！回到孔子與宰我的對話上來，心安與不安並非是在衡量三年與一年的問題。當表現爲習俗的三年之喪陷入混亂之時，孔子是想回到喪禮之心安與否上來說。行喪之禮就是出於"食夫稻，衣夫錦"而心不安，知其不安則三年可行。若僅知"舊穀既沒，新穀既升"而心可安，則一年亦可無。可

----

　　① 《論語·陽貨》。

　　② 《論語·里仁》。

　　③ 參陳少明《心安，還是理得？——從〈論語〉的一則對話解讀儒家對道德的理解》，《哲學研究》2007 年第十期。

　　④ 《論語·里仁》。

見，心安與不安的發動，關涉的是喪禮之有與無的問題，而不是經一年可安還是三年可安的問題。知其此，"則三年之喪，不過報萬一，可以稍舒父母見背棄養之苦，……故，君子居喪，'不爲'所謂'食旨'、'聞樂'、'居處'等等之事，以其心有所不忍"①。不安即是不忍，安與不安的道理也就是忍與不忍的道理。人之所以有不安或不忍的發動處，是有"生生"之理這一根據在的，而並非可有可無的所謂心理體驗。整個天地萬物都在大化流行之中，人由不安或不忍發端開來，一方面是對"生生"之義的體現，另一方面又是對"生生"之理的成就。惻隱之心的發動，意義不可不謂重大。不過有人要說，這難道不就是在動物那裡也會有體現的"種族本能"麼？

如果我們訓練一隻狗守在水邊，一見有人往水裏掉，就立馬跳進去救人。或者就根本用不著什麼訓練，在動物世界中展現出來的護犢之情，乃至不惜爲之廝殺而喪命者比比皆是。現代生物學更是能提供十分豐富的資料證明，動物的這種感受性一點也不亞於在人這裡所體現出來的程度。不巧的是，連儒家自身也會涉及類似的這種文本。如：

> 凡生乎天地之間者，有血氣之屬必有知，有知之屬莫不愛其類。今夫大鳥獸則失亡其羣匹，越月踰時則必反鉛過故鄉，則必徘徊焉，鳴號焉，躑躅焉，踟躕焉，然後能去之也。小者是燕爵，猶有啁噍之頃焉，然後能去之。故有血氣之屬莫知於人，故人之於其親也，至死無窮。②

如果動物確有這種可以稱之爲惻隱之情的現象，則如何可能在人這裡再體現出什麼重大的意義來？更遑論提什麼人與非人的分別。既然有惻隱之心也不過如此，而無惻隱之心還能怎麼樣呢？我們當然不能否認很多動物也會感受到喜怒哀樂，對於人與動物之間在類似的情

---

① 丁紀《論語讀詮》，頁 487，巴蜀書社 2005 年版。
② 《荀子·禮論》。另，《禮記·三年問》亦有類似的話。

景中所引起的驚駭、悲傷或痛苦，難道還可以指望放到實驗室裏通過什麼觀察和分析來做區分麼？如果著眼於人是從動物進化而來，那麼這種區分就顯得有些滑稽。在人這裡所引發的這種驚駭、悲傷或痛苦，即便要從進化論的角度來強調其與動物的反應相一致，卻一旦因人心所發則必具人心之能，惻隱之情起於當下而可推擴於遠近、終始。即是說，在動物那裡無心而發並僅僅局限於當下的，在人這裡其萌發則"若火之始然，泉之始達"，由這種偶發的、微弱的道德情感，經過人的呵護和推擴，而後可以成長爲一種必然的、具有強大力量的道德精神。可以說，人作爲一種道德意義上的存在，實端賴於此。這就是孟子所說的，"惻隱之心，仁之端也"。① 看起來似乎是同樣一種東西，在動物那裡的反應永遠是偶然的、當下的，仿佛是一樣死的東西。而在人這裡的呈現，可以成長爲必然的、貫穿遠近終始的，完全是活潑潑的。用現代生物學上的話講，前者祇是一種刺激性的、條件的或非條件的反射，是屬於本能的反應。但後者就完全不一樣，其自身就具有生機、活力，可以成長爲燎原般式的、源源不斷的精神力量。祇有在這種意義上，纔被稱之爲"惻隱之心"，並區別於本能的反應而定位爲良能的發用。因此，一隻受過訓練的狗去救人，不過就是利用了本能的反應，與人的惻隱之心不可同日而語。而即便是先天具有的護犢之情，不在於類似的感受現象有多麼強烈，而是動物的護犢祇能是局限於當下的本能反應，並不能被稱之爲惻隱之心。至於所引儒家自身的文本，那也祇是在運用啟發式的論說，而並非要將人的惻隱之情從禽獸那裡說起。總之，表面上看起來是同樣一回事，動物所發生的祇能是"生生"之義的被動兌現，而且是在其本性範圍之內不多不少地兌現，而人所發生的卻能主動、自覺地成就出天地間的"生生"之理，當然也有可能連最基本的兌現都會喪失掉。孟子於此表達爲人與非人的緊要關卡，實爲透徹千古的至理分判。

---

① 《孟子·公孫丑上》。

三、惻隱之心與愛

　　現代人比較忌諱做這種人禽之辨的工作，總擔心把禽獸看低了，就會去濫殺它們。奇怪的是，卻並不擔心如果把人自身看低了，會招致什麼惡果。當然，現代人是真心不覺得人有什麼高過禽獸的地方，進化論的意識形態也強烈地支持現代人不斷地模糊人與禽獸之間的界限。這種態度所體現的決非是人類的謙虛美德，不願意自視高動物一等，它要麼是對人類自身的極度失望，不覺得人這裡有什麼好值得期待的，要麼就是不懷好意地樂得與禽獸混爲一等。這體現在學理上，如果主張人區別動物的本質在於理性，則現代生物學總有一種要證明某些動物也有理性思維的衝動。如果還有人以製造和使用工具作爲人與動物的本質區分，則可能一個馬戲團的人都按捺不住要提供動物的反例。在這樣的背景下，"惻隱之心"的古老敘說不覺得有些落後麼？以一種人所獨具而動物所不具的方式來區分兩者都顯得困難重重，卻以惻隱之情這樣的一種看起來在兩者之間說不清道不白的現象來區分，這怎麼可能成立得了呢？對於哲學而言，"惻隱之心"似乎一開始就顯得有些蹊蹺，儘管這是一個哲學的話題，但它真的經得起哲學的論證麼？

　　雖說"惻隱之心"並非是通過辯證推理之類的哲學手法所獲得，卻並不意味著就經不起理性的推敲。前文所論之處，就沒少本著理性的質疑姿態在敲敲打打。如果通過找到一種與動物絕不相干的東西來論證人禽之別，可能始終存在著被科學所"證僞"的風險。而就著與動物並非不相干的東西來闡明兩者的絕不相同，則不必看科學的臉色行事。"惻隱之心"正是與動物並非全不相干，但人要區別於動物，則一定要從這裡開始。這個意思上文已經做了不少闡明。不過，即便承認人所發動的惻隱之情與動物的驚駭、痛苦之類的流露極爲不同，可人在吃的方面那花樣翻新得，動物比起來不也可以差得十萬八千里麼？即是說，同樣是吃這回事，人也可以做得跟動物極不相同。那難道在飲食上，也可以辨出一個人禽之別來麼？這大概就是所謂的歸謬法，以食色爲性來區別動物的荒謬性不言而喻。很顯然，人無論在吃的問題上做得與動物怎樣不同，但在填飽肚子這一基本需求上是無法發生實質性改變的。而即便人在跟動物吃得很不一樣的這一面上，終究也吃不出個所以然來。凡人能吃的，動物還有吃不了的麼？最根本的是，人在飲食上所表現出與動物的不同，並非是由吃本身所帶來的，而是由吃之外的意識所導致的。是先有人之絕然不同於動物之處的意識，纔會有在飲食上表現出與動物不同的結果，吃本身是不可能吃出一個絕然不同來的。相比之下，惻隱之心就完全不一樣了，怵惕惻隱之情一旦在人身上發動，就有一種實質性的改變在裡頭，能體會一個所以然來。

現代生物學等學科對於動物的本能方面有著很豐富的實證性研究，如對於動物的護犢現象認爲是一種"種族本能"或是"種族選擇"的結果等等，這都沒什麼問題。但企圖以這種實證的方式來研究人與動物的區分就有問題了。怵惕惻隱之情在人這裡的顯露，不是種族本能什麼的所能概括的。惻隱之情在人這裡成爲一種"不安"或"不忍"，這意味著一種實質性的改變，由發端於當下而可推擴於遠近、始終。人對惻隱之心的提升和推擴使得人絕然區分於動物並獲得超越性，人能參贊天地之化育亦不外乎此，人之爲人的所以然道理亦由此論出。可見，這惻隱之心所包含的哲學道理，一開始是很平常，要是提升起來進行闡明，則實在是高明得很。對於惻隱之心從平常到高明處的提升歷程，推擴或擴充是一個很關鍵的闡明，孟子於此用力甚勤：

> 凡有四端於我者，知皆擴而充之矣，若火之始然，泉之始達。苟能充之，足以保四海；苟不充之，不足以事父母。

> 人皆有所不忍，達之於其所忍，仁也；人皆有所不爲，達之於其所爲，義也。人能充無欲害人之心，而仁不可勝用也；人能充無穿踰之心，而義不可勝用也。人能充無受爾汝之實，無所往而不爲義也。

> 故推恩足以保四海，不推恩無以保妻子。古之人所以大過人

者無他焉，善推其所爲而已矣。①

事父母或保妻子很平常，保四海當然就不得了，而從父母妻兒到四海也衹是從 "有所不忍" 推擴或擴充而來。不管在現實層面上從事父母到保四海之間有著多麼顯著、複雜的區分，但從道理上講就是這麼一氣貫通的。孟子常常將發端處的惻隱之情描述爲一種 "幾希" 之狀，而經過 "擴而充之"，則 "若火之始然，泉之始達"，或 "若決江河，沛然莫之能禦也"②，便是這種道理上一氣貫通的形象闡明。其中 "泉之始達"，又可以與孟子 "掘井及泉"③ 的比喻相照應。人的一生無論所爲幾何，若始終不能與 "惻隱" 這一泉眼處相貫通，在孟子看來此生恐怕是一口廢井了。總之對於 "惻隱之心" 而言，孟子通過推擴做了進一步的闡明。

孟子於孺子入井的情境中直陳 "惻隱之心"，於齊宣王以羊易牛時論到 "不忍之心"④，於曾子孝親時提到 "不忍食羊棗"⑤，可見這種怵惕惻隱之情可不忍於親人前，亦可不忍於他人前，甚至可不忍於禽獸前。衹要是面對著一個生命遭受了不幸，這顆惻隱之心就必然會發動起來。是親人、是孺子還是牛羊，都是在天地之間生生不息的大化流行之中，人秉承 "生生" 之義而爲性，必有惻隱之心發動而後成就之。其間雖有親疏、遠近之別，但人卻能一氣貫通而不相隔閡。孟子之論惻隱之心，以孺子入井爲一特別的情境而點明，並非是指此處對呈現惻隱之心有什麼特別的功效，更不是指引著人要專門去捕捉這種特別的生活鏡頭，以期喚醒那蔽塞的惻隱之心。這僅僅是一種闡明的方式，以這種特別的情境來指示出 "惻隱之心人皆有之"，哪怕是再冥頑的人在這一情境跟前也無法否認這一點。因此，對於惻隱之

① 以上分別引自《孟子·公孫丑上》、《孟子·盡心下》和《孟子·梁惠王上》。
② 《孟子·盡心上》。
③ 孟子曰："有爲者辟若掘井，掘井九軔而不及泉，猶爲棄井也。"（《孟子·盡心上》）
④ 《孟子·梁惠王上》。
⑤ 《孟子·盡心下》。

心的顯現當然不是衹局限於某些特別的人，如親人或孺子之類。但與此同時，又不能認爲惻隱之心的呈現針對於任何人都是無差別的，儒家的孝文化可不是一種虛設。孟子在闡明"惻隱之心，仁之端"的同時明確主張"親親，仁也"，而且也是孟子將儒家的差等之愛以命題的方式清晰道出："君子之於物也，愛之而弗仁；於民也，仁之而弗親。親親而仁民，仁民而愛物。"①

　　對於儒家這種極力主張別親疏遠近的做法，特別令現代學人感到頭疼。這一方面一定是出於與儒家的"孝"文化已經太隔膜了，而另一方面也不排除有許多理解上的誤區在裏頭。差等之愛的主張是道理上如此，孟子亦是以"君子"的方式言"於物""於民"，在道理上是依親親、仁民、愛物如此這般的次第實踐出來。但紛繁複雜的現實生活往往不是依道理這樣子實現的，如今的人已經很少有能在親親上過得了關的，也許有的人對朋友或者是戀人倒還真是不錯，甚至還有人這都沒有卻又對個貓或狗什麽的好得要命。如果是要依儒家差等之愛的道理來整，是不是這些都搞錯了，所有的人必須先回到親親上去過關，此後再仁民，再次是愛物呢？又或者別親疏遠近就意味著如同在不同關係的人之間分蛋糕，是親近之人多分幾份，而後隨著疏遠程度而依次遞減呢？這些都是對儒家差等之愛的嚴重誤解，怵惕惻隱之情的顯露針對於任何生命都是有意義的，但必須是由此而推擴開來，不能衹停在某一生命那裡。有人不顧親人而衹對某友好，或不顧所有人而衹對某物好，至少在對某人、某物好上這一事總是沒錯的。這個"好"一定是可以說到惻隱之心上去的，正是由於有了對某人、某物的不忍，纔會有這份"好"表現出來。而此心之萌發便是大意義，孟子從孺子見惻隱心，甚至從以羊易牛見惻隱心，都是這個意思。有了這個萌發，纔會有接下來的推擴工夫，但也必須要有進一步的推擴，而後可以貫通親疏、遠近。但既然任何一個點上的惻隱萌發都具有這種同樣的意義，那爲何還一定要強調親疏、遠近呢？這是由

---

　　① 《孟子·盡心上》。

於道理的必然性要求如此。

寄希望於一個人碰巧對某人或某物好，這是一個特別偶然的事，它會因人因事而異，從而使得惻隱之心的呈現成爲僥倖。之所以要特別強調孟子所設的孺子入井並非是在指示一條喚醒惻隱之心的捷徑，是由於這種情境不是必然期遇的。同樣地，遇上自己特別願意示好的某友或某物，也都充滿著偶然。在所有人倫關係中，祇有父子一倫是絕對不可能不遭遇的。若要顯露出一個不忍來，祇有對父母而言是一個必然，這對於任何人而言都不存在僥倖之處。因此，這是至親、至近之處，由此呈現的惻隱之心推擴出去，自親而疏、自近而遠、自始而終，這原本是極自然的，而恰恰也極具道理的必然性。所有從某人、某物那裡偶然呈現的惻隱心，亦不妨礙由此推擴開來，往這必然的道理上靠。祇有靠上了這必然的道理處，由這惻隱之心所推擴開來的仁義精神纔有本有源、充實牢靠。應當說，惻隱之心必須從具體的某一倫關係上闡發，"仁者愛人"纔不會流於空泛而抽象，也纔具備一種根源性。對於儒家而言，這一倫必須是父子關係，祇有父子一倫纔是絕對的、無條件的。由此父子一倫開始，纔具有教化百姓的道理必然性。因此，親疏、遠近的差等之愛自然、真實而必然，其與惻隱之心的思想主張是一體之兩面，兩者之間是相得益彰而非相互隔閡。如果有人就是不顧親人而祇對朋友或者戀人極好，也許現實生活中更多情況就是這樣，這顯然不是好的情形。肯定沒有一個文明不主張應該同時愛自己的父母，但儒家的意思則是一定要更愛自己的父母。愛朋友或戀人正是要更愛自己父母的理由，而不是更少愛自己父母的借口。更多地愛自己的父母是使所有其他的愛變得更牢靠、更充沛，而不是減少了其他愛的比例。惻隱之心所表達的愛，大體上包含了以上這些內容。它不祇是一种同情心或怜惜心，尤其不是一種所謂的心理基礎。它當然屬於道德情感，但又並非一種"最原始的"道德情感，[①] 好像是一定要被進化掉的一般。其作爲一種具有根源性力量的

---

① 何懷宏《良心論》，頁 56，上海三聯書店 1994 年版。

愛，也許不適宜做精確的觀念界定，卻不妨礙在儒家文明當中具有決定性的哲學地位。

四、由惻隱之心看哲學

在智慧看來，惻隱之心作爲一種愛的主張，關鍵是要能全幅地展現在觀念的透析當中。也許傳統西方哲學當中愛或情感並沒有多麼重大的哲學地位，除非其與神學相關，但在現代西方哲學流派當中，很多哲學家借著反理性傳統的旗號，將各種情感或意志置於哲學的中心地帶。比如"畏"作爲此在的根本生存情態，就是將某種情感置於哲學系統的根本處。"畏"是某個神學傳統中的重要情感，而以儒家的立場而言，就可以如有的學者所言，"惻隱之心"是此在的一種根本情態。① 然而，雖說經過了現代學者的這種精湛的現象學分析，"惻隱之心"也未必真正能獲得其應有的哲學地位。"畏"的在世情調一開始就全幅地展現在現象學的觀念分析當中，伴隨著這樣一種分析甚至開創了一種全新的論證方式。而這一切都沒有偏離一個強大的主體理性的哲學傳統，整個哲學史上各種不同的哲學系統一直在不停地更換，它也祇是諸多哲學系統更換過程中出現的一種。與此決然不同的是，"惻隱之心"是兩千多年以前就提出的哲學論題，如果它是一種以理性爲根基的觀念建構，那麼理性主體早就不知將這種觀念建構轉換了多少回。理性爲了成就自身的主體地位，怎麼可能就停在某種觀念建構上呢？因此，一個不能被主體理性所質疑、批判以及顛覆、重構的論題，其哲學性的程度就要被大打折扣了。"惻隱之心"的哲學地位一開始就被這種理性主義的哲學傳統給判定了，它可以成爲某種哲學論題，但不過是眾多論題中的一個，而且還是特別陳舊並且經不起推敲的一個。如此而已。

在儒家文明當中，"惻隱之心"就是一種哲學傳統，這種傳統的

---

① 參陳立勝《惻隱之心："同感"、"同情"與"在世基調"》，《哲學研究》2011 年第十二期。

意義與主體理性作爲一種哲學傳統是一樣的。沒錯，"惻隱之心"不必用來被質疑或批判，更不能被顛覆和重構，因爲"惻隱之心"就是用來被成就的，就像主體理性的每一次批判和重構都在成就著自身一樣。"惻隱之心"本身就具有著同樣的主體性意義，不但其不能被顛覆和重構，恰恰所有的反思或批判都得通過"惻隱之心"纔可能進行或開展。如果主體理性很疑惑，"惻隱之心"作爲情感層面上所發生的東西，真能靠得住麼？這種思考問題的方式與"惻隱之心"並不對應，當理性將自身立爲主體時，就已經與情感撇清關係而視爲另一類東西。在這個意義上，惻隱之心的萌發在主體理性眼中祇能是單純的情感因素，或者是所謂的心理活動、情緒波動之類。如果對由惻隱之心所立起的主體意義，主體理性無法理解得清楚，這倒並不奇怪。惻隱之心就有主體理性所不能透盡的東西，人需要理解，也需要體認，對於惻隱之心需要理解的成分并不複雜，但如果體認進不來，就一定明白不到惻隱之心，或者理解得無關痛癢。那麼，主體理性對惻隱之心顯得如此隔膜，難道說儒家的惻隱之心是與理性絕緣的？當然不是，"惻隱之心"並非不理性。根據孟子的闡明，怵惕惻隱之情從呈現到推擴、從體認到挺立，排除任何經驗上的因素而提升到先天的高度，整個過程都始終不缺乏理性能力的高度參與，它不可能是一個非理性的東西。可以說，確立自身爲主體與確立惻隱之心爲主體的理性，其實是同一個理性，但被確立爲主體的理性，則已經不是先前的理性了。作爲主體的理性，是對先前理性的提純與淨化，原本與惻隱之心不分軒輊，現在却清晰對峙。主體理性不可能真正給出惻隱之心的哲學地位，惻隱之心的哲學地位恐怕必須通過自身來進行闡明。其實也沒什麼，如果哲學的眼光無法打量惻隱之心，那麼就讓惻隱之心來打量哲學好了。

的確，如果"惻隱之心"祇是主體理性的觀念建構，那就必然不會停留於此而是會不斷地轉換這種建構。這就如同柏拉圖的"理念論"一樣，整個西方哲學的傳統也許無不保留著這一哲學理論的影子，但它終究是被後世的哲學系統不斷地批判和重構。可是對於"惻隱之心"的性善論主張而言，在整個儒家哲學的傳統當中，雖說並非毫無異議或反對之聲，但總體上都是通過注釋的方式在不斷地成就著這一哲學理論。這對於主體理性而言是完全無法接受的，如果始終祗是"惻隱之心"這樣一個論題，這怎麼可能成爲哲學呢？一個或者是幾個哲學論題，這怎麼可能是夠的呢？然而，依儒家哲學的見解是，"惻隱之心"對於人而言，難道還有什麼不夠的嗎？如果"惻隱之心"對於人而言，已經足夠將人的全部而充分的"好"彰顯出來，那麼究竟還有什麼不夠的呢？又如果這已經足夠了的話，怎麼可能還不夠哲學呢？難道僅僅是由於理性的好奇心得不到滿足，於是必須得不斷地批判和重構麼？這樣說也許是過於輕率，主體理性很可以嚴肅地質問"惻隱之心"，憑什麼說"惻隱之心"就是足夠的"好"？評判好與壞或者善與惡，難道不正是主體理性的長處麼？正是相信每一個人作爲一個理性的主體，能夠足夠充分地判斷善惡而做出正確的選擇，這難道不是主體理性的哲學傳統所追求的麼？在這裡，判斷什麼是善的與成就這樣一種善，並非一體兩面之事。哲學究竟是重在拷問善與惡，還是重在成就善遠離惡？於是就走到了"哲學究竟何爲"這樣一個問題面前來了。

如果是從邏輯上說，很顯然，不識善惡是不可能揚善去惡的。而作爲一種現實處境是，識了善惡卻並不必然導致揚善去惡。由此在識善與行善之間形成了某種關係，這仿佛又回到了知與行這個古老的哲學論題上。筆者在這裡顯然不是要重現這一問題，脫開具體的問題域而從整個人類的困境來看，混淆善惡固然也會導致大量的惡行，但真正難以擺脫的噩夢是，明明是善惡已分卻偏偏要作惡多端，或者是故意混淆善惡而製造惡行。真的是善惡如此難以分辨，而導致幾千年的文明史在行善去惡上寸步難行嗎？不是。如果拷問善惡成爲了滿足理性好奇心的一種方式，則各種玩弄觀念、遊戲語言或迷信規則的手法層出不窮，伴隨著挑戰善、剖析惡的層層推進，這個時候拷問善惡不過是成爲了思想者的遊戲。但"惻隱之心"的哲學傳統就不一樣，由"惻隱之心"所開啟出的一種追尋"好"的思想道路，儒家學者並不是輕易地批判或顛覆它，而是不斷地去揣摸和闡發，更重要的是用自己的一生去實踐和成就。"惻隱之心"由孔子開啟而孟子闡明，經由後世無數儒者不斷地闡發和實踐，並不是在窮盡作爲思想者那發達的理性頭腦所能達到的地步，而是在窮盡作爲一個人在彰顯一種"好"，以及作爲一羣人在實現一種"好的"生活所能達到的地步。這樣的哲學傳統不在於窮盡所有的方式來拷問善與惡，從而上演一幕幕思想者的觀念盛宴，而在於開啟出善之後窮盡所有可能來彰顯"好的"美德以及實現"良善的"生活。

　　由"惻隱之心"所開啟的這一條追尋"好"的思想道路，它在所有文明當中是不是"最好的"呢？也許還有其他文明所開啟的思想道路要"更好"，何不以開放的姿態融入其他思想道路呢？這其實不是首要的問題，或者說至少現在看來還遠远不是問題。有沒有其他"更好"的思想道路，這個姑且不論。單說由"惻隱之心"所開啟的這條道路，其所能追尋到的"好"，作爲身在這個哲學傳統中的人，有沒有充分彰顯得出來？這纔是最先要問的。如果沒有，那我們有什麼資格拿我們的傳統去跟別的傳統比較好壞？我們甚至有這個比較好壞的能力嗎？因爲我們離自身傳統所能全部追尋到的這種"好"還差得這麼遠，這一定意味著我們對"好"的理解或體會還相當隔膜。至於我們是否離自身傳統所能全部追尋到的這種"好"很遙遠，筆者以爲，隨便翻翻《論語》或者翻翻"四書五經"之類的經書，讀一讀經書上說的，對照一下自己或這個社會的表現，應該很容易得出結論吧。比如："子貢曰：'貧而無諂，富而無驕，何如？'子曰：'可也。未若貧而樂，富而好禮者也。'"① 這個真是很好理解，即便就我們今天的社會而言，若有人做到"貧而無諂，富而無驕"，就真是很了不起了。然而兩千多年已然過去，有多少人做得到呢？這種距離的遙遠難道還不明顯麼？在這個意義上，真是不知道所謂"社會的進步"從何說起。可以說，人類社會總是不把對這種"好"的追尋作爲價值目標，過去的社會可能也沒怎麼實現過，但卻很少時候會混淆這種價值觀念。今天的社會就不一樣了，可能連這種價值共識都

————————

　　① 《論語·學而》。

達不到了，貧是否可以諂，富是否可以驕，已經成了每一個理性主體自身來評判和選擇的事情。但如果是依"惻隱之心"的哲學傳統，主體意義的呈現在於謹守聖賢的教誨，在貧處而力求無諂、富處而力求無驕的歷程中追尋一種"好的"美德。這並非衹是簡單的道德戒律，孔子之所以還會有"貧而樂，富而好禮"這種"更好"的揭示，完全是由於"惻隱之心"所開啟的是一套整全的追尋"好"的修養資源和生活方式。

總之，由"惻隱之心"所開啟的"善"這樣一種哲學傳統，致力於思考如何纔能讓天下百姓過上良善的生活，即便是在"日用而不知"的情形下亦能分享到這種良善的成果。這與別的哲學傳統相比，難道在哲學性上更少思考的空間嗎？還是在哲學性上更少追尋的價值？由"惻隱之心"所奠定的儒家文明傳統來看哲學，完全具備"哲學何爲"這一問題關懷，並擁有自身的應答方式和詮釋系統，由此也達成了"惻隱之心"的哲學之途。

論惻隱之心的超越性意義

——以"乍見孺子將入於井"爲視域

張傳海

問題意識是從曾老師的那次哲學前沿課而來。曾老師當時的題目是"哲學與智慧——從孟子的'惻隱之心'談起",當時曾老師引用了《孟子·公孫丑上》的一段文字,所引原文部分如下:

> 所以謂人皆有不忍人之心者,今人乍見孺子將入於井,皆有怵惕惻隱之心,非所以內交於孺子之父母也,非所以要譽於鄉黨朋友也,非惡其聲而然也。①

曾老師當時對"乍見孺子將入於井"這一情境的解讀對我的啟發很大。曾老師大概致力於說明惻隱之心在這裡所昭示的一種普遍性意義,這種普遍性不同於抽象的普遍性,而是一種"此時此地,此情此境"的具體的普遍性②。曾老師當時對"乍見"有這樣一種解釋,他說:"乍見"是我們一切反思還沒有產生之時、是我們一切經驗性資源還沒有動用之際,但孟子認爲我們每個人這時候都必然會有惻隱

---

① 朱子《四書章句集注》,頁 237,中華書局 1983 年版。

② 誠然,具體與抽象是一個比較麻煩的提法。這裡把一種脫離具體情境的或者試圖從具體情境中歸納出某種普遍性的運思稱爲抽象的,而把在具體情境中的運思稱爲具體的。

之心。這種惻隱之心就在這個情境之中現身了，它雖然表面上看起來祇是一種經驗性的東西，但它卻不是來源於經驗，因此它也具有某種普遍性意義。然而這裡試圖要做的並不是去澄清惻隱之心到底是不是普遍的，而是首先試圖去看：如果惻隱之心並不是來源於經驗，那麼，它的來源的非經驗性或者說它的超越性意義何在？本文所致力說明的便是這樣一個問題。

　　孟子在文中連用了兩個"皆"字，大概是在說惻隱之心的普遍性。然而，既然說是"非所以內交於孺子之父母也，非所以要譽於鄉黨朋友也，非惡其聲而然也"，那麼，可見惻隱之心並不是由於某種經驗性的計較而起。然而，我們發現孟子這裡似乎僅僅是一個判斷，他並沒有向我們說明惻隱之心何以可能不是因爲這些經驗性計較而起。其實，細加閱讀，我們或許便會發現，玄機實際上藏在"今人乍見孺子將入於井，皆有怵惕惻隱之心"這個情境本身之中。我們首先對這裡面的幾個關鍵字逐一進行分析，然後看能不能在裡面發現某種契機，以便我們能夠看到惻隱之心的超越性意義之所在。

　　對於"乍"字，朱子解釋道："乍，猶忽也。"[1] 用現代漢語來說，也就是忽然、突然的意思。"乍"意味著一種猝不及防，一種出乎意料。總之，在這種"乍"之時，一切安排佈置、計較營爲都變得不可能了。然而，就是在這樣一個沒有安排佈置、計較營爲的情境中，我們卻無可置疑地有所"見"了（見孺子將入於井）。"見"與"視"不同，"視"或許祇是平平地看過了，平平地看過卻祇是"視而不見"而已。"見"則意味著與當下的情境真切地遭遇，在這種與當下情境的真切遭遇之中，我們也就真實地在場了。因此，"乍見"意味著"突然遭遇"，而"突然遭遇"意味著"沒有任何安排佈置、計較營爲地在場"。

　　在"乍見孺子將入於井"這一情境中，我們無可置疑地有所遭遇、有所"見"了。可是，在這種"見"或遭遇之中，我們遭遇到

---

[1]　朱子《四書章句集注》，頁237。

了什麼？還有，有什麼東西是不可缺的嗎？毫無疑問，我們遭遇到或者見到一個無知的小孩子要掉進井裏去了這樣一個事實或者情境。在這樣一個事實或情境之中，有一個關鍵的現象，也就是"怵惕惻隱"之心。對於"怵惕惻隱"，朱子解釋道："怵惕，驚動貌。惻，傷之切也。隱，痛之深也。"① 驚動在這裡是一個很有意味的現象。因爲，我們所見的祇是一個作爲他者的小孩子將要掉到井裏去，便有如此的驚動，就好像我們自己走著走著路，突然意識到面前有一口井，然後下意識地停下來時那樣。問題在於，在"乍見孺子將入於井"這裡，我們"自身"並沒有陷入這樣一種危境，而祇是"看"到一個"他者"有如此的遭遇，我們是如何可能產生這樣一種驚動來的呢？一種"同情理論"或許會說，恰恰是因爲我們也曾經有過這種經歷。然而，我們卻同樣意識到一個人哪怕一輩子都沒經歷過這種險境，我們也不能夠說我們就"不可能"有如此的驚動。我們完全可能在不知道那個人是否會驚動之先，便產生這樣一種驚動。當然，我們總是對那個人的處境有一種知識，也就是說我們知道孺子處在一種危險之中。惟有如此，我們纔可能產生那種驚動。因爲一個同樣無知的孺子，看到這樣一個將入於井的孺子，便不會產生這種驚動。所以，我們並不否認經驗知識在這裡所具有的觸發性意義。但是，即便承認經驗知識所具有的這樣一種觸發性意義，我們仍舊可以說，這樣一種化爲知識的經驗祇能使得我們在看到他者處於這樣的險境的時候，能夠想見到他們會有怎樣的遭遇，甚至也能想到他們也會如此的驚動，但卻不能使得我們對他人處於險境這樣一個事實產生驚動。也就是說，這種經驗性的知識本身沒有能力給出②這個驚動來。這樣一種對惻隱之心的發生與否起關鍵性作用的知識尚不能給出存在，何況是那些和"孺子將入於井"這一情境根本不能相應的"內交""要譽""惡聲"之心呢？事實上，這些心最多祇能使得我們產生救助孺子的行動，但

---

① 朱子《四書章句集注》，頁 237。

② 給出：給出意味著生成存在，觸發祇是意味著引發存在。比如，桃樹可以開花，我們可以說是桃樹生成了花之存在，而陽光雨露祇是引發了花之存在。

卻不可能使得我們發生對孺子的惻隱，而且更爲致命的是，它們已然在阻礙惻隱之心的產生了。但是，我們究竟是如何可能如此驚動的呢？我們首先且不管是什麼給出了惻隱，我們首先可以肯定的是，在這種情境中，我們已經不可避免地與將入於井的孺子一道在場了。在這種情境中，我完全不"知道"我和孺子居然是兩個人，甚至我都還沒意識到這個時候居然還有我在，我不"知道"有我在，也不"知道"有孺子在，"知道"①的祇是"孺子將入於井"這樣一個事實。就像當我們走著走著就要掉進井裏的時候，我們根本來不及去想究竟是誰要掉到井裏，就已然驚懼，然後不假思索地停下來。或者說，此時的孺子已然不是我的一個他者，而已然是"我"了。祇是這時的我並不表現爲一個有計較的意識，而是一個無意之我、不知有我之我。然而，正是在這樣一個不知有我當中，我以一種更加真實的方式在場了，而且是在與孺子的一道中在場了。在這個意義上，我們也就可以理解，在看到"孺子將入於井"時，我們有這種驚動是如何可能的了。然而，這裡仍舊需要辨明的是，我們看到"孺子將入於井"時所產生的驚動和我們自己將要掉入井中時產生的驚懼不同。驚懼是帶著某種怕，然而驚動卻是帶著某種傷痛，這也就是所謂的"傷之切""痛之深"。所以，我們不僅驚動，而且傷痛其入井，傷痛而不能自已，不假思索地把小孩子救走也就是自然而然的了。

上面我們已經從反面說明，一種經驗性的知識祇能對惻隱之心產生一種觸發性意義，而不能給出惻隱之存在。而且，我們也初步看到，惻隱之心在這裡昭示著與孺子的共同在場。而我們前面說，"乍見"意味著一種"沒有任何安排佈置、計較營爲地在場"。其實，在"孺子將入於井"這樣一個情境中，這兩方面祇是一個意思。因爲正是在這種沒有安排佈置、計較營爲之時，我們的經驗性知識纔能引發我們的惻隱。其實，我們在"乍見孺子將入於井"這一情境中的在

---

① 這裡的"知道"不是一種靜觀的"知"，靜觀的"知"不能給出行動。惻隱所"見"帶著一種導向行動的"知"，經驗性計較也同樣帶出一種類似的"知"，祇是二者的意義不同。詳見後文。

場，或者說，與這種情境的真切遭遇，正是在"孺子將入於井"這裡與孺子一道在場。我們甚至可以說，在這一情境中，惟有與孺子一道，我們纔可能真實地在場。這裡具有關鍵性意義的是"乍見"之"見"。這種"見"不僅昭示我們與當下情境的真切遭遇，而且也使得"孺子將入於井"這一情境真實地發生了。這也就意味著，"孺子將入於井"不能僅僅作爲一種現成的或者與我們不相干的事情出現在我們面前，因爲那樣一來，我們對"孺子將入於井"最多衹能發生一種"視"，而絕對不可能"見"。視而不見的後果是，我們不可能與當下的情境真切遭遇。因此，同樣可以看出的是，正是這種"見"使得我們在某個具體的情境中在場了，這種"見"正是我們在某個具體情境中真實在場不可或缺的東西。我們若要在某個具體情境中真實地在場，就必定是與這種"見"一道的了。而在"孺子將入於井"這樣一個情境之中，我們能否有"見"，關鍵在於我們是否有惻隱之心，因爲正是惻隱之心使得我們與孺子一道，而惟有在這種與孺子的一道中，"孺子將入於井"纔不是作爲一個不相干的事件出現在我們面前，這樣我們纔能在這樣一種情境中有"見"。事實上，沒有這種"見"，我們便會錯失與我們身處其中的那種情境的真切遭遇，這也就使得我們不能在我們所在之處真實在場。由此一來，我們的在場便產生了某種斷裂或者說陷入某種虛無之中，在場性因此也就被剝奪了。而這種在場性的剝奪，正是發生在"內交""要譽""惡聲"的計較中。因爲計較使得我們的惻隱之心不能被引發。由此一來，我們便一定會對"孺子將入於井"視而不見。在這種計較當中，我們所"見"的衹是我們所計較的東西，這種計較的東西在當下情境中最多衹能作爲一種"可能性"（未來的）而在，而不可能"具體而真實地"（當下情境地）在場。因爲這種計較把當下引向未來。未來並非現成的已在而是尚未到來，而現在也非現成的此在，但卻不是尚未到來，而是某種急待處置。如果我們對急待處置者能夠視而不見，那麼，我們也就知道我們對某種尚未到來的東西也不可能發生任何真實性的關係了。其實，這一點同樣可以在"孺子將入於井"這一情境中得到顯明：雖然我們基於"內交""要譽""惡聲"的計較也會去"救"孺子，但是，我們意不在此而在彼，而所爲卻在此而不在彼。如此一來，我們所謂的"救"便會顯示出某種虛假性。由此，我們可以進一步看出的是，在這種計較中，我們的在場陷入一種虛無化，而我們這種在場的虛無化也業已使得我們去救助孺子這一行爲陷入一種不可名狀的虛無之中。我們不在，"孺子將入於井"這樣一種當下情境便不在了。這恰恰再一次說明了，在"孺子將入於井"的情境中，我的在場必定是與孺子的一道在場，這二者共存亡而又共同賦予當下情境以真實性。而這種真實能夠得以發生，乃是因爲惻隱之心的到場。惟有惻隱之心在，在"孺子將入於井"這一情境中，我們的"見"纔能保持一種當下性、保持爲一種無所計較之"見"，也就是說，方纔成其爲"見"。因此，惻隱之心在這裡就不能被理解爲一種僅僅具有經驗意義的情感，它已然成爲我們與孺子一道在場中不可或缺的東西。惻隱不僅僅是一種情感，這一點十分重要。惻隱之心正是使得我們在一個情境之中能夠有所"見"的東西。"見"意味著一種觸動、一種真切遭遇。因此，惻隱之心並不是一種無足輕重的情感，也不可僅僅被理解爲一種可以被頌揚的慈悲心，惻隱之心正是我們能夠有所"見"，而非麻木地"視而不見"，因而能夠真實地在場的先決條件，或者更確切地說，天賦之能。朱子曰："而今便教單獨祇有一個人，也自有這惻隱。"① 一個人在也有這惻隱，這也就說明，惻隱之心並不因爲這種情境而後有。而恰恰惟有惻隱之心先在，這種情境纔可能得以發生，我們纔可能真實在場。這一點我們前面已經有所說明。在這個意義上，惻隱之心所昭示的正是那個使我們能夠以某種方式活生生地真實在場的東西，在這種在場中，我們與當下的情境真切遭遇。

我們已經說明，在"孺子將入於井"這一情境中，正是惻隱之心使得我們能擺脫一種有所計較的牽引，而在當下真實地有所"見"。然而，一種可能有的誤解也會產生，是否在當下的持立會導

---

① 《朱子語類》第四冊，頁1281，中華書局1986年版。

致一種與過去、未來的隔絕，也就是說，所謂當下，不過是一個死寂的當下而已。可是，在我們剛纔的分析中已然發現，惻隱之心雖然不能爲經驗性的知識所給出，但卻必然要有經驗性的知識作爲引發纔能產生出來。而這種經驗性的知識卻不是非歷史性的，而是發生在歷史之中，其實惻隱之心也不可避免地發生在經驗歷史之中了。我們剛纔說，沒有了惻隱之心，"孺子將入於井"這一情境便會喪失其真實性。反之卻不然，我們不能說離開了"孺子將入於井"這一情境，惻隱之心便不會發生。然而，問題在於，惻隱之心固然未必一定要在"孺子將入於井"這樣一種情境中纔能發生，因爲就我們前面所意識到的惻隱的意義來看，惻隱之心在任何一個具體的情境中都可以發生，可是，這難道能夠說明，惻隱之心居然可以不在任何具體情境中也能發生嗎？當然不能。因此，惻隱之心固然不能被經驗歷史中的東西所給出，然而惻隱之心的發生卻不可避免地祇能在經驗歷史當中了。因此，惻隱之心的非經驗歷史性祇是在其給出的意義上，而非發生的意義上。惻隱之心不可避免地要依靠經驗知識的引發了，至少在孺子將入於井這一情境中是這樣。可是，經驗知識從何而來呢？我們前面提到，我們的惻隱之心在"孺子將入於井"這一情境中是被一些經驗歷史知識所引發的。這些經驗知識是我們對孺子會掉到井裏以及其會被溺死這樣一件事情的預見，而這種預見之所以可能，是因爲我們曾經有著類似的遭遇。然而，我們終究發現僅僅這樣一些知識並不能導向行動，因爲這些知識是靜觀的，這種知識嚴格說來祇是在某個情境中的"見"的現成化。僅僅有這種知識，我們不可能與當下的情境遭遇。然而，反之卻不然。囚爲如果我們不曾經在某個具體的情境中有所"見"，那麼，我們根本不可能獲得這樣一種知識。祇是這種情境是發生在過去的。其實，如果事情根本不可能真實地發生，那麼，其現成化也就根本不可能。說到底，這樣一種知識嚴格說來祇是我們前面所說的"視"的層面上的東西。比起這種"視"，那種有所計較的"見"反而具有一種行動力，祇是這種行動是指向未來的或者說指向某種尚未的東西的，它使得這樣一種情境變得虛無化。然而，發生總是當下的。所謂發生在過去的，不過是說，發生在已然的當下的。其實這裡所謂過去、當下和未來並不是有三樣東西並在那裡，過去祇是已然的當下，而當下是正在發生的當下，未來則是尚未到來的當下。因此，知識的現成化祇是某種過去情境的已然化的結果。已然發生或者說發生之已然意味著發生之完成。這種完成對我們所造成的影響或者說所留給我們的東西便是其現成化的成果，也就是知識。① 而這種知識既可能觸發我們的惻隱，也可能讓我們產生計較。既然知識祇是過去發生的留存，那麼我們的有所計較其實也祇不過是對已然的當下的流連。因此我們的計較所流連不捨的祇是已然的當下，或者更確切地說，是當下的已然，總之，不可避免地祇能是一些已然現成化的東西了。然而，我們發現，在那種有所計較的"見"中，我們也不能說那個人在他的當下在任何一個意義上都不在了，而是說他的當下已經被一種叫作未來或者說尚未的經驗性之物所佔據，而這個把他牽向未來的經驗性之物實際上是來自過去或者說已然。作爲知識的"交""聲""譽"都是某種已然發生的事件的成果，或者更確切地說是，已然發生的事情的現成化。而"內""惡""要"即是對這些發生的已然或者現成化的東西的有所計較。這種有所計較看似在指向或者說創造未來，但它卻祇是在流連於過去而已。然而，既然這種有所計較的"見"也終究意味著某種遭遇的話，那麼這種遭遇之所以可能，也是由於我們具有一種"見"的能力。祇是這種"見"爲一種已然現成化的東西所牽引，纔使得這原本活生生的東西被現成化所利用而變得冷冰冰、死氣沉沉。因此，不僅一種現成化的知識之所以可能是由於惻隱之心，就是那種有所計較的"見"的發生也已然不可避免地以惻隱之心爲前提了。因爲惻隱之心的發生就是爲了重新生成當下，而那種有所計較不過是對已然的當下的某種流連，一種有所計較其實是一種對於當下的錯認。② 然而，問題仍舊在於，惻隱之心如果究竟是在經驗歷史中持立於當下的話，那麼，它的不與過去、未來相隔絕難道需要以經驗爲中介嗎？當然不是。因爲如

---

① 至於這種影響和留存如何發生，話題和能力所限，暫時在所不論。

② 其實這和後面要講的惻隱之心的必然"要"發生有關係。

果每一個當下如若不成爲已然或者不現成化，那麼，要麼一種經驗根本不會生成，要麼每個當下不曾發生，或者說，根本不會發生。經驗的存在就已然證明了每個當下的必然發生性。而惻隱之心正是那個讓每個當下得以真實發生的東西。因此，惻隱之心並不通過經驗而與過去、未來發生關係，而祇是通過生成每一個當下的真實來與過去未來發生關係。也就是說，惻隱之心雖然也無往不在經驗歷史當中，卻又無往不是在重新生成著經驗歷史，它使得每一個經驗歷史的當下都真實發生。因此，惻隱之心並不是以經驗爲中繼進入過去和未來，而是祇是由於在每個當下都真實地發生，因此繼進入歷史的領域而不可避免地有著過去和通向未來。而一種現成化也並不僅僅具有消極意義。一種"見"通過當下的已然化而變得現成化，而正是這種現成化的知識開啟了整個經驗歷史。而這種知識之所以能夠現成化卻是由於每個當下的"見"之可能。因此，我們可以說，惻隱之心不但賦予了經驗歷史以真實性，而且以產生經驗知識的方式開啟了經驗歷史本身。在這個意義上，經驗歷史本身即是由惻隱之心所生成。當然，反過來也可以說，沒有經驗歷史，惻隱之心也就無從現身。

　　惻隱之心不僅不來源於經驗，而且惻隱之心通過自身進入歷史經驗的方式造成整個經驗歷史並保證其真實性。然而，讓人十分奇怪的是，我們一方面發現惻隱之心竟然具有如此的神力，然而另外一方面卻又發現惻隱之心幾乎不能天然地保持自身，而總是被一種有所計較所破壞。其實，這個問題可以以一種更進一步的方式被提出來。前面已經試圖論明的是，惻隱之心並不僅僅是一種情感，而是我們的"見"或與當下情境遭遇所不可或缺的東西，這種"見"本質上是一種發生與生成，而一種經驗性知識之所以可能則有賴於這種發生的已然化或者現成化。因此，惻隱之心在生成每個當下的同時，也已然成爲經驗歷史得以存在的前提。其實，從這個意義上，我們祇要還在經驗歷史中活著，就已經不可能不仰仗惻隱之心了。或者說，我們任何意義上的活著都已經在昭示著惻隱之心的必然性。然而，我們竟然看著這種"見"在某種意義上會陷入一種斷裂或者虛無化，這樣一來，我們就又在惻隱之心的發生這裡看到某種偶然性，這種偶然性發生在

經驗歷史當中。① 其實，這也就意味著，惻隱之心一方面造成了整個
經驗歷史的存在而且惟有它纔能賦予經驗歷史以真實性，然而在此同
時，它卻不能保證自己的必然發生，或者說，不能保證經驗歷史必然
真實地發生。思考至此，我們似乎陷入了某種困境。然而，要走出這
種困境，我們還是不得不求助於惻隱之心。我們剛纔說，整個經驗歷
史的存在已經昭示了惻隱之心的某種必然性。因爲惻隱之心如果不是
必然"要"發生，我們就不可能有所見，也就不可能有任何經驗歷
史知識。而且我們發現，惻隱之心之所以"會"不發生，乃是因爲
某種現成化的東西的牽引；否則的話，我們必定真實在場，惻隱也必
然會發生。這也同樣證明了惻隱之心的必然"要"發生性，否則的
話，惻隱之心的發生就一定要依賴於某種計較了。因此惻隱之心雖然
不必然"會"在經驗歷史中發生，但是惻隱之心卻必然"要"在經
驗歷史中發生。而由於這種必然"要"發生性，惻隱之心不需要我
們刻意（有所計較地）做任何事情便會發生，而且惟有我們不帶任
何計較地有所作爲之際，惻隱之心纔能發生。由此，我們再一次看
到，惻隱之心的必然性不是經驗的，惻隱之心的超越經驗性由此可見
一斑。然而，惻隱之心雖然不來源於經驗，但它卻必然造成經驗並且
必然要在經驗中纔能發生。② 同樣可以說的是，雖然惻隱之心不必然
"會"在經驗歷史中發生，但是，一種經驗歷史性的計較固然可以使
惻隱之心不發生，卻不能使惻隱之心的給出帶上任何經驗歷史性。也
就是說，惻隱之心哪怕在其隱退之際，仍然保持了其來源的非經驗

---

① 剛纔我們說，沒有經驗歷史，惻隱之心也無從現身。這也就意味著，惻隱之
心之所以要開啟經驗歷史，正是爲了讓惻隱之心所昭示的那種真實性現身出場。經驗
歷史的開啟必須依賴於一種已然化或者現成化的存在。這種現成化在爲惻隱之心現身
提供可能的同時，也使惻隱之心陷入了某種被阻礙的風險。而阻礙之所以發生，乃是
由於某種錯認。當然，這種錯認如何可能以及如何纔能避免或消除這種錯認也是需要
說明的。然而，限於話題及篇幅，再加上筆者個人思考的某種局限，這個問題暫時擱
置一下。

② 到這裡，我們可以補充說明一點：發生本來就是在經驗世界中纔有的事情。
一個事物或事件如果不進入經驗世界，我們就不會說它發生。當我們說一個事情尚未
發生的時候，實際上也衹是說它尚未在經驗世界中到來。

性。經驗性計較可以阻礙惻隱之心的發生，但是卻不能絲毫將惻隱之心拉下水，① 也更加不能使惻隱之心的根源受到任何損害。因爲無論經驗性計較如何地強烈，它都不能阻礙惻隱之心的必然"要"發生。而當一切經驗性計較隱退之際，惻隱之心也就必然"會"發生了。由此，我們可以看出的是，惻隱之心不僅不來源於經驗，而且沒有惻隱之心便不會有整個經驗歷史，惻隱之心必然"要"在經驗歷史中發生。然而，惻隱之心又必然祇能在經驗歷史中發生，發生著的惻隱之心仍舊祇是經驗的或者說具體情境的，祇不過它不是現成經驗的，而是發生著的、活生生的經驗。然而，惻隱之心終究是經驗的，或者說是可以以經驗的方式打量的，而且是在某種意義上可以不發生或者隱退的經驗。而我們又明明看到它的必然"要"發生，由此我們便可以知道，一種不可以以經驗的方式打量的、作爲惻隱之心的給出者或者說根源之物已然被帶到我們面前，否則的話這種必然"要"發生性也就無從給出。這種根源之物根本上是超越經驗的，否則，我們便無從理解惻隱之心的非經驗來源性以及它對整個經驗歷史的開啟和對其真實性的保證。但是它也必然不是與經驗隔絕的，否則它便不可能要如此必然地給出惻隱，並以之來造成整個經驗歷史，而且保證惻隱之心必然"要"在經驗歷史中發生。而這種超越性之所以能造成經驗，而且能進入經驗歷史，關鍵在於惻隱之心。這也就是惻隱之心的超越性意義所在。

---

① 使其來源具有經驗性。

真實與惻隱

——孟子"人皆有不忍人之心"章衍義

莫天成

　　日常生活中，我們常常會發出對於真實的關切。比如，想要知道真相而不願意被矇騙，要求自己的生活真實而不流於空虛，希望他人和自己真誠而不虛假，等等。學問中人，其對於真實的關切，則往往表現爲對真理的追求，大概莫不想要明白以至獲得真理。雖然大家都希望真實、追求真實，但是對於真實本身，似乎就有些說不清楚了。本文試圖從孟子所說的"乍見孺子將入於井"這樣一個事例展開，辨析"真實"的一些內在含義，并希望通過讓惻隱這樣一個端倪呈現出來，以指出惻隱對於真實的決定意義。

一

　　孟子曰：

　　　所以謂人皆有不忍人之心者，今人乍見孺子將入於井，皆有怵惕惻隱之心。非所以内交於孺子之父母也，非所以要譽於鄉黨朋友也，非惡其聲而然也。由是觀之，無惻隱之心，非人也；無羞惡之心，非人也；無辭讓之心，非人也；無是非之心，非人也。惻隱之心，仁之端也；羞惡之心，義之端也；辭讓之心，禮之端也；是非之心，智之端也。人之有是四端也，猶其有四體也。有是四端而自謂不能者，自賊者也；謂其君不能者，賊其君者也。凡有四端於我者，知皆擴而充之矣，若火之始然，泉之始達。苟能充之，足以保四海；苟不充之，不足以事父母。①

"孺子將入於井"的事情真實地發生著，如果說並不是每個人見了都產生怵惕惻隱之心，那麼，對於這個沒有怵惕惻隱的人來說，這個事情果然"真實地發生"了嗎？這個人也許還在爲自己前不久的事情犯愁，"孺子將入於井"即使是他當下所遇到的正在發生的事情，但對於他來說，卻是視而不見的。他並未處於這件事情之中，因而這件事情對他來說祗是一件任意對象物。這件任意對象物，可能成爲他的一個回憶，可能成爲一個描述性的命題，也可能成爲一個在將來的某個日子使其犯愁的事情，但總歸就不是一件對於當下的他來說"真實地發生"的事情。對於這個視而不見的人來說，真實發生的事情無異於一個死物，無所謂發生著或不發生著，它成了封閉的，成了物自體，而這卻是因爲視而不見者的封閉所造成的。但是對於那個怵惕惻隱的人來說，他當下的眼裏便祗有這麼個事情，他就是在這件真實發生著的事情裏面，爲之怵惕惻隱。這件事情對於他來說，除了是一件正在真實發生的事情以外，什麼也不是；而自己除了是一個因之怵惕惻隱的人以外，誰也不是。

可以再舉個例子，我們說"這臺電腦是白色的"的時候，我們描述了一個事實；但是，我們很多時候卻不是生活在這個事實裏面的。當我們全神貫注地在打字寫作時，如果我們突然說出這麼一句話來，那麼無疑，我們"走神了"。但是，一旦某個調皮搗蛋鬼給這白電腦潑上髒水，那麼，我們便可能驚動地呼喊："這可是白電腦啊！"好像我們就在替這電腦或者這白殼聲張它們自己似的。那樣說出的命題便不再是一個抽象、無時無處不真的命題，而成了一個鮮活的、發生著的事實。這個時候，這個事實對於我們而言成了"觸目"（海德格爾語）的，我們的觸動與驚愕則使得我們徹底地生活在了這個事

① 《孟子·公孫丑上》。

實之中，而不是一個事實之外的判斷者或打量者。

　　我們批評見"孺子將入於井"而不怵惕惻隱的人，並不是批評他當時心裏所梗著的那件事情，因爲那件事情完全有可能是"對"的，比如他正在反思自己以前的錯誤等等。但是，這個"對"實際上衹是一個空空的、抽象的"對"，它也許能對得上很多情境，但就是沒對上這個當下的情境。同樣，"這臺電腦是白色的"，我們並不會認爲這個描述是錯的，但是這個描述很多時候都是空空的、抽象的。所以，追求真實或者真理者，難以規避這樣一種可能性：真實的事情，不被當作它們本身發生著，卻成了這個追求者的抽象物；追求者可能掌握了全部的真，卻沒有成爲一個在某處的人。

　　《孟子集注》此章，上蔡云：

> 人須是識其真心。方乍見孺子入井之時，其心怵惕，乃真心也。非思而得，非勉而中，天理之自然也。內交、要譽、惡其聲而然，即人欲之私矣。[1]

船山評之曰：

> 納交、要譽、惡聲，便說是"人欲之私"，亦不得。上蔡之說太高著，高過則無實矣。孟子之意，特以此三者之心，原不與乍見孺子入井時相應，故所感值其所通，惻隱之心生，而三者之心不生也。[2]

船山另有言曰：

> 若見大賓時，內交之心，從中而發，便是禮之端；不韙之聲，思以避之，便是義之端；畏鄉黨之清議而思得盛名，便是智

---

[1] 《孟子集注·公孫丑章句上》。
[2] 《讀四書大全説·孟子·公孫丑上篇》。

之端。此唯"要"字有病，"譽"字自無嫌。唯孺子入井之時，非彼三者之動機，故孟子別言之。雖在人欲橫流之人，亦未有從彼發者。天地自然之理，與吾心固有之性，符合相迎，則動機自應。此天地聖人之所不能違，而一切商量安排，皆從此而善其用。故君子之致其功者，唯慎諸此之爲兢兢也。①

乍見孺子將入井，怵惕惻隱之心纔是"真"心，纔是真正與其所處真實情境"相應"的心。而"內交、要譽、惡聲"其實都是假心、空心，因其"不與乍見孺子入井時相應"。見大賓而心生內交，聞不韙之聲而心生惡避，畏鄉黨之清議而疾名之不稱，實則也可以說都是應於各自情境的"真"心。

上蔡謂納交、要譽、惡聲之心爲人欲之私，就其不"相應"於其所處情境而非應當而言，其說無差錯。一個本是應於某情境的心，到了一個與其不相應的情境，便成了"人欲之私"。對於平常所說的"人欲之私"，難道不也是由於這個"不相應"嗎？我們常常容易犯的錯誤在於，捨棄情境而談所謂"人欲之私"，比如以食、色本身爲"人欲之私"，以"納交、要譽、惡聲之心"本身爲"人欲之私"。如同"怵惕惻隱"之爲"真心"祇在於其與"孺子將入於井"相應，"納交、要譽、惡聲之心"之爲"人欲之私"亦不過祇在於它與"孺子將入於井"不相應，反而成了人與其情境之間的隔膜。以納交、要譽、惡聲之心爲人欲之私而欲一概斷絕，與以之爲真理而欲無處不堅持，這兩者並無二致。

真理常常是在"這是真的"的意義上談。我們說"孺子將入於井""是真的"，"怵惕惻隱之心""是真的"，但是，並不是要得出這種種"是真的"便完了，而一句"這是真的"往往要帶給人一種"完結感"。識得其爲"真"心而便以爲自己悟得了真理，縱使真心本來由情境所觸發而與情境相應，現在卻要轉而脫離情境了。既然前

<hr>
① 《讀四書大全說·孟子·公孫丑上篇》。

面已經說明，"心生怵惕惻隱"的真實性在於其與"孺子將入於井"相應，那麼，如果離了這個"相應"，單獨來把捉這個"怵惕惻隱"的真實性又有何意義？孟子說"知皆擴而充之"，絕不祇是說了個"知"啊！如果祇是察得這靈光乍現便擁以爲真，與禪家之把來作弄有何區別！船山評上蔡之注，謂其說"太高著，高過則無實"，大概上蔡祇一句"須識其真心"而不言擴充之功，實在難免船山之批評。所謂"高過則無實"，大抵是祇守此"真"心，而未有如船山所言"商量安排""致其功"。雖然初心爲真爲實，但後續無功，轉而脫離情境，必陷於"無實"。

在心動惻隱裏，我真正地、惟一地處在了這個情境之中；察識這個惻隱，無非祇是要使這個惻隱之心得以擴、得以充，如"火之始然，泉之始達"，順情境而行，將惻隱之心落實下來。"察識"絕非意味著一種若何之停滯，卻是更加順暢、篤定。由此我們可以看到，真實的直接意義，其實不是孤立的"這是真的"，而是情境裏面的真實相應，是人生活在其當下情境。在這種相應裏面，沒有彼此對待，並無一個我對著這麼個情境，甚至，我祇不過是這個情境之中的惻隱、擴充而已。對真實的自覺，不過就是對其自身之相應於其情境的自覺。

二

某些哲學大概意識到自己有錯失真實世界的危險，開始呼籲"直面事情本身"。這是在要求人與事情本身的和解，但是，這樣一種"直面"的可能性何在？

我們可能會說，"直面"是很難的，因爲人總是容易逃避、容易沉淪，等等。這總歸是沒錯的。但是，持這種說法，也許祇是因爲，他並不知道"再難也會有可能"的可能性何在，雖然他可以承認有這種可能性。顯然，"直面"所要求的不是針對正在發生的事情，因爲事情總是正在發生的，而問題祇在於我們的"視而不見"。以爲"直面"很難的，大抵會認爲，這裡所需要的不過是一種直面的勇氣，故而祇是不要逃避而已。亦有人以爲，既然"非所以內交於孺子之父母也，非所以邀譽於鄉黨朋友也，非惡其聲而然也"，那麼，去除或者懸置這些不切於情境的東西，也就能夠直面了。然而，這種種總是沒有給出直面的最根本的可能性，反而總是顯得有些孽根未盡。

我們說惻隱是"真心"，這個"真"是由於它與其所處情境相應。但是，這樣可能會導致一種傾向，即以爲惻隱之爲惻隱也在於這個相應。我們說，惻隱應於其情境便真，這樣好像可能產生出如下暗示：惻隱不應於其情境，便不真。難道惻隱祇是這麼一種可能爲真爲假的東西嗎？對於"惻隱是真心"這樣一種表達，它說盡了惻隱嗎？是否可能比這種表達更爲本源地道出惻隱之爲惻隱？有沒有可能，惻隱纔是我們所說的"真""相應"的基礎，它使得我們所說的"相應"得以發生、"真實"得以可能？

我們再回過頭來看一下"乍見孺子將入於井"的例子。朱子注"乍"，曰："乍，猶忽也。"[1] "乍見"便是忽然見到。注"怵惕惻隱"，曰："怵惕，驚動貌。惻，傷之切也。隱，痛之深也。"[2] 當人忽然一下見到"孺子將入於井"，其心驚動悚然，爲之傷痛。這種忽然見到，是什麼意思呢？這其實不是說"孺子將入於井"這件事情本身發生得很突然，好像我們都猝不及防似的。事情再突然，也不足以成爲我們驚動的原因。因爲我們完全可以想見，假設我們已經被告知了某時某刻將發生這樣的事情，我們做好了各種各樣的準備，而當這件事情真正發生時，我們還是會驚動。"孺子將入於井"的事情可以一直發生，但是它的"乍現"於我、以及我之"乍見"它，卻是由於在我自己這裡發生了什麼"乍"然的事情。既爲"乍"，那麼對於我而言也就是根本無法加力或者阻止的，因爲它根本先於我的任何人爲的思意情想。如果猝不及防說的是事情發生的突然，那麼這種"乍見"顯然不是指這個，而是指這"見"本身是"乍"然發生出來的，事物作爲它自身的"現"是"乍"然發生出來的，這是一種防

---

[1] 《孟子集注·公孫丑章句上》。
[2] 同上。

無可防、防不勝防，這就根本不可能在任何外在的偶然因素上找原因了。乍然見到孺子將陷入那樣一種危險，我馬上感同身受。這裡並無先後順序。這種乍然見到，就是感同身受的見到：因感同身受而見到，乃至可以說是因感同身受而稱其爲見到，"孺子將入於井"的事情也完全因爲我的感同身受而完全顯現自身。這種感同身受，就當時的我而言，不是等我去設想自己處在孺子那樣一種境地之后纔有，而是馬上就感覺到自己有危險似的。在這種驚動中，我彷彿就是那個孺子，是我在面臨那口深井。如果說"我見到孺子將入於井"的表達好像還有些我與孺子的對待感，那麼可以指明的是，正因爲我爲孺子驚動、傷痛，我就真正地見到了這件事情，在這種見裡面，直是完完全全見到了那個將遭危險的孺子，了無障蔽，他即是我。

在白電腦被潑髒水的事情中，我們也驚動。我們不是因爲白電腦屬於我而驚動，而是因爲它就是我。那白電腦是我，甚至再具體一點，那白淨就是我。我的驚動、呼喊，不過是在替它們驚動、呼喊。這樣說來，白、淨雖然不如電腦那樣有實物可指，但竟然也可以脫離概念化的空殼，而作爲它們自身發出要求了。

在"乍見孺子將入於井"和電腦被潑髒水的例子中，可以看到，我們並不需要呼籲自己直面這個事情，而我們自然而然生發的"怵惕惻隱"已經讓我們直面了這個事情。而且，這已經不是"直面"一個詞所能表達的了，我們是直接融在了這個真實情境之中，而成爲了這個情境的構成者，成爲了我們所遭遇的對象。"怵惕惻隱"在"乍見"之時迸露，"非思而得，非勉而中，天理之自然也"，這迸露並不需我來做若何之工夫，卻全然得乎"天理之自然"。"雖在人欲橫流之人，亦未有從彼發者"，即使我們上一刻還是懷著內交、邀譽之心，但此刻都可以乍然煙消雲散。

　　問："擴充亦是盡己、推己否？"曰："祇是擴而充之，那曾有界限處！如手把筆落紙，便自成字，不可道手是一樣，字又是一樣。孺子入井在彼，惻隱之心在我，只是一箇物事，不可道孺子入井是他底，惻隱之心是我底。"①

我們固然可以說手是一樣，字是另一樣；但是關鍵在於，手把筆落紙而成字，乃是如此的自然，好像它們本來就是一個東西一樣。孺子入井而我惻隱，實際上也是如此的自然，"衹是一個物事"。這裡並不是說把它"看成"一個物事，而是它本來就是一個物事。單獨的孺子入井，或者單獨的我心惻隱，甚至都無法說是個什麼物事，因為它們沒有可孤立空間，這從前面對於"相應"的論述也是可以理解的。我與孺子共在，若有人欲之私阻隔，其實我就不成其為我了。"不可道孺子入井是他底，惻隱之心是我底"，倒不是沒有可能發生這種錯認。人要"識其真心"，倒不是要去識這個惻隱是真的，而一定需要識到，這個為孺子惻隱的心纔是真心、這個與孺子一道在的我纔是真我。

　　"'天地以生物為心'。譬如甑蒸飯，氣從下面滾到上面，又滾下，衹管在裏面滾，便蒸得熟。天地衹是包許多氣在這裏無出處，滾一番，便生一番物。他別無勾當，衹是生物，不似人便有許多應接。所謂為心者，豈是切切然去做，如云'天命之，豈諄諄然命之'也？但如磨子相似，衹管磨出這物事。人便是小胞，天地是大胞。人首圓象天，足方象地，中間虛包許多生氣，自是惻隱；不是為見人我一理後，方有此惻隱。而今便教單獨衹有一箇人，也自有這惻隱。若謂見人我一理而後有之，便是兩人相夾在這裏，方有惻隱，則是仁在外，非由內也。且如乍見孺子入井時有惻隱，若見他人入井時，也須自有惻隱在。"池錄作："若未見孺子入井，亦自是惻隱。"②

"人便是小胞，天地是大胞。人首圓象天，足方象地，中間虛包

---

① 《朱子語類》卷五十三。
② 同上。

許多生氣，自是惻隱。"我與孺子，著實是一理；不管我們自己認不
認同，我們也都是這天地之生氣所成。我與他人同此生理、貫此生
氣，是爲同胞。同胞之間，自然相互親愛；同胞有危難、痛苦，自然
爲之惻隱，這是攔不住的。"若謂見人我一理而後有之，便是兩人相
夾在這裡，方有惻隱，則是仁在外，非由內也。"第一節對"情境"
所作的論說，便有"兩人相夾在這裡，方有惻隱"的嫌疑。後面我
們也有指出，惻隱不是那樣一個層次的東西，而是使見到情境、在情
境中、與情境相應得以可能的東西。這個東西，我們說它能乍然迸
露，可見它是在內而非有待於外的。這惻隱原就是在先的，根本不待
我見到人我一理纔發生出來，因爲它就是在於天而必然發生的。在天
而言，是沒有人我之分的。而所謂"而今便教單獨只有一個人，也自
有這惻隱"，每個人都有飽滿之仁心，這是得於天而沒有絲毫虧欠
的。所謂察識、擴充，也就是要識得這個惻隱，而與此天心、因而也
就與萬物無所隔閡，祇有生氣流行而已。

《關雎》教怡疏義

梁中和

引言

　　今人解詩多取文學、歷史角度，即便是同情經學傳統，也多以客觀態度，引據現代諸社會科學成果以求發掘本來含義。文學、歷史研究傳統成爲主流與詩教不興有關，《詩經》離政治、教化越遠，求詩"本義"的傾向便會越重，此種傾向古已有之，如三家詩多解刺詩者，毛詩解爲美或一般賦詩，今人以爲三家詩取引申義，毛詩探求本義，實則三家用詩作教故解爲刺詩多，以用於政治辯難或說理、警戒，毛詩已較遠與政治、教化用途，故求本義多，詩教反而顯得平和中正，更符合原意；漢唐尊毛，使詩經教義更加完備，但也更加複雜繁瑣，詩"禮教"得到重新重視，但囿於知識傳授，詩理幾近教條化；自宋學昌明，歐陽文忠公、程子、朱子均立排成見，不再謹守漢儒解詩之法，切己體貼詩本義，還原詩人作詩之意，較毛更進一層，詩教至此不再以繁冗的說教爲務，轉而讓人涵泳詩句，體察情懷，以期近人自然之情感，寓教於情理，此爲詩教之個人德性教育之用，而非政治用途；至明代以來，宋學開啟出的解詩之路繼續被擴大，求詩本義演變爲求詩文意、詩法，與後世詩論結合而廣大爲文學解詩一路，代表人物有徐光啟、姚際恒、方玉潤諸家，① 近現代與西學交流中更加固這一路數的學問，乃成今日解詩主流；而對詩經學傳統的繼承者則著力於對《詩經》中名物、制度、儀禮、字詞、古音等的歷史性解釋，他們也是當今《詩經》研究的主力。

　　現代西學中分科別類，爲社會學、人類學、心理學、宗教學、教育學、漢學等，② 各自有一套研究和解釋方法，《詩經》作爲上古"材料"，被多方加以利用，產生出諸多詩歌解釋，但多爲反映古代人類生活歷史事實者，於詩教少有系統闡發與探索。③ 按照現代學科劃分，文學系、歷史系成爲研究詩經的主要陣地，而哲學系、政治學系、教育學系則少有人探及，因此詩教研究也就沒落了。余以爲《詩經》作爲整體，若無詩教貫穿其中，必爲一盤散沙，祇不過如今人常謂"首部古代詩歌總集"，祇是諸多詩歌的簡單收集，詩歌彼此之間無太大關聯，如是《詩經》必不可謂之"經"，其經天緯地之義便不復存在，故而若要探求詩經真意，使其復顯生機活力，必昌明詩教，以詩教貫通詩意，從情感到義理講明詩義，纔能使今人對詩經有一連貫的、深刻的認識，進而接受和繼承由《詩經》傳遞下來的吾土先民之獨特教義、教理。謂《詩經》祇能作文學和社會科學解，祇能爲歷史死物之證詞者，當知其愚陋不肖。以下試以《關雎》爲例，探求詩義教、禮教與樂教，也就是分別解讀詩經之政治教化和道德教育的含義，勉強分章進行"經解"與"教義"梳理，章節與教義並不完全對應，祇是大體可以逐章分而言之，讀者諒之。

---

　　① 他們分別著有《詩經六帖講義》、《詩經通論》和《詩經原始》，均有現代標點排印本。

　　② 進來代表性的著作有：漢學方面的《高本漢詩經注釋》（董同龢譯，中華書局2012年版）、人類學方面的葛蘭言的《古代中國的節慶與歌謠》（趙丙祥、張宏明譯，廣西師範大學出版社2005年版）、宗教和歷史方面的家井真的《〈詩經〉原意研究》（陸越譯，江蘇人民出版社2011年版，日版2004年）等。

　　③ 今人較爲相關的著作有：羅立軍《從詩教看〈韓詩外傳〉》（暨南大學出版社2008年版）、陳桐生《禮化詩學：詩教理論的生成軌跡》（學苑出版社2009年版）、王倩《朱熹詩教思想研究》（北京大學出版社2009年版）、張豐乾《〈詩經〉與先秦哲學》（北京大學出版社2009年版）。

《關雎》經文

首章：關關雎鳩，在河之洲。窈窕淑女，君子好逑。
二章：參差荇菜，左右流之。窈窕淑女，寤寐求之。
　　　求之不得，寤寐思服。悠哉悠哉，輾轉反側。
三章：參差荇菜，左右采之。窈窕淑女，琴瑟友之。
　　　參差荇菜，左右芼之。窈窕淑女，鐘鼓樂之。

壹、詩義教

經解：

分章：關於《關雎》分章歷來有幾種說法，大體上有兩種主要
觀點，一爲兩句一章，共五章；一爲三章，首章兩句，二三章皆四
句。清人俞樾提出可分四章，以窈窕淑女重複出現的次數論之，也即
將第二種說法的第三章分爲兩章，[1] 但最後四句語意連貫，有以禮樂
之器“友之”“樂之”相應的語句，故而我們仍然按照第二種劃分方
法，分爲三章。清人方宗誠《說詩章義》遵循朱子解釋傳統，認爲
“首章總冒通篇，二章追敘未得淑女之前，三章正敘既得淑女之樂。
以首章窈窕淑女二句爲主，惟君子必宜淑女爲之配，所以未得而思，
既得而樂也。流之、采之、芼之有次第，友之、樂之二句亦有深淺”。
有學者以爲第三章爲君子的設想或代爲君子寫詩抒發情感者的設想，
未必實指君子已得後的行爲，更符合詩意。

關關雎鳩，在河之洲。

關關，和聲，也有解爲獨鳥之鳴叫，[2] 如是和聲則指兩鳥之間的

---

① 《達齋詩說》。
② ［日］竹添光鴻《毛詩會箋》。

關係，與如何判定雎鳩有關。如果解爲雙鳥之間的應和，則與雎鳩毛傳"鳥摯而有別"解相匹配，胡承珙《毛詩後箋》云："鄭《箋》申之曰'摯之言至也'，'雌雄情意至然，而有別'。此最得《傳》意。蓋'摯'與'至'聲近義同。"在鄭箋解釋下的毛傳將兩隻關雎的關係解爲雌雄，且情意自然而有別，以興男女雖相親密但有禮有別，並不因爲親密關係而喪失各自的性情與天賦之正。這兩隻鳥究竟是今天的什麼鳥，有些爭論，以爲魚鷹者多。朱子認爲魚鷹是鷹，有勇武氣象，可能不會代指后妃，① 但按照現代動物學的解釋，魚鷹恰好有特殊的婚戀關係，也與彼此應和的叫聲相關，② 可以佐證毛詩鄭箋之解。如果解爲獨鳥之鳴，則可以衍生出很多解釋，現代有劉毓慶的"性隔離說"③，有家井真的"咒語招神說"④，前者有一定道理，後者當爲曲義求新，濫用宗教學知識，不足取法。按照劉毓慶的解釋，關雎爲魚鷹，捕魚之鳥，魚在詩經中有情愛象徵，代表女性，捕魚之鳥即代表求愛之君子，因此也可以解釋通獨鳥說。我們考察了《詩經》中出現魚的詩篇，的確多於男女愛情相關，故而此解可備爲一說。其解之所以在解經時更恰當在於，劉毓慶的解釋無法表明魚鷹與魚之間的關係，與君子淑女之間的正當關係有什麼可以類比之處，魚鷹吃魚表現不出愛情中的當然之理，祇表明了求愛一事，魚和鳥象徵男女性別，但無法表明男女間的正當關係。我們認爲《關雎》主旨不光在求，還在於如何恰當地求，說明什麼樣的男女關係纔是正當

---

① 《朱子語類》卷八十一。

② 按照現代動物學研究，魚鷹恰好有特殊的婚姻形式，魚鷹即"鶚"，其婚飛別具一格，雄鳥首先在空中翱翔，身體呈一個很陡的角度，爪子上緊緊地抓著一條魚或者一根骨頭，一邊吃力地飛行，一邊搖晃著雙腳，有時甚至向後倒著飛行，同時發出一種激昂的叫聲。雌鳥則高聲地應和著，與雄鳥一起上下翻飛。通常營巢於水邊的樹冠之上，也在水邊的懸崖峭壁和岩石上營巢。在食物豐富的地方，會有很多巢密密麻麻地聚集在一起，據說在一個面積不到1200公頃的區域上就曾發現300多個巢。

③ 參見劉毓慶《關於詩經關雎篇的雎鳩喻意問題》，載《北京大學學報》（哲學社會科學版），2004年第二期。

④ 家井真的《〈詩經〉原意研究》，陸越譯，頁304～312，江蘇人民出版社2011年版。

的。因此劉毓慶雖然指出了關雎的原始意義，但他認爲"將魚鷹轉換爲具有'鴛鴦之性'的鳥，絕不僅僅是因學者的無知而造成的解詩上的錯誤，而是一次具有文化意義的誤讀，它反映了民族社會生活及婚姻觀的變化與民族追求和諧、溫柔的心理趨向"。雖然這一解說還囿於現代學術語境，但也表明了《詩經》解釋未必僅與事實相關，更重要的是解釋所體現出義理和教化意義。

河指北方之水，水中可居者曰洲，孔穎達疏曰："此雎鳩之鳥，雖雌雄情至，猶能自別，退在河中之洲，不乘匹而相隨也，以興情至，性行和諧者，是后妃也。后妃雖說樂君子，猶能不淫其色，退在深宮之中，不褻瀆而相慢也。"因此水中之洲代表深宮。按照劉毓慶的研究，洲是古代婚前性隔離的場所，女性在婚前要集中在類似於水中之洲的隔絕之地與男子分居，是一個原始習俗，這種解釋更原始，同前面的理由一樣，我們仍然不認爲它更恰切。

　　窈窕淑女，君子好逑。

這章涉及窈窕、淑女和逑的不同理解。"毛傳既以'幽閒'訓'窈窕'，其下復以'貞專足成其義'。《文選·秋胡詩》注引《薛君韓詩章句》曰：'窈窕，貞專貌。'正與毛同。是皆以'窈窕'指女之德容言之。鄭箋始增入'深宮'字，以'窈窕'爲'居處'。"[1]揚雄《方言》中說"美心爲窈，美容爲窕"，馬瑞辰經考究音韻等，得出結論這裡的窈窕祇是表示"善好"，沒有"深"的意思，[2]此爲正解。而且窈窕不一定指女性，古樂府《焦仲卿妻》有"云有第三郎，窈窕世無雙"[3]句，即指男性。關鍵是"淑女"究竟指誰，泛指所有未婚女性或專指王后、王妃，抑或特指文王之后大姒？首章淑女與後面兩章中的淑女是否指同一人？解釋不同，詩義也不同，下面詳

---

①　胡承珙《毛詩後箋》。
②　馬瑞辰《毛詩傳箋通釋》。
③　見張存紳《增訂雅俗稽言》卷二十三。

議。"述"字的解釋也是關鍵，如果解爲"匹"則是配偶之意，如果解爲"仇"則增加了"怨耦"之意，鄭箋被批評爲以文害辭①即指此解，兩種解釋差異很大，涉及詩義的層面迥異，詳見後文。

教義：

以下諸多詩義教解釋是在一步步細化，其教義也就更加具體，但同時問題也更多，解釋起來更牽強、更難以普遍化，這是解釋的必然結果。越是具體就意味著越是不普遍，但會越生動形象，給人以深刻印象；越是普遍抽象，越難於直接吸引人們的注意，難以直接幫助人們實踐。因此當兩方面留意，對義教的全面性和細微處有整體領會。

甲、夫婦之義，承天地，啟父子君臣之義。

《關雎》，特別是首章展示出的義理，在最寬泛的意義上說，就是夫妻之義。而且這夫妻之義來自天地秩序，並且下啟父子君臣等，是人倫之首。

毛詩序有云："風之始，所以風化天下而正夫婦焉，故周公作樂，用之鄉人焉，用之邦國焉。"《關雎》雖然看起來是君子求淑女，但展示出的是夫婦之道，作爲國風之首，《關雎》也起著風教的作用，"風以動之，教以化之"，"君上風教，能鼓動萬物，如風之偃草也"。《毛詩正義》曰："上言風之始，謂教天下之始也。序又解名教爲風之意，風訓諷也，教也。諷謂微加曉告，教謂殷勤誨示。諷之與教，始末之異名耳。言王者施化，先依違諷諭以動之，民漸開悟，乃後明教命以化之。風之所吹，無物不扇；化之所被，無往不沾，故取名焉。"

《關雎》所屬的"二南"（《周南》《召南》）之風在孔疏看來，"實文王之化，而美后妃之德者，以夫婦之性，人倫之重，故夫婦正則父子親，父子親則君臣敬，是以《詩》者歌其性情。陰陽爲重，所以《詩》之爲體，多序男女之事。"朱子說："匡衡曰：妃匹之際，

---

① 歐陽修《詩本義》。

生民之始，萬福之原。婚姻之禮正，然後品物遂而天命全。孔子論詩
以關雎爲始。言大上者，民之父母。后夫人之行，不侔乎天地，則無
以奉神靈之統而理萬物之宜。自上世以來，三代興廢，未有不由此
者也。"①

　　《史記·外戚世家》中講道："易基乾坤，詩始關雎。書敍釐降，
春秋譏不親迎，夫妻之際，人道之大倫。"《關雎》體現出的夫婦之
道與《易經》乾坤二卦展示的萬物秩序相一致："天尊地卑，乾坤定
矣，卑高以陳，貴賤位矣，動靜有常，剛柔斷矣，方以類聚，物以羣
分，吉凶生矣，在天成象，在地成形，變化見矣。是故剛柔相摩，八
卦相蕩。鼓之以雷霆，潤之以風雨。日月運行，一寒一暑。乾道成
男，坤道成女。乾知大始，坤作成物。乾以易知，坤以簡能。易則易
知，簡則易從。易知則有親，易從則有功。有親則可久，有功則可
大。可久則賢人之德，可大則賢人之業。易簡，而天下之理得矣，天
下之理得，而成位乎其中矣。"② 夫妻體現的是乾坤秩序，展示出的
是人在宇宙中的位置和生成機理，《禮記·昏義》中講得更明確：
"敬慎重正而后親之，禮之大體，而所以成男女之別而立夫婦之義
也。男女有別而後夫婦有義，夫婦有義而後父子有親，父子有親而後
君臣有正。"因此，婚禮也是禮之本。成伯瑜據孔疏解釋說："夫婦
有禮則至性純和，生子必孝，孝則父子相親愛，事君必忠，忠則朝廷
正，朝廷正則禮行天下。"③ 《關雎》作爲詩經之首也在講一樣的
道理。

　　因此首章中的淑女以及後文的淑女就不是特定的人，④ 而是泛指
賢后、妃，或泛指夫妻能以禮自防，能循法度。⑤

　　《關雎》之所以爲詩始自古還有其他類似的解釋，《韓詩外傳》卷

----

① 《詩集傳》。
② 《繫辭》。
③ 《毛詩指说》。
④ 戴震《詩經補注》。
⑤ 馬瑞辰《毛詩傳箋通釋》。

五：“子夏問曰：《關雎》何以爲國風始也，孔子曰：《關雎》至矣乎！夫《關雎》之人，仰則天，俯則地，幽幽冥冥，德之所藏，紛紛沸沸，道之所行，雖神龍化，斐斐文章，大哉《關雎》之道也，萬物之所繫，群生之所懸命也……天地之間，生民之屬，王道之原，不外此矣。子夏喟然歎曰：大哉《關雎》，乃天地之基地。”吳闓生進而猜測《關雎》是孔子與師摯共同確定的《詩經》之首。①

　　此外，據後世考察，“二南”中有很多是婚戀主題的詩，甚至在《詩經》中表現周代婚禮規範下主題的詩篇主要集中在《周南》《召南》，②《關雎》之後的詩篇多有祝福婚姻、記述婦功、讚美婦德表達男女未婚和已婚情誼的詩作。可見《關雎》所代表的“二南”組詩大都在闡述夫婦之道的具體內容和基本義理。

　　乙、男女性情之正，樂而不淫，哀而不傷。

　　《關雎》講男女求愛之情，剛好可以反映出男女性情之正，因此孔子說《關雎》“樂而不淫，哀而不傷”，喜怒哀樂發皆中節，求淑女之心切與糾結所展示的“哀”並沒有“傷”的程度，沒能即刻與淑女在一起時的哀情是正當的。同樣，當能夠與淑女一起時的喜樂也沒有到淫濫的地步，而是止於禮樂。因此《關雎》是表達男女性情之正的典範，君子求愛的榜樣。因此朱子纔說：“孔子曰：關雎，樂而不淫，哀而不傷。愚謂，此言爲此詩者，得其性情之正，聲氣之和也。蓋德如雎鳩摯而有別，則后妃性情之正，固可以見其一端矣。至於寤寐反側琴瑟鐘鼓極其哀樂，而皆不過其則焉，則詩人性情之正，又可以見其全體也。獨其聲氣之和，有不可得而聞者。雖若可恨，然學者姑即其詞，而玩其理以養心焉，則亦可以得學詩之本矣。”③

　　王夫之《詩廣傳》所發的一通“性情論”就是就此而言的，他

---

① 《詩義會通》。
② 韓高年《〈詩經〉分類辯體》，頁211，上海古籍出版社2011年版。
③ 《詩集傳》。

說："夏尚忠，忠以用性；殷尚質，質以用才；周尚文，文以用情。質文者忠之用，情才者性之撰也。夫無忠而以起文，猶夫無文而以將忠，聖人之所不用也。是故文者白也，聖人之以自白而白天下也。匿天下之情，則將勸天下以匿情矣。忠有實，情有止，文有函，然而非其匿之謂也。'悠哉悠哉，輾轉反側'，不匿其哀也。'琴瑟友之，鐘鼓樂之'，不匿其樂也。非其情之不止而文之不函也。匿其哀，哀隱而結；匿其樂，樂幽而耽。耽樂結哀，勢不能久而必於旁流。旁流之哀，慯栗慘澹以終乎怨；怨之不恤，以旁流於樂，遷心移性而不自知。周衰道弛，人無白情，而其詩曰'豈不爾思，畏子不奔'，上下相匿以不白之情，而人莫自白也。'夫人自有兮美子，蓀何以兮愁苦'，愁苦者傷之謂也。淫者傷之報也。傷而報，舍其自有之美子，而謂他人父、謂他人昆。傷而不報，取其自有之美子，而視爲愁苦之淵藪，而佛老進矣。性無不通，情無不順，文無不章。白情以其文，而質之鬼神，告之賓客，詔之鄉人，無吝無慚，而節文固已具矣。故曰《關雎》者王化之基。聖人之爲天下基，未有不以忠基者也。"船山分析了性情若有意匿之則迫使本來順當正大的情意無法流露，轉而流蕩轉移，反成愁苦，移了性情之正。這是針對第二章展示出的君子對淑女的渴求，主張正當的情意應該像《關雎》中所描繪的，表露出來，不被認爲壓抑。而且船山還區分了儒家對待性情與異端的差別，解釋了聖人王化天下的理由。

就今而言，情勢變化，我們更該注意的不光是匿情的問題，更應注意情意不能過分宣洩，過猶不及，兩者往往相伴而生，當宅男宅女慣於意淫無法行動時，浪蕩男女苟媾成風，無所不用其極。《關雎》所言君子既沒有放縱自己的愛欲，也沒有壓抑自身的渴求，而是有禮有節，在輾轉反側中想到的是如何用禮樂求得愛情，這就既體現了性情之正，又展示了合宜的情感表達形式，用聲音傳遞愛意，靠平和的聽覺而非激烈的觸覺感受愛情，這在古代中西都有類似表達，[①] 至於

---

① 比如文藝復興哲人斐奇諾就認爲愛情最可靠的是通過理智和視覺、聽覺傳達和成就，而非其他感覺，見氏《論柏拉圖式的愛》，華東師範大學出版社 2012 年版。

視覺、聽覺是否比觸覺等其他感覺更容易表達節制，可以另行討論，亦見後文"樂教"部分。

丙、"后妃之德"義一："幽閒貞專"爲婦德；"寤寐求賢"爲夫德。

毛詩序云："《關雎》樂得淑女以配君子，憂在進賢，不淫其色，哀窈窕，思賢才，而無傷善之心焉。是《關雎》之義也。"這裡的淑女指王的后與妃，關雎之德被鄭箋概括爲"幽閒貞專"，原因是"在河之洲"，是講"后妃雖悅樂君子，不淫其色，能謹慎貞固，居在幽閒深宮之內，不妄淫褻君子，若雎鳩之有別，故以興焉。后妃之德能如是，然後可以風化天下，使夫婦有別。夫婦有別，則性純子孝，故能父子親也，孝子爲臣必忠，故父子親則君臣敬。君臣既敬，則朝廷自然嚴正。朝廷既正，則天下無犯非禮，故王化得成也"。"窈窕"指淑女所居之宮形狀窈窕然，"故箋言幽閒深宮是也。傳知然者，以其淑女已爲善稱，則窈窕宜爲居處，故雲幽閒，言其幽深而閒靜也"[1]。淑女深居簡出方能表現其貞專，這樣的解釋有牽強之處，但也在情理之中，其時婦女不論已婚未婚均在家中，少有外出務事，特別是貴族青年更是如此，幽深的居所與女性的專一和貞潔相宜，表示她們沒有與其他外人過多交接，而是守著女性性情之正，要麼待君子以求，要麼輔助君子，這其實是從具體的婦德上描述夫婦之道。而且這裡的解釋強調了女性更重要的不是可淫之處，而是其賢，君子求賢而非求淫，突出了"賢"在男女交接中的地位，因此《論語》有云"賢賢易色"是之謂也。

此外，君子在追求賢人的過程中表現出的"輾轉反側""寤寐求之"等是否符合君子的德性呢？古有爭論，朱子因此仍然從鄭箋，將後兩章的主角改爲王后，認爲是求賢女以配君子。後世有質疑，崔述說："先儒誤以夫婦之情爲私，是以曲爲之解，不知情之

---

[1] 《毛詩正義》。

所發，五倫爲最，五倫始於夫婦。故十五國風中，男女夫婦之言尤多，其好德者則爲貞，好色者則爲淫耳，非夫婦之情即爲淫也。魏文侯曰：'家貧則思良妻，國亂則思良相。'上承宗廟，下啟子孫，如之何其可以苟，如之何其可不慎重以求之也？知好色之非義，遂以夫婦之情爲諱，并德亦不敢好，過矣。《關雎》三百篇之首，故先取一好德思賢，篤於伉儷者冠之，以爲天下後世夫婦有用情者之準，不可謂夫之於婦不當爲之憂爲之樂也。若夫婦不當爲之憂樂，則五倫中亦不當有夫婦矣。《關雎》一篇言夫婦也，即移之於用人亦無不可，何者？夫之欲得賢女爲婦，君之欲得賢士爲臣，一也。果賢女與，必深居簡出而不自炫耀，果賢士與，必安貧守分而不事干謁，非寤寐求之不能得也。"[1] 因此君子寤寐求賢並不與君子之德相衝突，不需曲解，女子貞專男子慕賢實爲相匹配的德性。因此這裡的義教較上面兩則更爲具體，有更多實際的內容。

　　而且按照毛詩序的解釋，整個《周南》都是在講這些具體的婦德，比如："《葛覃》，后妃之本也。后妃在父母家，則志在於女功之事，躬儉節用，服澣濯之衣，尊敬師傅，則可以歸安父母，化天下以婦道也。躬儉節用，由於師傅之教，而後言尊敬師傅者，欲見其性亦自然。可以歸安父母，言嫁而得意，猶不忘孝。《卷耳》，后妃之志也，又當輔佐君子，求賢審官，知臣下之勤勞。內有進賢之志，而無險詖私謁之心，朝夕思念，至於憂勤也。《樛木》，后妃逮下也。言能逮下，而無嫉妒之心焉。后妃能和諧眾妾，不嫉妒其容貌，恒以善言逮下而安之。《螽斯》，后妃子孫眾多也。言若螽斯不妒忌，則子孫眾多也。《桃夭》，后妃之所致也。不妒忌，則男女以正，婚姻以時，國無鰥民也。老而無妻曰鰥。《兔罝》，后妃之化也。《關雎》之化行，則莫不好德，賢人眾多也。《芣苢》，后妃之美也。和平則婦人樂有子矣。天下和，政教平也。《漢廣》，德廣所及也。文王之道被於南國，美化行乎江漢之域，無思犯禮，求而不可得也。紂時淫風

---

① 《讀風偶識》。

遍於天下，維江、漢之域先受文王之教化。《汝墳》，道化行也。文王之化行乎汝墳之國，婦人能閔其君子，猶勉之以正也。言此婦人被文王之化，厚事其君子。《麟之趾》，《關雎》之應也。《關雎》之化行，則天下無犯非禮，雖衰世之公子，皆信厚如麟趾之時也。《關雎》之時，以麟爲應，後世雖衰，猶存《關雎》之化者，君之宗族猶尚振振然，有似麟應之時，無以過也。"① 這就從不同方面詮釋了后妃之德中包含的廣泛的內容，不論這些解釋是否確當符合原作詩者之意，但就其解釋詩義教而言是連貫與統一的，在義理上也是端正的，因此是成功的。

丁、"后妃之德"義二：求賢女以配君子，不妒而和眾妾之爲婦德。

根據鄭箋對毛傳的解釋，孔疏進而解釋后妃之德爲和睦眾妾的德性，不嫉妒。"此篇言后妃性行和諧，貞專化下，寤寐求賢，供奉職事，是后妃之德也。……美后妃有思賢之心，故說賢女宜求之狀，總言宜求爲君子好匹，……以其淑女和好眾妾，……《周禮》注云：'世婦，女御不言數者，君子不苟於色，有婦德者充之，無則闕。'所以得有怨者，以其職卑德小，不能無怨，故淑女和好之。見后妃和諧，能化群下，雖有小怨，和好從化，亦所以明后妃之德也。"這些解釋都來自鄭箋對"逑"字的解釋，解爲"仇"，爲怨耦之意。鄭玄以爲"善女能爲君子和好眾妾之怨者。言皆化后妃之德，不嫉妒，謂三夫人以下"，這種說法歷來被攻擊最多，被認爲是以文害辭的典範，② 其實關鍵問題還是在於義理，究竟和好眾妾是否能成爲婦德是個問題，特別是在現代語境中很難再堅持這點，因爲正如很多現代污蔑儒家的人想象的那樣，堅持這點就意味著要恢復一夫多妻制這種特定的婚姻制度。

上文已經說過求賢之正當，但講的不是后妃求賢，而是君子求

---

① 《毛詩正義》
② 沈鎬《毛詩傳箋異義解》。

賢，此處則是后妃求賢之意，還能說得通嗎？先拋開字詞解釋，因爲有如此解釋的傳統，如魯詩，僅就這樣的說法本身講，竊以爲女子於愛情中亦難以分享男子，一如男子不可分享女人，但是在特定的婚姻制度中，女性如果能夠克服愛情的獨佔性，進而爲國家或家庭的和睦有序和長久而根本的益利等，摒棄自我利益優先原則，以大義代之，則亦爲可嘉。這種讚賞不是基本要求，也非單方面的對女性的要求。男性在這樣的婚姻中責任也很重大，其娶妻納妾在於進賢，而非好色和滿足淫欲，因此不會導致犧牲女性利益而滿足男性淵欲的男權社會的特權，而是成爲夫妻之義中的應有之義。能有"進賢"之德意味著婦人不嫉妒、不獨佔，且認同丈夫"求賢"的擇偶原則，同時在選擇時也按照"幽閒貞專"的標準在揀擇賢妾，因此並不會縱容和成就淫欲，進賢也當在禮義要求範圍內，不是在嬪妃數量上的簡單增加，因此纔有上文《周禮》之說。

隨著一夫多妻這種具體的婚姻制度在某個時代的消失，這種婦德也就不復成爲讚頌對象，因爲已經不再有履行這一婚姻之義的實際條件，甚至會相反，如果在一夫一妻制下，妻子爲丈夫在婚外尋找情人，反而是違反婦德之舉，婚姻之義不重妻子數量，而是重視婚姻中雙方應該遵守的原則，即符合天地乾坤秩序，瞭解性別的不同天性，共同促成其雙方天性的完滿及其與世界秩序的協調。至於一夫一妻多妾制或一夫多妻制是否是更爲合理的婚姻制度則是另外的問題，中國自古是一夫一妻制，這是由天地乾坤的秩序決定的，妾等是否參與婚姻並不重要。祇有在君王那裡，眾妾纔成爲特殊要求，而這一要求現在看來仍需要更有力的辯護纔不被誤解，這已超出本文的研究範圍，我們認爲就詩義教而言，它也不是最重要的問題。

戊、"后妃之德"的落實：大姒與文王匹配，君王、后妃守夫婦之義而澤被國民。

如果把"君子"理解爲文王，把"淑女"理解爲大姒，那麼後妃之德就變得非常具體，有很多推算大姒和文王年齡的討論，指出了種種矛盾之處，① 這就是將教義具體化的後果。但是當漢儒和朱子都將后妃之德落實到具體的人上時，義教就又有了新的內容和緯度，即義理能夠找到具體的人承擔，而不是玄妙悠遠的空談，義理可以在具體的人身上起作用，可以踐行出來，因此纔展現出最強大的力量。文王和大姒就是這樣承擔道體的人。君王后妃作爲在上者既然能守成夫婦之義，那麼民眾必效仿之，追慕之，進而在更廣大的人群中實現夫婦之義。因此雖然有人批評鄭箋等的這種解釋不符合歷史史實，但就落實義理，見證婦德，教化民眾的意義上，我們仍然認爲這一引申和猜測是可取的，當然我們不贊成就此反證史實。

己、"后妃之德"作爲鏡鑒：夫婦之義不彰、后妃之德闕如的現實。

齊魯韓三家詩解多以刺詩解《關雎》，這是在具體的歷史情境中理解《關雎》的結果，也是詩用的體現，有著較強的政治教育和進諫的意味。按照王禮卿先生《四家詩旨會歸》中的梳理，三家詩之說大體有三類：一、顯言刺康王晏起者。這是周道衰落的表現，康王不能守夫婦之正義，耽淫女色，故而關雎是諷刺康王不如先王，不能遵循和實現夫婦之義。二、渾言周道衰缺，或應門失守者。王之正門爲應門，《後漢書·明帝紀》："昔應門失守，《關雎》刺世。"李賢注云："《春秋說題辭》曰：'人主不正，應門失守，故歌《關雎》以感之。'"泛論王道衰微，不光是周道，而是周道所代表的王道的衰微，因此非論一姓之天下，而是感歎道義之不行。三、簡言刺時，主要是韓詩的主張，泛論對時代現狀的不滿，以《關雎》爲鏡鑒。

正如毛詩小序所云"陳古刺今"，陳古即爲刺今，在道義和時間上都是同步的。見《關雎》之美，恰好同時就見到今之丑，那麼這種鏡

___
① 見《毛詩會箋》。

鑒是爲誰而作的呢？當然是君王和可能成爲君王的人，但同時也能讓民衆擁有正確的判斷力、正見和對道義的信念與嚮往。這時的詩義教發揮著直接的政治作用，要麼是刺與諫，要麼是教化，當《關雎》不再被強調其刺的作用時，其教義也就不再行於政治和教化之中。義理能以刺的方式參與政治和教化，是詩最後的具體化，但也是考驗詩義教之生命力的最後一站，如果不能作用於整個人羣的私人日用和公共政治生活，那麼詩義教便不再擁有力量，也會失落其擔當道義的本性。

　　由上可見，詩義教層層遞進，層層具體化，反過來，也可以層層普遍化，這樣就形成了一個徹上徹下的融貫的教義體系，我們就不必再執著於一詞一句之原意，而應著眼於某種解釋在整個詩義教中的位置和作用，能否在這個連貫的義理鏈條中加入新的東西，能否因而反駁這個教義系統的說理依據，能否重新組織和構建一種教義體系，實現融貫的理解，聯繫義理與踐行、個人與民衆、性情與仁義，形成統一的道義解釋。

貳、詩禮教

經解：

　　參差荇菜，左右流之。窈窕淑女，寤寐求之。

　　毛傳云：“荇，接餘也。流，求也。后妃有關雎之德，乃能共荇菜，備庶物，以事宗廟也。”鄭箋云：“左右，助也。言后妃將共荇菜之菹，必有助而求之者。言三夫人、九嬪以下，皆樂后妃之樂。”毛傳云：“寤，覺。寐，寢也。”鄭箋云：“言后妃覺寐則常求此賢女，欲與之共已職也。”這裡的關鍵是，荇菜是否用於事宗廟？還有“寤寐求之”是否符合君子德行，上文已經討論過。後世多有批評荇菜事宗廟者，沈鎬認爲都是因爲首章“逑”字的解釋，使得鄭箋“訓左右以荇菜爲后妃所共左右，爲淑女所助。分后妃淑女爲二人非傳義也，正義申毛云言此參差然不齊之荇菜，須嬪妾左右佐助而求之，強以傳意合箋義，誤矣"。又說："夫大姒既配文王矣，而又曰大姒求淑女以爲文王配，豈可以衆妾配君子乎？此是解首章君子好逑意，亦不分后妃淑女爲二人。又曰先儒皆以爲后妃勤於職，采荇菜以供祭祀，而衆妾皆樂助之。夫詩人方言欲求淑女以配君子，而遂言左右之欲助淑女之采荇菜，何其文顛倒之甚也？詩人以爲淑女未得，則承先祖供祭祀者誰乎？以荇菜之可以供祭祀而求之，不可緩也，求之不得則寤寐思之，有輾轉反側之憂，求之既得，則有喜樂不忘之情，曰琴瑟友之，曰鐘鼓樂之，以見其樂之之深也。此說足正諸說之謬。"①

　　求之不得，寤寐思服。悠哉悠哉，輾轉反側。

　　毛傳云："服，思之也。"鄭箋云："服，事也。求賢女而不得，覺寐則思己職事當誰與共之乎！"毛傳云："悠，思也。"鄭箋云："思之哉！思之哉！言已誠思之。臥而不周曰輾。"孔疏謂："毛以爲后妃求此賢女之不得，則覺寐之中服膺念慮而思之。又言后妃誠思此淑女哉！誠思此淑女哉！其思之時，則輾轉而復反側，思念之極深也。鄭唯以服爲事，求賢女而不得，覺寐則思己職事當誰與共之。"②朱子曰："此章本其未得而言。彼參差之荇菜，則當左右無方以流之矣。此窈窕之淑女，則當寤寐不忘以求之矣。蓋此人此德，世不常有。求之不得，則無以配君子，而成其內治之美。故其憂患之深、不能自已至於如此也。"③

教義：

甲、以色喻禮之教：《關雎》之"改"
有學者認爲上博簡《孔子詩論》曾經講到《關雎》"君子好色"

---

① 《毛詩傳箋異義解》。
② 《毛詩正義》。
③ 《詩集傳》。

及"以色喻於禮"。"通觀全詩，立足點在君子，不在后妃。君子先好色，而後知禮，纔是《關雎》之義，所謂'關雎之改'"①。這種說法可靠嗎？何謂"關雎之改"呢？上博簡《孔子詩論》關於《關雎》的論說是："〈關雎〉之改，〈樛木〉之時，〈漢廣〉之智，〈鵲巢〉之歸，〈甘棠〉之報，〈綠衣〉之思，〈燕燕〉之情，曷？曰：動而皆賢於其初者也。〈關雎〉以色喻於禮……兩矣！其四章則喻矣。以琴瑟之悅，擬好色之願；以鐘鼓之樂。"② 對於"改"字的認定說法很多，我們採用李學勤先生的解釋，解讀爲改易的改，與後文"以色喻禮"相通。鄭玉姍說"從詩文看不出有改的意思，歷代學者對《關雎》的意見很多，也都沒有談到'改'。但是，《毛詩序》：'是以《關雎》樂得淑女以配君子，憂在進賢，不淫其色。哀窈窕，思賢才，而無傷善之心焉。是《關雎》之義也。'意謂：人皆有追求'窈窕淑女'之心，但是必須將此心轉化成合禮之規矩以求之。這已經有'轉化'的意思"③。因此"以色喻禮"就是關雎提倡的禮教之要，之所以要易色不在於單純惡色，色本爲可欲者④，而是在好賢，賢賢易色，"易"即"改"，不以外貌取配偶，而易以賢德爲標準，這是禮的內在要求。⑤ "以色喻禮"中的"禮"更多是指禮的根本精神，作爲抽象說理詞彙的"禮"，而不具體指某種禮儀，表達的是無過無不及的精神，它要求言行皆有節而適度。《關雎》的禮教首先就在於此。

---

① 於茀《金石簡帛詩經研究》，頁5，北京大學出版社2004年版。

② 參見季旭昇主編《上海博物館藏戰國楚竹書（一）讀本》，頁39，北京大學出版社2009年版。

③ 同上，第41頁。

④ 如王先謙《荀子集解》引楊倞注所言："好色，謂《關雎》樂得淑女也。盈其欲，謂好仇也，寤寐思服也。止，禮也。欲雖盈滿而不敢過禮求之。此言好色人所不免，美其不過禮也。"

⑤ 有學者以爲"改"是改化慾望，與柏拉圖的理論能有一比。柏拉圖說："正確的愛難道不是對於美的有秩序的事物的一種有節制的和諧的愛嗎？"（張豐乾《〈詩經〉與前秦哲學》，頁82，北京大學出版社2009年版）然而我們以爲與其說關雎之改是變慾望，不如說是改變慾望的方向，或者說重新確立"善"的標的，確立何者更可欲的價值序列。

乙、陰禮教之一：求婚之宜

《關雎》明顯是講求婚之事，關於求婚有什麼禮儀呢？據劉毓慶講，婚禮是陰禮，因此有婚前性隔離制度，"上古時男女到了結婚的年齡，要接受婚前教育。在這一時期內（至少三個月），男女要實行嚴格的隔離制度。女性一般是被隔離於水中的高地（河心島），或兩水交匯之處，利用險阻的自然條件，便於隔離期的管理。這個制度，後來發展爲《周禮》之所謂'陰禮'"[1]。我們不知道這種說法的出處，"陰禮"指古代婦女應循守的禮儀。《周禮・天官・內宰》："以陰禮教六宮。"鄭玄注引鄭司農曰："陰禮，婦人之禮。"內宰的職責包括：以陰禮教夫人、九嬪、世婦。以紡織、縫紉等女紅活兒的法規教導九御，使她們各有隸屬，以從事繅絲、績麻這兩項工作；教育她們在穿衣服上面不要奢侈逾等，王后在什麼場合應該穿什麼樣的衣服，王后助祭時應該站的正確位置，王后在行禮時應該怎樣做纔能合乎禮節、合乎自己的身份，內宰都有責任提醒，使之完全合乎法度。在九嬪協助王後行祭禮時，內宰要協助九嬪。[2] 至於求婚之時女子應該有什麼表現，求婚的禮儀我們很難考察了，人類學的方法也祇能做類比，無法準確復現。但是古代婦女有陰禮是確定的，而且在婚前就有，對女子如何成爲一名名副其實的女子，在不同階段應該如何成就自己的婦女身份，陰禮一定有相應的規範，這些具體規範就《關雎》看來主要是"有節度"，知其所止。什麼時候做什麼事情，以何種方式做到什麼程度等等，都有一個適宜的範圍。因此求婚之禮也有度，劉毓慶的隔離說是對此節度的一種猜測，備爲一解。從《關雎》看"求婚"至少有不親密接觸之義，"輾轉反側"以及琴瑟鐘鼓友樂之可以證明。

丙、陰禮教之二：婚禮之宜

"陰禮"也指婚嫁之禮。《周禮・地官・大司徒》："三曰以陰禮

---

① 《詩經》，劉毓慶、李蹊譯注，頁4，中華書局2011年版。
② 用呂友仁《周禮譯注》譯文（中州古籍出版社，2004年版）。

教親，則民不怨。"鄭玄注："陰禮，謂男女之禮。昏姻以時則男不曠女不怨。"賈公彥疏："昏姻之禮不可顯露，故曰陰禮也。"婚禮是成就男女交接的最佳方式，《詩經》中很多篇目都可以見到周代婚禮禮制。[①] 有學者研究認爲，《關注》主要表現的不是婚禮，因爲婚禮不用樂，而《關雎》第三章是用樂建立男女間的關係。[②] 這一論證是可信的，但同時也表明《關雎》不同於婚禮之處，恰好反證求婚之宜。而且《關雎》雖不是婚禮，但其指向了婚禮，是良好的婚禮的前奏。而且也反映了婚禮最基本的義理：適時結婚是當行之事、美好之事、合宜之事。這對於今人更有探討的意義，今人以爲個人爲完足個體，不需他求，很多人認爲婚姻並非人應爲之事，甚至不是美好之事，任何一種具體的婚姻制度都會破壞男女之間的合宜關係，但我們反對這種意見。婚姻之義之宜基於宇宙秩序，天地、男女、雌雄結合而繁育萬物，不惟求後代而結婚，婚姻本身給男女雙方帶來的變化就是成就他們各自的力量，也是促使其成爲人格整全意義上的人的契機。因此《關雎》雖不涉婚禮禮儀，但表達了婚禮之宜。

丁、宗廟祭禮教：承先啟後，慎終追遠

如果我們按照鄭箋的理解，將荇菜作爲祭物，《關雎》二章就是在說準備祭祀的事務，即便這樣的解釋未必符合詩原意，但也可以展示夫婦之義中的一方面內容。妻與妾共同爲祭祀做準備，妻主要參與，妾謹勤地襄助，無論是君王之家抑或平民之家，都展示出和諧的景象。《關雎》中講的是王事，也就不祇是一家之事，還涉及整個國家，有著更爲嚴格和敬慎的禮儀，以表達夫妻和妾是如何重視祭祀這一慎終追遠，承先啟後的事體的。誠如《禮記·昏義》所言："昏禮者，將合二姓之好，上事宗廟，而下以繼後世也，故

---

① 參見江林《〈詩經〉與宗周禮樂文明》，第四章，上海古籍出版社 2010 年版。
② 參見江林《〈詩經〉與宗周禮樂文明》和陳戌國《詩經芻議》（嶽麓書社1997年版，"說關雎"一章）。

君子重之。"

《毛詩正義》孔疏按:"《天官·醢人》陳四豆之實,無荇菜者,以殷禮。詩詠時事,故有之。言'備庶物'者,以荇菜亦庶物之一,不謂今后妃盡備庶物也。《禮記·祭統》曰:'水草之菹,陸產之醢,小物備矣。三牲之俎,八簋之實,美物備矣。昆蟲之異,草木之實,陰陽之物備矣。凡天之所生,地之所長,苟可薦者,莫不鹹在,示盡物也。'是祭必備庶物也。此經序無言祭事,知事宗廟者,以言'左右流之',助后妃求荇菜。若非祭菜,后不親采。《采蘩》言夫人奉祭,明此亦祭也。……此章未得荇菜,故助而求之。既得,故四章論'采之'。采之既得,故卒章言'擇之'。皆是淑女助后妃,故每云'左右'。此章始求,謂未當祭時,故云'將共荇菜'。四章'琴瑟友之',卒章'鍾鼓樂之',皆謂祭時,故箋云'共荇菜之時'也。此云'助而求之',謂未祭時亦贊助也,故《天官·九嬪職》云:'凡祭祀,贊後薦,徹豆籩。'《世婦職》云:'祭之日,涖陳女官之具,凡內羞之物。'《女禦職》曰:'凡祭祀,贊世婦。'《天官·序官》注云:'夫人之於后,猶三公之於王,坐而論婦禮,無官職之事。'明祭時皆在,故下章論祭時皆有淑女之文,明贊助可知也。此九嬪以下兼世婦、女禦也。言'皆樂后妃之事'者,明既化其德,又樂其事,見后妃德盛感深也。事者,荇菜之事也。事為勞務,尚能樂之,況於其德乎!"其中詳細記述了周禮中涉及的具體要求,能夠證明后與嬪妾的關係。我們知道,九嬪的職責是:掌管婦人學習的法規,以婦德、婦言、婦容、婦功教導女禦,每一九嬪率領九個女禦按照規定的時日依次到天子的燕寢侍寢。凡祭祀宗廟,協助王后進獻盛有黍稷的玉敦,協助王后進獻和撤去豆籩。如果天子設宴招待來朝諸侯,王后協助天子招待時,九嬪要隨後前往幫忙。遇到天子去世,要指導內外命婦按照身份的尊卑在王后哭過以後依次而哭。[1] 由此可見周禮已經規定好了眾多繁複的禮節,用以節度王及眾妻妾之行為,宗廟祭祀

---

[1] 用呂友仁《周禮譯注》譯文,中州古籍出版社2004年版。

意味著傳遞人類正當情感和表達繼承道義要求的應有良愿，是夫妻之義中的應有內容，也是其具體化的表現之一。

　　戊、夫婦禮教：男教女順，國家理治。

　　家禮中夫婦亦有相處之道，按照鄭箋的意思，后妃爲文王進賢就是夫妻之間和睦關係的表現。上文已經講過，這種行爲本身並不能超越時代，但支持這一行爲的義理是超越時代的，妻子並非要丈夫納取更多的女子，而是想方設法襄助丈夫做成當然而恰切的事情。《關雎》按照很長時期內的某些解釋也反映出了夫妻之間的這種和睦關係。

　　至於《關雎》中表現的王與后的關係更爲特殊，《禮記·婚義》有云："古者天子后立六宮、三夫人、九嬪、二十七世婦、八十一御妻，以聽天下之內治，以明章婦順，故天下內和而家理。天子立六官、三公、九卿、二十七大夫、八十一元士，以聽天下之外治，以明章天下之男教，故外和而國治。故曰：天子聽男教，后聽女順；天子理陽道，后治陰德；天子聽外治，后聽內職。教順成俗，外內和順，國家理治，此之謂盛德。"可見，后與眾嬪妾的關係和君與眾卿臣的關係是同構的，有內外之別，王與后的關係最重要，代表著整個天下國家的穩固秩序，后如果有陰德，能理順內宮則亦可襄助於國家社稷之穩定、繁榮，這樣看來，后能以賢選嬪妃等就是陰德的表現，能憂自己沒有一同內助君王的伴侶也就解釋得通了。夫妻禮教涉及的是夫婦間的禮儀，《關雎》表現了作爲王、后的夫婦之道、德要求，土行政教，掌管天下事務，后則貞順，和順后宮。從一個側面展示了后如何對待王事與后宮之事，也展現了王與后的相處之禮與相處之義。

　　因此，禮教也有從抽象到具體的不同層次的內容，從以色喻禮、賢賢易色表現的禮之本義，到求婚和婚禮中展示的禮儀之宜，再到宗廟祭祀、國家治理等具體事務中的禮儀規矩和細節，從整體上展示了禮的不同維度和多重內容與要求，將這些禮教結合起來看，會形成一連貫的理解。同時，詩禮教承接詩義教，是落實詩義教的努力，也顯示了禮儀本身的必要性和正當性，不理解義教就無法執行和理解禮教，不知其所以然就無法深刻地施行某當然之事。

叁、詩樂教

經解：

參差荇菜，左右采之。窈窕淑女，琴瑟友之。

鄭箋云："言后妃既得荇菜，必有助而采之者；同志爲友。言賢女之助后妃共荇菜，其情意乃與琴瑟之志同，共荇菜之時，樂必作。"孔疏曰："毛以爲後妃本已求淑女之意，言既求得參差之荇菜，須左右佐助而采之，故所以求淑女也，故思念此處窈窕然幽閒之善女，若來，則琴瑟友而樂之。思設樂以待之，親之至也。鄭以爲後妃化感群下，既求得之，又樂助采之。言參差之荇菜求之既得，諸嬪禦之等皆樂左右助而采之，既化後妃，莫不和親，故當共荇菜之時，作此琴瑟之樂，樂此窈窕之淑女。其情性之和，上下相親，與琴瑟之音宮商相應無異，若與琴瑟爲友然，共之同志，故雲琴瑟友之。"還說："人之朋友，執志協同。今淑女來之，雍穆如琴瑟之聲和，二者志同，似於人友，故曰'同志爲友'。琴瑟與鍾鼓同爲祭時，但此章言采之，故以琴瑟爲友以韻之；卒章云芼，故以鍾鼓爲樂以韻之，俱祭時所用，而分爲二等耳。……以琴瑟相和，似人情志，故以友言之；鍾鼓鏗宏，非情志可比，故以樂言之，見祭時淑女情志之和，而因聽祭樂也。"關鍵字在"采"和琴瑟之友的含義，琴瑟解爲禮用樂器，故鄭箋解爲宗廟祭祀之時的情形，按照上文的其他解釋，我們也知道了這裡的用樂取樂，並不一定爲禮的要求，也有可能是燕樂，詳見下文。

參差荇菜，左右芼之。窈窕淑女，鐘鼓樂之。

　　毛詩解芼爲擇，鄭箋云："后妃既得荇菜，必有助而擇之者。"
這樣就理順了流之、采之、芼之的關係，是一種連貫的解法。都是將
其解爲賦，講的是實事，但我們也可以解爲興，使用以興起後文的，
而非直陳某事。毛傳謂："德盛者宜有鐘鼓之樂。"鄭箋云："琴瑟在
堂，鐘鼓在庭，言共荇菜之時！上下之樂皆作，盛其禮也。"孔疏謂：
"知'琴瑟在堂，鐘鼓在庭'者，《皋陶謨》云'琴瑟以詠，祖考來
格'，乃雲'下管鞀鼓'，明琴瑟在上，鞀鼓在下。《大射禮》頌鍾在
西階之西，笙鍾在東階之東，是鍾鼓在庭也。此詩美后妃能化淑女，
共樂其事，既得荇菜以祭宗廟，上下樂作，盛此淑女所共之禮也。樂
雖主神，因共荇菜，歸美淑女耳。"① 朱子按照興來解釋說："彼參差
之荇菜既得之，則當采擇而烹芼之矣。此窈窕之淑女，既得之，則當
親愛而娛樂之矣。蓋此人此德，世不常有。幸而得之，則有以配君子
而成內治。故其喜樂尊奉之意，不能自已，又如此云。"②

教義：

甲、樂和之教

　　音樂在《關雎》末章出現體現了節制，前文已經在講"樂而不
淫，哀而不傷"時提到過，同時，這裡的音樂還起著一種主動的重要
的作用，即"和"。這也是中國古代音樂的最重要的特徵和作用。通
過聽覺傳遞情感如果是一種節制，那麼通過音樂的和諧來傳遞恰當的
情感則是音樂的主要目的。聲、音、樂還有些區別，詩大序言"聲成
文謂之音"，可見聲與音別。《正義》引《樂記》注："雜比曰音，單
出曰聲。"《記》又云："審聲以知音，審音以知樂。"則聲、音、樂
三者不同。以聲變乃成音，音和乃成樂，故別爲三名。可見並非所有
聲音都堪稱樂，能稱樂者已經是和的結果。《荀子·樂論》也說：

---

① 《毛詩正義》。
② 《詩集傳》。

"樂者，審一以定和者也，……樂者天下之大齊也，中和之紀也。"
樂之和體現了世間普遍和諧的可能，對人及其周遭的人、事、物都有
協調的作用。就《關雎》而言，琴瑟鐘鼓之樂的"和"會讓淑女感
受到君子內在的和諧，也讓淑女感受到自身的和諧，同時讓整個的求
婚一事變得和諧順當，也展示了男女之愛，夫婦之情的和諧正當。因
此末章體現了音樂最根本的教義和作用："和"。①

乙、房内樂教

有人認為末章的音樂表示君子已經得到淑女，並且在成親，琴
瑟鐘鼓是婚禮上的音樂，但我們考察一下周代禮制就知道，婚禮不
用樂，《禮記·郊特牲》載"昏禮不用樂，幽陰之義也"，鄭注：
"幽，深也。欲使其婦深思其義，不以陽散。"孔疏解釋為"昏禮
所以不用樂者，幽深也。欲使其婦深思陰靜之義，已修婦道"；反
而在朋友交往中，相互顯現心志情意時會用樂。比如《禮記·仲尼
燕居》："入門而金作，示情也。"又云："是故古之君子，不必親
相與言也，以禮樂相示而已。"《荀子·樂論》講："君子以鐘鼓道
志，以琴瑟樂心。"那麼《關雎》中用樂示情示愛究竟是違反了陰
禮還是表達了和諧呢？我們認為這不是個問題，婚禮中不用樂不意
味著任何時候夫婦男女都不能以樂交流，而且《周禮·笙師》中也
有記載："凡祭祀饗射，共其鐘笙之樂，燕樂亦如是。"胡承珙以此
判定："夫此言燕樂，別於祭祀饗食，則是用之房中及燕矣。"② 因
此琴瑟鐘鼓未必是宗廟禮用，也可以用於平日的燕樂。這樣看來，
《關雎》末章就表明了是求愛或求婚之詩，而非祭祀之禮，男女之
間也可以通過樂之和來傳遞心志情意，表達愛戀，甚至求取婚姻，
後世乃至現在以樂動情的例子很多，此教義易解，祇是要注意，樂不
因在房內而可淫邪，不以其施用而變異其本，故非臭味相投即可以樂

---

① 關於這點參見陳桐生《禮化詩學：詩教理論的生成軌跡》，學苑出版社，2009
年，第四章有詳盡論述。

② 《毛詩后箋》。

樂之，樂本身對情意就有要求，什麼纔堪成爲“樂”也值省察。

丙、“二南”樂教

“二南”究竟是地名還是樂的種類，還是其他的意思，歷來爭論極多。我們認爲地名和樂種的解釋可取，而且也相通。鄭玄《詩譜序》云：“文王受命，作邑於豐，乃分岐邦。周、召之地，爲周公旦、召公奭之埰地，施先公之教於已所職之國。”這片土地上產生的詩歌、音樂則有王化天下的作用，因爲孔疏云：“《關雎》、《麟趾》之化，是王者之風，文王之所以教民也。王者必聖，周公聖人，故系之周公。……諸侯之風，言先王之所以教；王者之風，不言文王之所以教者，二《南》皆文王之化，不嫌非文王也。但文王所行，兼行先王之道，感文王之化爲《周南》，感先王之化爲《召南》，不言先王之教，無以知其然，故特著之也。”今人揚之水也力證其爲地理位置，[1] 但是後世和今人也有大量證據表明“二南”是與風、雅相類似的音樂類型或歌曲腔調，因此甚至可以單獨列出來，與風雅頌等平行。王應麟說：“周有房中之樂，《燕禮》注謂弦歌《周南》《召南》之詩。”[2] 胡承珙則將兩者結合起來，認爲：“總之，‘南’以地言者，乃采詩時編部之名也；以音言者，又入樂時編部之名也。二者不同，而亦不相悖。”[3] 我們認爲這個解釋較爲可取。也就是說《關雎》作爲“二南”中的一首，而且是第一首，一定反映出了此地的教化、民風、政治等，也反映了此樂的特殊之處。可惜隨著詩經樂教的衰落，政治和教化中不再配樂頌詩，因此樂譜已經全部佚失了，我們很難還原“二南”這種特殊的地方音樂的風采。但有一點是明確的，“二南”之樂教一定包含著文王之化，其本身是文王之化的結果，同時又在傳遞著這種教化，《關雎》樂教中在最具體的音樂教育層面上

---

① 揚之水《詩經名物新證》（修訂版），天津教育出版社，2012年，頁20。
② 劉毓慶等撰，《詩義稽考》第一冊，學苑出版社，2006年，頁17。其他討論見本書頁17到頁29的文獻資料。
③ 《毛詩后箋》。

是彰顯了這一教化的。

肆、修辭、史教與詩教

我們在引言中講過目前研讀詩經的主流是文學和歷史的，現代研究者更多地注意《詩經》包含的歷史地理等知識，以及修辭的手法，這本來是解詩的一種路向，祇要不過分穿鑿忘本是無可厚非的，但是我們這裡要區分的是修辭、歷史其實也都與詩教相關，下面分論其關係。

一、讀詩之法與解詩之法

以文學、歷史之眼目視詩究竟有沒有問題，爲什麼會成爲主流呢？近代已經有學者質疑，甚至說除了這樣的話："讲学家不可言诗；考据家不可言诗。" 他舉的例子恰好是鄭箋對《關雎》末章的理解："詩人用字自有淺深，次序井然。至後兩'左右'字，不過相承而下，不可過泥。若鄭說以左右爲助義，非惟不得詩之佳處，即文義亦有所不通。"① 朱子也時時譏諷鄭玄爲"山東老學究"，在朱子看來，讀詩需要反復涵泳吟誦，當作今人之詩，以平易之心解，體察亙古不變的人情。不可以逐字穿鑿，求理。也不可就音韻、訓詁名物、文體等一一考索，然後討求道理，那樣就讀不成詩了。② 後世正是出於這樣的理解纔一步步看重詩人本義，詩歌本身的文學特性，通過體察平易的文字，來感受其中傳遞出的雋永情感。因此以文學眼光讀詩讓人易入，但是解詩時若祇停留在遷變不拘甚或不可言說的感受、體驗時，詩歌就成了個人思想情感的投射，所謂"仁者見仁智者見智"，其實是相對主義的藉口。詩歌雖然有其主觀特性，但是均是表達人人同此情義的作品，必有可以言說出教

---

① 方玉潤《詩經原始》。
② 《朱子語類》卷八十。

義，能夠施用與教化的道理。故而我們主張，讀詩時盡可以抛棄繁多的解釋、爭議，憑藉本心直面詩篇，久久涵泳，自然會加深理解，也會直接受教，涵養出中正平和的性情，在不刻意的吟誦中實現溫柔敦厚的詩教；而解詩時則可以宗羅諸家，清查字義，理順道理，能不矛盾地解釋詩歌之正義的根據，體察詩教能夠成就人德性的機理，不以文害辭，不以辭害意，而是探問詩人之志，以意逆志，以義權衡，方可爲解詩之法。

在朱子看來讀詩也好，解詩也好，最後都是要"理會這個道理，以反之於身，爲我之益而已"①。這是就最切己處言，是學者讀書問學的起點和歸宿。但就詩教的施用而言，不光是一己之事，還涉及政教王化，也就是人人能否從詩中受到恰當的教育，這就不是反身而成的事，還要理出詩經教義的條目綱要，并貫穿於詩歌的理解和教育中。《關雎》歷來被朱子評爲不可說之詩，祇有反復涵泳，慢慢自有好處。不可以站在外面打量，要到裏面看義理如何。②

二、興意、章法與詩教

詩經中的修辭往往被概括爲"賦、比、興"，當然文體還有"風、雅、頌"，合稱六義。朱子最重興法，《詩集傳》開每章指明"賦、比、興"修辭類型的先河。他說："今人看詩，無興底意思……讀詩便有一格長。如今人讀詩，何緣會長一格？詩之興，最不緊要。然興起人意處，正在興。會得詩人之興，便有一格長。"③ 關於興的解釋千奇百怪，是近代研究者用力創新之所，我們認爲朱子的解釋是正確的，就是興發、感興之意。這也是不論古今以"詩"爲代表的文學作品能夠感動人的緣由。也正是由於"興"，詩經中纔不會祇載中正平和的詩篇，也要載淫詩，因爲"興"可以從淫詩感發

---

① 《朱子語類》卷八十。
② 《朱子語類》卷八十一。
③ 《朱子語類》卷八十。

出厭惡之情，從善詩中感發出傾慕之心，興恰好是整個詩經得以正確理解，詩教得以昌盛的保證。比如《關雎》，朱子將三章都解爲興，沒有一個比、賦，都不是具體論事，也不是與其他類似物相比而聯想義理，而是處處感發讀詩者的中正情懷，引發人們向善向美的意念。這樣一來，修辭就有了教化的作用，詩經通過其特有的詩體形式以及詩歌的興發能力，詩教得以順利達成，修辭不再與價值無涉，文字不再義理離散。①

除了以興爲代表的修辭手法外，章法或作詩法也是重要的修辭手段，② 就《關雎》而言，十句話，可以排列爲二、四、四，二、二、二、二、二，二、四、二、二等，這就展示了章法。其中有不少變換美妙之處，戴君恩《讀風臆評》中扼要總結爲："試之妙全在翻空見奇，此詩衹'窈窕淑女，君子好逑'便盡了，卻翻出未得時一段，寫個牢騷慢受的光景，又翻出已得時一段，寫個歡欣鼓舞的光景，無非描寫君子好逑一句耳。若悉做實境便是夢中說夢。"

按照朱子的分章法（二、四、四），我意《關雎》首章總論，后兩章分論，但分論時句法不同。二章中間連接處二句末尾與三句開頭形成後世說的"頂針"之法，皆用"求之""寤寐"以加強未得時的渴慕焦急之心，並用遞進的述說法和"悠哉悠哉"的反復詠歎表達愛戀之哀；三章中則用排比，舒緩而流暢地表達已得後的舒適心意，嚴格自句對應，齊整規則，展示中正平和之象。后兩章雖是分論但第三章也是結論，交代事件之終，因此也可以將三章理解爲時間順序上的開始、中間和結束，以及事物發展過程中的開端、曲折和完滿。另外，第三章用設想中的事表達當下的感受，也是一種章法。按照音韻的話，首章鳩、洲、逑爲幽部，二章前四句求、流也是幽部，第二章

---

① 關於詩之興體，王禮卿有詳盡的總結和分類論述，參看《四家詩旨會歸》，華東師範大學出版社，2009 年，頁 40~52。

② 王禮卿還分出"體格""義法""論述""情志""音調""摹寫""意境""神理"等，我們在此衹是大略而言。參看《四家詩旨會歸》，第 53~81 頁。

後四句得、服和側是職部，末章前四句采、友是之部，芼、宵部，樂、藥宵通韻，① 可見《關雎》詮釋押韻，且韻律協調。這些章法與詩義的相合，利於詩教的性質，可以從《關雎》的章法中窺見一二。推而廣之，我們在涵泳《詩經》時可以在這些細節處稍作停留，定會生出深長意味。②

三、不以史教亂詩教

《禮記·經解》說"溫柔敦厚"是詩教，而歷史類的書籍則有書教和春秋教，就載事而言，《書經》是當時的"古代史"，《春秋》是當時的"近現代史"，因此按照現代的劃分，都屬於"歷史類"。現代人以爲歷史祇是就事論事，記載事實而已，豈不知歷史也是一種敘事方式，懂歷史理論和史學史的人自然明白，一個人的理論前見在多大程度上會影響到他記述的所謂"事實"。《經解》中說書教是"疏通知遠"，春秋教是"屬辭比事"。

詩教與兩種史教不同，詩教容易犯的錯誤是"愚"，即愚昧不明，孔疏認爲"詩主敦厚，若不節之，則失在於愚"③，受詩教者守規矩，知禮節，行事有度，但過之則呆板愚昧。書教容易出現的問題是"誣"，"書廣知久遠，若不節制，則失在於誣"④，即年代久遠而過於穿鑿則近於胡謅；春秋教失之在"亂"，"春秋習戰爭之事，若不能節制，失在於亂"⑤。現代戰爭頻仍，爾虞我詐者多，巧取豪奪

---

① 參見向熹《〈詩經〉古音手冊》，南開大學出版社，1988 年版；向熹《詩經譯注》，商務印書館，2013 年版，頁 3。

② 現在文史界也有如此體會《關雎》者，如揚之水說："那時候，《詩》不是裝飾，不是點綴，不是祇爲修補生活中的殘闕，而真正是'人生的日用品'（顧頡剛語），《關雎》便好像是人生與藝術合一的一個宣示，栩栩然翩翩然出現在文學史的黎明。"（《詩經別裁》，江西教育出版社，2000 年，頁 5）但這樣的文學史理解依然局限了對《關雎》的眼界。

③ 《禮記注疏》。

④ 《禮記注疏》。

⑤ 《禮記注疏》。

者眾，背信棄義更是司空見慣，不惟當時如此，現今亦如此，越是離我們生活時代近的，我們越發現其中的離亂，就像在地理位置上離我們越近的人或事，我們會越不覺得他們有什麼了不起，都是在時空上的接近，讓我們看到了事情的複雜，進而厭怠，不以爲然，不知所措。因此現代歷史主義及其餘孽相對主義將庸俗的平等、自由觀推廣的時候，也將歷史的畸變、不牢靠和投機性表露無遺。習《春秋》和當代史最忌的就是以爲這個世界本來就這麼紛亂，根本沒辦法也沒必要得到治理。

　　《詩經》是詩，不是史，得詩教者能教人溫柔敦厚而不愚，若將詩中所載一一對應史實，則不光困難，而且更沒有意義。所以所有從歷史上探索一詞、一事、一地、一人的作品祇能是資料參考，非解詩正途，淹沒在學問故紙之中，以得知識代替長見識，以好古癖代替求道義，可謂捨本逐末。要知道史實、事實不能自然生出教義，《書經》《春秋》中自有微言大義，自有聖王治化天下之善舉和亂子恣意邪行之惡習，都有借鑒、警戒之義。因此不可從詩之史實推出切當詩教，至於從心理學、人類學、社會學、宗教學等領域推論詩教者則皆有隔靴搔癢之嫌，因爲它們都有還原論和簡化的原則和做法，當還原到它們奠基性的原理時，任何詩都成了解釋它們原理的例證，或者補充其原理不完備處的泥料，社會科學的功用不在解詩，也不能倡興詩教，解通義理，祇能簡化和分解，將《詩經》整體解構，將每首詩解構，隨意重新建構者還是好的，大多就大卸八塊后散亂一地，然後說，看——這就是事實。這樣的理論工作最易做，祇需拆解，然後斷然或努力否定任何彼此間的聯繫，認定除了事實，別無他物。但事實也祇是死物而已，或者文明習慣或者文化習俗，都祇是在歷史長河中逐漸形成的莫名其妙的想法和做法，一無是非價值，全是各取所需，各活各的，沒了統一也沒了自身，因此也就一勞永逸地放棄了任何連貫的道理和意義，於是一個事實就是一片荒漠，不是從一沙中見天地，而是真成了天地僅爲沙耳。

結論

　　綜前所述,《關雎》詩義教教人明夫婦之義,詩禮教教人明夫婦之宜,詩樂教教人明夫婦之和;而《關雎》之文辭史事當不礙詩意傳達,反助其教明義順。讀詩解詩亦當平易而深思,以成就溫柔敦厚之君子爲務,不求博學之名,不貪獨創之利,涵泳吟誦,益己立人。

　　《關雎》教恉終究惟以慎思明辨方可全備,本文衹拋磚引玉,還需深察細辨,和自當虛心求教於讀者方家。

《禮記·學記》研讀（上）

高小強

　　謹案：《禮記·學記研讀》繫我的《禮記儒家通論十篇研讀》之一，體例上同《禮記·經解研讀》（參見《切磋三集》）一致，但在運用的典籍及書目上卻有相當的增加。在做《學記集說》時，尚存好些問題，本該就便通過"謹案"來加以處置，但無奈篇幅所限（因此而《學記研讀》分作了上下兩部分），加之在考慮上亦有待深入，故祇好以俟來日了。

一、《學記》誦讀

發慮憲求善良足以謏聞不足以動衆就賢體遠足以動衆未足以化民君子如欲化民成俗其必由學乎玉不琢不成器人不學不知道是故古之王者建國君民教學爲先兌命曰念終始典於學其此之謂乎雖有嘉肴弗食不知其旨也雖有至道弗學不知其善也是故學然後知不足教然後知困知不足然後能自反也知困然後能自强也故曰教學相長也兌命曰學學半其此之謂乎古之教者家有塾黨有庠術有序國有學比年入學中年考校一年視離經辨志三年視敬業樂羣五年視博習親師七年視論學取友謂之小成九年知類通達强立而不反謂之大成夫然後足以化民易俗近者説服而遠者懷之此大學之道也記曰蛾子時術之其此之謂乎大學始教皮弁祭菜示敬道也宵雅肄三官其始也入學鼓篋孫其業也夏楚二物收其威也未卜禘不視學游其志也時觀而弗語存其心也幼者聽而弗問學不躐等也此七者教之大

倫也記曰凡學官先事士先志其此之謂乎大學之教也時教必有正業退息
必有居學不學操縵不能安弦不學博依不能安詩不學雜服不能安禮不興
其藝不能樂學故君子之於學也藏焉脩焉息焉遊焉夫然故安其學而親其
師樂其友而信其道是以雖離師輔而不反也兌命曰敬孫務時敏厥脩乃來
其此之謂乎今之教者呻其佔畢多其訊言及於數進而不顧其安使人不由
其誠教人不盡其材其施之也悖其求之也佛夫然故隱其學而疾其師苦其
難而不知其益也雖終其業其去之必速教之不刑其此之由乎大學之法禁
於未發之謂豫當其可之謂時不陵節而施之謂孫相觀而善之謂摩此四者
教之所由興也發然後禁則扞格而不勝時過然後學則勤苦而難成雜施而
不孫則壞亂而不脩獨學而無友則孤陋而寡聞燕朋逆其師燕辟廢其學此
六者教之所由廢也君子既知教之所由興又知教之所由廢然後可以爲人
師也故君子之教喻也道而弗牽强而弗抑開而弗達道而弗牽則和强而弗
抑則易開而弗達則思和易以思可謂善喻矣學者有四失教者必知之人之
學也或失則多或失則寡或失則易或失則止此四者心之莫同也知其心然
後能救其失也教也者長善而救其失者也善歌者使人繼其聲善教者使人
繼其志其言也約而達微而臧罕譬而喻可謂繼志矣君子知至學之難易而知
其美惡然後能博喻能博喻然後能爲師能爲師然後能爲長能爲長然後能爲
君故師也者所以學爲君也是故擇師不可不慎也記曰三王四代惟其師其此
之謂乎凡學之道嚴師爲難師嚴然後道尊道尊然後民知敬學是故君之所不
臣於其臣者二當其爲尸則弗臣也當其爲師則弗臣也大學之禮雖詔於天子
無北面所以尊師也善學者師逸而功倍又從而庸之不善學者師勤而功半又
從而怨之善問者如攻堅木先其易者後其節目及其久也相說以解不善問者
反此善待問者如撞鐘叩之以小者則小鳴叩之以大者則大鳴待其從容然後
盡其聲不善答問者反此此皆進學之道也記問之學不足以爲人師必也其聽
語乎力不能問然後語之語之而不知雖舍之可也良冶之子必學爲裘良弓
之子必學爲箕始駕馬者反之車在馬前君子察於此三者可以有志於學矣
古之學者比物醜類鼓無當於五聲五聲弗得不和水無當於五色五色弗得
不章學無當於五官五官弗得不治師無當於五服五服弗得不親君子曰大
德不官大道不器大信不約大時不齊察於此四者可以有志於本矣三王之
祭川也皆先河而後海或源也或委也此之謂務本

二、《學記》題解

○朱子曰：《小戴》第十八篇，言古者學校教人傳道授業之次序與其得失興廢之所由，蓋兼大小學而言之。舊注多失其指，今考橫渠張氏之說，并附己意，以補其注云。

○孔穎達曰：案鄭《目錄》云：名曰《學記》者，以其記人學教之義，此於《別錄》屬《通論》。

○程子曰：《禮記》除《中庸》、《大學》，惟《學記》、《樂記》最近道。

○船山曰：《周禮》：師氏、保氏隸於司徒，大司樂之屬隸於宗伯，皆教官也。而大學之職略無槩見，故先儒疑《周禮》之多殘缺。蓋自州鄉庠序以及大學，必專有官師，而今亡矣。先王以禮齊民，學為之首，則繫學於禮，道莫重焉。故此篇與《經解》、《中庸》、《儒行》、《大學》，戴氏彙記之以為《禮經》，亦猶《大戴記》之有《勸學》諸篇也。此篇之義與《大學》相為表裏。《大學》以發明其所學之道，推之大，析之密，自宋以來為學者所服習，而此篇所論親師敬業為入學之事，故或以為末而未及其本，然玩其旨趣，一皆格物致知之實功，為大學始教之切務，則抑未可以為末而忽之也。此之不講，乃有凌躐鹵莽以談性命而詭於佛、老者，為正學之大蠹，固君子所深懼也已。凡十六章。

○石樑王氏曰：六經言"學"字，莫先於《說命》。此篇不詳，言先王學制與教者學者之法，多是泛論。不如《大學》篇，教是教箇甚，學是學箇甚。

○納喇性德案：此篇家有塾至九年大成，詳言先王學制也。大學始教至學不躐等，及時教必有正業，退息必有居學，與知四者教之所由興，六者教之所由廢，而長善救失，及善喻繼志，撞鍾攻木，記問聽語，皆教者之法也。察於三者有志於學，察於四者有志於本，皆學者之法也。豈必與《大學》雷同，然後謂之非泛論乎？且篇中言大道至道，言敬道通道，言辨志先志，言遊志繼志，言敬業孫業，亦何常非所教所學之事？王氏之云不免於誣矣。

　　〇鄂尔泰等曰：以其記人學教之義，故名《學記》。其旨與大學相表裏，開端言學而推及於化民成俗，是學有用也。篇終言學，而推本於先源後委，是學有體也。有體有用，大人之事備矣。

　　〇李光坡謂：古人論道紀事之文皆有所主，《大學》主於脩已治人，則論學之條目工夫；此篇主於建學立師，則論教之終始興廢。使學者各作一意，求之通貫之後，教學者或原或委，則自求之《大學》；志學者親師取友，則自求之此篇。何必支離漫衍，參錯迭見，而初無補於用力之實也。石樑王氏不數漢儒而卑視此經，故未求意義之合，但作批剝浮誕不忌，當分別觀之，蓋恐未極高明，徒長虛憍也。

　　〇《欽定禮記義疏》案：《學記》曰：先王之祭川也，皆先河而後海。君子之學何以異是，濬性命之原，返昭曠之本，湛湛然出之無窮之府，引之不竭之淵，所以疏其源也。遊之乎詩書之圃，行之乎仁義之塗，沛然其內充而外達也，浩然其日引而月長也。優遊漸進不舍晝夜，而終必至乎大成，所以竟其委也。雖然疏其源而達其委者，又豈有所作爲也哉！孟子曰：如智者若禹之行水，則無惡於智矣。君子爲學無躁進之志也，無穿鑿之巧也，順之以自然，而待之以積久，至於一旦豁然貫通，則達海之勢有莫能禦者矣。不然者無萬川之歸，又安能不竭於尾閭之洩哉！

　　〇芮城曰：此篇記學非記禮，然禮固在焉：家塾黨庠州序國學，立學之禮；皮弁祭菜《小雅》肆三，入學之禮；詔於天子無北面，尊師之禮。案此篇家有塾至九年大成，詳言先王學制。大學始教至記問之學不足以爲人師，皆教者之法。察於三者有志於學，察於四者有志於本，皆學者之法。至言大道至道，言敬道通道，言辨志先志，言敬業孫業，無非所教所學之事。而石樑王氏謂此篇不詳言先王學制與教者學者之法，亦近誣矣。

　　〇姜兆錫曰：愚案此篇義似淺，但如塾庠序學，自一年至九年之教，又如始教七條及時教退息之屬，正是言學制與教學之法。蓋《大學》篇是此篇歸屬處，此是《大學》篇從入處，義有淺深，而事無同異，未可以朱子獨表章《大學》而遂輕議此篇也。

〇蔣伯潛曰：《學記》，此儒家論教學原理之文也。首論教學可以"化民成俗"，爲建國君民當務之急。《禮運》、《大學》、《中庸》、《學記》四篇，爲《禮記》中最有精彩之文章；儒家論政、論學之要旨，於此可見。學者所宜熟讀而深思者也。又曰：《溫公書儀》曰："《學記》、《大學》、《中庸》、《樂記》爲禮記之精要。"（見《東塾讀書記》引）置《學記》於《大學》之前。按《大學》首云"大學之道"，《學記》亦曰"此大學之道也"，故其言有極其相似者。如《學記》之"知類通達"，即《大學》之"格物致知"。《學記》之"強立而不反"，即《大學》之意誠、心正而身修。《學記》之"化民成俗"，"近者悅而遠者來"，即《大學》之家齊而國治天下平也。（用陳澧說，《亦見東塾讀書記》。）蓋《學記》所言爲大學教育之制度方法，《大學》所言爲大學教育之原理目的，二篇並爲儒家論教育之言，其關係甚密切也。《續禮記集說》引清人陸奎勳論《學記》年代之言，以爲《王制》略言建學之法。《學記》言之更詳，似繼《王制》而作。《王制》爲漢文帝時博士所作，《學記》似當更出其後。《學記》引《說命》者凡三，《說命》爲僞《古文尚書》之一篇，西漢初年學者未嘗見古文經，則《學記》之成書當在武帝設庠序興學校之後云。今按《大學》與《學記》關係極切，且亦嘗引《古文尚書》之《太甲篇》，則其成書年代，當與《學記》相同矣。

〇王夢鷗曰：本篇記述學習的功用、方法、目的、效果，而及於教學爲師的道理，與《大學》發明所學的道術，相爲表裏，故甚爲宋代理學家所推重，以爲《禮記》除《中庸》《大學》之外，惟《學記》《樂記》最近道。按本篇談親師敬業，是學者初入學時不可不知的事，比較《大學》所談深奧的理論，更切於實用。

〇任銘善曰：學字本義效也，覺也。《論語》學字乃專指讀書而言。故子路曰："何必讀書，然後爲學？"子曰："是故惡夫佞者！"子游曰："君子學道則愛人，小人學道則易使也。"亦指弦歌而言也。以學爲聚學之所，蓋孟子始言之，而但云教以人倫，不必聚徒講學於公宮也。大學小學之名，依年入學之制，則漢以來記傳始言之，於六藝無可考信。此篇漢人所作，言學之義則精，考學之制則托古而難據，不可不善擇也。三引《兌命》，僞《古文尚書》采之。兩引記文，不知所出。惟"三王四代惟其師"語甚與《白虎通》引《論語讖》文相似，或即出諸其書也。漢人稱緯書或曰説，亦曰記。

〇呂友仁曰：《學記》是戰國後期思孟學派的作品，它對我國先秦時期的教育和教學第一次從理論上作了比較全面、系統的總結。它不僅明確提出教育的目的在於培養人才，而且明確提出了"王者建國君民，教學爲先"的觀點。從教與學這兩條線索出發，《學記》論述了教學的原則、方法、爲師的條件、尊師的必要性、學習的方法、教與學的關係以及教學相長的基本規律，可資借鑒之處甚多。又曰：《學記》篇中的"學"字是個多義詞。第一，或作動詞"學習"解，例如，"玉不琢，不成器；人不學，不知道"，"良冶之子，必學爲裘"。第二，或作動詞"教育"解，例如，"幼者聽而弗問，學不躐等也"，鄭玄注："學，教也。""記曰：'凡學，官先事，士先志。'"第三，或作"學校"解，例如，"君子如欲化民成俗，其必由學乎"，"古之教者，家有塾，黨有庠，國有學"。第四，或作"學問"解，例如，"記問之學，不足以爲人師"，"學無當於五官，五官弗得不治"。

〇王鍔曰：《學記》的內容基本包括四個方面：一、提出了學與教的重要意義；二、記錄了古代學校的建制、學習方法、學習原則和尊師重教之道；三、討論了當時教學中的弊端和改正方法、爲師之道；四、記載學生容易犯的弊病和擇師之道。我們認爲《學記》成篇於戰國前期是因爲：第一，從其內容來看，該篇祇能寫成於禮壞樂崩、私學興起的春秋末期戰國前期。第二，其論述問題，文風與《表記》《緇衣》相似。後二者是子思的作品，成篇於戰國前期，因而《學記》也應當是同時代的作品。此也與《漢書·藝文志》所言"七十子後學者所記也"相吻合。

　　○謹案：《學記》與《大學》聯繫密切，相爲表裏，這點已完全不是問題，所以朱子《儀禮經傳通解》卷第十六將它們擺在一起，而石樑王氏對《學記》的貶斥不能成立。然《學記》的作者不能定，甚或連成篇的年代也難定。王鍔依據其內容及文風定爲與子思的《表記》與《緇衣》同時，即成篇於戰國前期。呂友仁定之爲思孟學派的作品，可謂一定程度上支持了王鍔的主張，不過時間上他卻定爲戰國後期。然而無論戰國前期還是後期，祇要能確定《學記》與《緇衣》同時，至少就不是問題，因爲《緇衣》已由郭店戰國楚簡所證明。再者，若《大學》定然爲曾子及其弟子的作品，則因《學記》與《大學》的密切聯繫，亦可以支持前說。其實，總的來講，依錢玄先生的看法，大小戴《禮記》，除可以確定爲西周文字（如《夏小正》）及秦漢人所作（如《月令》、《王制》）之外，多數篇目大致撰於戰國時期，約公元前四世紀中期至前三世紀前期之間。即後於《儀禮》十七篇及《論語》的著作時代，而早於《孟子》、《荀子》的著作時代。（錢玄著《三禮通論》，四八頁，南京師範大學出版社一九九六年版。）不過《大學》無論作者還是成篇年代亦有人質疑，其關鍵點就在於它對《古文尚書》的引用上。據說《古文尚書》爲後世偽作已成定論，（參閱〔清〕閻若璩撰《尚書古文疏證》，上海古籍出版社一九八七年版。）若它成偽，就不能是先秦的而祇能是漢代甚或漢代以後偽造的作品。（也有人明確說是劉歆偽造的，參閱康有爲著《新學偽經考》，古籍出版社一九五六年版。）因而要破除質疑惟有二途，或者證明《學記》《大學》二篇對《古文尚書》的引用繫後人所添加，或者證明偽《古文尚書》亦可能是先秦的作品。前者似乎極難，後者倒至少已有人論說劉歆不可能偽造《古文尚書》。（參閱錢穆著《劉向歆父子年譜》，中國文化服務社一九四三年版。）不過總體上來說，質疑仍然難以澄清。然而我們前面已經提到的戰國竹簡《緇衣》，似乎再次爲澄清質疑帶來了些微的亮光，因爲竹簡《緇衣》亦同時引用了今、古文《尚書》，這至少提供出了稍稍不利於閻若璩的證據。（參閱虞萬里著《上海館藏戰國楚竹書〈緇衣〉綜合研究》，武漢大學出版社二〇〇九年版。）隨著戰國竹簡研究的繼續深入，我們能否期待進一步乃至徹底的澄清呢？讓我們拭目以待吧！不過現在我們可以暫時將此類問題擱置起來，轉而首先關心與關注《學記》在義理方面的問題。

三、《學記》集说

發慮憲，求善良，足以謏聞，不足以動衆。就賢體遠，足以動衆，未足以化民。君子如欲化民成俗，其必由學乎！。

○鄭玄曰：憲，法也。言發計慮當擬度於法式也。求，謂招來也。謏（xiǎo）之言小也。動衆，謂師役之事。就，謂躬下之。體，猶親也。所學者，聖人之道，在方策。

○孔穎達曰：此一節明雖有餘善，欲化民成俗，不如學之爲重。君，謂君於上位；子，謂子愛下民。謂天子諸侯及卿大夫，欲教化其民，成其美俗，非學不可。學則博識多聞，知古知今，既身有善行，示民軌儀，故可以化民成俗也。鄭恐所學惟小小才藝之事，故云"所學者，聖人之道也"。

○朱子曰：動衆，謂聳動衆聽。蓋守常法，用中材，其效不足以致大譽。遠，謂疏遠之士。下賢親遠，足以聳動衆聽，使知貴德而尊士，然未有開導誘掖之方也，故未足以化民。惟教學可以化民，使成美俗。

○張橫渠曰：何謂學？成德謂之學，學在乎推廣，而不可以不思。

○陳祥道曰：致防患之思爲慮，則德義之經爲憲，存其叫欲爲善，充善之至爲良。友天下之善士，就賢者也。尚論古之人，體遠者也。古之論誠者，誠則形，形則著，著則明，明則動，動則變，變則化，是動之所發爲化，化之所始爲動。《詩序》言：風以動之，教以化之。楊子言：鼓衆動化天下，雖皆始終相成，要之本於誠一也。孟子曰：誠而不動者未之有也，不誠未有能動者也，不誠未有能動，則動本於誠，可知。子思云：惟天下至誠爲能化，則化本於誠可知。由是觀之，惟誠爲能動，惟至誠爲能化。

○周諝曰：如欲化民成俗，則必由學。蓋學者一道德之源，道德一，然後可以化民成俗。

○馬晞孟曰：動衆政也，化民道也，學以致其道而以教之，則足以化民成俗矣。

○戴溪曰：然學校不立，教養闕然，天下之人雖欲爲善，而無所考德問業。其賢者固已用矣，而未賢者將孰從而成就之？故化民成俗必由學校。其所及者廣所傳者邃也，大抵天之生賢實難，其生賢也所以扶植國家，以爲民命。其既生也，又賴上之人教養成就之。若舍之不教，使之斁喪戕賊，則自暴自棄，往往而是，國家何賴焉？此建學之功所以爲大也。

○輔廣曰：古之教者，家有塾，黨有庠，術有序，國有學，所以體邃也。就賢則尊德之誠至，體邃則愛民之仁深，其仁心仁聞固足以感動天下矣。然法度未立，政事未舉，故未足以化民。故曰：堯舜之道不以仁政，不能平治天下。教學，政之先務也。

○于應麟曰：《學記》以發慮賢爲第一義，謂所發之志慮合於法式也。"一年視離經辨志"，一年學之始辨云者，分別其心所趨嚮也。慮之所發必謹，志之所趨必辨。爲善不爲利，爲己不爲人，爲君子儒不爲小人儒，此學之本也。能辨志然後能繼志，故曰"士先志"。

○陳澔曰：化民成俗必如唐虞之"於變時雍"乃爲至耳，然則舍學何以哉？此學乃大學之道明德新民之事也。

○吳澄曰：動與《論語》"動之斯和"，《中庸》"動則變"，《孟子》"不誠未有能動"之動同，謂能感動人也。陳氏曰：動則變，變則化。動之所終爲化，化之所始爲動。

○船山曰：言人君飭法求賢，民悅其治而德不及遠者，法未宜民而求之未必其用也；用賢宜民，四方歸之而民不鄉善者，政立而教未先，無以移民之志也。惟立學校以教其俊士，而德明於天下，則民日遷善而美俗成矣。

○納喇性德案：憲如憲章，文武之憲。發慮猶俗言發心，言其發心合乎憲典，以求爲善良之人。二句一貫，非兩事也。《集說》以親賢釋求善良，則侵下就賢矣。吳氏知其難通，而以求爲求仁之求，善爲性之所固有，良爲良心之良，言充善之至爲良，以對上句，亦屬牽強。

○鄂尔泰等曰：在上之君子欲化民以成美俗，必也其由學乎！蓋學也者，乃古之人所以明明德於天下也。

○方苞曰：體遠，體恤幽遠小民之疾苦也。又曰：教學之法莫備於周，凡有地治者皆兼教事，不獨師儒也。雖農工商賈，少時皆受小學於里塾，不獨秀民也。是以無人不明於倫理，而仁讓之心易生，無事不爲之制防，而邪惡之塗自閉。故化民成俗，其本由於聖人之德化，而謂專由於學者。

○《欽定禮記義疏》存疑：孔氏穎達曰：遠謂才藝廣遠，心意能親愛之。案：就賢親之也，其疏遠之士則疑於不能親矣，而又重之以一體之義，則跡雖疏而情自洽，衆之所以動也。才藝廣遠説終不若朱子疏遠義，於就字體字及動衆字尤有關會耳。戴氏主學校言，雖亦化原之所在，然古人有身爲表儀，而風俗自登者，則不如諸家説之周致也。又案：君子，有德有位之通稱。孔氏專以天子諸侯卿大夫言，已不免於拘墟，至分訓君與子之義則鑿矣。

○陸奎勛曰："謏聞""體遠"字句生造，皆不似經而似子。"求善良"依《集説》則與就賢相近，不如橫渠説求爲善良之人。以體遠爲體察疏遠之臣，義亦偏，不如輔淺溪云如武王不忘遠之意。

○孫敬軒曰：愚謂人君而能就賢體遠，亦可謂有志於治矣。然苟未知學，則所以化民者無其本也。惟由學，則明德以新民，而可以化民成俗矣。

○朱彬引《外傳》：學者，覺也。人生皆稟五常之正性，故聖人修道以教之，使其發學，不失其性也。引戴岷隱曰：求賢以自輔，足以資人君多聞之益。屈己以下賢，足以興起天下爲善之心。然學校不立，教養闕然，天下之人雖欲爲善，而無所考德問業。故化民成俗，必由學校，其所及者廣，所傳者遠也。

○王夢鷗今譯：發動思慮，廣求善良，祇能做到稍有聲譽，還不能夠感動群眾。親自就教於賢者，體奚遠方的利病，雖能感動群眾，但還不夠化育人民。君子如果要化育人民，造成良好的風俗，一定要從教育入手。

玉不琢，不成器。人不學，不知道。是故古之王者，建國君民，教學爲先。《兌命》曰："念終始典于學。"其此之謂乎！

○鄭玄曰：教學謂内則設師、保以教，使國子學焉；外則有大學、庠、序之官。典，經也。言學之不舍業也。兌當爲"說"（yuè），高宗夢傅說，求而得之，作《說命》三篇，在《尚書》，今亡。

○孔穎達曰：此一節論喻學之爲美，故先立學之事。王者建立其國，君長其民，内設師、保，外設庠、序以教之。記者明教學事重，不可暫廢，故引《兌命》以證之。言殷相傅説告高宗云，意恒思念，從始至終，習經典於學也。《書序》云："高宗夢得説，作《説命》三篇。"高宗，殷王武丁，其德高可尊，故號高宗。鄭不見古文《尚書》，故云今亡。

○朱子曰：典，經也。言學之不舍業也。兌，當爲説，字之誤也。又引《學制》曰：古之王者，建國君民，教學爲先。故舜命契曰："百姓不親，五品不遜。汝作司徒，敬敷五教，在寬。"（五品，謂父子、君臣、夫婦、長幼、朋友。五教，謂父子有親、君臣有義、夫婦有別、長幼有序、朋友有信。敷此五教，以敬爲主，而以寬濟之。）命夔曰："命汝典樂，教胄子。直而溫，寬而栗，剛而無虐，簡而無傲。詩言志，歌永言，聲依永，律和聲。八音克諧，無相奪倫，神人以和。"（胄，長也，謂元子以下至卿大夫子弟。《王制》云："樂正崇四術、立四教。"王大子、王子、羣后之大子、卿大夫元士之適子皆造焉。栗者，嚴謹之意。直，恐其不足於和，故教以溫；寬，恐其不足於敬，故教以栗。皆所以濟其美。剛者或失之虐，簡者或失之傲，故教使防其過。樂之爲教，本於中和，以養人之情性，故先言此以責其效。心之所之謂之志。永，長也。聲，謂五聲：宮、商、角、徵、羽。律，謂十二律：黃鐘、大蔟、姑洗、蕤賓、夷則、無射、爲六陽律；大呂、應鍾、南呂、林鍾、仲呂、夾鍾、爲六陰律。言教之詩以宣其志，歌詠之以長其言，以五聲依其歌之上下，以六律節其聲之清濁，此爲樂之法也。八音：金、石、土、革、絲、木、匏、竹。倫，理也。言既以上文四句之法爲樂，則八音皆調不相陵奪，而用之祭祀朝享，神人皆和矣。）

○陳祥道曰：玉則璞之至美者也，人則性之至貴者也。器待琢而後成，苟不琢焉，雖其質至美，不成器者有矣。道待學而後知，苟不學焉，雖其性至貴，不知道者有矣。《聘義》曰：君子比德於玉，終之以天下莫不貴者，道也。《經》曰：大道不器。是則以器明道，非大道也，特就所學者言耳。

○戴溪曰：玉不琢而砥砆琢之，則砥砆猶爲可用，玉蓋不及也。大抵資質之美不足恃，資質之美而未嘗學問，其與資質不美者均爾。夫人之所以貴於爲學者，謂其知道也。道本在我，人惟不學，故有所不知，則道與人爲二物。苟不知道，則觸事面牆，其意皆以善爲之，而卒陷於不義者多矣，況於死生禍福之際乎！昔者子游舉夫子之言曰："君子學道則愛人，小人學道則易使。"由此語觀之，三代之時小人固亦知學矣。小人賤，隸之詩，聖人取焉，則小人固知學也。蓋自黨庠遂序以達於學，民之秀異者，固已舉而用之，而其下焉者，亦知有義理，天下安得而不易治。蓋三代之學如入堂室，然寢於斯，食於斯，生長於斯，未嘗一日不葺。後之學校如園圃，然有之徒爲美觀而已。

○輔廣曰：由此觀之，則古之王者以君子長者待天下，而務使天下皆爲君子長者之歸，至於用刑法以治不軌，皆非得已也。教學謂在上者教之，在下者學之。典，常也。"《兌命》曰"，此斷章取義。

○吳澄曰：學之爲言效也。道者，人倫日用所當行之路，人性所固有。然惟上知之資，生而知之，無所虧欠。大賢已下知而不徧，百姓之愚由而不知，苟非有以教之使之效乎先覺者，則不能知人倫日用所當行之道何如也。古者建王國，天子自君其畿內之民，又建侯國，命諸侯各君其封內之民。其民飽煖逸居而無以教之，則近於禽獸，故天子諸侯之國皆必建學立師以教其民，使之知有理義。子遊宰小邑猶且以弦歌教民，夫子問而子遊引昔者所聞"君子學道則愛人，小人學道則易使"之語以對，蓋教民者使之學而知道也。

○船山曰：由始至此乃第一章。此章言人君建學之旨。

○鄂爾泰等曰：傅説之告高宗有曰：人當一心終始常在於學。其即君之教民爲學，終始有常而不暫廢之謂乎。案六經言學莫有先於《説命》者。不曰始終而曰終始，學無窮已也。

○《欽定禮記義疏》案：此篇分章宜從朱子上一章，言教學之重，一篇之綱領也。

○孫氏曰：愚謂教學，以大學之道教人而使學之也。古之王者，既盡乎脩己治人之道，又以爲化民成俗非一人之所能獨爲，故立爲學校以教人；而使人莫不由乎學。故其進而爲公、卿、大夫者，莫非聖賢之徒，而民莫不蒙其澤矣。典，常也。言人君當始終思念常於學而不舍也。

○王夢鷗今譯：玉的質地雖然美好，但不加磨琢，就不會成爲器皿；人雖爲萬物之靈，若不學習，亦不會明白道理。所以古代王者建設國家，治理人民，以教育爲最先的任務。《尚書·兌命》篇說：從始至終，要經常想著學習。就是這個意思。

雖有嘉肴，弗食不知其旨也。雖有至道，弗學不知其善也。是故學然後知不足，教然後知困。知不足，然後能自反也。知困，然後能自強也。故曰"教學相長"也。《兌命》曰："學學半。"其此之謂乎！

○鄭玄曰：學則睹己行之所短，教則見己道之所未達。自反，求諸己也。自強，脩業不敢倦。言學（xiào）人乃益己之學半。

○孔穎達曰：此一節明教學相益。"學學半"者，上"學"爲教，音敩（xiào）。下"學"者，謂習也，謂學習也。言教人乃是益己學之半也。

　　〇戴溪曰：故曰"教學相長"也，方其學也，未嘗不教；及其教也，未嘗不學。此《說命》所以言"敩學半"也。

　　〇張橫渠曰：困者，益之基也。學者之病正在不知困爾，自以爲知而問之不能答，用之不能行者多矣。

　　〇呂東萊曰：不能自反自強，皆非真知者也。若疾痛之在吾身，然後爲真知，蓋未至聖人，安能無欠闕？須深思欠闕在甚處，然後從而進之，苟汎然以爲我有所未足，夫何益哉！

　　〇陸佃曰：所謂教學，教之中有學，學之中有教，是之謂相長。

　　〇陳澔曰：引《説命》"敩學半"者，劉氏曰：教人之功居吾身學問之半，蓋始之脩己所以立其體是一半，終之教人所以致其用，又是一半。此所以終始典於學，成己成物，合內外之道，然後爲學問之全功也。

　　〇方愨曰：孔子曰："起予者商也。"又曰："回也，非助我者也，於吾言無所不說。"豈非敩學半之謂乎！

　　〇船山曰：學日益其所不足，則教不困。教以困而自強，則學益充。以上第二章。自此以下八章皆言爲師之道，教者之事也。

　　〇《欽定禮記義疏》案：上章言教必由於學，此言教亦所以爲學。上以本末之序言，此以內外之合言也。

　　〇姜兆錫曰：善，猶《大學》止於至善之善。知其善，則物格知至而知所止矣。知不足者，在己有未至。困者，於人無所應也。能自反求則學不厭，能自勉強則誨不倦，而教人與教於人皆相爲長益也。敩猶教也。劉氏曰：此以上總言教學之理也。

　　〇王夢鷗今譯：雖然有好菜擺在那裡，如果不去嘗試，就不能知道它的美味；雖然有至善的道理，不去學習，不能知道它的美好。所以學習過後纔知道自己的不夠，教了人之後纔知道自己的不通。知道不夠，然後能自我反省；知道不通，然後能自我勉力。所以說：教與學是互相增長的。《兌命》篇說：教別人，能收到學習一般的效果。就是這個意思。

古之教者，家有塾，黨有庠，術有序，國有學。比年入學，中年考校：一年視離經辨志，三年視敬業樂羣，五年視博習親師，七年視論學取友，謂之小成。九年知類通達，強立而不反，謂之大成。夫然後足以化民易俗，近者說服而遠者懷之。此大學之道也。《記》曰："蛾子時術之。"其此之謂乎。

〇鄭玄曰：術當爲"遂"，聲之誤也。古者仕焉而已者，歸教於閭里，朝夕坐於門，門側之室謂之塾。《周禮》五百家爲黨，萬二千五百家爲遂，黨屬於鄉，遂在遠郊之外。學者每歲來入也。鄉、遂大夫間歲則考學者之德行道藝。《周禮》三歲大比乃考焉。離經，斷句絕也。辨志，謂別其心意所趣鄉也。知類，知事義之比也。強立，臨事不惑也。不反，不違失師道。懷，來也，安也。蛾（yǐ），蚍蜉也。蚍蜉之子，微蟲耳，時術蚍蜉之所爲，其功乃復成大垤。《爾雅》云："蚍蜉，大蟻。"垤，《毛詩傳》云："蟻冢也。"

〇孔穎達曰：此一節明國家立庠序上下之殊，並明入學年歲之差。《周禮》百里之內，二十五家爲閭，同共一巷，巷首有門，門邊有塾。謂民在家之時，朝夕出入，恒受教於塾。《白虎通》云："古之教民百里皆有師。里中之老有道德者爲里右師，其次爲左師，教里中之子弟以道藝、孝弟、仁義也。"案《書傳說》云："大夫七十而致仕，而退老歸其鄉里。大夫爲父師，士爲少師。新穀已入，餘子皆入學。距冬至四十五日，始出學。上老平明坐於右塾，庶老坐於左塾，餘子畢出，然後皆歸。夕亦如之。"庠、序皆學名，於黨中立學，教閭中所升者也；於遂中立學，教黨學所升者也。案《周禮》六鄉之內，五家爲比，五比爲閭，四閭爲族，五族爲黨，五黨爲州，五州爲鄉。六遂之內，五家爲鄰，五鄰爲里，四里爲酇，五酇爲鄙，五鄙爲縣，五縣爲遂。今此經六鄉舉"黨"，六遂舉"序"，則餘閭里以上皆有學可知，故此注云"歸教於閭、里"。其比與鄰近，止五家而已，不必皆有學。又《周禮》，遂人，掌野之官，百里之外，故知"遂在遠郊之外"。鄭注《州長職》云："序，州、黨之學。"則黨學曰序。《鄉飲酒》云"主人迎賓于庠門之外"，注云："庠，鄉學也。"則鄉學曰庠。此云"黨有庠，遂有序"者，蓋黨為鄉學之庠，不別立序。凡六鄉之內，州學以下皆為庠；六遂之內，縣學以下皆為序也。或云"黨有庠，謂夏殷禮，非周法"，義或然也。國，謂天子所都及諸侯國中也。《周禮》天子立四代學以教世子、羣后之子及鄉中俊選所升之士也。諸侯於國但立時王之學。故云"國有學"也。每閒一歲，鄉、遂大夫考校其藝也。下一年、三年、五年、七年之類是也。但應入大學者，自國家考校之耳。其未入大學者，鄉、遂大夫考校也。鄭引《周禮》大比考校，則此"中年考校"，非《周禮》也。學者初入學一年，鄉、遂大夫於年終考視其業。離經，謂離析經理，使章句斷絕。辨志，謂辨其志意趣向，習學何經矣。敬業，謂藝業長者，敬而親之，樂羣，謂群居朋友善者，願而樂之。博習，謂廣博學習也，親師，謂親愛其師。論學，謂學問嚮成，論說學之是非，取友，謂選擇好人，取之為友。此七年之學，其業小，故曰"小成"。九年則視其言知義理，事類通達無疑，強立不反，則是大學聖賢之道。《記》禮者引舊《記》之言，故云"蛾子時術之"。蛾子，小蟲，蚍蜉之子，時時術學衒土之事而成大垤，猶如學者時時學問而成大道矣。

　　○朱子曰：術讀為遂。門側之堂謂之塾，古者二十五家為閭，同共一巷，巷首有門，門邊有塾，里中之老有道德者，為左、右師坐於兩塾。民在家之時，朝夕出入，恒受教於塾。春夏耕耘，餘時肄業。其來學也，有時既受學，則退而習於其家。五百家為黨，萬二千五百家為遂，遂在遠郊之外。國謂天子所都及諸侯國中。鄉里穰俎已藏，祈樂（當為"新穀"）已入，歲事已畢，餘子皆入學。年十五始入小學，見小節，踐小義焉。年十八始入大學，見大節，踐大義焉。（餘子，猶衆子也。古者適子恒代父而仕也。）距冬至四十五日，始出學傅農事。（立春學止。）上老平明坐於右塾，庶老坐於左塾，餘子畢出，然後皆歸，夕亦如之。（上老，父師也。庶老，少師也。）餘子皆入，父之齒隨行，兄之齒鴈行，朋友不相踰，輕任並，重任分。頒白者不提攜，出入皆如之。(《尚書大傳》) 又曰：辨志者，自能分別其心所趨向，如爲善爲利，爲君子爲小人也。敬業者，專心致志以事其業也。樂羣者，樂於取益以輔其仁也。博習者，積累精專、次第該徧也。親師者，道同德合、愛敬兼盡也。論學者，知言而能論學之是非。取友者，知人而能識人之賢否也。知類通達，聞一知十，能觸類而貫通也。強立不反，知止有定，而物不能移也。蓋考校之法，逐節之中，先觀其學業之淺深，徐察其德行之虛實，讀者宜深味之，乃見進學之驗。又曰：使公卿之大子，大夫元士之適子，十有三年始入小學，見小節焉，踐小義焉。二十入大學，見大節焉，踐大義焉。故入小學知父子之道、長幼之序，入大學知君臣之義、上下之位。故爲君則君，爲臣則臣，爲父則父，爲子則子①。《周禮·大司徒》：令五家爲比，五比爲閭，四閭爲族，五族爲黨，五黨爲州，五州爲鄉，以鄉三物教萬民，而賓興之。(物，猶事也。興，猶舉也。三事教成，鄉大夫舉其賢者能者，以飲酒之禮賓客之，既則獻其書於王。) 一曰六德：知、仁、聖、義、忠、和。(知，謂明於事。仁，謂愛人以及物。聖，謂通而先識。義，謂能斷時宜。忠，謂言以中心。和，謂不剛不柔。) 二曰六行：孝、友、睦、姻、任、恤。(孝，謂善事父母。友，謂善於兄弟。睦，謂親於九族。姻，謂親於外親。任，謂信於友道。恤，謂賑於憂貧。) 三曰六藝：禮、樂、射、御、書、數。(禮，謂五禮：吉、凶、軍、賓、嘉也。樂，謂六樂：《雲門》、《大咸》、《大韶》、《大夏》、《大濩》、《大武》。射，謂五射②。

---

① 程子曰：古者八歲入小學，十五入大學。擇其纔可教者聚之，不肖者復之農畝。蓋士農不易業，既入學則不治農，然後士農判。古之士者，自十五入學至四十方仕，中間自有二十五年學，又無利可趨，則所志可知。須去趨善，便自此成德。後之人自童稚間已有汲汲趨利之意，何由得向善？其古人必使四十而仕，然後志定。祇營衣食卻無害，惟利祿之誘最害人。

② 亦即：一曰白矢，謂矢貫侯過見其鏃白也；二曰參連，謂前放一矢，後三矢連續而去也；三曰剡(yǎn)注，謂羽頭高鏃低而去，剡剡(起行貌或光閃爍貌)然也；四曰襄(ràng)尺，謂臣與君射，不與君並立，襄君一尺而退也；五曰井儀，謂四矢貫侯，如井之容儀也。

御，謂五御①。書，謂六書②。數，謂九數③。）以鄉八刑糾萬民（謂察取鄉中八種之過而斷割其罪也），一曰不孝之刑，二曰不睦之刑，三曰不姻之刑，四曰不弟之刑（不弟，謂不敬師長），五曰不任之刑，六曰不恤之刑，七曰造言之刑（訛言惑衆），八曰亂民之刑（亂名改作，執左道以亂政也）。以五禮防萬民之偽而教之中（禮所以節止民之侈偽，使上不逼下，下不僭上，行得其中），以六樂防萬民之情而教之和（樂所以道正民之情性，使乖戾不作，血氣和平）。又曰：古者王子年八歲而出就外舍，學小藝焉，履小節焉；束髮而就太學，學大藝焉，履大節焉。（小學，謂虎闈，師保之學也。大學，王宮之東者。束髮，謂成童。《白虎通》曰：八歲入小學，十五入大學。是也。此太子之禮。《尚書大傳》曰："公卿之太子，大夫元士嫡子，年十三始入小學，見小節而踐小義。年二十入大學，見大節而踐大義。"此王子入學之期也。又曰十五年入小學，十八入大學者，謂諸子姓既成者，至十五入小學，其早成者十八入大學。《內則》曰"十年出就外傅，居宿於外，學書計"者，謂公卿已下教子於家也。今按：虎闈，見《周禮·師氏》："居虎門之左，教國子弟。"《保氏》："掌養國子。守王闈。"一作"庠門"者，非是。又按：姓，孫也，或恐當作"性"。既，或恐當作"晚"。）又曰：三代之隆，其法

---

① 亦即：一曰鳴和鸞，謂和在式，鸞在衡，升車則馬動，馬動則鸞鳴，鸞鳴則和應也；二曰逐水曲，謂隨逐水勢之屈曲而不墜水也；三曰過君表，謂若《毛詩》傳云：褐纒旃（zhān）以爲門（轅門），裘屈質以爲槷（niè 門橜），間容握驅而入，擊則不得入。君表則褐纒旃也；四曰舞交衢，衢，道也，謂在交道而車旋應於舞節；五曰逐禽左，謂御驅逆之車逆驅禽獸，使左當人君以射之也。

② 亦即：一曰象形，謂日月之類，象日月形體而爲之；二曰會意，謂武信之類，人言爲信，止戈爲武，會合人意也；三曰轉注，謂考老之類，建類一首，文意相受，左右相注，故名轉注；四曰處事，謂上下之類，人在一上爲上，人在一下爲下，各有其處事得其宜，故曰處事；五曰假借，謂令長之類，一字兩用也；六曰諧聲，謂形聲一也，如江河之類，皆以水爲形，以工可爲聲也。

③ 亦即：一曰方田，以御田疇界域；二曰粟布，以御交質變易；三曰衰分，以御貴賤稟稅；四曰少廣，以御積冪方圓；五曰商功，以御功程積實；六曰均輸，以御遠近勞費；七曰盈朒（nǜ 不足；朒缺），以御隱雜互見；八曰方程，以御錯糅正圓；九曰勾股，以御高深廣遠。

寢備，然後王宮、國都以及閭巷，莫不有學。人生八歲，則自王公以下至於庶人之子弟，皆入小學，而教之以灑掃、應對、進退之節，禮樂、射禦、書數之文。及其十有五年，則自天子之元子、眾子，以至公、卿、大夫、元士之適子，與凡民之俊秀，皆入大學，而教之以窮理、正心、修己、治人之道。此又學校之教，大小之節所以分也。夫以學校之設，其廣如此；教之之術，其次第節目之詳又如此；而其所以爲教，則又皆本之人君躬行心得之餘，不待求之民生日用彝倫之外；是以當世之人無不學；其學焉者，無不有以知其性分之所固有、職分之所當爲，而各勉焉以盡其力。此古昔盛時所以治隆於上，俗美於下，而非後世之所能及也！及周之衰，賢聖之君不作，學校之政不修，教化陵夷，風俗頹敗，時則有若孔子之聖，而不得君師之位以行其政教，於是獨取先王之法，誦而傳之以詔後世。若《曲禮》、《少儀》、《內則》、《弟子職》①諸篇，固小學之支流餘裔，而此篇者，則因小學之成功，以著大學之明法，外有以極其規模之大，而內有以盡其節目之詳者也。

　　○陳祥道曰：董氏言王者立大學以教於國，設庠、序以化於邑，則家塾、黨庠、術序，所謂鄉學，而化於邑也。國有學，所謂大學而教於國也。大司樂掌成均之灋，以治建國之學政，則成均之學豈非國有學之謂歟！以義求之，塾者孰也，言習孰乎，灑掃應對進退之事，將由末以致本者也。庠者養也，言養人材而成之，非特口體而已。序者射也，言以射別行能而進，非特主皮而已。學則本天人之道而覺之，非特爲利而已。又曰家言其塾，則凡鄉遂之家皆塾也。遂言其序，則凡鄉遂之路皆序也。學者自比而至於鄉，自鄰而至於遂，近而出入之所習孰，遠而往來之所次序，文德之盛無大於此。又曰：由離經辨志至於論學取友，則可與適道而未可與立，學之小成者也。必四進而後視之知類通達，強立而不反，則可與立矣，學之大成者也。尚何事於視爲哉？今夫王道以九變成化，簫韶以九變成樂，則學以九年

---

　　① 前三篇出自《禮記》，後一篇出自《管子》，皆說孩子當修習養成並遵守的禮儀，被朱子收入其《儀禮經傳通解》（載《朱子全書》，第貳至伍冊）中。

大成，亦天數之常。爲學日益之事也，知類通達而見善明，強立不反
而用心剛，權利不能傾，羣眾不能移，天下不能蕩，夫然後內能定，
外能應，非夫以善養人而服天下，孰能與此！今夫蛾有君臣之義，言
蛾子又有父子之道焉，內則父子，外則君臣，人之大倫也。大學之
道，所以明人倫也，故取此以明之。

　　○陸佃曰：蓋術之言路也，讀如經術之術。鄭氏謂術爲遂，非
也。蓋記此者言，古之教人者，以外則國有學，以內則家有塾。於黨
則有庠，以待其居者。於路則有序，以待其行者。以明先王之教人其
大略如此，非以盡天下之學而已也。宗鄭氏者遂以爲鄉有庠，遂有序
而已，此不該不徧，一曲之論也。

　　○呂東萊曰：離經辨志謂浹意義。敬業不敢輕易。五年方可博
習，未至此則非聖人之書不敢觀！前此非不從師，至此方能親師。七
年見得的當，方可議論是非，決擇賢否。

　　○吳澄曰：按考校與周官大比不同，考校者謂九年大成以前，每
間一歲，教者察視其學業之進何如；大比者謂九年大成之後，每三年
則鄉大夫大比其德行道藝，而賓興之也。初入學一年於歲終，視其讀
經斷句，而分別其志之果向學與否。敬業者謂於所讀之經而專心致
志。樂羣者如食而已知其味，樂與同居之羣共講習之。此於三年之歲
終察視之。博習謂所學經外，又能汎及他經，傳授師說，服膺不失，
而親近其師，惟恐或離也。此於五年之歲終察視之。論學謂義理已
明，能論說學之是非，識人品高下，而取其善者以爲友。此於七年之
歲終察視之。以上皆小學之事，九年則十五入大學之次年，自始入小
學之年而通數之爲九年也，能知事理而推其類，由此以通達於彼，猶
子貢之聞一知二。此大學致知之功也。強立謂守之堅固，不反謂其已
能者不退轉，此大學力行之效也。

　　○船山曰：以上第三章。謂先王立學建師之道也。古之仕而已
者，歸教於閭里，旦夕坐於門以教焉。門側堂謂之“塾”。五百家爲
“黨”，六鄉之屬也。萬二千五百家爲“術”，在遠郊之外。堂有室曰
“庠”，以養老爲主；無室曰“序”，以射爲主。“國”，國中。“學”，
大學也。又曰：《記》，古書名。“術”，徑也。蛾之後行者踵先行者，

接跡相繼，則徑不迷而遠可至。民雖愚而上以教倡之，則順從而鄉道矣。

○納喇性德案：《學記》黨、庠、州、序，似有定制，考之諸經，則又不然。吳氏云：鄉飲酒迎賓於庠門之外，則鄉學亦稱庠，不但黨有庠也。州長言射於州序，則州之學亦稱序，不但遂有序也。黨正言飲酒於序，則黨之學亦稱爲序。孟子言：殷曰序，周曰庠。則不分所在之地，然則曰庠曰序，蓋鄉、遂、州、縣、黨、鄙之學可通稱之也。愚謂：鄭以術爲遂，與《集説》以術爲州者不同。遂有萬二千五百家，州不過二千五百家而已，非萬二千五百家也。術者邑中道徑也，道徑者人所遵循，故術述通用。下文蛾子時術之，術即述之義。遂與述相似，由此而訛耳。《集説》改爲州字，則不惟家數不相符，字形亦大逕庭矣。又案：以蛾爲蟻出於舊注，古人蛾蟻同音本一字也，故常儀占月，後人訛爲常娥。詩《菁菁者莪》與樂《且有儀叶》，此類甚多，不可枚舉。

○李光坡謂：人主果能專心教學，孜孜不倦，使比戶絃歌，自然風移而俗易矣。非祗於官使大成之士乃有其效也。自家有塾至此，明立學所成就之次第也。

○方苞曰：《陳氏集説》謂術宜爲州，不若注易爲遂之當也。《周官》司徒考德興賢詳於六鄉，勸耕課織詳於六遂。正此義也。又曰：臨川吳氏謂七年以上皆小學之事，九年則入大學之次年，自始入小學通數爲九年，非也！小學九年始教之數日，七年尚未學書，豈可責以離經辨志？蓋謂入大學也，經書多十五以前所誦習，故一年內校其成熟與否，既成熟則離經而辨其志所趨向耳。以入大學爲始九年而大成，乃中人所難，況可責之成童以後乎！十五入大學又期年，則志必有所嚮而不能自掩矣，爲之師者，非徒辨之而已也。使志在利祿，則必告以名義之重；志在藝術，則宜示以小道之輕。必至九年出學，始各以其所就，進退棄取之。自一年以至七年，四曰視者，爲師者以是布爲教，即以是程其學也。九年則不復言視者，知類通達，強立而不反，非教者所能程，惟學者之自致焉耳。《周官》之法，自族師至州長，按時月以書其德行道藝，而後鄉大夫賓興焉。大學之法自一年至九年，積日累月以驗察之，然後升於司馬以辨其材。蓋自一命以上，所代者天工，苟非其人，則天職以曠；所治者民事，苟非其人，則民病以滋。故教之不可以不詳，取之不可以不慎也。又曰：蛾子時術之術，疑即銜字之誤。

○《欽定禮記義疏》案：陳説本《周禮》經文以斷術之爲州，其説可據。至術之作遂，於古雖有明徵，而遂之有序，於經實無可考。自孔氏言之，則竟以黨屬之遂矣。是當並以疑存之。又案：此章詳言教學之事，中年考校非三年大比，孔疏本明一年，謂入大學之後一年，吳氏合小學在內非也！入大學二年而即望其大成，不太欲速乎？

○陸奎勛曰：鄭注改術爲遂，萬二千五百家。熊朋來謂術遂古字通用。近崑山顧炎武引《管子·度地》篇証之，百家爲里，里十爲術，術十爲州，則術字本不必改。

○萬斯大曰："比年入學"專言升入國學者，蓋十五入大學，後乃中年考校，如是五次乃爲大成，而足以化民易俗也。故曰"此大學之道也"。

○孫敬軒曰：愚謂遂有序者，言六遂之中，縣鄙之屬有序也。六鄉之中，閭側有塾，州、黨有序，鄉有庠，則六遂之中，里側有塾，縣鄙有序，遂有庠。此於鄉但言"黨"，於遂但言"術"，略舉而互見之也。又謂：敬業、博習，所以專其業於己也。至能論學，則深造以道，而所得於己者深矣。樂群、親師，所以集其益於人也。至能取友，則中有定識，而所見於人者明矣。離經者，窮理之始，至於知類通達，則物格知至，而精粗無不貫，知之成也。辨志者，力行之端，至於強力不反，則意誠心正，而物欲不能奪，行之成也。此皆明明德之事也。己德既明，然後推以及民，以之化民易俗，而近遠莫不歸之，則其德化之所及者深，而所被者廣，非謏聞動眾者之所得而侔矣。爲學之功，由始學以至於大成，雖若非一蹴之所能幾，然爲之以漸，而亦無不可至也。

○王夢鷗今譯：古時教學的地方，一家中有"塾"，一黨中有"庠"，一遂中有"序"，一國中有"學"。每年都有新生入學，隔一年作一次考試。入學一年考經文的句讀，辨別志向所趨；三年考察學生是否專心事業，樂合群眾；五年考察學生是否廣博學習，親敬師長；七年考察學生在學術上的見解，及對朋友的選擇，這時候叫做小成；九年而知識暢達，能觸類旁通，臨事而不惑，不違背師訓，這叫做大成。這時，纔能夠化育人民，改變風俗，附近的人都心悅誠服，遠方的人都來歸附，這是大學教育的步驟。古書說：螞蟻時時學習銜泥，然後能成大垤。就是這個意思。

大學始教，皮弁祭菜，示敬道也。《宵雅》肄三，官其始也。入學鼓篋，孫其業也。夏、楚二物，收其威也。未卜禘不視學，遊其志也。時觀而弗語，存其心也。幼者聽而弗問，學不躐等也。此七者，教之大倫也。《記》曰：“凡學，官先事，士先志。”其此之謂乎！

○鄭玄曰：皮弁，天子之朝朝服也。祭菜，禮先聖先師。菜，謂芹藻之屬。宵之言小也。肄，習也。習《小雅》之三，謂《鹿鳴》、《四牡》、《皇皇者華》也。此皆君臣宴樂相勞苦之詩，為始學者習之，所以勸之以官，且取上下相和厚。鼓篋，擊鼓警眾，乃發篋出所治經業也。孫，猶恭順也。夏（jiǎ），榎（tāo）也。楚，荊也。二者所以撲撻犯禮者。收，謂收斂整齊之。威，威儀也。禘，大祭也。天子諸侯既祭，乃視學考校，以遊暇學者之志意。使之悱悱憤憤，然後啟發也。（朱子按：觀，示也，謂示以所學之端緒。語，告也。）學（xiào），教也，教之長穉。（孔穎達疏曰：幼者有疑，但推長者問而聽之，不可躐等問其師。）倫，理也。自“大學始教”至此，其義七也。

○孔穎達曰：此一節明天子、諸侯教學大理，凡有七種。凡學，謂學為官學為士者。官則先教以居官之事，士則先諭教以學士之志。故先七事皆以教學居官及學士者。

○《大學》：“大學之道，在明明德，在親（新）民，在止於至善。知止而後有定，定而後能靜，靜而後能安，安而後能慮，慮而後能得。物有本末，事有終始，知所先後，則近道矣。古之欲明明德於天下者，先治其國；欲治其國者，先齊其家；欲齊其家者，先修其身；欲修其身者，先正其心；欲正其心者，先誠其意；欲誠其意者，先致其知；致知在格物。物格而后知至，知至而后意誠，意誠而后心正，心正而后身修，身修而后家齊，家齊而后國治，國治而后天下平。自天子以至於庶人，壹是皆以修身爲本。其本亂而末治者否矣，其所厚者薄，而其所薄者厚，未之有也。"朱子曰：大學者，大人之學也。明德者，人之所得乎天，而虛靈不昧，以具衆理而應萬事者也。但爲氣稟所拘，人欲所蔽，則有時而昏；然其本體之明，則有未嘗息者。故學者當因其所發而遂明之，以復其初也。既自明其明德，又當推以及人，使之亦有以去其舊染之汙也。至善，則事理當然之極也。言明明德、新民，皆當至於至善之地而不遷。蓋必其有以盡夫天理之極，而無一毫人欲之私也。此三者，大學之綱領也。明德爲本，新民爲末。知止爲始，能得爲終。本始所先，末終所後。使天下之人皆有以明其明德也。實其心之所發，欲其一於善而無自欺也。推極吾之知識，欲其所知無不盡也。窮至事物之理，欲其極處無不到也。此八者，大學之條目也。修身以上，明明德之事也。齊家以下，新民之事也。正心以上，皆所以修身也。齊家以下，則舉此而措之耳。推極吾之知識，欲其所知無不盡也。又曰：聖人教人，合下便要他用，便要用賢以治不賢，舉能以教不能，所以公卿大夫在下思各舉其職。

　　○張橫渠曰："皮弁祭菜"，始入學教以天子視學之禮，所以表示學者，雖天子尚必敬學，欲使之敬業也。士即仕也。始入學便教以官人之事，蓋學也者，君國子民之道也。鼓篋謂入學先搜索所藏，防其挾異端邪説，以亂學者也。"時觀而弗語"，默觀其人之所爲。幼者當問長者，不可躐等直問其師。"官先事，士先志"，謂有官者先教之事，未官者使正其志爲先。此據教之大倫而言也。官先事，官已仕者，事謂先其職事。士先志，觀其志之如何。

　　○陳祥道曰：始教者服皮弁之服，行祭菜之禮。菜之爲物至薄，而誠禮寓焉，則以之致祭也，其敬非自外至，由中出，生於心而已，豈非内心以示敬道之意歟！蓋《鹿鳴》主於和樂，《四牡》主於君臣，《皇皇者華》主於忠信。習《小雅》之三，則和樂君臣忠信之道。不闕而可以入官從政矣，用是以勸始入學之士，則所入易以深矣。古之教世子必以禮樂，則其教學士亦必以禮樂焉，故皮弁祭菜而示之使敬，教以禮也。《小雅》肄三而誘之，使勸教以樂也。卜禘尊祖所以崇本也，視學尊師所以勸士也。先尊祖後勸士，其序然也。先事者非忘志也，急先務而已。先志者非遺事也，特在所後而已。故《周官》考士之法，先功緒而德行次之。孔子設科之序，先德行而政事次之。

○呂東萊曰：自堯舜三代以來，所以教學者，切要工夫惟是敬之一事最難識，未見師友，未經講習，先使之皮弁祭菜蕭然此心，是以敬道示之。宵，舊說以宵爲小，大抵經書字不當改。古人采詩夜誦，正是《宵雅》肄三之意，夜閒從容無事，諷誦吟詠，善端良心油然而生。初入學未知爲學之方，其心茫然，初無所據，使夜閒肄習三章之《雅》。非獨舊說所謂《鹿鳴》《四牡》《皇皇者華》也，但取《雅》之三章，諷誦吟詠，此心遂有所據，所謂官其始也。初入學，凡在學之衆，鳴鼓升堂，衣冠濟濟，肅然在上，新入學者要得出示其所業，向來驕慢怠忽之意都消了，所謂遜其業也。未禘先視學，遽以萬乘之尊臨之學者，安得不迫切。所以"未卜禘不視學"，使人從容優豫，以養其德。既卜禘而視學，使之不敢自怠也。古者教之善處，不在口耳之閒，其動容感發之功深矣。故"時觀而弗語"，所以存養其心也。古人爲學盈科而後進，幼者踰節而問即是躐等，雖曰自求益，亦是犯分，便與爲學相悖。七者皆是古者教人大概，後世此理皆亡，七端之教，所謂講道不過兩事，如其他皆是存養工夫。古人爲學十分之中九分是動容周旋，灑掃應對，一分在誦説。今之學者全在誦説，入耳出口，了無涵蓄工夫，所謂道聽塗説，德之棄也。

○戴溪曰：《宵雅》肄三，說者謂始學習此，勸之以官，則是王者以利祿誘人也。《語》曰："誦詩三百，授之以政，不達；使於四方，不能專對，雖多，亦奚以爲？"古人之學亦貴於有用爾，學者以學詩爲先，所以興起人心也。人而不孫不可以爲學，入學之初，挾其所有以求勝於人，則業不進矣。故始入學者，鼓篋發篋，示其所短，以求教於人。非若後世掩匿所短，畏人之議己；亦非矜誇所長，求人之服己也。孫其業者，言所業不如人，使之知孫也。幼者未足以問而驟躐等焉，則爲不孫弟矣。然學者之問亦難，泛然而問，列事未盡而問，有所挾而問，非所當問而問，皆所不答也。七者之教於學者，初無論辨誦說之功，教以謙敬之道，正其威儀之失，優遊其志慮，涵養其心術，而習孰其恭順之意而已。

○輔廣曰："示敬道也"，所以使之立爲學之誠。"官其始也"，所以使之知教者之意。學者之誠立，教者之意明，然後可以教之矣，故孫其業而使之有受道之質。然又慮其怠也，則又收其威而使之有勉強之意，有受道之質無怠惰之志，則學者可以進道矣。然又慮教者之亟而不俟夫學者之自得也，故又五年一視學，使學者之志優遊而無迫急之患。"時觀而勿語"，使學者之心常存而有憤悱之誠。上無迫切之教，下有憤悱之誠，則不患乎人之不自得已。夫教者固不可亟矣，而學者亦不可以有亟心也，故又終之以學不躐等焉，此其倫序也。七者皆所以正士之志，士則未爲官也，志則未見於事也，士而正其志，則官而能其事矣。

○馬晞孟曰：古之君子其學也爲道而已，豈爲官而學哉？然而士之學者未有不志於行道者也，楊子曰：學之爲王者事，其已久矣。則是官其始者，所以爲王者事也。凡視學必於卜禘者，以禘爲大祭之禮，所以擇士也。若夫時觀，則不必以禘祭爲節矣，然或曰視或曰觀者，何也？視學所以考其成德爲行也，時觀者觀其存於內者而已。成德爲行著者也謂之視焉，見於著者也。有於內隱者也謂之觀焉，見於隱者也。古者三年一祫，五年一禘，蓋常禮比年入學，中年考校，則其所謂中年者，豈皆合於禘祭之歲歟？蓋中年而考校者，有司而已。卜禘而視學者，是天子諸侯之事。

○魏了翁曰：古者上自朝廷下及四方之賓燕，凡以爲講道修政之樂歌，則《小雅》之三也。《鹿鳴》以示人善道樂嘉賓之心。《四牡》以勤勞王事，養父母之志。《皇皇者華》以布宣主德，爲使臣之光。故大學之教自皮弁祭菜以後，即肄此三《雅》，饗燕射鄉，自旅酬奠觶以後，即升此三歌。嗚呼！非文武之澤浹於人也深，其能和平忠厚，使人油油翼翼，詠嘆而不能已也如此。

○劉氏曰：自皮弁祭菜至聽而弗問，凡七事皆大學爲教之大倫，大倫猶言大節耳。"官先事，士先志"，竊意官是已仕者，士是未仕者。謂已仕而爲學，則先其職事之所急；未仕而爲學，則未得見諸行事，故先其志之所尚也。子夏曰"仕而優則學"，是已居官而爲學也。王子墊問：士何事？孟子曰：尚志是未仕而學，則先尚志也。然大學之道，明德、新民而已，先志者所以明德，先事者所以新民。七事上句皆教者之事，下句皆學者之志。

○吳澄曰：古者始入學，必釋菜於先聖先師，故大學始初之教，有司先服皮弁服，行釋菜禮，蓋示學者以敬先聖先師之道也。常服玄冠，今加服皮弁。芹藻之菜，簡質而潔，皆示敬也。又曰：學者將以居官任事也，誦詩者必欲其達於政而能專對，《小雅》三詩皆言爲君使之事，使之肄習，蓋教以官事於其始也。

○方慤曰：《宵雅》肄習，必兼以三，誘其志也。習必以雅，欲其正也。止以《小雅》，欲其有漸也。以其始教，故曰官其始也，官者主治之謂也。學以孫志爲事，故教者必撲之，以收其威也。

○船山曰：以上第四章。學而後入官，則躬試諸行事矣。入學之士尚志爲先，七者之倫所以養其志也。

○納喇性德案：古者始入學必釋菜於先聖先師，故有司皮弁行釋菜禮，蓋示學者以敬先聖先師之道也。《集説》云尊敬道藝而不及先聖先師，與釋菜無涉矣。竊又案：師道貴嚴威，夏楚不可廢也。故《易》曰：發蒙利用刑人以正法。若廢法則無威，而學者怠玩之心生矣。則收其威者，乃振收教者之威，非收斂學者之威儀。舊説恐誤。愚又案：卜禘乃視學，正合《月令》仲春上丁天子視學之文，吳氏以禘爲時祭當矣。但春禘止見《郊特牲》，《王制》春曰礿（yào），夏曰禘，無所謂春禘。又云：或君親往，或有司爲之。又自反其説，何也？《集説》所云仲秋視學，考之《月令》無其事。豈據《周禮》大胥秋頒學合聲之語耶？

○鄂爾泰等曰：此七者皆大學教人之大節也。《記》曰：凡學之道不拘一途，官則先其職事之所急，士則先其志意之所尚，其即此教必先大倫之謂乎。

○《欽定禮記義疏》通論：陳氏祥道曰：學者之於先聖先師大有釋奠，小有釋菜。釋奠以飲爲主而其禮隆，釋菜以食爲主而其禮薄。故大學始教，皮弁祭菜，所以示敬而已矣。古之教世子必以禮樂，教學士亦必以禮樂，皮弁祭菜而示之，使敬教以禮也。《小雅》肆三而誘之使勸教以樂也。存疑：呂氏祖謙曰：舊說以宵爲小，大抵經書字不當改，古人采詩夜誦，使夜聞肄習，三章之《雅》，非獨舊說所謂《鹿鳴》、《四牡》、《皇皇者華》也，但取《雅》之三章，諷誦吟詠，此心遂有所據，所謂官其始也。存疑：鄭氏康成曰：學不躐等。學，教也。教之長稺。張子曰：鼓篋謂入學先搜索所藏，防其挾異端邪說，以亂學者也。辨正：郝氏敬曰：學不躐等，鄭改學爲教，恐非。案：此章歷數大學之教法而明其義，見教者所當先也。禘祭《王制》祭統，並云夏《郊特牲》祭義，並云春以諸經考之似夏禘爲正。此言卜禘視學者，大約在每年夏祭之後，天子視學，亦使有司考校之也。孔疏以爲五年大禘，陳氏祥道以爲三年吉禘，吳氏澄以爲周前春祭名禘，或云祠字之誤，恐皆非。

○方苞曰：古者四十而後仕，出學之後，從容蓄德者，近二十年，不宜有未學而仕者。而曰“官先事”，何也？蓋國子弟及公卿之子有世邑者，或將冠既冠而有封守，則有人民社稷之事；宮正宮伯所掌宿衛之士庶子，則有陛桓周盧之事；司士所作，升於司馬之士，諸子所作，群子及國子之倅會同賓客，則有從王之事；軍旅則有守宮廟及邊境之事。其人雖未爲命士，而已各有官守，平居無事，或仍來學於太學虎門庠序，則就師講問，必以其職事爲先也。

○孫敬軒曰：愚謂詩者，學者之所弦誦，始入學者先習《小雅‧鹿鳴》之三篇。蓋以此三篇皆君之所以燕樂其臣，而臣之所以服事於君者，故以入官之道示之於入學之始，所以擴充其志意，使知學之當爲用於國家也。又曰：此七者，雖未及乎講貫服習之事，然振興鼓舞之方，整齊嚴肅之意，從容涵養之益，皆在是焉。是設教之大倫也。大倫，猶言大義也。

　　○王夢鷗今譯：大學開始的時候，士子穿著禮服，以蘋藻祭祀先聖先師，表示尊敬道術；練習《小雅‧鹿鳴》、《四牡》、《皇皇者華》三首詩歌，是要以涖官事上的道理去期望學生；先擊鼓召集，然後打開書篋是要學生對學業恭順；夏楚兩物用以鞭策學生，是要收得整齊的威儀；夏天未禘祭以前，天子不去學校視察，是要使學生得有悠閒以發展志向；教師常常觀察學生，但到必要時纔加以指導，是要使學生自動自發；至於年幼的學生，祇聽講而不亂發問，則因學習不能不依進度進行。這七項，是教學的大道理。古書說：凡學習做官，先學管理事情，要做學者，先堅定志向。就是這個意思。

癸巳讀書劄記

孫奧麟

　　麟非知學者，少時唯好音樂，及畢業便赴京爲娛記兩載，離職無事，方從家父處尋得一冊《論語》看，以此知有圣人之學，今則三十人矣。

　　余獨學無友，亦未知關注學界，數年祇閑翻古書自適而已。去冬偶識川大一脈學子前，幾以爲天下唯余一人好宋學，其愚陋有如此者。

　　余聞道既晚，加之公務繁忙，故所得多在舟車與食肆中，倘歸家未忘，輒作劄記。麟之議論，自謂如離薪之虛焰、過穎之激水，勉強企及、乍見又失者多，罕有真積力久、篤於履踐而得者。余功夫既差，讀書又少，每發前人所已發，足令聞者汗顔。幸蒙師友不棄，命余以劄記入川大《切磋四集》，蓋取余學問之“原生態”也。堪切磋者，玉也；余，攻玉之粗糲者，或亦切磋之可備，故整頓年來劄記忝附末列，恭請師友指正。

　　今人欲尊孔，卻謂“去聖乃得真孔子”。余謂，必“識聖方得真孔子”。

　　聖人之學，純然一團陽剛而已。然非不能柔，其柔也剛，永貞之坤，孰剛於此？

　　《語》《孟》祇是聖人閒說話，故不可拘死學。《語》《孟》卻非聖人說閒話，故亦不可不精研。

　　“大德不逾閑，小德出入可也。”此謂惟大德卓然確立，小處方能進退取捨無不得中；小德出入之理在小過卦，爲行過乎恭、喪過乎哀、用過乎儉之類。此仁熟義精之事，非小事可糊塗之謂。

　　“鳳兮鳳兮，何德之衰！”“何”讀去聲，負荷意。接輿憫夫子獨力撑拄崩壞之世，勸其退隱耳。故前以鳳比孔子，後又曰“往者不可諫，來者猶可追”。《易》云“復自道，何其咎”、“何天之衢”亦然。

　　“辭，達而已矣。”作文立言，過與不及皆非“達”，惟恰到好處方是“達”。然達後必“已”，絮絮不止又是過了，故曰“達而已矣”。此理在作文亦然，文風華麗或簡雅皆非可與，須是所見自華麗或簡雅，然後平實落筆，令意思自出。

　　“割不正不食。”古人手飯，每疑“割”爲一類食肉餐刀，與“席不正不坐”對言。聖人自割肉必正，然庖人割肉時有不正，聖人豈能因此廢食？

　　“譬諸草木，區以別矣。”此是子夏拈出子游之病。“區”，區域意。“方以類聚，物以群分”，在草木尤爲如此。譬如竹長在南國、葦生在水中，麥、稻、松、桑，區域井然，各有邊際。聖人之道卻不如此。聖人之道，範圍天地，卻本末一貫，無一毫間斷。若灑掃、應對、進退之類雖粗，倘直心行之，聖人之道亦在其中。且至聖人地位，灑掃應對之類亦廢不得，故云：“孰先傳焉？孰後倦焉？”據此節，可見孔門得一貫之旨者，子夏亦在列矣。

　　“爲人謀而不忠乎？”是曾子自問心念有自欺處否。以曾子之賢，必不至日日爲人謀劃而竟或不忠；倘如此，則人不與謀矣。此“爲人"與"其爲人也孝悌"之"爲人"同,立身之道意。

"毋意,毋必,毋固,毋我。"禪家謂無一定之理,非也。有一定之理,方須如此。

斯仁至矣,我欲仁。

窮達有命,故不患厄於陳蔡;患厄於陳蔡者非孔子。

管仲,豪傑也,其仁足使桓公霸,其私足使桓公不王。孔子言"如其仁"者,或祇說管仲之仁推到此處,其功業亦竭盡到此處。

夫子"發憤忘食,樂以忘憂",樂或爲鼓瑟彈琴之事。

爲師者聖如孔子,爲徒者賢如顏子,工夫卻從"非禮勿視,非禮勿聽,非禮勿言,非禮勿動"上下手。彼以頓悟相授受者,未知斤兩比孔顏如何!

非止造道、立身、求學、幹事,我輩苟有一志未遂,無不當以修身爲吃力最緊處,非此則脊樑不立,成敗得失一任於天。盡人事而未得者有之,不幸也;私意權謀而得者有之,幸也——小人行險以徼幸。

"下學而上達",非謂先打基礎再節節建造,乃是勤澆灌樹根,興發處卻在枝葉。

"克己復禮",內聖也;"天下歸仁",外王也。而曰"一日"者,體用一源,不俟終日也。

嘗見人謂"己所不欲,勿施於人"有弊,謂此說必流於"己所欲，施於人"云云，蓋未思"人所欲，施於己"皆爲己所不欲也。

遠庖廚，不執仁害義；釣而不綱，不執義害仁。

"樂其可知也。"所以翕如、純如、皦如、繹如者，元、亨、利、貞之理也。

十室之邑而忠信如夫子者，未失忠信者也。若夫子之好學，則不失忠信者也。

權，復經之謂也。

行權本乎誠。彼不恥作僞者，豈權哉？

孔門因材施教，與佛門所謂"權教"，可謂似是而大非。聖門之教，次第井然，一本於誠，又中道而立，能者從之而已矣。因材施教祇似量體裁衣，裁剪有異；及做成，卻無不是衣服。而所謂權法、密行、俗諦、不了義、黃葉止啼、先以欲勾牽後令入佛智云云，卻先已做成了褲子，雖欲開權顯實，世豈有褲子易改爲衣服之理？

佛家言無我，儒家言毋我。毋我是去私，去私則自然存公；無我則欲墮入空寂——其實亦無空寂可供人墮。

"性相近也，習相遠也。"善則相近，不善則奇詭萬端，豈能相近？故爲君子趨於一，爲小人則散萬殊。

天命之性，我之所以爲人；氣質之性，我之所以爲我。所以爲人、爲我者又非兩個性，一指示本源處，一指示賦形著落處。

曰"建國君民，教學爲先"，非指教學先於建國。乾坤始交而難生，屯建侯而後發蒙，此其義也。

《儒行》一篇，前人多言偽託，然哀公會聖人亦大事，當有史筆在列，故所記精詳。

老氏之學，於太極流轉亦有見，卻祇欲把持方興未盛處，以持盈保寵；推其流弊，必至於賊仁。聖人之學則惟義所在，死生消長有所不避，故與天地準；與天地準，便是仁。

老子絕仁棄義，卻立慈。

學者常思中體西用，是不信中體自有中用。

理欲之際，譬如拔河：賣力一分，便拉來一分；稍懈一分，便被奪去一分。然氣壹則動志，修省久，自有熟處，熟便不可奪。

言人人皆有自家的道理，個個觀念有異故實無對錯之類，此是以天下有萬本，不知天下祇是個“道並行而不相悖”。孝悌忠信、冬裘夏葛，皆是正道，故不相悖；所操非道，雖欲獨行，得無悖乎？

傷情的理不是真理，害理的情不是真情。

學人不事作文久矣，論文體害之也。必以翻譯體長句論學，是挾道也，百姓雖欲從之，難能也。道理不簡約，便不是至道；出言不簡約，便不是至言，更不得“聽其言也厲”，使人有省。

“體用一源，顯微無間。”苟於此有見，則一切異端不能動其心。

逃盡人倫天職，楊朱之“拔一毛而利天下不爲”也；大言度盡眾生，墨子之“兼愛”也；畢生祇以見得知覺靈明處爲成就，告子

"生之謂性"也。孟子排此三人，用意極深，知其後世有邪說作，伎倆不能過此三種。佛氏之說，合楊、墨、告子三人之學耳，狡兔三窟，猶未識中。

聖人之學經天緯地，一以貫之，若必旁采釋道西哲方謂圓滿，便不足言一貫。於聖人之道探得本，則自然純，純然後大，大而後周遍，周遍而後反約；未得本，便主學儒門，亦不純，此學不純便非，縱其學如康、章、馬、熊之碩，未敢以爲有益。

以"新儒家"自命者，欲掩其學之二三本與？儒有新舊，除是道有新舊。

學者之患在好博。今日氾濫儒釋道者言三教合一，自以爲左右逢源，其實猶如葉公好龍——東取個牛頭，西取個蟒身，取些鷹爪、鹿角、魚鱗之類，雖然拼出個龍，卻是死龍。要之，連死龍亦不是。

百年來，不乏欲改良儒學之才俊。若余，則欲以儒學自改良而未得者。

陸子嘗言："人同此心，心同此理，心即理也。"然人同此手，手同此指，手即指乎？

"先立乎其大者，則其小者不能奪"固是，然之前有許多工夫，不爲則大者不立，無體；其後有許多節目，不講則小者不理，無用。

元氣周流，以二氣論亦可，以一氣論亦可。知行亦然：就二事言，則必曰先知而後行，"乾知大始，坤作成物"故爾；就一事言，則知行並存，而分數常不同，謂知行不離可也，謂知行合一已含糊，謂知行本一、先行後知則不可。

余嘗遍檢《傳習錄》，陽明之解說良知，釋義有大出入者凡十七種。"良知"之爲物，可謂即理即氣即覺即神即道即性即天即智即中即義。其後學每每一言蔽之曰"此體"，其所以不能名之，蓋亦有由矣。

儒者不言因果，何也？所以爲因果者，理也。論理而不言因果，可；論因果而不窮理，不可。釋氏不窮理，遂有"講法錯一字，五百世野狐身"云云。《大學》言"物有本末，事有終始"，此互文也，物亦不無終始，事亦不無本末。事物之有本末終始，因果也，然必"知所先後"方可謂近道，其所以成先後、本末、終始者，理也。

有性存焉，謂"起心動念莫非前定"者、謂"我命由我不由天"者，皆非知命者也，惟孟氏"莫非命也，順受其正"爲全提。見義必爲，漸次恢廓，斯趨正命矣，其事則曰克、其官則曰心，其本則曰性，其理則曰復。

余之解《大學》格、致、誠、正，得自《易》剝、復、無妄、大畜之序，故格物見解與司馬文正公同。至於前輩訓物爲事，愚則未能會。竊謂物自物，事自事；《大學》亦言"物有本末，事有終始"，似不得以事訓物也。

古時"止"、"趾"通。趾居人最下，動則運身、靜則立身者也。止，趨此而立也。"止于至善""止於仁"之類皆是。

中國人遇事思"講理"，西洋人遇事思"公平"。講理則公平，講公平卻須講理。若票選元首之類，是照顧公平而不講理者。

蒙卦六爻，揆之教育，爲規矩、薰陶、德本、自覺、率性、懲戒六者，此天下教育理論之總綱。

"夫大人者，與天地合其德，與日月合其明，與四時合其序，與鬼神合其吉凶。"與天地合德者，仁也；與日月合明者，智也；與四時合序者，禮也；與鬼神合吉凶者，義也。

《中庸》言"天地之道，可一言而盡也；其爲物不貳，則其生物不測"，愚謂斷作"其爲物不貳則，其生物不測"更洽。《說文》："則，法也。""爲物不貳則"：本乎一理，首出庶物也。"生物不測"：散爲萬殊，萬物資生也。

《中庸》言"人莫不飲食，鮮能知味"——孟曰："口之於味，有同耆也；易牙先得我口之所耆者也……至於心，獨無所同然乎？心之所同然者何也？謂理也，義也。聖人先得我心之所同然耳。"

道不須臾離人，此實理也；不敬則無以體之，亦實理也。

循理之謂善。

吾儒言虛，亦是實理。

禮樂並稱，蓋古時藝術以樂爲最盛，所含攝藝術種類最多，故舉一以該其餘，其實則爲一切藝術之通稱。若文學、舞蹈、美術、建築、表演，凡能動人情之技藝，皆屬樂類。

樂非中和也，所以致中和者也。聖人之樂未必皆寡淡，必如天地間之有和風暖陽，亦時有激雨雷震，然使人心趨和則一也。

天下未嘗須臾無禮樂，看合道否。

舜治天下，隱惡而揚善。隱惡非縱惡也，揚善非愚民也。百姓耳聞目見皆是真情正理，自然頑夫廉，懦夫有立志。竊謂欲矯今日世風，重在得二三賢者統領電視網路諸媒體。世風之敗壞以媒體，澄清亦需媒體。迷醉以此杯，解酒亦需此杯。

豪傑以造時勢爲能；聖人則行一不義、殺一不辜，雖得天下不爲也。豪傑所能者，聖人時有不能；聖人所能者，豪傑必不能。當孔子時，是聖人不能之時。何以不能？違道而求功，無私故不能；雖不能，聖人之道傳萬世，其功又豈豪傑可比哉！

義利非懸絕如冰炭，“利者義之和也”，處處盡義，自然是利。君子、小人所由分，在義利先後。

“正其義不謀其利”，重義，正義者則雖不謀利而利常隨之；正其義而謀其利，重利，逐利者雖正義亦肯爲之，倘無利可圖，則亦不正義矣。

凡人據地仰觀，列星仿似大小平均，惟時與位不同耳，其實則巨細懸殊不知幾萬倍也。以余所見，若以朱、陸並尊者，是純依目力者也。

外挾世風，內裹習氣，何覓自由？克己復禮。

人之自由，是棋子在棋盤上的自由。

單言乾元，則一體混全。乾坤對言，則乾元“首出庶物，萬物資始”，非理而何？坤元“萬物資生，品物咸亨”，非氣而何？

三才無鬼神之位。鬼神之幽隱難測，鬼神之性也，雖然，猶是天地間一物，有其物必有其理，其爲物雖有神妙，智識卻不及人。宗教家喜以鬼神事佈道，此足以迷惑不明鬼神之理者。佛道耶回之說遍天下，綿延數千載，人被它迷，鬼神何爲不被它迷？君子便欲窮天下理，鬼神亦非急務，故聖人衹教人"敬而遠之"，勿不敬而流於張狂，勿不遠而起賊心。

宗教家所舉輪回之證據，未必皆偽造，然其中真實者皆魂氣附體所致，非輪回也。

若龜、蛇、蝎、狸者，何以生爲蠢物，死後竟可作怪？蓋生時氣凝理定，靈不得；及軀殼驟壞，魂氣未散便出，轉而清通少礙，便能靈。妖物憑人，猶人馴馬然，一個強借馬力，一個欲脫羈絆，於是人格妖格，纏於方寸。然在人則多有不察，更有誤以妖物之意爲己意、以妖物之知爲己知、以妖物之情爲己情者。今所謂精神病者，亦多爲妖物作祟，其狂戾兇暴、全失人狀者，妖格分數多；喜怒無常、言語莫名者，人格分數多。古人巫、醫並重，其有由焉。

吾儒有盈科後進之時，無一悟便了之義。

凡人志定意專、靜心寡欲，日久自有一段颯爽安樂處，或見幾、或前知，精神智力，皆過平常，所謂"清明在躬，氣志如神"者也。禪家至此，便葆任而已；儒者則每誤以爲道在是也。然此終是氣上事，猶水澄清而渣滓未去，故接事仍亂。此種光景，得杯好茶便七分相似，故聖人不論，明者不貴。

慈悲害仁，因果害義。

人之迷信，皆是自信太過。

凡所有相，皆非虛妄。若鏡花水月、露電泡影、夢寐、思慮、幻覺、錯覺，莫非氣之跡也。

禪學惑人，余約其手段，大略有三：一曰翻筋斗法，二曰兩頭蟲法，三曰列方程法。所謂翻筋斗者，如言"諸法住心中，心住虛空中，虛空無處住"。必依重重自我否定以進其說，猶如空翻，雖兜轉得炫目好看，到頭卻祇落回原地。又如反搭滾梯，上一步則消一階，所歷雖異，卻不曾真上進半分。所謂兩頭蟲者，釋氏將空有、經權、頓漸、真俗、祈福治病與第一義諦、往生西天與不住涅盤處處說一遍，便自謂圓滿周遍。被人捉住一頭，他必以另一頭遁去，兩頭皆捉住，他又言吾本圓教、爾自理障云云。凡此種種，經卷俱在，逃無可逃。若章、馬、熊、牟指其無稽處曰"此神話耳，非吾所崇之純粹佛學也"，不可。言其教有粗精可，言粗處非其教則不可。所謂列方程者，佛氏道理有不通處，其徒便引一不可印證之新說摻入，猶人指其算式爲不等式，他便引入 X 以成其等式，待再被人勘破，他便引入 Y，由一元方程變爲二元方程，由二元方程變爲三元方程，以此類推，至乎無窮。此"無窮"最能吸引高明之士，蓋能供其逞手腳也。然彼之可以至無窮者，以其無解也。

有德不配位，無位不配德。

意見可有，成見不可有。

慚德非慚也，德也。

多愁近義，善感近仁。戚戚非愁也，逐逐非感也。

觀童稚之玩煙花，及點燃搖臂，夜幕中便自現一璀璨之光弧，其光周流往復，有類於元亨利貞相續不息之理。然物皆有數，及火藥將盡，則光圈轉而黯淡；待光焰既隱，則其清氣已全騰天，其濁質也全落地，復歸於大本矣。萬物之由生而壞，其猶搖煙花與？

道統雖授受有跡，天之大用也，猶擲石擊水漂然，時運所會，便激蕩起一圈漣漪。

伊川先生謂"聖人乃天地之用"。天地無思慮言作，卻自能生出聖人以左右民，其神妙如此。

夫《易》者，聖人明易之書也。易者，道之體、理之全、性之純也。

乾坤之說，猶天地、仁義。統說則乾包坤、天包地、仁包義，分說則乾與坤對、天與地對、仁與義對。余當年未知學，惟好《易》，數年於此，方有自信；及今年讀《困知記》，乃見羅先生早有此論，可歎可笑。子曰："以思，無益，不如學也。"

惟物論以天地爲機械死物，泯其神矣；聖人亦云"盈天地間惟萬物也"，然不害其中有生生之妙。

八卦者，自然之理，不必借河洛而後立。

學《易》者之眾，未有過於今日者。然其人尋章摘句，裝點門面者有之；騰口滔滔，言不及義者有之；穿鑿附會，自矜創見者有之；一葉障目，廢道論器者有之；皓首窮經，不履一理者有之；自負晚出，睥睨往聖者有之；怪誕形貌，佯狂取寵者有之；妄臆天數，妖言惑眾者有之——此《易》道之八賊也。

以日喻《易》：聖人論《易》，如直透雲外，但見長天寥廓，烈耀橫空，上下前後，所見皆圓，惜其書不得盡言盡意而已；大賢論《易》，則如履地觀天，或說日在遠山外，或說日在長雲中，其說各有不同，然總是實沐其光，真見其灼灼然；今人論《易》，則每如鉛雲四塞，其說多從臆測中得來，故人皆有新見。學《易》，當折中於聖人，博采於前賢，待心中有所操持，再讀今人書，則自分明。

　　度聖人贊《易》之意，蓋春秋時易道大壞，時賢睿士各取伏羲氏卦象立占法、作爻辭，然其說各有偏弊，相循既久，徒令學者紛紛爭議，莫知所宗；聖人既竭韋編三絕之功，懼易道湮滅雜說間，見學者或偏好易理，或偏好易占，於是獨取先王卦爻辭，全以人事言天道，配揲筮之法，主卦爻辭以占筮。一句"窮理盡性以至於命"，已說盡自家宗旨。自是，以易理入手者，於體道窮理中便自然熟稔易占，臨事而能斷；以易占入手者，於推玩卦爻辭中便自然親近易理，涵泳其天則。易理、易占於是合一，即理即占，惟義是斷，體用兼備，可相待而長。約其大處言之，可謂審時度勢存乎卦，中正偏倚觀乎位，用剛用柔見乎爻，君子小人判乎辭。而後世納甲諸法不涉經文，"官鬼""妻財"諸辭意極鄙俗，全泯古易風致，其術雖堪前知，卻祇知吉與不吉，不知義與不義，捨本逐末，流於術士方技。

　　玩小畜、明夷二卦，最見聖人婉衷，聖德之難追如此。此天地便是曾有聖人之天地。每思及此，便生振奮。

　　"慎言語，節飲食。"不當言而言，謂之不慎；當言不言，亦是不慎。

　　震，慎其獨；艮，素其位；豫，率其性；履，蕩其私。

　　以易占論，則爻變卦亦變；以易理論，則爻變卦不變。

　　言道理、是非皆相依相對而成者，或有見於變易，未見於不易也。

　　人可絕食，不可絕飢；人可絕色，不可絕好色。在節之而已矣。不宜苦節，不可無節。

　　人不信《系辭》爲夫子親筆，余不信當時另有聖人。

夫子言"思無邪"者，非"心無邪"也，謂詩人皆能抒其直情耳。《詩》所不乏者，詩人"心未正而情直"之作。若《巷伯》，其心失正已甚，其激言怨語卻一本於真摯，觀之可見古今人情無二。

《定性書》或二賢未盡棄禪學時所論，然其中義理多有可取者。

若夷子之云"命之矣"、尹士之云"士誠小人也"處，可見古人不吝改過之風。

學貴正大。與其大而不正，寧正而不大。著意於大，每失之不正；著意於正，便自可大。

"敬"字於日用最金貴。不敬，人生便漸失質感；持敬，則漸起生意。

文士雄壯、武士斯文者可畏。

拳不克禦寇，亦未足養生。

絕招非異招，熟招耳。熟故神。

技擊最可體誠。思如何拆招消打則必慢，慢斯敗矣。須是"你打你的，我打我的"，苟工夫大，則倏忽間鬼出電入，高下立判，有不知其所以然者。涉世亦然：全以權謀智力應事，所爭在早敗、晚敗耳；不若彼以其富，我以吾仁，彼以其爵，我以吾義。富有數而爵有極，吾仁義不可勝用，何慊乎哉？

書雖多，縱向流傳愈久愈須讀，橫向流傳愈廣愈不須讀。音樂、美術亦然。

　　方今文藝家創作，每期"雅俗共賞"，謂此能饗民也。余謂：是賊民也。雅人自不從俗；然俗人之可哀，非不能雅，在所習皆俗耳。文藝但患求雅而未得，何又思從俗爲？

　　雅者正也，俗衹習乎？

　　賞心樂事多矣。若春光秋月、華服美食之類，人未必皆能得之；若屈子之文、王右軍之字、拉斐爾之畫、貝多芬之樂種種，則人人易得，既資養氣，又可涵泳其美，使人生豐沛、心靈潤澤，學者何爲不親近？倘不親近，則亦不知其所失矣。

　　莎翁似通人情的莊子，雨果似未反約的孟子。

　　健康而不健壯、漂亮而不英俊、謔虐而不幽默、憂鬱而不悲憫、快樂而不豪邁，是欠集義也。

　　儒者，其包匹夫也易，其同時賢也難。"游於聖人之門者難爲言"，寥寥寡合，固儒者之常也，有所待也。

　　汙世而行君子之道，少有不爲悲劇者。必有直行而不顧者，貴其不爲鬧劇也。

　　能罕言己事，便近高貴。

　　君子欲以自得之資，爲己出之言。

　　心可見也，全在跡上，在人擅不擅看。

　　見幾可也，逆測不可也。

爲己之謂欲，爲人之謂志。

閒把手機者，不敬者也；常看電視者，無志者也。忍心自嘲"屌絲"者，斯亦"屌絲"而已矣。

有志之謂士，有技之謂匠。今日教育，誨人成匠也；雖然，無士操亦難爲大匠。

持志如匿罪，以未得志爲恥，故不敢言也。倘不吝吐露，暴其氣矣。若時時表彰志向者，祇志未立者也。

世間嫌犯被捕，每自言爲社會所欺淩排擠，抱恨吞憤，故欲報復社會云云。余憫其不幸，然必謂此非報復社會也，助紂爲虐耳。既知世風污穢，祇當發憤自礪，進德修業以躋君子，此"報復社會"也。

今人喜歡"現實"，以"現實"爲一客觀、廣大、周遍、污穢、不可戰勝之大敵，此退墮從俗之託辭也，凡出此言者，非知現實者也。天地設位，其間龍騰龜縮、虎撲鼠竊、蠅營狗苟、鳶飛魚躍，現實莫大乎自家今是何人、可是何人。知現實者，無文王猶興者也。

勉學隨記

李秋莎

原憲問"克、伐、怨、欲，不行焉"是否可以爲仁，聖人應之曰"難"，蓋不特爲難能也。克伐怨欲但制而不行，苦心極力，所以爲難；由乎性之直一，自無克伐怨欲，如水到船浮，本易。學雖待勉勉而至於循循，勉勉卻與制而不行有別：勉勉者有志於存心，一時氣力弱，待道理強扶持而進，終有到時；制而不行，是無有存心立主而絕去病根，祇欲將癥候克下，終無由進於循循也。故若言勉勉"難"，此是由勉勉至於循循，由難入易之"難"；制而不行，卻止是"難"而已，聖人不深許也。謂之"難能"，蓋愈於恣肆者已多矣。

人說"君子而不仁者有矣夫"一章，引朱子"君子爲白底點黑，小人爲黑底點白"之喻，卻將討論引向君子偶爾爲惡，小人偶爾爲善云云。予曰：須留意朱子明言，君子之"白底"與小人之"點白"非同一白。曰"底"曰"點"，有本無本不同明矣。則君子之"點黑"與小人之"黑底"亦非同一黑。君子自有明燭在裏，黑白皆彰，其黑則"日月之食"；小人無明燭在裏，其黑白如在暗夜，卻是待他人之燭來照得分明。

"未有小人而仁者也"，君子欲仁仁至，小人或可謂不欲仁仁必不至乎？然耳目口體猶容有異嗜，道理則爲必可欲，秉彝之見、斫喪之餘足徵此。則一旦至於"我不欲仁"，"我"已使所以爲我者遏於厥躬。

　　子路、子貢問管仲兩章，或人以《論語正義》所考爲據，謂實桓弟糾兄，程子誤信刻意隱晦之證而朱子從之，疑程朱釋此二章所據既非，則所釋亦非是。予曰，朱子亦曾以《荀子》所記疑程子所從糾弟桓兄之說。然而不論桓弟糾兄抑或糾弟桓兄，此祇關涉前面一段事，與聖人仁功之許，並無妨礙。德論德、功論功，不相掩也。要之，子路、子貢所問，乃若管仲有如何如何之行事是否即非仁者，聖人未直接回應，而別說管仲之功業。據此觀人，則以管仲之後功，可見其非不能死，非圖一己利祿；而斷人是否仁者，不準於爲不爲某具體之事如死不死，而看其據何以生以死。據此看道理，則在人之仁，即在天之元。一匡天下，使民不至於披髮左衽，其爲仁功，非管仲之仁撐持，祇是“天功”，然謂一匡天下非仁功則不可。管仲不知禮（“人而不仁，如禮何”），而其功業得以謂之“如其仁”，似霸者以力假仁，約誓“敬老尊賢”云云，仁君治天下，不與之異術。道理是可假的，則非仁者之仁功終究是可稱“如其仁”的。惟仍待再說兩義：一、披髮左衽如九夷之地，豈能全遏“斯人千古不磨心”者？是倘有志於聖學者，不得以立仁功爲口實，而於義利之間苟焉以自恕，此處放倒，自任似重而實輕。二、雖“斯人千古不磨心”，道理終歸殄滅不得，然傳承一斷則斯文不繼、學者無宗，世風一墮則“晦盲否塞、反復沉痼”。披髮左衽之地，親師取友鼓舞作興何其艱難！仁功不可小也。學者念及此，必不肯視仁功爲分外事，而蹈於虛。

　　“君子道者三”章，或曰今日能智仁勇，明日遇事未必能，仍待臨事把持，故聖人不自居能智仁勇。其憂於人之一旦有所造，便以爲可百事放倒，固是，但且看此是何理何心。聖人所以不自居能智仁勇，固合就道理之生成（日新）性上說，但是整個的道理生成性之中，豈會居然有絲毫“退”的“虛”的可能在？道理既至實、大生，十分真知如聖人，作止語默祇是全體道理流行，是謂“從心所欲不逾矩”。“未必能”“把持”云云，何所措？

"以直報怨"之"直"，與"以德報怨"之"德"對反，卻不與"以德報德"之"德"對反。"以德報怨"之"德"非全德之德，乃人已把持之拘執之爲一"工具"。用後一"德"義，以直報怨便是以德報怨，以德報德便是以直報德。倘不辨乎此，甚者以"以直報怨"爲直情徑行略無顧忌之口實，幾何不至於以氣稟之偏塞與所行之過惡之蛇鼠狼狽爲真爲直，不過認欲爲理而已，與聖人著一"直"字，以明姑息苟容非"德"之用意，正相南北。

"君子之仕也，行其義也"即"而爲之"，"道之不行，已知之矣"即"知其不可"。子路之言看似祇是將"知其不可而爲之"倒轉，卻直指"而爲之"之"無適無莫"，以義爲根，而不徒與"知其不可"之一種觸機爲因果。"不可"是勢不可，非理不可。"道之不行"祇是勢，無義了方無道。

耕餒在其中，學祿在其中。兩"在其中"亦微有別。此章三言之關係，漢儒說爲順承，朱子說爲末句反撥。如漢儒說，實不能絕免於讓人看成聖人祇是在耕可飽可餒、學可得祿可不得祿之中偏舉情形以爲教導，解釋亦竟至於大段去說明學如何可得祿，似意味不佳。如朱子解，卻是直截便說，耕就是餒在其中的，學就是祿在其中的，祇不過君子不是因爲貧纔去求學。兩個"在其中"所涉的飽餒、得祿不得祿，固然都是"有可能"的，但從事於"耕"這一件事情，對於飽餒之呈現爲"然"，無所助成。而作爲《論語》一篇之首的學，卻和耕不是同類的事情，從事於學，則後一個"在其中"，卻是"道理合如此"，使得學而祿從之得爲"當然而然"。人之輔相裁成之能，皆自其中彰見。聖人之所以不與樊遲學稼，與此相應。

不必討論不可能的問題，道理所無，則不在此天地。不需擬設窮究不當然的問題，道理祇是"是"，祇是"應當"。若不當然地來到面前，固合理會，擬設窮究"不當然"以見當然之理，不惟迂曲，且非心所欲之常。不是不可以應對反復擬設之經驗情形，然而，對於問者而言，所得亦不過同一原則之不同判例，不勞紛紛之問；對於答者而言，擬設情形，從來不能窮盡“時地方所之宜”，不能代替“身臨其境”，則亦終非萬殊見貫之取徑，非當務之急。

“心誠則靈”，今日用似已濫。至誠感格，固然如此。但是，因“誠”而“靈”，則“心誠則靈”必不可能是覬於非分，感動得來不當然而然的；氣拘理定，則“心誠則靈”對於“明白”的不肯移者、自欺者，亦無效用。

惡於性理無根，故怒無可遷。

從事某事善惡與否，固當因從事者之心而論。然而，如孟子所說“矢人豈不仁於函人哉”，所從事的事情，至少總是可以論“更有利於彰見道理”和“更不利於彰見道理”的。並無完全“客觀中立”，抽身於善惡評騭之外的事情。“求真”至於對於所有當然而然的“真實”和不當然而然的“偽真實”一概平列視之，這本身就是對於當然之理的漠然不顧。

朱子《感春賦》，雖然也使用楚辭常見意象，所抒情志初看也大抵與楚辭常見者不異，但整篇賦所使用的字詞和音韻，都更接近昭明融澈，而非凄清繾綣。最后兩句讀之泫然，卻不是漫衍洶湧，而是彌綸內斂的。大概來感動讀者的，不是被情勢煎迫激蕩的情，而是在此境遇下活脫脫彰見的惻隱之心。聞有辭人之賦、詩人之賦，今見仁人之賦焉。

聖人云“不曰堅乎，磨而不磷，不曰白乎，涅而不緇”，朱子注引“堅白不足，而欲自試於磨涅，其不磷緇也者幾希”，讀之歉曰：君子堅白，不幸遇磨涅，則必不磷緇，君子信道篤，焉得不自信篤！學者若堅白不足，而每擬議曰我倘磨涅必須堅白，甚至欲以磨涅自見堅白者反是。惟大生爲當然，惟真實無妄爲當然，惟萬物各得其所爲當然，磨涅非當然，不可欲也。一"欲"磨涅，幾何不至於圖決義利於危迫之易、而畏主忠信於平居之難，終害於涵養乎。

"吾無隱乎爾"章。朱子注曰："諸弟子以夫子之道高深不可幾及，故疑其有隱，而不知聖人作止語默，無非教也，故夫子以此言曉之。與，猶示也。"若讀了朱子的注解，對於這一章的理解，僅僅停留在"不但聖人的言語是教導，聖人的所有作止語默都是教導，因此，不是聖人不言性與天道，而是聖人所有動止語默均爲道之彰見，故而應會看"，恐未足。德性所知，無法通過言語讓聽者與說者一樣有知，自也不能通過所有動止語默讓見者與被見者一樣有知。若以爲德性所知可以藉助片言相授，那麼恐怕終究不免聽差了聖人"吾無隱乎爾"之言，看差了朱子"作止語默無非教也"之注，不過從希望聞片言而知性與天道改爲就著聖人的所有作止語默伺察所"漏泄"的天機，寄望一見而知性與天道罷了。其病依舊。德性所知，倘若不即事窮理，躬行實踐，則焉得爲漸存漸明在己？德性所知本無所謂隱。"無隱"和"不隱"不同，"不隱"是本可能隱衹是不去隱，"無隱"卻是根子上便無從隱起。聖人若言：諸位以爲我知著高妙道理卻故意有所隱瞞嗎？果真是對於高妙道理的真知，那本就是無得而隱的，一旦存之明之在己，則睟面盎背，何所不彰？諸位衹是觸著亦不知罷了。朱子若言：聖人所明示的這種"無隱"，作爲教導，不僅僅是說道理不但彰於言，抑且彰於所有作止語默，還在說，諸門人如果欲知性與天道，惟有也親身去從事敦篤力學克己復禮之工夫，使己明於聖人者亦在己漸存漸明，而後如光輝相映，果然漸足以見聖人作止語默無不"觸著便是"，彰道無隱。思之至此，嘆往日讀此章讀至聖人道彰於作止語默未曾有隱而止，未爲切己。今讀至聖人明示德性所知必篤學親踐，則漸明在己，不可覬於伺察偵知，一慨然。

讀至"仲尼之不可及也，猶天之不可階而升也"，歎曰：賢有小大，聖無小大。

泰山華嶽，大阜平陵，是賢有小大。惟以天爲矩，而後知泰山華嶽之爲泰山華嶽，大阜平陵之爲大阜平陵，是聖無小大，祗是一極。三月不違與日月至焉，相去猶可以道里計，了無間斷與三月不違，非可以道里計也。然積累日久，豁然貫通雖非積累而得，祗在此中。

"不求人知而求天知"，須作"求爲可知也"看。

"求爲可知"，是求他人以其德性所知便能知我。善一而過不及萬殊，千年而下，人之德性所知明到何種程度，便何種程度上知聖人。知某一時地方所聖人如何動止語默。以德性所知而知，則爲所有有心者之應當能夠且本來自足，不爲任何聞見所蔽。斯爲求爲"可知"；斤斤於剖白一己之"異"如氣稟偏蔽，而不修於人心之同，求他人以聞見之知相知，祗是求"被知"而已。

人往往逃避良知自作主宰，卻將責任委之身世遭際。向內找，最典型的藉口是"我是個如何如何的人"——用氣稟各異容許的良知呈露各有不同，來爲自己因任甚至故意順遂自己的氣稟偏空、人欲蔽錮留下餘地。向外找，最典型的藉口是"在怎樣怎樣的情形下，某某也會這樣做"——將心同理同保證下的"同情"（以"先聖後聖，其揆一也"爲最高典範）推擴，誤用到人形氣亦同，人欲之起也大抵相似（譬如求飽食暖衣逸居，趨利避害，甚至縱肆其餘暴戾隱惡）上。世風厭聞"聖人"而樂言"大眾"，深恐淪胥以敗。

"幾善惡"，皆準其人之心。人不能相代爲惡，亦不能相代爲善。就此，人終究是不可能實質上陷他人於不義，或對於他人之善有實質助成的。但一個人的所爲，總會成爲周圍其餘人的遭際。設使此人的所爲，居然是有意去阻遏乃至對反他人之當然彰見的，此之爲"陷人不義"，不是他人若繼此行不義，不義居然由此人而決，而是此人有意去推陷不義中。若本無陷人之心，僅爲過言過動，實不宜自誣"陷人不義"。設使此人的所爲，終究使他人遭際化爲使他人遷善更加容易的，則他人繼此行善，此人所爲亦得稱助成之。若以詖邪之言，過惡之行，自號曰刺激、磨礪他人爲善，他人爲善則自矜爲己能；他人怨怒乃至掉頭入於流俗，則謂他人材不足觀，豈非貪天功之尤者乎！若以不善致“善”，亦不可自矜助成人之善。吾儒從無呵佛罵祖，棒喝截指而能接引人者，蓋吾儒感格準乎道理當然，不準乎一心之靈明而已。

以“貞一應萬”爲鼓吹“道德純粹化”，不足以應對複雜事相，而鼓吹“去純粹化”，自以爲能“以萬應萬”，實“以萬逐萬”而已。

要寫活一個儒者，除非自己能與之“易地皆然”。人無法寫活心靈高度遠超己身的人物。

知道理至善，不可易猶易；知道理大生至實故至善，當然不容已故不可易實難。觀乎勉行之勇者，見道理之高嚴，而顛沛造次必於是；觀乎安行之仁者，見道理之平正，而從容中道爲當然。能平正者能高嚴，能以義生者能以義死。

子路、冉有各問“聞斯行諸”，聖人告子路“有父兄在”，告冉有“聞斯行之”，不是要子路自此惟稟命而後敢行所聞之善，冉有自此聞善則徑行。蓋稟命而後敢行與聞善徑行俱不即爲善，惟當稟而後行則稟而後行，當徑行則徑行，乃爲善。公西華之問，引出聖人進退之言，則聖人警進者曰，不是事事把著進便是，亦有當退時；警退者曰，不是事事把著退便是，亦有當進時。以左警右，以中矯枉，非今世矯左以右，不過正不能矯枉之論也。

“不如鄉人之善者好之，其不善者惡之”，豈可被取來爲人無完人，笑罵由人作藉口！鄉人有善者有不善者，乃氣稟不齊；鄉人之善者好之，乃秉彝良心。學者當求至於善者好之。鄉人皆善，不幾乎鄉人皆好之乎？他人惡之，則歸諸他人之不善，以自寬貸，是賊人自賊者。

信、直、勇、剛，所以救賊、亂、絞、狂。蓋剛善剛惡皆出氣稟
之剛，立剛善而剛惡自消。以柔善警剛惡則可，以柔善矯剛惡，恐本
上不得力，難爲功。

豈特"舉爾所知，爾所不知，人其舍諸"，亦"勉爾所能，爾所
不能，人其舍諸"。總不是所有對的話都定要自己來說，所有對的事
情都定要自己來做。固合自任以重且遠，但不是搶了他人的份，各各
自足。看他人那裡當然流露，"不啻若自其口出"，甚樂。

割雞焉得不用牛刀，禮所節文，樂所條暢，天地間小大之物孰能
逃？聖人戲之，蓋氣運澆薄，牛刀祇得割雞之用，然此豈君子之恥。

人問溫良恭儉讓中，良何以訓易直。答曰：易不繁，直無曲，是
良也。

人引"我不同意你的觀點，但我誓死捍衛你說話的權利"，予應
曰："我尊重你當說話時說話，不當說話時不說話的權利。"

人見"十五志學，三十而立"，竟至於以爲十五有志而若存若
隳，至三十方立定，此大不然。志定則此生命之方向定，若說某某前
面立志，後來隳了，那前面的便不是志。

反復讀"天下有道，丘不與易也"，嘆曰，人一率性而後人物各
有當行之道，人不爲天地立心，何嘗"道在瓦礫"！

誦朱子"今爲辟禍之說者，固出於相愛，然得某壁立萬仞，豈不
益爲吾道之光"，人曰："何謂也？"曰："於一地敗瓦頹垣中，赫然
立萬仞之宮牆，俾天下有目者共睹之！"

對於大聖大賢過化的城市的真實知識，端繫於對於大聖大賢的真

實知識。這樣的城市，對於一個儒家後學，其爲熟稔的，遠甚於地圖上可歷歷指畫者。如聖人之曲阜，朱子之武夷山。

"非禮勿視，非禮勿聽，非禮勿言，非禮勿動"，非禮勿言勿動省察易得力，非禮勿視勿聽卻易放緩了。不僅勿視勿聽似總"慢一拍"，不似勿言勿動則制之全在己，也是氣運愈薄，不措意間，便可能聞見非禮。四圍信息充斥，某些字詞有了不好的隱喻義用法，某些不當然的現象被視爲幾乎必然發生……竟似極易構成種種知識聯結，似乎腦子裏那些字詞的義項多了那麼一項，那些事情的後果多了那麼一個可能。在聖人，即便見再多踰墻穿窬者，仍全不"知"可經此入戶，祇爲不當然。聖人耳順，在今，學者實難絕免乎此類知識聯結之形成。此之害於涵養，實非小小。

朱子詩云"肯誇心月夜同孤"，既謂之孤，復謂之同，幾何不爲"莫我知也夫"，"知我者其天乎"！

"在物爲理，處物爲義"，所以"纔明彼，即曉此"。

因朱子說"某十數歲時，讀孟子言'聖人與我同類者'，喜不可言，以爲聖人亦易做，今方覺得難"，稟師云：學問須是先覺聖人易做，不如此不足以立志；然終須覺得聖人難做，不如此則不足以踐之。師頷之，曰：是。倘祇是避了那難，志終成肆而已。

聽說了這樣一段問答："先秦諸子是否能夠超越？""超不過。因爲他們生得早，把最重要的話都言簡意賅地說完了。"深覺不契。這裏面大概可以問兩個問題：一、僅說生得晚，沒可能在古賢先正之前把最重要的話說了，而斷言"超不過"，這是以遭際性質的時間先後掩蓋了更爲重要，或者說就是最根本的問題——即使生得比古賢先正爲早，我的心志見識，能使那些最重要的話出自我口嗎？這樣說，會否把"爲何古賢先正能立言垂範，而我不能"一概諉之生不逢時，而略於自修，終究使得這個人無論生在什麼時候，也說不出那些最重要的話了呢？二、如果把"最重要的話"作一個提純理解，將"最"視爲"極"，那麼，說"最重要的話"居然是像占山頭一樣，一個人說了，山頭劃定某某所有，其餘人就上不去了嗎？一句話稱爲"最重要"，不是僅因其特殊的措辭句法，而是因在那個時地方所，其措辭句法得以彰道無隱。"最重要"之道理亙古亙今，即使聖人言語爲最早道出，而使後來彰道之言皆不過與之相映，但此天地間所有能夠彰道無隱的言辭，其"最重要"難道居然還會有高下嗎？"游於聖人之門者難爲言"，人所同心，但聖人已爲聖人，我居然能因"難爲言"便看輕了我自己這裡也須去彰見最重要者的性分嗎？孟子說君子有終身之憂，"舜爲法於天下，可傳於後世，我由未免爲鄉人也，是則可憂也。憂之如何，如舜而已矣"，豈間地之相去也千有餘里，世之相後也千有餘歲！祇是對著聖人，則絕無可能言"超過"，聖人立人極，人能立極，亦祇是如之。

關於"言簡意賅"，似亦可再補充一點：聖人言語未說破許多，後儒卻似越說越"多"，越說越"複雜"。乾坤易簡，固然。惟至易至簡者能貫眾繁眾簡，各得成就。卻不是惟言簡爲能意賅，祇言簡便能意賅。言簡言繁，距離意賅是同樣的距離，聖人云"辭達"，則簡至於枯槁，繁至於蕪雜，皆不足以謂之"達"。以後儒不若先賢"言簡"則輕之，恐非是——大化浩浩，後儒說破許多，多爲不得不然。學者讀聖人言，恐終究在起一個"難爲言"的心之後，仍要能將看出來的意思用自己的話說出來。若不自己去說一番，終恐祇見渾淪不見文理密察，含糊輕過。

欲魚、欲熊掌，總能說出欲具體的什麼東西，也總能分出個相形的更欲、更不欲；欲生，雖是生死大界取一，仍是能說出生死大界；欲義，則不必說出任何具形象方所者，即便萬殊結聚之大界如生死，欲義，亦祇是欲"義在生則生，義在死則死"。萬殊即便層層總括，終究須止於二，乃能分別動靜陰陽欲惡生死，義卻能行乎二行乎萬。則前一"欲"出於人心，後一"欲"出於道心明矣。欲生爲前者眾欲代表，欲有甚於生，則欲義與前者眾欲相較，祇是"極"，無所謂相形之"更"。朱子注"欲生惡死者，雖眾人利害之常情；而欲惡有甚於生死者，乃秉彝義理之良心"盡之。欲義行乎眾欲之中，而使眾欲得爲中節的。孟子此章，全無以相形的更欲更不欲淆亂欲生欲義的餘地。

"耳目之官不思，而蔽于物"，故"視思明，聽思聰"中，"思"字不得祇作"欲其"看。

舉出不當然的事實，僅可能反駁實然前提，不可能反駁應然前提。設使聖賢說的是天下人皆已經善了，舉出"某人尚在爲惡"，固爲有效反駁；聖賢明明是在指出善爲當然不容已，舉出"某人尚在爲惡"，難道不是在添一個過絕而後不當然的例子，與當然的事實共明當然之不容已嗎？

《大學》研習心得交流會筆錄

> 按：癸巳年六月廿九至七月十四（西元 2013 年 8 月 5 日至 20 日），
> 第三期儒家經典研習營在成都金堂的賀麟故居開辦。有来自於中山大學、
> 武漢大學、復旦大學、中國人民大學和四川大學等高校師生約四十人，
> 圍繞著儒家經典篇目《大學》，以朱子《四書章句集注》本爲主，進行
> 了持續十五日的研習與討論。研習營結束之日即七月十四日，就《大
> 學》研習歷程做了一天的心得交流和問題討論。由於部分師生於研習中
> 途陸續離開，最後參加交流會的師生約二十余人。交流會分上午的心得
> 交流和下午的問題討論兩段，分別由曾海軍老師和廖恒老師主持。由於
> 錄音故障，上午心得交流最後部分缺失。

上午　心得交流

曾海軍（以下簡稱"曾"）：今天是讀書會最後一天了。上午大
家輪流做一下發言，這十幾天來都做了些什麽，大家心裏都清楚
（笑），在這裡說一說，談談感想。下午就做一些話題的討論。每一
個人輪流發言的時候，必須要提一個問題出來。通過這十幾天的討論
和研讀，我們留下了什麽樣的問題。這些問題可能會有很多，但是每
人祇能提一個問題。它可能是這十幾天在你心頭流連了很久，或者你
很想把它提出來供大家討論的。每個人提的問題都會記錄在案，這裡

二十一個人就有二十一個問題。下午的話題討論就是基於從這些問題中遴選出的一部分，然後圍繞這些具體問題來展開。儘管是把《大學》拉通來討論，如果不具體到一些問題，就會無從下手。所以把它具體化爲一些比較有代表性的問題，這樣會好一點。在發言的順序上面，我先讓人民大學的三位發言，因爲你們無法參加下午的討論。在所有人發完後，上午應該還可以餘下一些時間來回應你們的問題。其他同學的發言順序就按座位順序來。上午由我來做主持，下午則由廖恒老師主持。下面開始輪流發言。你們三位推舉誰來打頭陣？

　　呂明烜：這次讀書會給我一個最大的收穫，就是我以前沒有這麼深入、細緻、集中地閱讀朱子這個文本，同時把《語類》、《或問》加進來讀。實際上，我確實跟老師們和川大、中大、復旦、武大的同學們學到了很多東西。當深入進去時，會發現朱熹的思想很精妙，且其體系的構造非常完整。這些書加在一起讀，能看到許多概念上的辨析、思想上的構建，以及能夠啓發我們對《大學》文本本身的認識。對我啓發最大的是，以前讀經章，對《大學》之中的綱領、條目沒有清楚的認識。通過詳細的閱讀，我大概有模模糊糊的認識，以後讀書就有方向感，對問題也知道把它安在什麼地方，提供一個深入思考的方向。這幾天也留下許多問題，最近的一個，算是個不大不小的問題（大沒大到這一文本的性質，小也沒有小到一個具體的問題），就是究竟八條目之間是怎樣的關繫，這些工夫之間的分野在什麼地方？尤其讓我困惑的是，格致之前會談到誠敬、涵養的工夫，這些工夫與八條目是什麼樣的聯繫和區別？我會有些想法，但在文本裏得不到充分的佐證，所以在此我想向大家請教，看大家對此有什麼看法。

　　吳天宇：在這邊讀十多天書，我和師兄的感觸很像。以前讀書多是偏史學方面，《大學》也沒有仔細讀過一遍，像朱子的《集註》、《或問》這些也沒看過。我們組的師兄們，像傳海師兄、亞中師兄，他們都給我講了許多我以前不熟悉的東西。對宋明理學這一塊我還是收穫很多，但可能也是由於氣稟所拘，很多東西懵懵懂懂，知道是個問題，可還是不能完全清楚地表達出來。對我個人而言，比較關注的是，朱子面對經傳時會做如何的解釋？結構上是怎樣的安排？比如意誠和格物致知是怎樣的關繫？也想弄清楚朱子爲什麽會把"聽訟，吾猶人也"這句放在"釋本末"部分，而不是挑别的（地方）。如果今天要提一個問題的話，就是我在和邵磊他們談過的一個問題，朱子在注"治國平天下"這一章傳的時候，面對那麽大的篇幅，爲什麽沒有做更多的闡釋，而是把重心更多地落在格致這個層面？面對傳文那麽大的篇幅，朱子和前人稍微有些區别。爲什麽會出現這種情況？但這問題稍微有點大，有點偏。有可能的話，想聽聽各位老師和同學的意見。

宫志翀：在這儿學了很多，一兩句話也說不清。舉一個例子談談我的收穫。前幾天讀書時，沈娟師姐提出一個問題，秋莎師姐做出回應，就是說西方哲學已經把一個實然的知識和應然的知識劃分開的時候，儒家這裡是如何看待這樣一個鴻溝的。秋莎師姐說，理學的聞見之知是在格德性之知的時候被帶出來。實然與應然的知識，聞見之知和德性之知能否被對應上是需要考慮的。秋莎師姐的回應是我之前沒有想到過的，也使我以後面對這個問題有了一個思路。但這是我們在讀書會以後還要去思考的問題，看看可否有一個向前的推進。我想提兩個問題，一個與讀書會有關，一個與我自身關注的問題有關。我們這樣分組討論，其實一直是在讀朱子籠罩下的《大學》，但對於朱子以前的内容，我們關注的點還是有些偏離。比如讀《正義》時，衹是指出它跟朱子有什麽不一樣就完了。這是我們必須面對的問題，也就是說，如果要讀《大學》，就永遠無法避開朱子，但在朱子以前，還有一個《禮記正義》本，《禮記正義》裏的《大學》和朱子的《大學》地位是截然不同的。如果按以前的排位，經是最高的，後面是傳、說、記之類，記就是比較附屬的内容了。把這一文本按其開始書寫時還原的話，就會比較好地理解所謂《正義》和古本《大學》裏面的結構鬆散性（問題）。就是說，我們是否要突出《正義》的地位，表彰在朱注之外的可能性？我們這次讀書的經文排列都是依照著朱子的排列，但是爭議就在於《正義》本的排列不是這樣的。朱子的排列會把鄭注、孔疏已經歸結的一個理解支離了，最突出的就是誠意章和後面幾個傳。這也是我最近的一個困惑。如果我們想讀《大學》，想在朱子之外提供新的可能性時，該如何解決這一有點分裂的內容？還有一個我自己方面的問題，就是章句序中大、小學的區分和大、小學的範圍。比如大學是"自天子之元子、眾子，以至公、卿、大夫、元士之適子，與凡民之俊秀"，朱子在章句序中雖然是這樣說，大學是給這些人的，但在做注時是面對什麼人？是否能對應上他在序中說到的這些身份的人，還是面對一個沒有身位的士或普通讀書人？《語類》中有弟子問朱子，如果沒有位怎麼辦。這方面還是要思考一下。

曾：宮志翀能夠把我們這次讀書會中存在的問題說出來，這是非常好的。後面的發言也可以就著對讀書會還可以怎麼做這些方面，大膽地提出問題，這對我們以後繼續辦讀書會也是一個推進。對志翀的問題我先回應一點，我們的讀書會就是以朱注爲主的，這不是說讀《大學》就祇能以這個方式，而是說這個讀書會就是以這個方式進行的。雖然我也很有興趣以鄭注的方式來讀《大學》，看會是怎樣的，但那要對《大學》（鄭注系統）有足夠的駕馭能力的人纔能主導好。

薛蓮：我的一個感受是對讀書會的氛圍。大家不論讀《正義》還是《語類》，態度都很認真，遇到字義、順序這些問題，大家都會去查一些資料，這方面對我啟迪很大。我以前讀朱子，遇到字義等問題不會去查資料，所以對文獻方面的搜索是對我的啟發。還有，以前在曾老師的課上，經學方面讀過《禮記正義》。但當時在老師的帶領下，讀過就過了，沒有太多的印象。這次讀書會給了我很深的印象，就是在讀《大學》的時候，是要在乎《禮記正義》這一塊的。比如鄭康成他爲什麼要這樣解、他與朱子的不同之處等等，這些在我們小組討論時是做過工夫的。總之我對《禮記正義》的印象是比較深的，以後還是要注重，不能讀過就算了。我和志翀對《禮記正義》的看法不同：他可能是說面對它，我們要怎樣對待；而我是在面對這本書後，我們要怎樣看待鄭康成注，就是要怎樣讀。在就著《正義》讀《大學》時很多地方不懂，讓我很痛苦。以前就著《語類》來讀，會摳得比較細，但按這種方法來讀《正義》，很多地方都不懂。每一句下來都是一個問題，由此生出一個關於讀書法的問題。另外一個關於《大學》文本的問題是，朱子如何作"格物致知補傳"這樣一個比較泛的問題。

邵磊：首先我在讀書時會有一種很強烈的感受，即朱子關於《大學》的工作所具有的典範意義。對照其他注本，容易看到朱子《大學章句》在行文的縝密、道理的一貫、一貫中井然的次第節目等方面都無與倫比。而朱子之後，設若有人再想去做類似"青出於藍"的工作會很困難。十多天的研讀，這個感受會比較強烈。然後是關於文本的問題。我以"平天下"章首句（上老老而民興孝，上長長而民興悌，上恤孤而民不倍）爲例。朱子注曰"言此三者，上行下效，捷於影響，所謂家齊而國治也"，以爲是說"家齊國治"之事，《或問》也說到國治不治可由家齊不齊這裡看出來，故可以說"絜矩之道"不外乎就是"齊家之道"。再去讀傳之九章、八章時會發現，孝、悌、慈、情無偏辟等終究要落到一個人的"修身"上去說，似乎齊家別無二道，祗是一個修身之道，"身脩"即得"齊家"。如此，參照傳之十章，似乎也可以說"絜矩之道"不外乎就是"脩身之道"。然而，除了脩身之事，齊家別無事乎？治國別無事乎？當然，可以說這是將"修身"與"齊家"割裂開看了。但如果說"修身"必須要在"齊家"乃至"治國"中去實現，而實際做工夫時，從"誠意正心"到"修身齊家"，這些事情都在同時發生著，整個過程祗貫穿著"格物致知"這一個工夫，那麼，八條目的次第又有何特殊意義？而"絜矩之道"的"矩"到底在哪個階段纔能得以確定下來？

…………

李毅：學生先說一些生活上的事情。學生住的地方每天洗臉之時都可以看到外面的月亮，我們剛到此處時月爲月牙；及至曹孟青學長離開的時候，月已爲新月；明天就要滿月了，我們卻要走了。這次又讀《大學》，我對其中綱常條目次序有了更深的瞭解。尤其是對誠意和正心之間的區別、致知和另外六條目之間的關繫，也就是知行關繫有了更深的理解。我的問題是"平天下"章說到"絜矩之道"，其實整個《大學》都有一個"恕"道在，"平天下"章中表述爲"民之所好好之，民之所惡惡之"，鄭康成的注解說"取於己"，如何能夠知道民之好惡？取於己而已。王船山引朱子意思說"本諸身"，但是我理解的朱子這裡的意思是包括"本諸身"和"征諸庶民"兩個方面，也就是說，既不能完全以民之好惡爲轉移，又不能是一個人的獨斷。一定是知道民之所同是怎麼樣的，纔能呈現出來。但是絜矩之道是如何避免這兩個方面的偏失的呢？

邱楚媛（以下簡稱"邱"）：讀書班的十天讓我收穫很大，對經典文本有了更清晰的理解。也從諸位師友身上學到了很多。我記得上次丁、高二位老師要走之前的那次討論上，高老師提出了一個問題，就是在陽明的體系裏，致良知之教如何避免私意的夾雜？我覺得這是一個很難解答的問題。格致之後是誠意正心，那格致爲了儘量達到知無不盡，但知是有蔽的，而人心所發之意又是有私的，那麼在這種情況之下，我們辨別善惡的一個很重要的步驟就是誠意。但誠意中"慎獨"的功夫又真的能夠讓我們把私欲去除干淨嗎？另外一個關於知識跨界的問題，聞見之知是在德性之知的過程中被帶出來的，那麼爲什麼聞見之知會對德性之知展現出它的作用？"誠意"章中說"使人之好善如好好色，惡惡如惡惡臭"，這也是在討論把德性之能向天性之能轉換的問題，而這和聞見之知與德性之知的轉化有一個相對應的關繫。後天的習得和先天的本能是如何能夠勾連到一起的？這是我的問題。

鄭小園：我覺得讀書會和我想象的還是有差距。大家可能在注本上涉獵很多，而我自己的情況可能是在朱子的注上花的精力比較多。對我來說，大家讀書時用功努力的精神對我啟發很大。這些對我以後的讀書也都有很大的幫助。我對《大學》沒什麼問題，因爲我覺得《大學》的工夫在自己，問題也是慢慢去涵泳然後自己纔能夠瞭解……

鄧建華：我可能不會發言太久，我本來來得很晚，對各位本是一種打擾。這個讀書班給我很多的啟發。在學校教書的時候，曾經跟班上的同學聊起，我們這邊西南交通大學中文系一些學生，他們曾經參加過一些讀書班，但是都很失敗，沒有導師組織起來大家一起讀經典的經歷。所以我覺得非常可惜，也嘗試着做過這方面的努力。但我發現一些問題，就是讀書班不是一般的授課教學提供一個知識框架，讓那些學生期待在課堂上得到一些定論性的東西。讀書班完全不是這樣，對他們比較陌生，我們運行起來中間會遇到一些問題。這些問題在我這兩天參加的討論中都可以感受得到，就是大家會聚焦於一些問題，但是談着談着就走調了，沒有聚攏過來的一個力量。我覺得這個讀書班的材料選取，大家的投入，還有每個人前期所做的準備都很充分，這些都值得借鑒。我有兩個問題，第一個問題就是：大家在討論的時候，我覺得有時候對基本的字音、字義討論顯得比較支離，就是原文是這樣的，怎麼又解釋成這樣來說，硬要去建立一套解釋的體系把它說通。我覺得這裏需要度的把握，讀這些東西還是以義理爲主吧，當然基本的考據是肯定必要的。大家都在做這個解釋的事情，那麼對同一句話不同的理解，究竟最後要達到什麼樣一個地步？這種無窮的解釋最後要止於何處？這對我是一個難題。另外一點"平天下"，我不知道朱子那個時代或者《大學》剛出來那個時代"天下"是什麼含義。在今天"平天下"是許多哲學家、學問家想要做的事情，但是非常困難，他們會遇到很多難題。我們前面說的八條目一以貫之，是一起在做的，不是先做什麼再做什麼。但是我總覺得"平天下"和前面的條目之間有一個斷裂處。我不知道自己思考是不是對的？我就這幾個問題。

曾：其他同學想三言兩語敷衍過去，鄧老師卻能讓我們的內容更加充實一些。鄧老師對讀書會有一個委婉的批評，我覺得對這個委婉的批評應該由丁老師負一部分責任。決定讀書會成敗的關鍵就是一定要有一個人，對這個文本有一個向心力、凝聚力，隨時把討論凝聚到一個主題上。但是由於丁老師不能全程參加，沒有人能完成這個任務，至少我是完成不了，所以我經常自稱爲"跑腿的"，這絕對不是謙詞。我個人沒辦法承擔對《大學》主旨有個清楚、穩定的把握，然後隨時能夠把所有話題集中在一個地方這個責任，但這又是非常必要的。這次讀書會也是有這樣一個比較大的問題……對讀書會，每個人的期望也不一樣。有的覺得理學氣太重，有的又覺得理學氣不夠，確實是眾口難調。

盧辰：早上跟亞中一起走過來的時候，他問我對哪個專業感興趣，我說我祇對生活感興趣。我這樣說不是在調侃，是有一種感覺，大概在師姐講格致補傳後產生的感覺。我真的感覺到，我們生活的每一刻鐘的意義是一樣的，我們當下做的事情都是完滿的，有這樣一個心情。我以前對生活有一個虛無的心情，現在慢慢下去了，七八個月將近十個月，對待自己生活有一種進取的感覺。原來對生活有一些心不定，前前後後的一些糾纏，很容易就把我攪進去，就當下沒有站住。現在要好一點，自己心裏清晰了一點。有一個問題：我忘記了是劉偉老師自己說的，還是聽別的同學轉述他說的，他說《大學》就是一個做工夫的方法。我不知道我的表述是否正確。我們平時討論工夫條目之間關繫的時候，我就在想，如果完全從工夫的角度去把它體認一下，讓我把它認清楚一點，比如說格物致知和誠意正心之間這個回環，不要等待，就我當下的所知去呈現，我們通常用一個回環來表示，我就想能不能有一個清楚的、完全從工夫的角度把這些順一下？可能進去以後還是那個大問題，就是"自明己德"到底意味着什麼，到底是一個什麼情況？

涂漢培：就我個人來說，上大學以來讀經的經驗，感覺有點錯位，而且大多數情況下有一種慢半拍的感覺。尤其是參加讀書班的時候，總是有一種要去努力向前追趕的緊迫感、不從容感。所以如果說去年讀《大學》，今年讀《王制》，可能對我個人來說會覺得比較好。我還是提個比較大的問題吧，在讀書班這幾天裡一直沒有想明白的問題。首先我們在讀的時候，大家都比較關注八條目的次第，它們之間的關繫等等；但是三綱領之間的關係卻較少提到。鄭、孔說的三綱領是"三事"，而按照朱子的注解，三綱領關繫又分兩個，"明明德"和"新民"的關繫、"明明德""新民"與"止於至善"的關繫。先是"明明德"和"新民"，朱子的注中是說"明明德"是一個去蔽的過程，我們很容易感覺是一個自新的過程，"新民"也是"明明德"、明之於民這樣一個過程。從朱子那個本末關繫，"明德"爲本、"新民"爲末，我們可以推斷出是從本到末。當然它是一個斜對角的關係。如果我們用一個矩來做比較，"明明德"在一個對角點上，"新民"在一個對角點上。要通過這個地方，它不能直接到達，而需要轉一個彎。比如說有兩條途徑可以轉過來，上面一個折和下面一個折。上面一個折我可以說自新於"新民"，從這樣子轉過來；下面一個是明己德於"明德"，從這樣一個過來（以手在空中虛劃）。這兩者的關繫朱子和陽明都會討論到。從歷史來看，孔仲達的疏解和朱子的注解（之間），朱子注《大學》是用畢生精力，時間又非常長，但是孔仲達是很多人一起做，時間非常短。對這兩個文本要怎麼看待，可以由它們反映給我們的面貌的不同而定。在三綱領這地方就反映得十分清楚。孔仲達這邊就是一個很簡單的闡釋，出來就是三個並列的東西，也會做三個孤立。朱子就完全不一樣，"明明德"和"新民"是一個有相互關繫的整體，"止於至善"的關繫（也一樣）。所以我們會說《大學》這個地方，鄭孔本會顯得比較孤立、單薄，朱子有一個比較立體的思路在裏面。但是後來朱子對三綱領的看法是不是也會受到一些質疑？朱子自己也會說到"新民必本於明德，而明德所以爲新民"；即使陽明非常不同意朱子的注解，在這裡也會說"明明德必在於親民，而親民乃使民明其明德"。明德的內容是否把新民完全排除在外？或者新民其實本來就在明德之中？明代高拱《問辨錄》對後者持肯定的態度。我也有些贊同，"天下興亡，匹夫有責"是儒家一個很基本的觀念。四庫館臣在《問辨錄提要》裏，好像也有點"簡單粗暴"，說三個"在"字就是明顯說三個，說高拱這樣說不對。但是從四庫館臣的觀點回看孔仲達的觀點，他就是這樣處理的，可見館臣對朱子的辯護好像不是太有力……還有一個是"明明德"、"新民"與"止於至善"的關繫，前兩個作一個整體的話，朱子此注就很耐人尋味，他基本上改變了《大學》注解的方式。我們會在《禮記集說》裏非常明顯地看到，歷代注本也是這樣的，所以我們這次基本上沒有關注《禮記集說》可能也是因爲這個原因，不太需要去看，不像讀《王制》時，《禮記集說》非常重要。這兩者的關繫，朱子的注解很明顯，他說"皆當止於至善而不遷"，這是非常有意思的。它不是並列的，而是說前兩者都落在第三個上面。當然在以前文本當中經常見到，比如《論語》中"子路問政"——丁老師這兒的論說也引到這條——"子曰:'先之,勞之。''請益。'曰:'無倦。'"在《孟子》也有,《孟子》開口便說仁義:"仁之實,事親是也;義之實,從兄是也。"但不是重新開個頭說禮智,而是說,"智之實,知斯二者弗去"、"禮之實,節文斯二者"。後面的落腳點還是在前面。從孟子這裡看,他說仁義,仁義後面三個的關繫是不對等的,核心在仁義上面。朱子注"止於至善","言明明德、新民,皆當至於至善之地而不遷",是故有質疑者說朱子的注解是一種"床上架床、屋上疊屋"。當然朱子做了這麼一番注解之後,我們需要反過來看朱子如何扭轉了之前的注釋風格,開創了後世"述"的風貌……好像我沒有太表述清楚……

賴區平（以下簡稱"賴"）: 大家早上好!參加這次讀書會之前,我也讀了朱子大學注解。來此再讀,發現很多地方並未真正深入。經過與大家討論,纔有一些比較明確的瞭解。就生活而言,我是一個傾向安靜的人,但也喜歡玩。我秉承劉老師的教導,生活要有趣味,首先要玩好,纔能學好。我來成都兩次,第一次是在天臺山那邊。我很喜歡吃辣但又不能吃辣,想要喝酒而身體又比較差,所以很鬱悶。我什麼都玩,先"殺人",殺完人再"捉鬼",捉完鬼再講鬼(故事)。昨天晚上大家都在談心,交流各種想法,很開心。在那次講鬼故事的晚上,廖老師講到怎麼鎮定妖怪,說要"鎮之以樸",即用老子那句話來說。我自己也想找句話來鎮一下,就找了《易經》裏的一句話:"天地之大德曰生。"這樣我心裏的恐懼就去了一些。再回到學習,跟大家一起討論真是學到很多。我舉一個感覺比較深刻的例子。在我們組裏,有一次談到誠意正心,我們讀到一條,一說誠其意而心自正,一說意誠之後還需要有正心的工夫。大家在此討論很久,各自發表自己的看法。我記得天成說了一句話,給我非常大的啟示,順著他說的話對這條做了一個解釋。當時覺得非常難,但現在至少可以理解這條到底什麼意思了。劉偉老師和興漢同學他們也提出一些看法,可以說是集思廣益。開始完全讀不懂它什麼意思,而在討論的時候至少提供了一種、兩種解釋,讓心裏有個底。我再說一個印象深刻的例子。在第一次討論課時,明烜發言,打開他的筆記本。我以爲那是對

《大學》經文的一個抄錄，沒想到是明烜對《大學》所做的一個心得筆記，非常工整，當時非常感歎。在解釋"明明德"時，鄭康成的注說，明明德是指"顯明其至德"。明烜就著"至德"說了一大通，他竟可以說得這麼有條理，以小見大，非常深刻，我當時非常佩服。另外跟大家討論時發現一個問題，我們名義上是以《大學章句》爲主本，大家都要讀，但實際上在多大程度上能把它讀好呢？用心讀一遍，理解得更深入，時間上並不允許。每一組輪換對本子的不同部分進行主講，這樣對整個本子可能會存在一個貫通理解的問題。之前在討論時提了一個小問題，即對"格物"含義的理解。朱子說：格就是至，物就是事。關鍵就在格，以及將格與物合起來怎麼理解。"至"有"到那里"的意思，也有"窮盡"的意思。朱子說"即物而窮其理"，"即"字有兩種意思，一是"接近"，二是"就著"。我很難理解，"格物"從字面上說是"至物"的意思，但這個字面意思怎麼跟"窮理"或"即物"順暢地連起來理解？朱子引用程子的話，說"格"就是"至"的意思，格物而至於物則物理盡。從字面上我還是不能把程子的話通暢地理解，所以請教一下老師同學們。

曾：區平的發言我感到很欣喜。我覺得我們在性格上是很接近的，在生活中我們往往是一個比較沉悶的人，不擅長交往和言談。但是當我們進入了這樣一群心意相通的讀書人中，我們發現其實并不是我們不熱愛生活，而祇是我們一直沒有找對玩伴而已，找對了玩伴我們也可以玩得很開心哦（眾人笑）！接下來是興漢。

劉興漢（以下簡稱"劉"）：大家好。作爲研習營裏邊無論年紀還是學歷都是最低的一層人，我的初衷就是想跟各位老師和師兄師姐學怎麼去讀書。經過兩周多的學習，我達到並超過了當初的預期。在這裡首先要道個歉，我這個人性子比較急，說話的時候總是喜歡打斷別人，基本上跟我討論的人我都打斷過。我本來想做牛虻的，但是可能最後總是變成了蚊子，所以在這裡對大家做個道歉。然後特別感謝尤其是川大的師兄師姐們讓我明白了禮數。雖然我做得還不太好，但我已經感受到了這個震撼。"見賢思齊"，跟我同組的師兄師姐們一起討論了這麼久，真的是學到了特別多的東西。無論從最大、最空但也可能最實的這種對學術的激情，還是從很小的怎麼去訓一個字、通一個句意，真的都學到了特別多。下面說一下我的問題。其實看了之後我有很多問題，現在也有很多，但大部分都不敢提了。因爲我們從事的是一個最高尚、最高深的工作，我們想要影響的是每個人最裏面的東西；但是從另一個角度說，我們從事的是最普遍、最沒有區別度的東西，而每個人的最裏面都有一個東西。那你爲什麼要要求那個人把他最裏面的東西清掉，然後去灌上你的東西呢？……所以我意識到我讀書還是太少，大部分問題都不敢提了，折服在朱子的思想之下。我祇提一個非常小的問題，《或問》的五二八頁右數第五列有一個問題，或曰："然則子之爲學，不求諸心而求諸跡，不求之內而求之外，吾恐聖賢之學，不如是之淺近而支離也。"讀到這個問的時候我是特別高興，爲什麼呢？因爲他的評價是後世對於朱子教科書一樣的批評，就是"不求諸心而求諸迹，不求之內而求之外"，特別是標籤都是一樣的"淺近支離"。我們知道後世的大家都是建立在對前人的某種意義上的誤解之上，所以拿後人解前人，對照的話總是有點錯位。這個問題提得好，就是因爲他提出了一個後世的問題，但它可以直接地去問朱子，就不會有誤解的風險。所以我本來期待著得到一個類似板上釘釘一樣的回答，這樣就不會再誤解朱子了。但是這個答案我是不太滿意的，因爲我覺得他祇回答了一半。我爲什麼這麼說呢？我們看看這個回答。（朱子原文如下。曰：人之所以爲學，心與理而已矣。心雖主乎一身，而其體之虛靈，足以管乎天下之理；理雖散在萬物，而其用之微妙，實不外乎一人之心，初不可以內外精粗而論也。然或不知此心之靈，而無以存之，則昏昧雜擾，而無以窮眾理之妙，不知眾理之妙，而無以窮之，則偏狹固滯，而無以盡此心之全。此其理勢之相須，蓋亦有必然者。是以聖人設教，使人默識此心之靈，而存之於端莊靜一之中，以爲窮理之本；使人知有眾理之妙，而窮之於學問思辨之際，以致盡心之功。巨細相涵，動靜交養，初未嘗有內外精粗之擇。及其真積力久，而豁然貫通焉，則亦有以知其渾然一致，而果無內外精粗之可言矣。今必以是爲淺近支離，而欲藏形匿影，別爲一種幽深恍惚、艱難阻絕之論，務使學者莽然措其心於文字言語之外，而曰道必如此然後可以得之，則是近世佛學詖淫邪遁之尤者，而欲移之以亂古人明德新民之實學，其亦誤矣。）這個回答可以分爲三層。第一層從"人之所以爲學，心與理而已矣"一直截到"初不可以內外精粗而論也"，這是第一層。第一層的意思是說，人爲學就是心和理，心很重要，理也很重要，最開始不能說誰更重要。第二層就是"然或不知此心之靈，而無以存之"一直到"而果無內外精粗之可言矣"。這句話是說心很重要，你不要去忽略它，如果你豁然貫通了，也就沒有什麼誰更重要誰不重要了。第三層就是"今必以是爲淺近支離"一直到最後批評佛學什麼什麼，就是如果你不像我說的這麼做，你就是大謬了。第一層和第三層我是沒有什麼意見的，但是第二層，因爲我們看這個問題，他問的是說你爲什麼不求心而求跡、不求內而求外，側重的是爲什麼挑理說不挑心說，朱子的第一層是很好的回答，朱子說"我並不認爲兩者是割離的，它們都很重要"。問題在第二層，如果按照這個問法，應該說的是：可是我認爲這個理呢，它有些什麼特殊的用法或它有什麼特點，雖然理和心都很重要，但理有什麼什麼特點，所以把理放在心的前面。因爲《大學》的順序是格物在前面、誠意正心在後面，這不是朱子本身要面對的問題，是《大學》一定要回答的問題。可是朱子在這裡回答的是心很重要。比如我仿照這個論證的結構來說一個問題，假如學生問："你走路時有左腳和右腳，你爲什麼先邁左腳呢？"然後第一層的意思就是說，我認爲左腳和右腳都是腳，它們都很重要，它們都是要走路的，沒有任何一隻腳都不行。然後第二層就是說，右腳也是腳，右腳非常重要，右腳對於走路是非常有好處的，如果沒有右腳的話走路就很糟糕。那麼，這個答案我得到了什麼呢？我原來祇知道左腳和右腳是兩個器官，我現在知道是一個器官，並且我還知道右腳特別重要。但我的問題是你爲什麼要先邁左腳啊。你祇告訴了我前面這些東西，可是它的特點在哪裡？就算我承認了心和理都很重要，甚至它們是一體兩面也好，但是爲學總要講一個次序，就是爲什麼我要先邁左腳。我感覺在這裏面朱子祇是說心很重要，"以爲窮理之本"，但是他實際上沒有很直接地回答這個問題吧？所以我就想，作爲一個問題，朱子的回答是不是很完滿？或我是不是祇說了一半……

（休息）

張帆：《致橡樹》裏的一句詩特別適合形容現在："我們分擔寒

潮、風雷、霹靂；我們共用霧靄、流嵐、虹霓。"今天早上這句詩忽然從我腦海中冒出來了，我也覺得非常契合。雖然說大家祇是在一起短短的十幾天，但是我和我的小夥伴們一起經歷了暴雨以及暴雨之後的"停電"。從最開始碰到一些小動物時比較驚恐和紛擾，到後來學會和它們和平共處，經歷了這麼一個過程。在這十幾天當中，大家也出現了一些新的語錄，比如說"苟日慘，日日慘，又日慘"。我覺得對我來說，這是一次很不一樣的讀書經歷。在川大時我們每周也都有自己的讀書會，在我們那一個年級進行讀書會時也碰到了很多問題。用盧辰師兄的話來說，就是我們在提問題和回答問題時就有一種"拳頭打在棉花上"的感覺，使不上力。我覺得這次讀書經歷對於我們的讀書班來說是一次很好的經驗和參考。接下來就是我要講的問題了。其實我的問題和區平的問題差不多，我們倆關注的重點是一樣的。我想提的問題也是關於"格物"方面的。有一次我們組負責《大學·格致補傳》，廖老師和曾老師也來聽了我們的討論。我記得廖老師對於"格物"提到陽明格竹子這件事情，關於陽明能夠對著竹子坐了七天，我們實在是不知道他在思考些什麼。我當時就在想，我們"格物"是在格什麼呢？我記得說這不是對於"物"的一個問題，因爲朱子講的"格物"是要在一個物上盡到努力，格到一到十分的等級，而我們格到什麼程度算是五六分，到什麼程度又算是七八分呢？我們所格的"窮極事物之理""事物所當然之理"，這個"當然之理"到底是指什麼呢？這個詞既很精確又很模糊。在我這裡一直存在一種想法，我們當時的討論還提到了一個關於"格物"是否會導出一種"科學"的問題？我覺得現在的科學研究的束西，如果按學問的上下走向，會是下面的一個領域裏頭去澄清一個事情。就比如說這個杯子是什麼材料的，它是由什麼構成的，它的分子結構是什麼？它所窮極的是一些比較瑣碎和末端的事情，我們當然是不能走向它的，因爲這樣會逐漸把我們所要想超脫出來或向上走的勢頭拉下來。因此我就覺得，我們格物到底做的是怎樣的一個事情呢？或者說，我們需要達到或指向的是怎樣一個方向呢？這個就是我的問題。

　　曾：這個問題還是和"格物"相關，"格物"可以說是一個大問題。

陳峴（以下簡稱"陳"）：首先，最主要還是要感謝曾老師給我們提供了這樣一個機會。我們作爲復旦的學生參加了這次讀書會，這次的文本在經過老師們的討論後是有一個變更的。本來是《檀弓》，我們當時就興致勃勃地報了名，後來發現改成了《大學》，就想著《大學》是自己在私底下其實也看過幾遍的。在來到這裡以後，尤其是在朱子學爲主的這樣一種探討，於我個人來講也是本著一種學習的態度。在讀書的過程中當然也會發現很多問題，而且有很多的討論對我個人也有很大的啟發。就比如說在討論到格物致知之後，在齊治平那裡就是所謂新民之事的時候，有很多事情在自己的解讀框架和理解下，我們會把它歸爲治理，會以周禮制度來解釋這些事情。但是在這裡的討論中，會有很多同學繼續追問，當這個制度不再存在的時候，我們應該如何去應對？當然這個問題自己會有所考慮，但可能不是在這種情況下來考慮的。所以說這樣對打開自己的思路，以及從這個角度聯繫到自己本身的這樣一個學科背景，即所謂政治儒學或者經學，我覺得這也是提供了一種思路和想法。在這種思路和想法的探討中，當然也會面臨一些具體的問題。比如說在討論到我以前請教過秋莎師姐的一個在帖子中提到的問題，上面說"德目之間的衝突是不可能的"，這個主要還是根據"心之所發"的情況。當時到現在我一直在想這個問題，尤其當時扯到的稍微遠一點就是到了"經權"的問題上，就是以春秋學的"經權"角度來看"經權"之義。如果說僅僅是以"心之所發"這樣一個向內的角度來看這個問題，也可能是我自己先入爲主的意見，覺得這是遠遠不夠的。因爲如果是這樣的話，《春秋》所講的面臨到一個很強烈的兩條原則的衝突，一個叫作原心定罪，這和向內求講的是一致的。但是否在我們所發誠了之後就完全可以做到這一點而不產生衝突？《春秋》對於這個問題的看法是惟聖人乃可行權，就是說祇有聖人纔能在這種情況下隨時隨地能夠做出合乎權宜的可能性，而一般人是遠遠不能做到的。在朱子有關的探討中，他對這個問題是非常謹慎的，他覺得一定要防止其氾濫而出現流弊，然後形成一種不可收拾的局面。但是如果說今天我們把它局限在這個地方，似乎又不能突出"經權"對於咱們今天的一種意思，也就是我們所講的"合乎道"。而又該怎麼樣來權衡這樣一種關繫呢？《春秋》是以一種功過相抵的態度來作爲判斷功與過的標準，但是如果是向內的話究竟該怎樣來處理這個問題？我個人覺得，朱子在這個問題上不強調對經的悖反的話，我覺得是可以的。但是這個角度又會引出下一個問題：他更多的是爲了防止人們在考慮這個問題或行事過程中過於隨意而導致一種流弊的結果呢？還是說他徹底在這個問題上就是這樣認爲的？我個人還沒考慮清楚這個問題，覺得是可以進一步討論的。而且這個問題的討論角度如果從《大學》在"新民"這個層面上來討論的話，能夠和經學、儒學中更多的東西結合。這其實是一個非常好也非常契合的點，這是我個人較不成熟的觀點，希望大家能夠批評指正。還有就是談點生活上的感受，在這邊十多天的生活確實讓我印象深刻，其實我個人作爲被蚊子攻擊的最大目標來說，能夠在這堅持十多天下來，連我自己都佩服自己了。祇是開個玩笑。主要是在這兒讀書切磋以及與大家交流，尤其是還認識了這麼多朋友，這些方面都算是對自己的一個鍛煉和長進，收穫也非常巨大。最後還是要在這裡感謝朋友們的賜教，尤其是感謝各位老師，特別是曾老師給我們提供了一個如此好的機會和條件，希望以後還能有機會繼續向各位老師和各位學友請教，謝謝！

曾：讀書會是我們大家的，我們就是希望大家能夠積極參與，讀書會也是因爲你們的參加而變得精彩，所以說到感謝的話應該是感謝我們一起的努力。對於陳峴的問題，我也是非常有興趣的，就看我們後面有沒有時間來做一個討論。從經學的路子來看，很多問題可以變得很不一樣。但我個人也是在學習的階段，希望和大家在這些方面能有更多的交流。

柯勝（以下簡稱"柯"）：我是第一次參加這個會，因爲之前的討論我都沒有參加過，剛纔從周圍師兄師姐的闡述中大致感受了一下討論的氛圍。曾老師說以後可能每年都會有這樣的活動，那我就作一個預熱來參加，先和大家感受一下這樣的氛圍。在整個過程中，我意識到了有很多細緻的工夫需要一點點地去做，我對於這個研究是一個新手，還有很多路要走。這個之前在川大的教研室裏，秋莎師姐爲我們講解她的論文時也已經領教過。在剛纔各位師兄、師姐的講述中，我能體會到各種細緻的字詞、訓詁，甚至於每一個字義的參照這方面，大家都下了很深的工夫，我很遺憾這次沒有能夠全程參與。在今後的學習和研討中，我會在學術訓練方面儘快彌補自己的“短板”。最後說到的就是陳峴學友提到的關於經權方面的問題，因爲我對這個問題的理解比較偏重於政治儒學，剛纔曾老師也提到可以做一下這方面的討論，在此我就隨口談談。作爲經權之事是衹有聖人纔能夠做到的，聖人的經權之事，在《論語》裏孔子在匡被逼簽了一個“條約”，簽了之後孔子還是去了，他的學生就問他：“你不是簽了‘協議’嗎？後來你又違反了‘協議’，難道簽城下之盟是可以不遵守的嗎？”我覺得這個事情是否可以作爲在經權上聖人做法的一個案例，這個咱們可以下午再來討論。在這方面來說，儒家本身在靈活性的處理方面是有一個嚴格的前提的，如果沒有了這個嚴格前提的限制，就很容易落入“白貓黑貓”的桎梏裏面。我想這具有一定的現實意義，如果下午有興趣的話可以進一步探討。

廖恒（以下簡稱“廖”）：我說兩句體會。一個體會當然是曾老師做了非常多的工作，高老師和丁老師一直堅守在下面很熱的房子裏給咱們示範了“修身”，把最好的房子和條件留給了大家。然後具體說到問題呢，我也沒有什麽太具體的問題，因爲已經有很多同學都提出了可討論的問題。其中我的一個體會，中間和區平同學就陽明做了討論，私下也和很多同學交流過，《大學》這個文本對於我們的首要意義是什麽呢？我覺得應該是“反觀自身”。我當時和區平說過，我對陽明的批評其實很多是對自己的批評和對自己的反思，對自己身上的一些問題和過去沒有意識到的東西，現在慢慢看到了，通過朱子的文本會有更加清晰、更加可靠的參照。我們讀經典文本就需要一個非常可靠的路徑去進入它，同時這條路徑與自己相關，我們需要從文本回到自己的身心上去，回到自己的立身和行事上，我覺得這也會是一個受用無窮的事情。

張發志：首先感謝曾老師給我們提供了這麼好的一個機會。我想起王羲之在《蘭亭集序》裏面寫道“群賢畢至，少長咸集”，大家在這個茂林修竹的地方談論學問，真是一件心曠神怡的事情。從我的職業出發，我讀《大學》的時候還是儘量地做一種“爲己之學”。我的問題是，格物，我們是在格什麼？是物背後的生生之理嗎？這是我的一個問題。我更多的是從方法論的角度來看待《大學》，“定靜安慮得”這一段我覺得寫得非常好，我看的時候每每有一種相見恨晚的感覺。但是看治國平天下那一段的時候，我總是覺得自己沒有能力去做，而在座的大多數也都很少能得到機會去做這些事情。所以我想問，有沒有人在做把儒家的形而上學和它的倫理學、政治學區分開來的工作？現在的學科確實越分越細，固然造成了越來越大的學科壁壘，而《大學》這種統一的言說確實也有很精彩的地方，但是我個人更傾向於儒家的形而上學部份，而讀儒家的其他東西的時候，就覺得有點隔膜。

　　曾：藝術家的眼睛看出來的東西就是不一樣，把我們在賀麟書院的讀書會說成是一個群賢畢至的盛會，這是藝術家的美化。當然他也問出了很多就他的角度而言很恰當的問題，這些問題我們也可以再討論。

　　楊柳：我覺得自己祇能談點感受，我參與討論確實不多，不好意思，因爲我跟不上大家的進度。我覺得大家看書已經到了琢磨每一個字的細緻程度，而我看《大學》祇能看它的大意。我覺得剛剛李毅講得很好，讓我印象很深。他說他剛來的時候月亮是一個月牙，現在已經快要到滿月了，而我看到我們已經從夏到秋——現在已經立秋了——隨著時間的流逝，我覺得有很多很有美感的東西。剛剛發志說的那個也不是一個藝術家的美化，因爲這是一個很難得的事情，這非常美好，很開心，我覺得特別的珍惜。關於《大學》與朱子的解釋，讓我聯想到一個西方的評論家加賽特。在二十世紀初，他寫了一本書叫《藝術的去人性化》，這本書在當時西方現代主義時期是比較有影響的一本書。因爲我看《大學》裏面其實也有講去除人性裏面不太好的東西，講求至善、至美的一種東西，然後它真正是在對人進行一種規範和雕琢，儘量讓人去達到一種完善的地步。那可能是每一個努力的方向吧！朱子的那種思路，我不太清楚這算不算一種去人性化的一種方式或者表達，但我覺得他的這一整個的理念特別地美好，它是一個至善的東西。我覺得這對每一個人，至少對我來說是值得追隨的東西，所以到了誠意、正心然後修身，我覺得這三點對我特別有啓發。至於治國、平天下，它可能到了另外一個範疇，可能是超越這種德性，比較政治範疇的一些東西。前面這三個對我來說是終身受教，終身需要做的一件事情。然後它給我的一個感受就是它是一個很大的、很虛無。這個虛無，並不是它不存在，或者它沒有，我覺得這樣虛無是極大的存在，一種很實在的東西，它可以大到天，大到地，小到一片樹葉，一個昆蟲。那天我在上面看書，當時李毅也在，我捉到一隻知了，這知了好可愛啊！它有四個翅膀，兩個小翅膀藏在兩個大翅膀下面，我看到後一下子明白了什麼叫"薄如蟬翼"。它很透明，展現出它的腹部，上面有反光的絨毛，這一切都非常美。如果大家還有印象的話，以前我們的課文裏有一篇叫作《蟬》的課文吧，它就說蟬會在地下呆三個月，然後在"世間"祇有短短的一周。其實現在大家觀察的話，知了的聲音已經沒有了。但是當時我們剛剛到這邊的時候，它天天就在那兒吵，聲音特別大。現在的話，也零星的還有一些，聲音也比較小。所以我就感覺到，那種實在充斥在每一個東西上面。如果我們仔細去觀察的話，這其實是一種感受，我覺得我沒有辦法以一種文字的體系，比較邏輯的方式來挖掘這些東西。這也是職業不一樣的關繫吧。

曾：講得特別好，我想鼓掌，我想我們的心緒是一樣的吧。

丁紀（以下简称"丁"）：有沒有安排鼓掌的環節？呵呵……

曾：大家想鼓掌的時候都要看一看我，看我幹什麼呀！(眾人笑)

丁：去年到今年，幾乎每一個人祇要有抓到小蟲子的經歷，李毅必在場，呵呵。

曾：好吧，我們接著往下。

沈娟（以下简稱"沈"）：既然是要講觀感、心得，我先從一本書開始講，這本書就是《四書章句集注》。爲什麼講這本書呢？我七月份就跟秋莎認識，我認爲秋莎就是我這個暑假最大的收穫。來的第一天，就聽說這邊有晨讀的習慣，李毅每天早上在帶晨讀，我八號來了之後，九號早上就去晨讀。他們帶我去晨讀，但事實上秋莎和李毅兩個人基本上就是在誦讀，我當時就很吃驚。他們從《大學章句序》誦完之後，又把《大學》誦了一遍，讓我當時就非常慚愧。等我回到宿舍之後，我跟亦然說話，她拿起我的書說："你這本《四書章句集注》怎麼這麼新！"然後另外一個人跟我說他的《四書章句集注》已經用著第二本了。等到劉樂恒老師來的時候，我去幫他帶本書，《四書章句》已經密密麻麻，就快散架了。後來在飯堂又翻到李毅這本書，我現在見到誰的書就翻來看，李毅這本書上也寫了很多字，也是破爛不堪的一本書。我的書這麼新，我真得太慚愧了。這是我想說的一個方面。秋莎學問這麼好，跟她遵從朱子之教，還會經常誦讀有關，我自己在這個方面就特別受啟發。《康誥》曰"作新民"，我覺得我們沒有做到新民的工夫之前應先自新，我自己就覺得在這裡養成的這個習慣非常好，我回去之後，就這個善端擴充之，然後把它繼續發揚下去。我的第二點就想談談在這裡的感受吧，感謝已經有人替我講了，他講的就是我想講的。我的一個感覺是，曾老師並未把我們這裡當作一個團體，因爲我們這個團體根本就沒有紀律，我們就不需要紀律，這叫"從心所欲不逾矩"。大家做得特別自然，心裏面十分舒適，特別是曾老師做的很讓我們感動。還有就是川大的同學，特別是給曾老師打下手的川大同學，基本上瑣事都被曾老師和川大的同學包攬了，我們其他同學就是袖手享受了。我到這裡對川大的氛圍有很深刻的感受，尤其是川大同學特別守禮儀，尤其是師生之間。當然我在七月份的時候就已經感受到了，因爲秋莎在朱子墓前就已經讓我感受到了。來到這裡之後，發現師生禮儀還能在現代社會存活著，這讓我感受非常深。大家可能見的比較多，但我所在的地方比較荒漠些，見不到這種威儀、儀容。像朱子常說的"入道莫如敬"，我幾乎就沒有體會到端莊嚴恪，我在這裡第一次從現實生活中體會到了。這是我心得的第二個方面。第三個就是我讀《大學》從第一句到最後一句，我始終有個強烈的感受，用四個字來形容就是"古今之感"。比如說"聽訟，吾猶人也"，儒家的一個標準竟然是想要"必也使無訟乎"，他們的最高理想是要"無訟"！但我想想現在的司法實踐和現實，覺得古今怎麼會突然有那麼南轅北轍的狀況呢？然後是"平天下"章，"長國家而務財用者，必自小人也……國不以利爲利，以義爲利"，那我們今天，經濟在一個國家中間處於核心地位，我們如今爲國主要是在談經濟。現在任何一個國家，爲政者所關心的第一件事就是經濟，就是牟利，義的方面已經不大可能考慮，而選民也不再以這個方面來進行考量。這也是一個很強的古今對比。然後就是"家齊國治"那一章，"其家不可教而教人者，無之""君子不出家而成教于國"。這讓我想到現在家教特別失敗的特別多，許多富二代、官二代家教都很失敗，我覺得現在家教基本上失掉了。而且現在大家好像覺得家教是與現代的自由規範和道德規範相衝突，覺得父親沒有資格干涉孩子的自由、安排孩子的選擇。我覺得這個道德規範很成問題。讀了《大學》之後，剛纔這幾個例子所反映出來的古今之別，讓我覺得還是古代的那個社會更美好，而且古人想的問題比我們要深厚些。第四點，朱子自己比較看重《大學》的兩章，一個是"格致"章，另一個是"誠意"章，這是有他自己的道理和體系的，就我自己個人讀《大學》來講，我自己比較有所受用的是"正心章"的"心有所好樂，則不得其正"。我體悟到一點就是儒家對"情"的處理，朱子概括此章是講情是否是中節的。我自己在這方面比較受用，可能是個人氣稟所致吧，因爲我個人這方面，呃……怎麼講……

曾：不太中節？

沈：嗯，可以這樣講。因爲我覺得很多人，不論其是什麼宗教或學派，提起對欲望的節制都是可以接受的，但是在處理"情"的方面現代人是有偏差的，這種偏差極少會有人重視。比如我們現在講"情"，要麼說你這個人是虛情假意的，要麼說你這個人是有真情實感的。就是說我們現在講"情"，祇追究你這個情是真的還是假的。我會覺得朱夫子在講情的時候講"偏"和"正"，不是說你這個情是真是假就可以了，而是講情要由偏歸到正，要發而中節。我們現代講情都是講要盡情，你纔是一個真實的人。我認爲我們現代人的一些問題都可能跟我們對情的理解有關。古人講喜怒哀樂發而皆中節，而我們現在，盡情反而成爲我們的規範。我就想向四位老師和各位同學們提一個問題：儒家是怎麼處理情的？

曾：輪到我這裡了，我是不是也要發個言？這個讀書會，那麼多人來參加，要談對大家這個讀書會的好感和收穫的話，我覺得對每個人而言一定是因人而異的。我覺得對這個讀書會好感最強的應該是沈娟，她老是在我耳邊念叨讀書會怎麼的好。我本來對這個讀書會的舉辦是沒有太大信心的，我也很少參加各小組的討論，不知道各組討論是個什麼狀況。總的來說，我對這次讀書會沒有覺得特別好，但也沒有覺得特別壞，這和我對這次讀書會的期望也差不多。雖說沒有覺得特別好在哪裡，是沈娟讓我覺得還是有一些特別好的地方。沈娟剛纔講的那些，讓我從她這裡看到了相當的"好學"和"見賢思齊"，這是我們應該學習她的地方。我還是重復講，讀書會因爲有了沈娟而變得更精彩，大家覺得是不是這樣？我自己的問題還是會回到絜矩之道這一章來講，後面再由此來深入吧。

丁：我和高老師參加了頭幾天和最後一天的活動。在頭一次回去的路上，高老師講："這樣我們算是住滿了五個晚上，在原計劃二十天的讀書會中住到四分之一的時間，這樣就覺得稍稍能讓自己心安一些。"頭一次那幾天，我看到這個院落裡最辛苦的人，是一位大嫂，每次看到她，都是在忙碌地掃地呀，清理垃圾呀。每次見她，我都對她道辛苦，大嫂每次回應我，都說："我不辛苦，你們纔辛苦！你們早上也加班，晚上也加班，我從沒見過像你們這麼用功的，所以你們纔最辛苦！你們這麼辛苦，我自己辛苦也覺得是很高興的事！"頭兩天，我和她至少有過三五次這樣的對話，每次她都這樣說。這次來，我又向她道辛苦，她也仍然這麼回答我。讀書班給她造成的這個印象，我覺得我、高老師也有。就像楊柳所說："我們夏天來，夏天就走了；等我們再來，已經是秋天了。"等我們秋天來的時候，大家還堅持在這個地方，這是件很不容易的事。我因此對各位懷抱敬意。這是我要說的第一點。

第二點，我想說一說關於立場的問題。這會涉及禮記本《大學》和四書本《大學》的關繫問題，這個問題，我在頭一次來的發言中花了很多時間談，我不知道會不會有某種誤導作用。關於立場問題，我會認爲，用某種簡明的方式把自己的立場標示出來，是很有積極意義的，積極意義表現在這樣幾個方面：第一、表明立場可以有效摒除一些煩擾，在我立場表明後，可以知道哪個東西可以暫時放下，或是可以與我們這兩個面對面的人構成的一種臨時的話語共同體沒有關繫的東西，這樣，立場的表達就起到一種廓清的作用；第二、表明立場有一個顯示的作用，當我說出我的立場後，你一下子就知道，某些問題不管別人怎麼樣，我總是會常常想到的而且總是有主張的，你會想到我對這些問題會做一些支持、做一些聲援、做一些辯護、做一些表態，所以這也是立場表白的一種積極作用。立場會讓某些人起一種憂慮的意識，就是說，在一個人表達立場的時候，人們會憂慮，其他東西他會不會在所不計，都成爲他的立場的犧牲品？有時候，一個有立場的人往往會激發起一些人的反應，這些人把所有的事情都指向他之有立場這一點。這樣的話，一個人宣示自己的立場，就導致了很大的負面效果，他就成了一個僅僅祇有立場的人，一個"立場機器"和一個"立場標牌"而已。但如果我們針對有立場的人做這樣一種反詰，也可能讓自己陷入同一個陷阱裡，僅僅成爲一個"反立場"的人。反立場也是一種立場，就像我們說，宗教當然是一種宗教，但是拿埃及正在發生的事情來講，那些民主派其實是把民主當成一種宗教去堅持，所以可以說，民主也是他們的宗教。但其實不應該是這樣的。如果人們能把心胸打開來的話，民主當然不是一種宗教；但宗教也可以不是宗教。所以我說，關於立場的問題，如果你總是簡單地去指責一種立場的話，不過是讓自己在一個相反的方面被立場規定，而且是用別人的立場把你自己限定住。在面對立場問題時，我總會被人看成是一個立場極強或者不憚宣示自己立場的這麼一個人，我因此受到的對立場的指責也是最強的，但是面對這種指責——這種指責不攻擊我立場本身，而攻擊我之有立場這件事——我還是能比較心平氣和地問這麼幾個問題的：第一，我帶來了立場的同時，是不是沒有相應地帶任何其他東西來？第二，許多我所負有義務的東西，是不是因爲我所宣示的這種立場，把它們給窒息住、滯礙住了？如果這兩點都還不至於，那麼，請透過我的立場，看與我的立場相攜而來的那些東西，這樣我們都可以更心平氣和一些。我一直說立場有非常積極方面的作用。我也常常說"理解力第一，理解力第一"，但是，怎麼可能理解？我認爲，有立場的人在表現對一種異己的、差異性的東西的理解力方面，未必比一個無立場的人在理解力方面更處於劣勢或更遜色。立場幫助了他的理解，甚至我們可以這樣說：無立場，則理解就不可能。我們可以回到文本問題上說這個話，如果做一個簡單的立場宣示，我會說，我的立場在朱子本上。但這個說法一定要加以說明。所謂立場，一定要是開放性的。我們對朱子的立場做一種認定的話，他的立場也是開放性的。比如在頭兩次討論中我談到，朱子的話有張力，因此給我們留下了足夠的空間。張力、空間就是一種開放的意味。朱子沒有說你們必須把我當教皇來看待，他也沒有說我已經把所有能說的話都說完了；他會說，我說了一些話，如果你們覺得我之所說大體不差的話，你們就可以順著這些話往下說，說出你們自己的話。我覺得朱子在這裡給後人留下了很大的地步，所以我說，立場選取不意味著封閉、教條、固化，它倒是一個開放的態度，是一種使開放成爲可能的態度；無立場則無開放，因爲你連自身的所是、所在都不知道，你如何面向事物？你如何知道自己所面向的究竟是什麼事物？

再說說我的一點兒讀書體會。爲什麼要在不同的本子上認定朱子本爲立場？我個人在讀書方面不做一個純學者的期望。等會兒我會談一些同學的問題，因爲有同學下午要走，我不知道能否一一回應同學們的問題，但我對大家的問題有一個總體的印象，可以就此談一談。我說自己讀書不做純學者的期望，可能對你們的問題也有一些針對性。不做一個單純學者的自期，而做一個生活者的自期，做一個活著的人的自期——如果這麼表達的話——所以讀書也變成了帶著這樣一種期望的事情。我讀朱子書，而且希望凡是朱子留下的隻言片語都儘量有機會能讀；但比如說讀朱子這一條，讀了過後，心裡沒有滯礙了，我就可以當朱子沒說過這句話。讀朱子這一條，讀了之後沒明白，不能忘懷，那就再來讀；再來讀，讀過之後還是不能忘，甚至起一种念想："怎麼會是這樣呢?"這時候對於我來說,就有了其他本子存在的必要。就是說,在我讀朱子的時候,讀過了,心明眼亮了,便忘了,這就像陸象山說的一句話——雖然以我對朱子的感情來說不太好聽,但陸象山是把自己也帶在裏面說的,這倒也不失公平——"建陽也無朱晦庵,青田也無陸象山"。對我來說,祇有在讀了之後心中有滯礙、有疙瘩、有不解,這時間纔出現其他本子。所以在我這裡,不存在擺一個《禮記》本,再擺一個朱子本,說擺個態度比較哪個本子好些,先做一個評價的問題。對我來說,最初走向朱子可能是偶然,但是越在朱子裏沉浸,就越發現與朱子的契合。爲什麼走向朱子和以之爲立場?我現在倒可以大大地說一個理由出來:走向朱子後,以前凡屬偶然的東西都融釋掉了,當然,這也是一種勢所必然,我發現朱子最爲富足地提供了使人在心靈方面、見識方面、情感方面達到契合的可能性。

如果讀朱子從來明白、從來無疑,那就不存在其他本子,到最後,連朱子本也沒有了。這就是我個人讀書方面的一個體會。那么,讀朱子書到無疑之後,我們該幹什麼呢?我們就放下了朱子,獨立地去面對事情。好比說,天下祇有一句正當的話,祇要這句話不是出於我之口,或者我也會去說它,但祇不過是因爲"記得"古人嘗如此說我纔去說它,而不是由我自家破天荒頭一遭把它說出來,那就不算是真正的獨立面對事情。再如像李毅、楊柳說的那樣的事情,也要獨立予以面對。李毅說大家來的時候月亮纔是個月牙,然後到半月,到滿月;楊柳又說了她和一隻鳥的交流。這兩段話讓我有很深的感觸。十多天的封閉讀書,我們每個人都真切地感受到……(以下失錄。丁紀後續發言大意爲:我們每個人都真切地感受到時序的更替,以及對外間事物的暫時隔離。我們來到這個遠離父母的所在讀儒家書,像是諸事放下,而進入到一種"心不在焉,視而不見,聽而不聞"的狀態,對於月缺月圓、花香鳥語,恍然間都失去了感受力;亦即,以"我在"的某種狀態,以至於"物不在","鳥聲不響了"。但是,我們的目的並非遺世逃物,"四時行,百物生"也無片時之或止。但在這種暫時的間離中有以養成,將使我們獲得審視、重建我們與事物的關係的機會。也祇有在一種重建的關係中,事物纔不是孤立、零星、散亂地被我們意識到,而是活潑潑地、牽連一片地、與我們息息相應地存在着和表現出來;亦即,通過"我在"的根本刷新,不但重新達成健全的"物在"，而且是我在物在、物在我在這樣一種一體共生的關係。鳥、月本皆祇是物在，雖我出門聽鳥、望月，亦不過添一我之在；然自今而後，望月便見得天下在，聽鳥便知得無物不在，我雖隔居索處，而一室成春，凡百賢聖無時不相晤對。通過這种有條件的間離，得以重新贏獲全部事物。）

下午　問題討論

廖：經過李秋莎同學對大家上午提出的問題做出的總結和記錄，又經過與高老師和丁老師的商量，我們選出了其中關注度最集中的四個問題。下午的安排主要如下，討論的主體是高老師、丁老師以及各位同學。討論的主要是四個問題，但在這四個問題裏面有一些子問題，這些子問題主要是上午同學們提出來的，主要發言的同學可以就自己提出的小問題做一個對上午發言的補充說明。然後進入四個主要問題的討論，其他的在四個主題之外的小問題，我們則在主題討論完以後再進行討論。其中包括"絜矩之道"這個問題，這也是曾老师比較關注的問題，我們在後面也可以加以討論。

這四個問題，第一個是"格物致知"的問題，這裏面同時也包含有一些子問題，比如說薛蓮同學提出來的"格致補傳"，賴區平同學提出來的"即物而窮其理"，劉興漢提出來的"對於朱子回答學生的提問'格物是求諸內還是求諸外'是否能夠令人滿意"，張帆同學提出的"格物'格'到幾分，五分還是十分是以什麼作爲一個判定的依據"，張發志提出的"格物的背後所提出的是不是一個'生生之理'"。這是第一大問題。那麼接下來我們就"格物致知"這個大問題來進行討論，整個問題討論的時間大概是一個小時左右。

首先就是這些提出子問題的同學，如果對相關的問題有補充，那麼你們可以就自己的觀點做一個陳述。因爲"格致補傳"是朱子一個比較系統的論述，所以我們可以把它放在問題討論的靠後階段。其他小問題，比如賴區平同學提出來的"即物而窮其理"，你是擔心"物和理有兩分的危險"還是有其他的考慮？

賴：我的問題，就是兩個字的解釋怎麼通起來，怎麼成爲一個意思。朱子訓"格"爲"至",訓"物"爲"事",那麼,兩個訓合起來是怎麼成爲一個意思的,就是怎麼變成了"即物而窮其理"這個意思?

李秋莎(以下簡稱"秋莎"):"格"字,朱子先訓"至",再訓"窮至",最後再訓到"即物";而"物"字,朱子一直訓的是"事物之理"。你覺得朱子在訓釋的過程中,哪一個字,或是這兩個字的訓釋,對你而言有不通暢的地方呢?

賴:主要是"格"這個字。朱子訓"物",是說"猶事也",對"物"的解釋是說"事"或者"物",而不會說是"事物之理";但是連起來,就成了"即物窮理"。"格物"的字面意思不會有"理"的意思,但是它的一個目的是"到物那里去",就是爲了探究物的道理。這是它的一個目的或者結果。

秋莎:看來你的疑問還是在於,"物"是怎麼訓到"物之理"去的。

賴:我的疑惑之所以也在"格",是因爲"格"訓成"至",但是朱子的解釋是"即物","即"的意思是"到",到物那裡去。

秋莎:在這個地方,你的對應稍稍有點錯位。"格物"在八條目中,是訓成"窮至事物之理"的;而在格致補傳中,"格物"衹是對應"即物而窮其理"中的"窮其理"。"窮"就是"格","其"就是"物","窮其理"就是"窮至事物之理"。"即物而窮其理",相當於說"即物而窮至事物之理",這是指明"格物"須"即物",即凡天下之物莫不窮格,不是用"即"字重新訓釋"格"字。

至於"物"爲什麼會訓"物之理",秋莎讀一下朱子對《孟子》"萬物皆備於我矣,反身而誠,樂莫大焉"章的注:"此言理之本然也。大則君臣父子,小則事物細微,其當然之理,無一不具於性分之內也。"孟子的"萬物皆備於我",自不可能是在說具形象方所的"物",如君臣父子、事物細微,這些皆備於我,他衹是說萬物當然之理在我性分之內。"萬物皆備於我"的"物"既然可以訓爲"物"的"當然之理","格物"的"物",也可以作同樣的理解。

丁:在與川大同學這邊談論朱子用來做訓釋的語言的一些細節

時，我會提醒同學們注意這一點，即朱子說格物的時候，"格，至也"，可以加一個"即"字，就是"格，即致也"。這是一種解釋語言，"即"加不加都是"即"這個意思，都是"是"的意思。在釋"物"的時候就不是這樣，他說"物，猶事也"，那個"猶"字，不是"即"的意思，所以"事"和"物"之間不是等於號。如果我們用等式來表示的話，"格"和"至"是等於號，"物"和"事"之間是約等於號，"猶"字是一個"約等於"的意思，是相仿佛、大處一致，說到小處則是有區別的。"格物，猶窮理也"，這是程子的話，朱子從程子那里來。這中間也是个"猶"字。這個關繫中間，有很多值得琢磨。"格物"不是"即窮理"也，"格物"是"猶窮理也"。比如說，任何一件事物總是事物和事物之理的統一體（假如我們把事物和事物之理分開來說的話。但是這部分問題並不是《大學》要解決的問題。"格物"雖然涉及這個問題，但這不是《大學》要正面解決的問題。要解決的話，恰恰在《中庸》"不誠無物"那個地方。所以在視這個問題作爲一個總前提的情況下，將這個問題視爲一個自明的前提之後，再來說"格物"，看上去是就著物與物理的統一體這個意義的"物"上來說），然後朱子說，這個其實也可以"猶"，是從物這個統一體的另一面，物之理來說。所以這個訓釋絕不是語文學意義上的工作，而是一個哲學訓義，或者說是一個哲學解釋學的工作。我大概會認爲朱子在這個地方，如果僅僅從語文學的訓詁上來說，它發生了一定的語義偏移，但是在一個哲學部分上，它的一個前提已經立在那兒了，所以"格物"纔會說到一個窮理的地方去。它有一定的語文學意義上的偏移，但是在"物是事物和事物之理的統一體"這樣一個前提下，在這個意義上，朱子並沒有偏離這個前提之外，所以朱子這個解釋是合法的。

廖：區平同學這個問題其實是一個比較基礎性的問題。對"格物"之爲"格物"的這樣一個基本含義，剛纔丁老師和秋莎同學做了一個解釋。我的理解是朱子是把"格物""闡釋爲"而不是"訓詁爲"，如果說到"物"那裏去，去周遍那個物，那麼物接於人則爲事（"猶事也"），中間就有一個理、一個格在了，如此也就是到"理"那裏去。然後我們開始下面一個小問題，上午劉興漢同學提出《或問》

第五二八頁朱子對學生問題的回應覺得不是很圓滿這個問題。朱子在回應一個指責，這個指責說"不求諸心而求諸跡，不求諸內而求諸外"，劉興漢同學認為朱子沒有正面解答這個問題。不知道有沒有老師或者同學願意做一個回應。

秋莎：這一段當時劉興漢同學把它分為三層：從"人之所以為學，心與理而已矣"到"初不可以內外精粗而論也"，這是第一層；從"然或不知此心之靈而無以存之"到"蓋亦有必然者"是第二層；從"是以聖人設教"到"而果無內外精粗之可言"是第三層。是這樣的嗎？

劉：我沒有分出"聖人設教"那一層。但是第二層可以像你說的這樣再分。

秋莎：當時你打的比喻是：就好像一個人走路邁左腳邁右腳，問者明明想要問的是為什麼要先邁左腳。但是朱子卻一直在回答說，左腳右腳都很重要。是嗎？

劉：對。尤其是第二層他所說側重於右腳。就是說在這裡，他要是想談的話，左右腳很重要，當然是可以談的。但我覺得他祇是回答了一半。我覺得這一半應該說左腳很好而不應該是說右腳很好。

秋莎：如果仔細地來讀朱子的答語，第一層說"人之所以為學，心與理而已矣"，那麼照你的這樣一個比喻，就是說左腳右腳都很重要。接下來說到"心雖主乎一身，而其體之虛靈，足以管乎天下之理；理雖散在萬物，而其用之微妙，實不外乎一人之心"，最後說到"初不可以內外精粗而論也"，這個"初"不是"始"的意思，而是"本"的意思，這裡提出了一個前提，定下了整個回答的基礎，就是心與理一，本不可以內外精粗而論。第一層立了這個基礎之後，到了第二層："然或不知此心之靈，而無以存之，則昏昧雜擾，而無以窮眾理之妙；不知眾理之妙，而無以窮之，則偏狹固滯，而無以盡此心之全。此其理勢之相須，蓋亦有必然者。"就你的說法而言，門人問為什麼要先邁左腳，朱子應該努力地去強調左腳很重要。但是在這裡，朱子是方方正正地仍舊就著第一層立下的心與理一的前提，分兩片對著說下來，沒有偏倚任何一邊。心與理本不二，但是，如果我們說到人因氣稟所拘、人欲所蔽，沒有能夠明德盡明的話，那麼是人去二了。本不二如何能夠達到後面的真不二，這裡就需要人去加工夫了。如果祇是說一個本不二，卻一步都不跨出去，就不會能到真不二。說到工夫，先跨左腳亦可，先跨右腳亦可，但一定要跨出去向前走。二者"相須並進"，祇跨一隻腳而不跨另一隻，便不能持續向前。所以，在第一層本無內外精粗這個基礎上，我們畢竟要以到現在爲止這樣一個明德未盡明的心，去做窮理致知的工作，左右腳交替向前走過去。而第三層便是說。聖人設教，讓學者就著這本來不二，而終究不是不可以在工夫上作兩片來說的窮理致知，著實相須並進，走到最後果真不二。門人的問題是在問朱子似乎是求諸外、求諸跡，若朱子應對說我這裡是求助內、求諸心，這樣一個應對在朱子看起來，同樣是有偏的。內外精粗，本來不二，工夫到處，也果真不二，祇是中間工夫可以兩下裡說。應對學生這個偏於一端的問題，不是要用另一偏去矯這個偏，而是用堂堂正正、無所偏倚去矯這個偏。

劉：您剛剛說到是內外本不二，如同跨步行路，先跨左腳亦可，先跨右腳亦可。

秋莎：但是重點是一定要向前走纔行。

劉：對。那這個意思是說，祇要我們向前走的話，實際上先從理入手或是先從心入手都是可以的。

秋莎：其實這裡很難截然說清楚。"致知在格物"，而你看"因其已知之理而益窮之"這一句，格物又是因已知之理而益窮的。

劉：對。我的意思是說，這個學生的問法當然是很危險的，可能是設計了陷阱，朱子怎麼回答結果都可能會有偏。但是，就算是心理不二的話，無論我們如何彌合，兩者畢竟有分別在。即便是你要去行事，那也應該先挑一頭用力。八目在表述上起碼是一種線性的表述，而非環狀的表述。雖然說我們把它們割裂開肯定是很危險的，我們也不會認爲朱子會有這麼一個想法，但是另一方面我們也不能把它們截然混同，因爲這樣我們祇需談一個理或者心就足夠了。一體畢竟也還是有兩面，兩面的話畢竟還是要先識認一面再識認另一面。我想說的是，朱子祇能以像他回應學生問題這樣一種方式表述嗎？還有沒有更多的一些補充？

秋莎：如果門人的問題中間有陷阱的話，要回應得周全，是一定要像朱子這樣兩片對著說下來的。剛纔你說到，八條目好像是由內而外的一條線。但這裡的回答，祇牽涉格物致知兩條目。而格物致知之間的關繫，和整個八條目貫通來看的關繫是有所不同的。八條目自修身以下，是由內而外，這是沒有問題的。而格物致知本祇是一件事，如果以程子的話說，即"纔明彼即曉此"。知物之當然即知我所當爲。因此確實不存在一定要先取哪一面。

劉：最後一個小問題就是，您覺得這個是致知，但我想說，比如說"是以聖人設教，使人默識此心之靈，而存之於端莊靜一之中，以爲窮理之本。使人知有衆理之妙而窮之於學問思辨之際，以致盡心之功，巨細相涵，動靜交養"，這裏面會不會牽扯到正心誠意或誠敬上去而不再祇是格致之間的分辨？

秋莎：前面兩層固然是在講格物致知，但是到了這裡，說到"窮之於學問思辨之際，以致盡心之功，巨細相涵，動靜交養"，已是稍稍推向外說。學問大體不出知行二端，也大體不出格物致知涵養省察等等。就著格致向外說的話，終究不出心與理之間——不過這個地方你能不能把問題再說清楚一些？

劉：可能是我看偏了，這句話給我的感覺是：首先這個問題是可以和陽明或者佛老的疑問掛在一起的。我沒看出它是格物和致知之間做一個選擇，我以爲这是在格致和某種色彩上的誠正做一個對比，因爲"求諸心"即便是致知的話也是在陽明的致良知的意義上的致知。"求諸跡、求諸外"是在格物作爲一個外物或者是事情意義上的格物。所以我以爲是這樣一個問題。比如我假想一種情況，這個提問的學生是陽明，他這樣問朱子，他是否認爲朱子的回答——不說誰駁倒誰——擊中了他所想問的那個東西？我感覺是有一點偏。確實我當時理解有一點偏，他不是說祇強調右腳好，他這三層都是在強調左右腳都不能少。但我覺得即便是這樣的話，還是欠了一點直接。

秋莎：格致是知之始，誠意是行之始。就秋莎個人的粗淺理解來看，格致不會是獨立於誠正修齊治平之外的專門的一件事情，它總是在這裏面完成的。

丁：我來插個話。兩位的對話其他同學參與的熱情好像不高。興漢剛纔又回到朱子的這段話裏面來，這個感覺是對的。當把這兩句話摘出來：朱子說"然或不知此心之靈而無以存之，則昏昧雜擾而無以窮衆理之妙"，"使人默識此心之靈而存之於端莊靜一之中，以爲窮理之本"，這兩句話你說感覺是不是有誠意正心的味道；我會說，你指出這兩句話不是在說格物致知的事情而是轉向了其他，這種感覺是對的，但是是不是轉向了誠意正心？根據朱子學問"居敬窮理"的綱領，這是在講居敬的事情。你說跟誠意正心是有關聯的當然也可以說，但是把這方面注意到、把這兩句摘出來之後，再回到你剛纔說到左右腳的地方，朱子在這些地方，這個如果是右腳的話，始終會說出左腳的意思來，這樣就回到你的質疑：人家問的是格物致知爲先，相當於是先邁右腳，你光跟我說左右腳都重要，我當然不會反對。接下來我就會期待著聽你說爲什麼邁左腳，你就說邁右腳又如何如何，那麼這似乎總不是一種正應對，沒有切中問題，你是有這個疑惑。我個人有這樣一種感覺，你看朱子下面說著說著就說向了近世佛學如何如何，這是一個什麼意思？朱子怎麼那麼念念不忘於闢異端？再回到你左右腳比方的關繫問題，我想說，朱子是不是有這樣一種意味：第一，他總是要強調左右腳並重，這是相涵、相須然後並立並行，這種意思始終是不能偏廢的。然後在那之下的話，是因爲當有人問你爲什麼強調邁左腳，然後朱子的回答看上去沒有說左右腳並重而我爲什麼還要邁左腳，是因爲有人總是認爲，邁右腳是應該爲先的，這樣的話他會說，當祇把剛纔那兩句話摘出來、祇說這一面，以及至於把這一部分的意味說向了佛老之學之後，那就是以右腳爲先，朱子說，要說就是要左右腳並立並進，這是一個道理的正當的表達，但是你聽著我說格物的時候，似乎說向了左腳爲先，那是因爲在並行不悖的這個意思之下，這一方面的突出是爲了對破一個以右腳爲先的情況。所以朱子看上去倒更多的不是在說爲什麼左腳爲先，倒說向如果右腳爲先就會怎麼要不得，因此的話在這種地方反過頭來說爲什麼本來是左右腳並行不悖的卻說向了左腳爲先，那是因爲有人僅以爲右腳爲先是對的，我覺得這是一種對破。他不是對著那個問題要立一個、要正一個什麼東西。平正的說法你儘可以去看"格致補傳"就行了，但是因爲這個問題一問出來，裏面含著一種說"恐怕左右腳並行應該先邁右腳吧"這樣一種意味，那朱子說如果右腳邁成這個樣子的話，那必須先邁左腳。不知道這樣能不能應上你的問題？左右腳孰先孰後的問題，在周子那裡，就像是論動靜孰爲先。太極動而生陽靜而生陰，"動靜無端，陰陽無始"，但是要比，動爲先，不會倒過來說太極靜而生陰動而生陽，所以這樣的話動靜以動爲先，左右以左爲先。回到你那個例子上來，格物與居敬是左右腳的關繫，如果要說的話，肯定不能說誰爲先，但是如果一定要說的話，你把這個"敬"字單獨拿出來作一個空空落落的"敬"字，那就是把右腳邁偏了，就走出一個跛腳病來了。朱子說，那這種情況我寧可說格物爲先，看上去也有點跛，其實本來是不想跛的，但右腿已經有點跛了，治不好右腿怎麼辦？乾脆讓左腿也拐一些，兩條腿一起跛吧，至少求得一種暫時的平衡，然後望其久後而愈。是這樣一种意思。你看這樣回答是不是對上了？

劉：對，這個回答能對上。

廖：興漢同學提出來的問題涉及情境，《或問》和《語類》裏面，朱子的很多語言是針對具體情境而發的，這種情境不僅僅是發問人的具體問題，也涉及丁老師剛纔提到的朱子爲什麼後面又把佛學拿出來說的問題，因爲當時所處的那樣一個整體的精神氛圍和思想氣氛，朱子會把闢佛老作爲自己的一項工作內容，這一層意思會被帶出來。我們認爲《大學章句》結構是嚴謹和自足的，而《或問》或《語類》一定要注意發問和回答的具體情境，不能抽離出來做理解。前面的討論確實對此花了一些時間來澄清。大家還有沒有要補充的？

李毅：我對此有點話想說。應對問題有兩種方式，一種是直接回答所提的問題，問什麼就答什麼。這種應對有一個前提，就是它的問題所賴以成立的基礎本身是牢靠的，然後這個問題纔能被這樣應對。而對於一個問題本身的提出其背後支撐它的東西有問題的問題，最好的方法不是直接來應對這個問題，而是來應對問題背後那個提問者自己未必意識到的問題。在這個問題裏面，就是"子之爲學"這個問題背後其實有一個心迹和內外之分。朱子沒有說我是"求諸心""求諸內"，而是如秋莎師姐說的"初不可以內外精粗論也"和"初未嘗有內外精粗之擇"。"初不可以內外精粗論也"是說，本來就不可以內外精粗論。"初未嘗有內外精粗之擇"，這裡換成"擇"字，是說在做工夫的時候、在挑選的時候，沒有一個內外精粗作爲標准來挑選。到最後"而果無內外精粗之可言矣"就會發現，這個"內外精粗"本來就是一個虛假的分別，在做工夫包括到本體到最後，都不成立的一個分別。所以說，朱子是反過來瓦解了這個提問者背後支持提問的東西。基於此，我自己看這一段，還是覺得朱子說得特別平實，即使說到佛學，也不是說要矯枉哪怕稍微過一點點正，朱子沒有這樣的意思。其實是在解釋，我們爲什麼會把一個平實的東西看偏了，是因爲我們之前生活在這樣一個氛圍裏面，會有一些前見，像內外、心迹之別這樣根本沒有必要存在的分別，使得我們把一個平實的東西給看偏了。比如佛學強調"心""內"，而朱子沒有說內外、心迹，在做學問的時候，可以有"動靜""遠近""本末""緩急"之辨，但是從來沒有"內外精粗"之辨。在佛學的映襯影響之下，以佛學作爲前見，纔有可能說這個沒有說"心"、沒有說"內"；若沒有前見的話，朱子這裡還是很平衡的。

沈：我想趁丁老師和高老師在這裡，將我們之前讀"格致補傳"的時候感覺非常難解的問題問出來。拿陽明先生格竹子作爲格物的一個實例來講。朱子會講，"格物"是格物之理，物之理，就是物之所以爲物者。比如格竹子，就是竹子有它自身的理。在朱子那里，"理"一般是可以用"善""道"或者用"仁義禮智"來形容的。但格竹子怎麼能格到學者自修的"德性之知"？這是我們當時討論的一個問題，秋莎曾給過我們一些回應。

丁：那秋莎當時是怎麼回應的呢？

秋莎：學生說的是：物之所以爲物，即天理而爲物之性，不容已地著見此物之當然，因而做出這一個物的所有當然而然或不當然而然，從而使此物定然不易地成爲此物而不是其餘物。朱子說，藥的性是什麼呢？服後作寒、作熱的是性，性即是服了之後能有如此發用的。所以學生當時說格物是格物中之理，格物之所當然之則，當然之"當"就是不容已。不是格物中的仁義禮智，因爲在心纔有仁義禮智。如果要去格一個竹子的話，學生想，這首先不是一個去招攬來的事情，然後，若竹子已來到面前，它作爲物，已經被它的形氣所拘蔽了，沒有辦法自己開物成務；我們格竹子，所當格的是，在此一時地方所，我應當如何來處置這個竹子，從而能使我得我理、物得物理？在這裡使我之理與竹子之理一同彰明起來。

丁：這是秋莎的回應。沈娟會怎麼來評價呢？

沈：秋莎在講格物的時候，會說物理是物之所以然之故，但是不能把它理解成"根據"（尤其是西方哲學講的"形式"）。說"杯子之爲杯子的理"，這句話說出來很像西方哲學講的形式或者根據；但是秋莎會反復強調，這個地方不能理解成形式或者根據，而應該理解成對於一個來到你面前的事物，你格的是你怎麼樣恰切地處物，而這個"處物"本身就是德性之知的一部分。爲什麼呢？因爲德目不是空空的"仁義禮智"的名詞，而是你如何在一個特定的情境下做到"仁"、做到"義"。你在一個特定的情境下做到"仁"、做到"義"，本身就需要你對所遭際的事物有一個體認和好的處物之道，這本身就是格物，就是窮物之理。她是這樣回應的。她講的"格物"，基本上顛覆了我之前對"格物"的理解。我之前困惑，格實然之物，怎麼就能格出指導人的應然法則？秋莎的理解至少比我之前的理解貼切一些，但是我也沒有更多的朱子文本可以去對照，不知道秋莎的解釋是不是朱子的理中應有之義。

丁：我對這個問題，大概有兩點可以跟大家交流一下。我首先會認爲，"陽明格竹子"作爲一個問題向朱子提出來，這是正當的，它可以成爲一個真問題。我好多年之前寫過一篇文章，整個思路我現在回想不起來了，那篇文章故意起了個很拗口的題目，叫作《當朱子面對一株竹子》，呵呵，是說陽明做過的这件事情讓朱子來做又會如何。如果一個人說，對一個朱子學者來說，事情有輕重緩急，格竹子不是一個當務之急，那就把問題回避了，而不是在應對問題。比如說，坦坦然然地去走你的生活道路，遇到一個物，你就格這個物，不遇到此物，就不必格此物，這也可以逃脫這個問題。但我說，首先要做的事情，是把這個問題接受下來，然後想，朱子會如何？我們面對竹子又當如何？通常面對竹子，會有這樣幾種類型的情況發生：比如說一個篾匠去看竹子，這就是一種格竹子，當然這樣格出來肯定不能望朱子廊廡的境界，但竟可能比陽明要進得一步，陽明格了幾天幾夜最後大病一場，篾匠至少不會病這一場，他會知道這個東西到底可以派什麼用場的。這是第一種，它是一種生活常識的層面。第二種，比如上午張發志引《兰亭序》"此地有茂林修竹"之句，作爲一個藝術家、審美家去面對一株竹子的時候，這是天地間一項風物。蘇東坡就會說，他可以沒有肉，不能沒有竹，或如"胸有成竹"這類的說法，都是格竹子的意思。對這些，我覺得朱子都不會反對，但是會認爲遠遠不夠而已，不充分、不究竟，但是不錯。再一個，就是上午有問到格物會不會导向科學，如把竹子當作植物學分類中的一種東西來看待，說它是草本啊、木本啊，來進行一番鑒別。這些在我說，都不究竟；但是有一個跟審美家在心靈上稍稍接近一些的是，比如濟慈說，當我們在一個冬天的窗台上看一祇小鳥在跳躍，小爪子落在冰涼的窗台上去啄食的時候，我們心裏會油然覺得，我在那個鳥的裏面，我感受鳥爪所感受到的那個涼，以及石頭和泥土變得堅硬的那種感覺。他把這稱作"消極感受力"。在一種消極感受力中，我與物爲一體，相親相融。在這個意義上，人去面對事物的這種感受力，或者說人與物的關繫的建立，就比較趨近於朱子所說"格物"，或者"格竹子"的理解。回過頭來，我用最簡單的方式說，因爲這中間會帶上別的問題，我不知道廖恒老師會把下面要說的關於聞見之知和德性所知的問題放在第幾個部分去處理？

廖：放在第二部分。其實聞見之知和德性之知就是格物致知的致知，很多是交叉，也可以打通說。

丁：對對，這中間是有關聯處，像說到實然、應然的區分時，關聯已經帶出來了。格物的"物"，我的理解，物總是物和理的一個統一體。就它作爲物的方面來說，就是一個"然"、一個實然，所以格物也可以說就是格那個"然"、格那個實然，這是沒有問題的。然後"格物，猶窮理也"，那個"理"在"然"那方面來說是"然"的根據，是"所以然"。所以"格物"到"物格"，就是從格"然"到格而得其"所以然"。如果到這裡即行截斷，我會說，格物當然就是科學之論。關鍵是，儒家學問要在最上面一層打通。下面會討論一個截然分得開的，西方哲學曾經做得很成功，但是現在也在反省這個問題，就是所謂應然和實然、或者說事實和價值的兩分問題。他們慢慢會認爲，這個兩分法原來並不那麼牢靠和當然；但現在盛行的，還是兩分的做法。在這樣一種情況下，我說事實和價值當然要釐分清楚，不能混淆；但是基於事實和價值兩分，就對儒家學問或者中國學問做一種指責，認爲中國學問對這兩方面根本就沒有區分意識，這個不對。中國學問是要從"然"窮溯到"所以然"的地方，到"所以然"之後，則須更進一步說出，所謂的"所以然"，其實就是"所當然"，或者叫做"所以當然"。所以我會說："然"和"應然"是不一的，這是兩回事；但是從那個進步處來說，"所以然"和"所以應然"是一的，根本就是一回事。正因爲是一回事，纔會出現比如說"仰觀俯察"所見"無非教也"的可能性，纔會有"明於庶物"以至"察於人倫"的可能性，整個聖人立教，全部都是從這個地方立起來的教。從天文，知道怎麼對天；從地文，知道怎麼對地；從人文，知道怎麼對人；從萬物之文，知道怎麼對萬物。在這裡，"所以然"和"所以應然"不是兩種東西，根本是一種東西。所以從"然"、格物到了"所以然"，也就是到了"所以當然"；反過頭再來說，難道到了"所以然"，我們還不知道該怎麼對待這個物嗎？到這裏，是要經過"所以然"和"所以應然"的直接打通，或者完成一個周轉，然后纔說，我通過格竹子，格出个仁義禮智來，"應然"的意思到這個地方纔出來。沒有經過這一層周轉，就說我從竹子上見出仁義禮智來，那就太直接突兀了一些吧？所以，在這個意義上我會說，格物的過程是格"然"，然後格到事物的"所以然"，在"所以然"處直接見出（或實現一種周轉）"所以然"就是"所當然"，所謂的格物也就到了一個格到"當然"的地步，格物到當然，乃可以謂之物格。因此再來說，面對一株竹子，什麼叫作格物？在剛纔那個意思上說，你面對竹子，格了一通之後，到頭來你竟不知道怎麼對待竹子，你當然就如從來沒做這個格物的事情。而怎麼叫作如何對待這株竹子？在整個的格物過程之中你會發現，你對這株竹子的惟一恰當態度，不是由你這邊來設定的，倒像是你學會了爲竹子做聲張、爲它提要求，它要求你如何地對待它，然後用它所要求的、切合於它的方式去對待它，這就是應然。所以應然也祇是自然，這中間一點刻意都沒有。但是這裡應然全部出於人心，當然可以說仁義禮智出於心，沒有心就說不上應然。我個人對格物致知有這樣一個理解，我不認爲是在跟大家說很不一樣的東西，但是，中間看似有個需要周轉的環節是不能省的，即在"所以然"和"所以當然"的那個地方，一定要指出來，這個東西它是有著本然同一性的。不僅僅在這個意義上來說，就說普通理解的格物說，或者任何一種哲學的學說，它往往也有三方面的含義：第一方面是解釋，第二方面是規範，第三方面是不多的、往往具有道德意味的學問纔有的，感召力。現在，我們從這三種含義來看什麼叫格物。比如，對王陽明來說，那個竹子就讓他無可奈何了，無可奈何之後他就認爲，是朱子此路不通。我們真不能想象，那三天三夜或七天七夜，他到底在那里幹什麼。昨天也有哪位說到，首先會很佩服這位的毅力，佩服他能在這裡坐上三天三夜或七天七夜；但另一方面也會感覺莫名其妙：他這三天三夜或七天七夜，坐在這裡幹了什麼東西呢？當我們普通人去面對竹子的時候，我想，這些簡單的自問是可以發出來的，就是，你知道你在面對一個什麼東西嗎？面對竹子。你爲什麼要把它當竹子呢？你把一株竹子當竹子，哪怕竹子祇是一個名，但你能把竹子之名稱呼到竹子之實上，難道這可以是沒來由的嗎？因此我說，這是一個解釋的工作開始發動了。你就需要把你之所以將眼前這個東西稱之爲竹子的來龍去脈說出來。我爲什麼不能把一棵桂花樹稱作竹子呢？我爲什麼不能把一朵蓮花或者一片荷葉稱作竹子來？我們祇把竹子纔稱爲竹子，這被稱作是"對的"。陽明如果說，我要格竹子了，卻跑到門前一棵桂花樹下，他當然不可能做這麼荒唐的事情。因此，他要做格竹子的事情，首先就要到一株竹子面前來。他首先要自問的是：我怎麼知道竹子是竹子？格物從這裡開始。即從解釋工作來說，他便大有事情可爲，總不至於致病呀！再不濟，他可以讓自己成爲一個篾匠；再不濟，他可以讓自己成爲一個植物學家。總不會導致對朱子學說那樣一種誤解。

廖：格竹子這樣一個千古難題，經過丁老師的闡釋，各位不知道清楚了一些沒有？我是清楚了一些。當然，實際上肯定還是沒有完全清楚。大家如果有類似感受的話，可以後面再進行討論。由於時間的關繫，我們進入下一個問題的討論。對於格物致知的另外一個問題，張發志剛纔提到的，是否要格"生生之理"這樣一個問題，在剛纔的討論中，已經有一些解答了，就不單獨再提出來。就張帆提到的，格物之時，我們怎麼知道格物是否格到了，是格到了五分還是十分？這個問題，我覺得在剛纔丁老師對格竹子的解釋中，也有相當的涉及。比如，從格"然"，到"所以然"，到"所以當然"，格到了"所以當然"，也就是物格，也就是十分吧？當然，格竹子這個經驗，對於大家來說都比較陌生，我們都沒格過竹子。我不知道張帆對這個問題還有沒有疑問。

張帆：我還不太理解。問題是，我如何把見識提升？我如何把一個一開始三四分的見識提高到五六分？是祇要我走到那個地方，自然就會見到，還是有其他方法？

廖：你剛纔提出來的，實際上是"如何在實踐中提高自己的見識"這樣一個帶有實踐性的問題，而不僅僅是理論上的探討。

丁：多少分，其實我覺得，祇是一個形象的說法，不是真的說，一事一物之理恰好有十分、可以做十等分，因此我們可以對自己現在的所知加以衡量，說我們現在的知究竟在幾分上。我會覺得，一分是可以定的，十分是可以定的。到了十分，就到了"止於至善"那個"止"字上了，那就加也加不得、減也減不得了，所以這樣的話，十分是可以定的。一分也是可以定的。爲什麼一分是可以定的呢？是因爲今天我知道的東西，是我昨天所不知道的，這就可以說今天對於昨天是加多一分。因此，我們總是求每天加一分，或者求每一個階段可以加一分。加了多少一分之後，纔算是到了兩分、到了三分，這個難說。衹是說"日知其所無"，有一個日積月累的過程，然後回過頭來看，從一開始的第一分到現在，我一直在做一種積累和進步，而一向不至於自枉、自暴棄。到這時候，說一分又不止一分，說十分又不到十分，那大概就是三五分、七八分光景吧？所以，這大概衹是一個形象的說法而已，並不是真的有一個刻度表，可以精確地說我現在已經到哪個刻度上了。人該做的，衹是積累多一分。說提升，也不是說我現在有一分了，要把我這一分提升爲五分或者十分。不是提升你既有的那一分，而是在你既有的裏面加一分，再加一分，到了無可加，那就是十分。所以我說，不要刻意於問，到底多少算三分、多少算五分。頭次我和高老師回去後，高老師還是心無旁騖地忙他的工作，我則稍有閒暇，就把頭兩天留給我的印象回味了一下。《大學》經章，比如"大學之道……在止於至善"，這中間，我怎麼纔能用一個最簡潔的方法，把其中許多意味向自己說明白？後來我就跟自己說：好比一個人入大學，老師跟他說，得六十分就可以得全部的學分了。但是，六十分就沒有完成大學之道，沒有完成大學之道所要求於你的。那你說，我得八十分。八十分也不行，因爲上面還有分；九十分也不行，因為上面還有分；九十九分也不行，因為上面還有分。因此，"在止於至善"，什麼是至善？滿分是至善。所以，大學之道是在向所有進入大學的人提出要求，你一定要以滿分作爲對自己的要求，不能得九十九分就說我行了，那就不是"止於至善"，而是自劃了。大學之道，一定要得滿分。所以我剛纔說，對於三分、五分，都不要去細論。一分你是知道的，一分加一分你是知道的，一分一分地加，如此就到十分，就到至善，就到滿分。大概可以這麼說吧。

張帆：我明白剛纔丁老師的意思。但是，我就在想，您說的那個"加"要怎麼做？

丁：加就是不斷地去積累。就說格竹子吧，今天去格了竹子，明天仍是要去格，就是加。

張帆：比如說，我今天格杯子，明天還是格這個杯子？還是說，我今天格杯子，明天格桌子，後天格椅子？我不太明白那個"加"的意味。

秋莎：如果這個事情祇是三分善或者五分善的話，那既可以叫它好，也可以叫它不好。一個事情總是有各種然，各種小事情、小環節。朱子說一個事物格到十分的話，那是"表裡精粗無不到"的。姑且以孝來論：格到一分，也知道"事親當孝"大概當如何做；而格到十分，便是在每一個時地方所、每一個細節，都把孝合其宜地做出來。說到冬溫夏清、昏定晨省，這其中要做的事情就太多了。怎樣把物從一分慢慢格到十分，就看怎樣把這個事情做到表裡精粗無不到。在做的過程中，把朱子說的知得不精確、不完全、不真確的地方全數彌合起來。

廖：到這個地方，我們今天一個大的議題就算完成了。第二個大的議題實際上和第一個是一脈相承的，就是"德性之知與聞見之知"。這個議題有幾個同學提到，可以用幾句話總結一下。比如，邱楚媛同學問到，德性之知與聞見之知是怎樣相互作用、相互轉化的？她說，好善惡惡是一個後天習得的事情，而好好色、惡惡臭是先天的本能。先天本能和後天習得之間，是怎樣作用和轉化的呢？李嬌提到，從格物如何到德性之知，從誠意如何到聞見之知？這幾個問題在上面已經有討論和回應了。莫天成說，致知在於心，而格物在於理，祇說致知，心的分量太重，而對物則有所未及。這個剛纔已有所回應。那麼我們集中看他另一句話：聞見之知是由德性之知帶出來的。這是關於德性之知與聞見之知方面大家提出的一些問題。

王亞中（以下簡稱"王"）：我想問丁老師，剛纔您講格物的時候說，從"然"到"所以然"，然後發現，"所以然"與"所以應然"是一回事。但剛纔聽秋莎師姐的意思，她是說從"然"到"當然不容已"，到"所當然"，"所當然"就是"所以然"，我明白孝的不容已，我就知道其"所以然"。我覺得這和您的說法有些不一樣。

丁：拿孝來說，你可以說孝是"當然"，你可以問孝之理與孝之"所以然"，這其實問的是這個"當然"的"所以當然"；你也可以把孝當成一個事實的東西，它是一個社會事實，它是一個"擬事實""準事實"的東西，在這個意義上，你也可以去追尋它的"所以然"。朱子會說，如何地昏定晨省就是"所以然"了，如何察言觀色以承

歡父母，這恰恰是說"所以然"，是"然"和"所以然"。而孝其實
就是一個"當然"，是一個價值原則。它同時有這兩面。我們剛纔說
格竹子的時候，物作爲一個"然"，不同時具有"當然"的地位。但
當我們說孝的時候，你可以把它當作一個"擬事實""準事實"來
看，但同時它其實就是一個"當然"。從它是一個"擬事實"來看，
可以說出對它根據的追尋，那是追尋"所以然"；但從它是"當然"
來說，追尋出的是"所以當然""所當然"。朱子的格物學不會僅僅
把比如孝悌忠信這些當做可以格的東西，竹子也是可以格的，除是說
竹子不是物。

曾：我祇是想代表我們這些很困惑的人把問題問得更清楚些。我
們很困惑，格物，桌子也要格，凳子也要格，然後格什麽"所以然"
與"所當然"。我不知道我對這個困惑的理解是不是準確。格物，我
們時時刻刻都在做，我們時時刻刻都在格物當中。但是，從格"所以
然"到格"所當然"這個過程，我們今天的意識基本上是不承認的。
我們不承認我們對物的"所以然"格了之後，這里面有一個"所當
然"的東西。比如秋莎或丁老師經常說，對這個杯子，我們要當然地
對待它。但是，這個杯子裝了這個水，這成爲一個道德化的事實，我
們今天是不接受的，我們不認爲這中間有什麽道德的東西。現在的一
個趨勢，就是把道德的東西事實化、把價值的東西中立化。儒家恰恰
是說，這樣一個事實的東西是和道德相通的。這樣一個杯子，我們對
待它的時候，是有一個"所當然"的。我們對杯子"所以然"的理
解是爲了通向"所當然"，而不祇是把它作爲一個工具來看我們怎麽
用它。所以我們感到吃力的是從"所以然"進入"所當然"，很吃
力，沒辦法進去。我們吃飯、我們開空調，我們如果不知道一個"所
以然"，就不會這麽做了；但是我們不知道，這個東西是通向"所當
然"的。你從事事物物的"所以然"意識到它的"所當然"，然後纔
有一個貫通。這時候，你看那事事物物是不一樣的。在這裡，我們把
"所以然"打通到了"所當然"，事事物物都打通了。這個東西不是
你說得清楚，你就完全明白了。如果這樣的話，工夫就不用做了。惟
有日積月累，到了一定境界，你纔能慢慢體會到。我們時時刻刻都在

格一個物的"所以然"，但我們很難弄清楚，它爲何能通向"所當然"。我們對父母做到孝的時候，我們內心會有喜悅感和充實感，但我們能否在事事物物上都有這種體會，哪怕我把一個杯子放在這個地方，我們的充實感就起來了？我覺得貫通應該是這樣一個貫通，對不對？

丁：我覺得海軍老師說的很精要的兩句話，他用批判的口吻說，現代人所做的是要把那個"所當然"一定要僅僅歸諸一種"所以然"而已，這是第一個；第二個，一定要把一種有道德意味的東西歸諸一種僅僅價值中立的東西而已。這兩個，都是用批評的口吻說出來。如果倒過來說的話，儒家的追求，恰恰就是把人人僅僅當成一個知識性的東西，直下指出其道德必然，而這其中一個最大的樞紐，就在"所以然"和"所當然"，這個地方一定要通徹。格物之前，一株竹子活在自然的世界裏面；格物而尚沒有通徹之前，做的是半截子的格物工夫，從"然"僅到"所以然"地步，這時候，竹子活在了知識的世界裏面；但是從這裏通徹之後，竹子乃是活在天理的世界裏面，活在一派純然天理中，生生之德的問題在此方得呈現出來。你可以發現，所有東西祇是一個，最真實、最合理……就像上午所說的"河流"比喻，這個地方湧現出來一個波浪，那個地方湧現出來一個波浪，波浪之間千差萬別，你不能說這個波浪和下一個波浪一模一樣，一模一樣的話，天底事物就都出於一個模子了。波浪与波浪都不一樣。現在湧起來的這一浪是一棵核桃樹，下一浪則是一株竹子，這樣的千差萬別，則理一分殊的道理就呈現了出來。我覺得，曾老師其實不是在談困惑，也不是代表困惑者說話，他把自己的一個心得說得已經很鮮明了，尤其是通過他最後的解釋。慣常我們作爲讀書人，知識對於我們的重要性或者說我們對知識的追求似乎已成爲一種本能；但是對於儒家學問來說，追求知識是遠遠不夠的，一定要在追求知識到某個關節點或盡頭處實現一個周轉、轉圜；沒有這個轉圜的話，我之所得，便始終祇是一種聞見之知意義上的東西。

王：剛纔聽曾老師的意思，好像是說"所以然"是"所當然"的歸宿。但是聽秋莎師姐的意思，是"所當然"爲一個最根本的依據，要說的話就祇說一個"所當然"，"所以然"是從"所當然"那里出來的。

秋莎：秋莎不會那樣說。格物格"當然"，"所以然"是大源處。朱子是說，如果說祇去格一個"所以然"的話，極其容易虛空寂滅，或者說抓著一個光輝燦爛的東西，到任何一個物裏面去想象有這一個光輝燦爛的東西，那就壞了。朱子說，且見得"所當然"是緊要的，見了"所當然"，便知道"所以然"就是一個大源處。

王：您還是覺得"所當然"是一個更根本的東西？

秋莎：不是"更"根本。"所當然之則""所以然之故"祇是一個，但"所當然之則"總是在不同的時地方所有不同的當然彰見。如果就著這些不同的當然彰見去窮格，那麼會是一個萬殊見貫。"見得不容已，便是所以然"，"所以然"便是那個大源。如果不去就著不同的當然彰見窮格，祇是去單獨格一個"然"之"所以然"的話，極其容易祇見一個對物的光輝燦爛的"一"，放在這裡也怕破了，放到那里也怕破了，但是其實裏面什麼也沒有。

廖：關於"德性之知"和"聞見之知"的話題，剛纔很多討論都已經涉及。我們稍稍具體一點。上午有一個同學問到，作爲先天本能的好好色、惡惡臭，如何和後天習得的好善惡惡相互作用、相互轉化？

邱：這個問題是我提的，我再補充一下這個問題吧。我不是說先天習得是好好色、惡惡臭，也不是說好善惡惡是後天的，祇是說這種善惡，理是本在我們心中的，但是我們需要通過格致，就是格物致知，然後纔能明心中之理，纔能明善惡。但是好好色、惡惡臭是人生下來就具有的一種本能，就本能與良能之間的一個轉換過程，這其實與剛纔的問題都有關涉，且包括丁老師給我們舉的那個例子，就是"消極感受力"的問題。其實這個例子跟現代西方倫理學中的"移情"觀念很相近，我們去感受事物之理，設身處地地爲它著想的那樣一種感受力所在。也就是說，這樣子的感受力，我們現實感受到了它之所在，然後纔能把它之所在轉化爲純乎於我心的道理，也就是剛纔天成師兄提出、秋莎師姐也說到的，德性之知帶出了聞見之知。但是，如果我們接受這樣一種感受力的過程的話，那可不可以反過來說，是通過聞見之知的不斷深化，然後加深了我們的德性之知呢？這樣一種轉化是如何達成的呢？它們之間的關繫又是如何的呢？

丁：關於聞見之知與德性之知，前面幾位包括廖恒老師重現了上午說出的一種意味，就是德性所知帶出聞見之知的這種說法，你不會反對；但是你緊接著會問有沒有這樣一種反向的可能性同時成立，由聞見之知擴充到極致，然後帶出德性所知？這一方面，張子那句很著名的話，就是"德性所知不萌于見聞"，德性所知不是從這裡來的，從它的本義來說，就不是由這個東西造成的，見聞之知不是一個根本，而是一個末端處。這是第一個地方，這裡如果要說一個本末的話，祇是德性所知爲本。第二，說到本能與良能之間，似乎也不存在一種轉化的可能性。比如你剛纔講到的饑食渴飲，這是本能；還有你提到的好好色、惡惡臭，這個也可以稱之爲本能。當說到"民之秉彝，好是懿德"、好善惡惡這部份的時候，你澄清了一下，因爲不知道早上的表述，大家聽起來聽岔了，還是你自己的修正，你不認爲那是後天習得的，我覺得這是一個很重要的修正。這個當然也可以作爲一個值得深思的話題點出來。在《大學》裏，我恰恰會讀出這種意味來，就是說人具有一種稟賦，叫作秉彝也可以，若我們把它說全了，就是既有好好色、惡惡臭的這一面，同時有好善惡惡的一面，這是同時有的東西，但是後來我們把好善惡惡的東西丟掉了，以至於我們把它們歸之爲後天建立起來的東西，而祇把飽滿的秉彝其中的一部分稱之爲人之秉彝，同時却又可能把它稱爲本能。之所以本能在這裡是可以說的，是因爲這一部分沒有價值性，它不關乎善惡，或者至少看上去不關善惡。祇說這一部分，好好色，好色本身沒有什麼價值傾向，這是一個漂亮的事物而已；惡惡臭，也沒有價值傾向。所以說這一部分都是"然"的東西，因此天生的、本然的一種能力，發在毫無價值意味的東西上面去，就稱之爲本能了。所以我們把這一部分稱爲本能是可以的。如果我們真的把好善惡惡這部分完全放下不說，我們祇有本能，那麼由本能所向這部分東西，充其量祇是知識世界或者知識世界裏的所有對象而已。但是，我們現在是通過這個東西表露出來後，再反過頭來問：我怎麼會有這種本能呢？跟本能在一起的還有什麼東西呢？這個地方，終究是無法把所有價值性撇清了。因此，我會看到跟我的好好色、惡惡臭同時而有的，甚至性質上根本是一回事的東西，是我的好善惡惡、“好是懿德”這方面的東西，我纔知道我生而稟得的、叫作秉彝的那个東西，如果我把它說全了，那部分丟掉的東西我把它說回來的話，這部分終究不可以僅僅歸結於本能，而可以叫作良能。所以本能和良能之間，有一個價值化、非價值化的差別，似乎它們之間不能有相互轉化的餘地。但是如果有另外一種知識，或者有另外一種能力，施之於這種本能的表現，對它做一種反向的、或者反思、反推，那麼由此可以見出本能也有本體，本能背後有個本體，或者它的本原會出於價值性的能力，它叫作良能，所以我說這中間可能也還會存在這樣一種轉化餘地。

廖：這個問題邱楚媛同學修正以後，基本上比較清楚了，然後丁老師把這個比較重要的、實際上也是比較基本的問題，重新做了一下解釋。第二個問題，就是德性與聞見這兩種知的討論，就到此爲止。我們還有兩個擬定的議題，就是“如何避免致良知變成致私意”，這是高老師提出，然後邱楚媛同學上午又重申的，并且問到朱子格物致知方式是否能完全有效地避免私意。另外還有一個問題，就是《春秋》的經與權的問題。

丁：關於聞見之知和德性之知剛剛跟楚媛說的話，我想再補充一點，就是《大學》傳之七章說“心不在焉，視而不見，聽而不聞”，我想可以拿來和這個話題相照應的。妳看這裡說“視而不見，聽而不聞”，視而見、聽而聞，就是建立聞見之知的途徑，視聽的結果就是聞見之知。但是，聞見之知之所以能夠成立，在於心。心在，然後視可以見、聽可以聞、食而可以知其味；若心不在，那就會視不見、聽不聞、食不知其味。這樣的話我就可以說，那個心字，是關乎德性所知的事情。這樣說，可以支持剛纔所說的一個意味，即，德性所知是運用（我會使用這個詞）聞見之知的，就像心之運用耳目一樣。但是反過頭來，聞見之知對於德性所知的作用，不至於說到楚媛剛纔說的，它會不會擴充到極致，然後生出、帶出了這個德性所知的地步。但又有另一面，如果完全就擯斥或者根本毀棄聞見之知，那麼德性所知也無由得顯。如果這中間也用"體用"去說，德性之知是體，聞見之知是用，沒有這個用，那個體就是無用之體，就是一個空體。所以儒家在這個地方講聞見之知、德性之知，既做相當的分殊，也一點點都不會帶出一種輕視聞見之知的意味；它既不會導致任何的知識主義（知识至上主义、惟知论），但也肯定不會是一种反智主義的趨向。

廖：我補充一小點。丁老師說格物的時候舉了一個例子：看到一隻小鳥，體會到這隻小鳥的爪子在手掌、在冰冷的窗台上所感受到的寒冷和堅硬。後來楚媛同學提出，這個跟"移情"有一點接近。實際上這裡也還是有一點分別。因爲"移情"實際上是移我之情於物，就是"感時花濺淚，恨別鳥驚心"，這樣的一種說法，是不是跟陽明更接近一點？陽明說，我看花時，花就亮起來了；而我們說到格物，更類似於一種體察物情的這樣一種方式，不是以我爲主，而是以我的心去體物之情，以這個體物之情，最後一步步推到體天地之理、生生之理的這樣一個過程。我不知道這樣一個說法是不是有問題？

丁：你這麼一說，這兩者之間是看得出有差別的。

廖：下面這個問題，實際上也是由格物致知引起來的，就是致良知。要請高老師說一下，陽明致良知，被高老師批評，認爲這個致良知不能夠去除個人的私意。朱子格物的方式能不能有效避免陽明的這樣一個弊病，這是可以討論的。我們所致的知會不會有蔽，爲私意所遮蔽？我們所誠的意，能不能完全去除私意？這也是個問題。

高小强（以下简称"高"）：這個引起了楚媛的困惑，她一直在思考這個問題，於我心有戚戚焉。當然這個事情我倒不是想直接批評陽明，我祇是說，包括象山、陽明他們的做法，尤其是他們對朱子格物致知的批評態度，這樣的做法，其中會不會，比如他的致良知也罷，象山會直接去到孟子那里也罷，會不會有可能帶出人的隱蔽的私欲？這個問題，實際上和剛纔的問題是緊密相關的。比如剛纔我們探討格物致知，都說格物致知是最重要的問題；其實格物致知的重要性，上次丁老師也明確表達了，他說八條目如果算八分工夫的話，格物致知這一項就要占七成。朱子如此地重視格物致知，而且我們今天反復地討論格物致知如何可能，如何去行、如何達成，包括它最後的達成是加而不可加的十分，這個工夫，的確不是可以一蹴而就的。我們要像丁老師說的，加一分，不斷地加一分，按照丁老師剛纔特別贊賞海軍老師的說法，我們每個人無不在格物致知中，但是我們怎麼把從知"然"到知"所以然"，最後"所當然"，"所以然"在這個地方呈現出"所當然"，這時候我們纔能真正地完成或者在一個事情上去說，我們達成了物格，而至於"衆物之表裏精粗無不到"。如此艱難的一個工夫，是否能夠僅僅憑借著一時的靈感，就說我已經完全讓良知呈現了？我相信這是真實的，包括理學家在面對自然的那種美和壯觀的時候觸動的心，那是良知，那是真實的，但是，是否這個地方就足夠？所以說，我會提出疑問，尤其是就陽明來說，我會更加提出疑問，你格竹子，我們都有疑問，七天七夜，兩個人一起，另外一個人已經受不了了，陽明先生還很堅定不移地在那坐著，結果得了一場大病。這個時候的格，我們不知道陽明當時出於什麼想法，是我一定要把朱子這套學術弄清楚，一定要搞清楚朱子想說什麼、朱子在做什麼？但是陽明因爲這個放棄了格物致知，而且對於朱子"大學補傳"做了一個完全否定性的認識。我衹是想說，陽明先生當年在龍場悟道的時候，所以能悟到，恰恰是因爲你格竹子以後的時間也無不在格物之中，不是說你到龍場之後突然就完成了，在這之前，儘管格竹子失敗，你卻不知道以後在你的生活中無處不在格物，無處不在從"所以然"到"所當然"去體現這個道理，你不知道這時你就在格物致知。這裡我是想說，陽明自始至終沒有明白，自己那里全部做的也衹是格物致知的工夫，從而達成了致良知。這時候，就有問題了，因爲象山、陽明這種天分極高的人，上上根基的人，他們可以不明白，實際上卻做了；但是在象山、陽明後學那里，這個地方就會出現大大的問題，這個是可以在象山、陽明後學裏體現出來的。爲什麼象山、陽明如此的天才，對格物致知本身之理還不能夠把它真正地釐清，而像我們這樣一般智力之人，卻可以盡量往上靠、往上體貼？爲什麼在這個過程中象山沒有理會朱子的意義？所以，這是個很大的問題。這個問題我們進一步來設想，當一般的人自認爲致了良知的時候，這個時候良知的呈現，是不是他個人很隱蔽的私意？我從這個問題來，並沒有批評任何人的意思。我舉個例子，李嬌剛纔說她關心食堂的大媽、阿姨怎麼看我們這些人，這是個很正常的問題，關心別人怎麼看自己，實際上是自己特別想注意自己的言行，能讓別人建立起一個對我們這些做儒家學問的人在生活的每一處都帶著某些氣象的印象，這個應該是很正常的。但是我聽到李嬌這樣說的時候，微微往更多的地方想，這個地方的關心裏面，會不會有比我剛纔所說更多的東西，有沒有一點點的希望別人讚美、需要別人對我們誇獎或表彰的心，有沒有？有沒有點兒虛榮的成分？我去面對他們的時候，我當然會很有禮，甚至於關懷，平時見面道一聲安、問一聲辛苦了，我們會有體貼他們的地方，和他們打交道，我們做這一切，是因爲他們真的辛苦，真的想去問候他們，使他們心上覺得這是值得的；但我們這樣做，會不會還有些想法：他們反過來如何看我們？我的意思是說，在這一點上，是不是有可能蘊含著比我們對他們的關懷更多些的東西，而這個東西是非常隱蔽的，這種非常隱蔽的東西，可能是我的一絲絲虛榮之心？我也不是在批評李嬌，我說這個例子的意圖是，致良知裏面如果沒有一個充分的對格物致知的像我們今天這樣反反復復地去討論敘述的過程，去明白這個道理，去跨越這個⋯⋯實際上我剛纔也說，陽明的致良知是有過程的，祇是他沒有把這個過程充分地展現出來，沒有像朱子那樣踏踏實實地、實實在在地跟我們一點一點地說出來。我沒有批評陽明是否一己私欲的表達、隱蔽的私欲的表達，但我相信象山、陽明後學所謂的致良知，會是他們一己的及其隱蔽的私意的表達。

廖：楚媛在上午的發言中，把致良知和朱子學進路連起來講，致知如何防止知有所私？然後，誠意如何防止意有所私？楚媛自己對高老師有一個回應。現在我們就針對這個話題展開討論。

邱：我覺得高老師剛剛說得非常好，把陽明這樣一個進路又做了一遍梳理。這個問題也是高老師提出來的。不管是在朱子學立場還是在陽明學立場，它都是爲學路徑上不可忽視的問題。我們要達到真知，我們自以爲知了，我們自以为意誠了，這其中是否還夾雜著隱蔽的私意？放在《大學》的框架裏，我們的誠意、正心、修身之功是否還有未到之處？我們如何通過誠意的慎獨工夫、正心的讓心無偏倚的工夫，去除我們知的私意？如果放在陽明的格局裏面，我們如何確知我們的良知是真知，而不是夾雜了自己私欲之知？可能九十九分是真的了，卻仍然有可能還有一分是私的。

廖：這個問題讓人壓力很大。

高：做到了九十九分是真的，那一分一定是私的嗎？這個問題我還不清楚。如果我們沿著之前關於格物致知的討論，我們知道格物致知的途徑和方法，照著這樣去做，我們在生活中無時無處不在格物致知，無時無處不在以一種誠心誠意的方式面對萬事萬物、面對他人，在這個過程中是能夠克服我們出於私意的考量的。我相信人們種種出於人欲的、虛榮的考量，都會在這個過程中得到清除，最終達到通體透明，這是可能的。當然，陽明的良知不是一下就可以實現的，它可以是隨時隨地得到呈現的，每一次呈現都是完整的，形象地說，會照亮一方。如果你不斷地這樣去做，良知的能量會達及天地之間。

丁：我接著高老師的話說。良知發出來總是無不當的，它總是不可遏止的，你讓它不在這裡發，它也會在那裏發。良知本身不可能夾雜私意，"致良知"如果夾雜了私意，那問題是在"致"字上。怎麼"致"？用意去致，用心去致，用身去致。身、心、意做"致"的工作，難保它們時時處處都是良知的聽命者，而不是常常起了負面作用的擾亂者，所以私意就這樣摻雜進去了。如果說向陽明學質疑這個"致"字如何保證是順暢的"致"，全部順從良知行事，"致"字如何做到全憑天然而不是去逞人力，這樣肯定可以算是對陽明學的正當發問。但楚媛從高老師這個問題引發出來的，是問向了朱子這方面。除了她引"知有蔽而意有私"這句，以爲在朱子學那裡難保不會有私；第二個問題，朱子給出如何去除私意之方，那就是慎獨，她緊接著問這方面的問題，慎獨怎樣充分地保證去盡私意。對這兩個問題，我和你做一個簡短的交流。我大概會覺得，"知有蔽而意有私"這樣的表達，意味很細微。我們仔細辨別會發現，"知有蔽"不是說知本身有蔽，而是有來蔽者，被蔽的恰是那個知；從這個角度說，包括下面的那個良知，知有本體，本體之知本身無蔽，祇有有東西來蒙蔽它，這時纔叫作"知有蔽"。但是"意有私"不同，它是說意本身私意化了，甚至可以說，意無本體。讀《大學》經章第二節，朱子給我們指出，"有"和"能"兩個字用法的區別不能忽視："知止而後有定"下個"有"字，說"有沒有"，是說那個"理"字、說那個"定理"的事情；而下面說"定而後能靜"，則下一個"能"字，說"能不能"，是在說心。"知有蔽而意有私"，這裡看上去有兩個"有"字，都似在講心上的事，其實它們是稍稍有些差別的："知有蔽"是說有來蔽此知者，知本身却無蔽；"意有私"則是說意本身可能發生徹底私意化的狀況。有知之本體，無意之本體，這是中間的一個意味。另一個意味是，既然知本身是無蔽的，而有來蔽此知的東西，我要在知這個地方下一個工夫，除去蔽知的東西，讓知原原本本地呈現出來，也就是做一個復其初的工作，所以對"知有蔽"來說，相應要做的一個工夫叫作"去蔽復初"；但是對這個有可能完全私意化的意做一個工夫的話，當然是要去私，但是去私的同時，亦必然連帶著意也沒有了（"毋意"），去私的話不可能僅僅去其私而保留其意，或說復意之原初，去私的話要下矯揉之功，去做"切之磋之，琢之磨之"這樣一種工夫。兩種工夫實不一樣。因爲知和意兩個的地位不一樣、問題的出法不一樣，因此針對它們的工夫也便各自不同。此外朱子指出，意有這種徹底私意化的可能，所以他把致知放在前面，把格物又放在致知前面，這都是爲了保證去私意的徹底化；但是就着意本身來說，也尚有慎獨作爲一種單獨的誠意工夫。你的問題是，慎獨能否達到十足的去私？我從另外一個角度談一下看法。大概會有兩種話語方式：第一種，是理論的、邏輯的話語方式，現在的理論書、思想書和哲學書都會這樣來說話；而第二種，就是我們儒家慣常的，尤其是儒家經典如《四書》《五經》中的那種修業進德模式，典型的是一種指點的方式，爲讓人的德性與日俱增，給你指出進徑的方式。如果我們用一種邏輯話語的方式，剛纔的那個問題就變成了"慎獨能否和去私達成等式關係"，一慎獨就要達成完全的去私。但是如果我們理解到儒家的這種修業進德的或者說爲己工夫的話語方式，它是一種箭頭模式，那就是說，"慎獨能否通向去私"？慎獨是一個不間斷的工作，在這個過程中，漸漸地讓那個私意消磨殆盡。它不像理論話語中那樣給你一個類似於充足條件的保證，所以對這個問題，我們始終可以來問慎獨能不能導向十足的去除私意的目的。儒家總是會說，這樣一個事情需要你去親身驗證，到最後你如果說自己去不了，那我也拿你沒辦法，我說去得了你也不信，但是去得了去不了，要你在自己實際地去慎獨的過程中切身感受，你會感受到私意越去越少，最終轉私爲公，那一個出意的物事堂堂正正地立在那兒，那就是誠意了。

廖：前面三個話題都是關於格物的話題，在第一個大的問題下面，遺留了一個由薛連同學提出來的關於"格物補傳"的問題。秋莎關於"格物補傳"做了一番解釋。"格物補傳"的特殊性，在於它是朱子所作。不知道在今天的場合大家能不能有更好的理解。

沈：朱子的格物致知之教爲何能夠比陽明的致良知之教更容易去除私意呢？

丁：我說著力點在這個"致"字上，而"格"字——剛纔海軍老師說人無時不在物之中——人哪怕是不自覺，也無時不發生著格物的事情。但是這種不自覺的格物，在解釋工作的意義上我們可以說，比如這個物，我把它叫作竹子，我爲什麼把它叫作竹子呢？這時間我進行一個反向的思與問，去求得一個解釋，那這時間，這個格物的事情發生著，我也不會不把它當作格物，但這個意義上的格物恐怕不爲朱子格物說所包含，它會要求一個更加自覺的格物工作。這樣的話，那個"格"字，一開始如果也要用我這個身、這顆心去格這個物的話，這時間這個"格"字里面，未必不會帶著些私意；但這點兒私意，就是在整個格物過程中，在與物相對的過程中，慢慢被銷鑠殆盡，然後物而至於理。物的偶然化，在"格"之中，也慢慢銷盡。我的意思是，在整個格物之中，格物的我身我心裏面的私意，和所格的物本身的偶然性也慢慢去盡，如斯而達到窮理。在朱子這個地方來問，致知裏面的"致"字爲什麼不會有私意、誠意裏面的"意"字爲什麼不會有私意？因爲在格物之中，即在這個"格"字、"物"字裏面不容私意，私意已然去盡了。你可以問這樣一個問題：理有私嗎？如剛纔說到知和意之間的關繫，知是有物來蔽，而不是知之本有蔽，這樣的話，緊接著來問：知有私嗎？則必曰：理無私，知無私。帶著這種無私的知和理到心之中，再談致良知，"致"字還會有私意嗎？但是陽明不如此，而是直接去說致良知，致知致良知，致知以格物，然後纔出現這個"致"字裏面的私意如何去除的問題。

沈：剛纔問這個問題，有一個問題意識，就是說，既然心物不二，爲什麽在物上格的工夫，能夠儘量去除私意？心含具眾理，爲什麽不是在心上格的時候也能格盡私意？當然，在朱子那裏，他可能會認爲物是在心之外的，陽明就會覺得，爲什麽要在本心之外去格呢？格外面的物，也祇是爲了知這個本心之明、本性之知的話，爲什麽不在心裏面格，而是要去心外格物？如果理解不差的話，這個應該是陽明的問題意識。但是，爲什麽陽明後學會出現這麽多偏差？他是不是還是沒有理解到朱子格物說更加有意義的地方，即能更好地去除私意？我的問題還是那個內外的問題。

丁：在格物之中達成大公之理，然後平平正正地去知，這是格物致知裏面要說出來的意思。當然這也是陽明以及陽明後學對這個問題沒有契合的地方。

高：沈娟問爲什麽不在心裏格，而在心外格。在陽明那裏，好像沒有刻意區分一個內外。

廖：陽明那裏爲什麽要在內心裏格？因爲他不懂得哪怕要格的是心，也必須即物而格、即事而格；脫離物、脫離事，祇在內心裏面格的話，那確實符合沈娟剛纔說的問題。

丁：陽明也不會把心物分開，他說物在心裏面，所以心物不二。但確實這個"格"字如果這樣來說的話，祇能是以心格心、以意格意。我們說，看我們自己站得正不正，需要一個尺子作爲標準。陽明會說，那我拿自己的心作尺規來看如何？這樣的話，如果心歪了，就會以歪爲正。而朱子會說，你先得把那個尺子找到，然後纔能量度得出自己是不是站得堂堂正正。格物致知，就是建立起那把個尺子的過程。

廖：因爲時間的關繫，我們進入下一個問題，關於經權的問題。這個是陳峴的問題，陳峴要不要做一個補充？

陳：之所以提這個問題出來，是爲了應對那天討論的“德目之間會不會衝突”的問題。德目衝突與否，在經權範圍體現得非常明顯。我舉一個春秋學的例子，尤其是以“祭仲行權”“紀季以酅入於齊”兩條來說的話，如果單純以心之所發爲至誠，然後就不會造成德目衝突，其實《春秋》在判定一個事情是否處於行權的時候，也會以原心定罪這樣一個原則來判。比如祭仲行權，一件事情，不僅要看他的初心，還要看他是否把事情做出來，由此纔能判定爲行權。而且非常重要的一點，《春秋》這裡是借事明義，就是借事以明初心，和後來做出來的事情整合，如此纔可以認定爲行權。所以，僅僅是内心所發爲誠的話，在春秋學的判定中顯然是不夠的，還要有後面的結果和效驗的體現。所以朱子在論經權的時候非常謹慎，把“惟聖人乃可行權”的意義限定在非常小的範圍内。比如說冬裘夏葛，天氣變化換衣服穿，這個如果從更加實際的政治層面上說，顯然不是權的意義的體現。那麼就是說，在《大學》條目遞進的工夫中如何看待德目之間是否會有衝突的問題，以及有這種衝突的話如何來應對的問題，尤其是在新民之事上，衝突的嚴重性不亞於明德工夫裏面的。

秋莎：秋莎之所以說德目之間不會發生衝突，是基於一事一物各有其當然之則，即在一事中祇有惟一一個中節可能。中節就是善，其餘就是過或不及，全然相反就是惡。在這樣的前提下，德目之間絕對不會發生衝突。縱使一件事情出來，在遭際上讓人特別爲難，也一定有一個惟一中節的處置，儘管在結果上看起來是可能有遺憾的，但在道理上是沒有虧欠的。當忠和孝作爲原則，還沒有捎帶任何經驗事相成爲原則判例的時候，是不會起衝突的。盡著這顆心，事君爲忠，事父爲孝。盡心祇是一個盡心；除非有人把忠孝的判例指成原則，比如說一定要做到某一件具體的事情纔能稱之爲忠孝，忠孝纔可能發生衝突。對於經權，您引春秋學，這個地方秋莎祇好這樣說：朱子對於經權的解釋，一是曲折盡經，就是說，爲子當孝是經的話，那麼冬溫夏清、昏定晨省是權；一是反常合道，“反經合道”中“經”的“道理"這個意義移到後面,完全由道彰顯,而前面的"常",衹是事相上的異於尋常。就是說,冬裘夏葛是經的話,夏裘冬葛是一個行權。萬善同出一源,所有的善衹是一個善,衹是在具體情境下被稱爲不同的德目。而權絕不可能是在反經之後被稱爲權,它衹能是在反常情境下經的特殊運用。朱子說"唯聖人乃可行權",不是迴避問題,衹是會認爲行權的難度非常高。他不主張一個學者坐在這裡,任何一件差異的事情還沒有到面前來,就先去設想若來了該如何處置;衹是主張學者就著當下情境切實做涵養省察的事情,使自己這裡根本愈見培固,這樣的話,當一件差異的事情真出現在面前,就能憑著當時的心志見識,去做一個當時他能夠做出的最恰當的應對。這便是知常達變。在理學這裡,遇到事情衹問一個當然,這不是說徹底摒棄所有具體情境。事實上,如果這個應對是當然的,那就一定是合乎物宜的,但這須要另外闡明。總之,在理學這裡,行事首問當然,或者就是衹問當然,而不是像你所舉例那樣,需要就著效果來判定。

丁:秋莎說的那個意味非常重要,她說權是"曲折盡經"。因爲經可以樣樣事情先立在那裡,一條一條的準則立在那裡;權是種種反常,種種不可逆料,事起之後當機來斷。如果事先樣樣事情亮清楚了,那就成了經,不是權了。在這個意義上,朱子確實不是迴避。包括《春秋》裡——不知你說的經權思想更多地是不是衹從"公羊學"那裡來(陳峴:是公羊學。)——其實也用一些例證型的東西和以事見義的方式來說,它也不是以一種典型的經常之道的方式。秋莎這部分對朱子的說明,我覺得是清楚的。如果要補充一點的話,我會說,我們找哪個思想和哪個思想相互吻合,或者是相通的,總容易從字面上去找;但有些相通的地方,字面上並不顯示一樣。比如我們說得最熟的"從心所欲不逾矩",我覺得如果分開來講,正可以在經權的意義上說:"從心所欲"就是權,"不逾矩"就是經。所以,這就是《論語》講經權的地方。對聖人而言,是"經在權中",聖人無時不行天理,但他無時不是從心所欲;對士君子、對學者而言,則是"權在經中"。從這個角度來說,我們跟前並沒有兩條路,一條是叫作經的路,同時開出一個邊門蹊徑,叫作權路。衹有一條路,就叫作經路。因此，對學者来說，要無時不警省，無時可以有一絲逾矩的作爲，沒有任何時候可以說我居然可以去做那種反經的事情。這些方面，在你復述《春秋》意思的時候，都能夠得到印證，這都沒問題。接着往下說，對於學者来說，他知道權在經中，惟一的事情就是去做行經的事情，但是，行經不意味着泥經，我們在無往而不遵循經的時候，能見出經究竟是怎麼来的，原来，經是那個時時處處行權的人立起来的。當我們在經裏面見出權的意思，就不會把經看死了，然後行經而不泥經。照應你上午提這個問題的時候所指出的一個意味，這個意味很好，你在說到"新民"對應"齊""治""平"的時候，說它更多還是自修、修身的意味，而你认爲這其中不能忽略制度的意味，家的制度、國的制度、天下的制度。朱子說這部分的時候，如果完全把制度意味搬空了，那他幹什麽要特別在國、家、天下的意義上来說？祇在身的意義上說不就行了嗎？這部分，我覺得很有意味。如果我們把制度的意味帶進去——這部分居然真的被人看漏了，其實應該補充進去——跟經權思想結合起来，我就會覺得，有一個意思可以这樣照應，就是說行經不是泥經。不泥經，就可以在經中見聖人在這個地方原来祇是一套權；一落向權，聖人雖從心所欲，但是不逾矩，則對我們来說，這個矩就是惟一的道路。這個見出来之後，再来看制度：有人死於制度，就是泥經；有人說，我要"逃於天地之間""逃出天羅地網"。這兩種人，要麽泥經，要麽不行經。整個的《大學》，用這樣的路子讨論，有一個意味就出来了。即使制度的意味在這個地方能夠清晰地顯現出来，《大學》或者說朱子學、理學家們，他們有一個用心，就是怎麼来處分我們和制度的關繫。不是僅僅安置下一個制度就行了，我如何得以不死於這個制度？我如何說明凡内心想逃於制度外的這些人其實都有其严重的不正當、有非常可質疑的地方這一點？在這個意義上，怎麼在一個活的制度下，讓制度因爲我而得以活？讓我在一個哪怕沒有制度的時候，得以重建一套制度出来？制度全部的正當性，由於我的這樣一個東西而得到徹底的顯現，或實現一種制度重建？我的意思是說，在一個一點點都沒有破壞的制度那裡、或面對着一個哪怕是現成的制度，我們也需要對這個現成制度，在這個意義上實行從頭的重建,《大學》有這種意味在裏面。這是理學在迎向制度問題的時候,可能有的一種用心。

陳:确实我刚纔沒說到這點,這點跟《公羊》講的微言大義、微言改制是非常契合的。我對這個問題還继续存着一點疑問,就是面對事情,有惟一所當然的善或者理的話,尤其是強調遇事祇問這個,或者是先問這個,而結果或者效果則擺後,是不是說在實际意義的操作或效果中,有可能因爲這樣一種過分強調,而對後者有或多或少的忽略?

丁:秋莎說從原則或者從德行條目本身来講不可能有衝突,衝突祇有在把事兒帶進去之後、把處境帶進去之後纔可能發生。這部分我也會同意。但是,是不是绝對不允許帶進来,帶進来必會有衝突?因此的話,不帶進来就幹幹淨淨,也就不會面临這樣一種困境了?不是如此。其實現實人生往往會際遇到這樣一種困境。儒家對於這樣一個人,當他對儒家沒有確信,也完全沒有一種清晰把握的時候,他遭際了这種人生困惑,儒家對他就完全失去了指導性嗎?也不會。在這個意義上,我會同意秋莎說忠和孝本身不會發生衝突,但確實會有一種情況,有一個人,既不是聖人,身临其境之後他難以裁決、難以決斷,這是一種情況;還有一種情況,不是一個人,而是兩個人,比如你也在對你的父母行孝,我也在對我的父母行孝,但是我們兩下裡掐起来了,這也是倫理衝突的現實發生可能性。經權思想是不是就针對着這樣一些情形,在指出一種解決之道呢?我個人倒覺得,在說"惟聖人可以行權"這一點上,儒家看上去纔指出一條路来,馬上又把這條路給堵掉了。這個堵掉可不是害人,這是個成就人之方。你們人人都认爲,到這個時候,那些倫理原則就不值得執守了,因爲是忠和孝在打架,我祇要不忠不孝了,困境就沒有了,所以最好的方式似乎就是放棄所有的原則;原則起衝突,走出困境的方式就是我讓自己成爲一個投機主義者、無原則的人,這看上去最容易。但是儒家說,如果我們把這個也用一個"權"字去說的話,那我首先就要把權這條路給堵住。所以在這個意義上,我覺得對於你問的那個問題,秋莎如果把話折下来一層的話,還是有相當值得應對的東西在。但這是不是就是一種原則主義的打折扣，是不是一定意味着一種原則主義和功利效驗主義的兩下勾兌？我覺得恐怕也不是。

陳：一個也不是原則主義，一個也不是效驗主義，兩者也不是這樣相互對應的關繫。

高：我們除了格物、致知、誠意、正心、修身、齊家，把這些事做好，然後我們有可能面對着一些事情，突發事情。我們不可能去預測發生什麼。比如老是有人在討論，母親和妻子同時掉在河裡你救誰，這是沒有意義的、荒唐的。你所做的就該是格物、致知、誠意、正心、修身的工夫，然後一旦你面對這樣的事情，你就當機立斷。前段時間我聽說有一個人，他的夫人和小狗掉在河裏了，他衹把小狗救上來，這顯然是極大的問題。這個人顯然平時就是沒有做工夫的人。還有一些人經常打著學問的名義來討論這些問題，比如說所謂的倫理學，老是給你出難題：一列火車要出軌翻車了，這邊有十個人，那边有兩個人，你往哪边走？這些人理直氣壯討論這個問題，其實沒有意義，真的沒有意義！討論這個問題就機智了嗎？這個問題，對每一個人，不當機的話都是無解的。所以我贊成，要做一個立於天地之間的人，確實除了做誠意、正心、修身的工夫，我們沒有餘暇去考慮那些人們設置的所謂難題。一旦面對這些難題，平時工夫如果做得很好，那麼總能當機立斷。

廖：有其他同學對這個話題要回應嗎？如果沒有的話，我們進入另一個話題。上午有邵磊、李毅，還有曾海軍老師都提到絜矩之道的問題，這幾位提到絜矩之道的老師和同學們表述都還比較複雜。要不要再簡略地陳述一下？

邵：聽到丁老師上午和下午的一些說法以後，我覺得我的問題基本上被丁老師在各種回應中順帶回應到了，所以不用特別地再提出來讓老師回應。我本來還有一個別的問題，也可以先不問。

李毅：那我簡要地說一下。絜矩之道肯定是根於人心之所同的，而且絜矩之後肯定能得出來兩個人之間究竟該如何對待，三個人、四個人也如此。那麼，這種根於人心之所同，并且能夠得到人心之所同究竟是什麼的這種絜矩之道，是如何避免這樣兩種情況的：一種是独斷，我這裡所有的意見，我看清楚我的所有的好惡就是你的好惡，所以我不用去看你的好惡，祇用去問我自己好什麼，我知道這就是你的所好，我去推行就可以了，这種情況肯定要避免，因爲它會造成一種独斷；另一種情況也要避免，就是一味地以民之好惡为准，看民喜欢什麼就去推行什麼，看民不喜欢什麼就不喜欢什麼、去遏制什麼，这種情況也是要避免的，这種情況的弊端在現實中已經看得太多了，這極容易形成一種暴民政治。絜矩之道是如何從这兩個极端之中成立起来，而又避免了這兩個極端的？这是我的問題。

曾：李毅的這個問題，我覺得"民之所好好之，民之所惡惡之"不存在这兩種情況。這個話肯定不表達这兩種情況，就是，不存在完全以民的好惡爲君的選擇，来迎合民的好惡這樣一種情況，或者是，祇是我這裡有一個好惡，来强加给民一樣。我不知道我理解这句話對不對。我覺得好像是民的好惡，民不是一個人、兩個人，民是整個群體，它會顯現出非常紛繁複杂的好惡，那麼這當中的好惡就應該表現爲……怎麼来講呢？當然，这個好惡本身，我還是要返回到"惟仁者能好之，能惡之"這個意思上来講。"惟仁者能好之，能惡之"，這個"能好""能惡"，完全可以在民的層面上對應起来。民的好惡一定是紛紛攘攘的，仁人"能好之""能惡之"，在民的層面上，當仁者有"能好"的能力之後，這個時候在民那裡始终是能够有一個對應得上的。這個話沒有表達清楚。我想說，這個話的意思完全能够避免你說的兩種情況，但是到底怎麼恰當地說明它不是表達这兩種情況，我也不太能用正面的方式恰當地表達。說到底，如果要正面表達的話，還是有一句話可以清楚說出来的，它一定能够跟"惟仁者能好之，能惡之"相呼應。但是怎麼把當中呼應的脈絡說清楚，這個有點難，我不能够太說得清楚。但反過来說絜矩之道，我反而從這個問題當中對絜矩之道有了更多的理解。還是以我的那個問題来表達，就是在平天下的層面上来表達絜矩之道，或者是《大學》八條目到平天下的時候，我甚至可以說必將會是絜矩之道的方式表達的。

廖：昨天上午讀"平天下"傳的時候，對絜矩之道的討論已經比較多，但是仍然遺留這麼多的問題。當時討論到絜矩之道是由恕道推擴出來，這是一個；另一個方面是說，絜矩之道使"上下四方，均齊方正，而天下平矣"，就"上下四方，均齊方正"這裏面的一些含義，秋莎做了一些解釋。我記得有同學從《大學衍》裏面好像把絜矩之道跟制度建設聯繫在了一起。

王：船山區分了絜矩之道和絜矩之意。不僅僅是一個絜矩之意的事情，他特別看出實際上傳文裏說"所惡於上，毋以使下"這句話和"己所不欲，勿施於人"這句話是文似而意不似。絜矩之道更多的是闡明治天下，和治家不一樣。治家可以用絜矩之意，因爲你瞭解家裏面的人；但對於天下你不瞭解，你惟一可能的方式，就是把這個絜矩之意變成一種制度的形式，然後把它實施在整個國家裏面，使得天下之人都能去行這個絜矩之意。不知道我理解到他的意思沒有？

丁：海軍老師是問了兩個問題是吧？一個是，爲什麼到"平天下"章來講絜矩之道？那就是說，也作爲一種猜想，似可以放到其他地方去講，或者是說從另外哪個地方開始講？我會認爲，有"人""我"之分，就要說絜矩。所以講"身"的時候，祇講一個修身的"身"的時候，當然不用說絜矩之道。但是從"家"開始，本來就可以說了，因爲不但有我，有我父、有我母、有我兄、有我弟，就有"人""我"了；但是家道裏面"親"字爲大，要說絜矩的話，親人之間天天廝磨一處，再熟悉親愛不過，不需要絜矩，不需要"度"，不需要"絜"字，父心即我心，母心即我心，全部這些心整個是一塊兒，不用一個"絜"字。要說的話，中間也未必沒有一個"絜"，但此處"絜"得最自然、最容易，僅有點這個意思在裏面。而且如果說家道裏面，比如"父子不責善"，那"善"字跟"矩"字意思極近，那"不責善"，也就是絜矩的這個意義上也要服從於"親"字了；責善就離間了親情，所謂善者就會同樣被損害掉。從平天下這個地方出現了人和人之間的關聯，所謂"主體間性"問題，出現這個問題的時候就可以說了。在家那個地方"親"爲大，所以這個話就要挪後一點說。海軍老師問，是不是非得在這個時候說？我個人倒認爲，它是從後面往前貫的；貫到哪個地方去先不說。讀《太極圖說》的時候我也說，這種貫穿意識，是要從第一句話的五個字，一貫到底，看能不能在最底下那句話還依然見得“無極而太極”，所以往下貫；到第二句話說“太極動而生陽，靜而生陰”，有這個動靜陰陽了之後，不能往前看，不能說“無極而太極”裏面也有這個陰陽，但是要從這個地方往下貫，一直看到底，如果到底的時候沒看出個動靜陰陽來，說明沒把這個文章看透徹；到第三節說五行，五行也不能往上看，得往下看，貫到底，貫不到底仍是沒看透；但是到了“聖人定之以中正仁義而主靜”的時候，“中正仁義”恰恰要往上看，看得處處眼眼都是這個“中正仁義”，如“無極而太極”是“中正仁義”，如“太極動而生陽，靜而生陰”是“中正仁義”，如五行亦無一不是“中正仁義”，如果看不到，那又沒有讀得透。所以它有一個是從上面往下貫，有的却又要從下面往上貫。這個絜矩之道，我個人做一種猜測，我會覺得它雖是看到最末一章纔出來，但它有往前貫的這麼一個意思在。再一個，說到絜矩之道在絜矩之意的意義上說，那究竟什麼是絜矩之道？“絜”是“度”，“度”字最大的危險就是把它變成一個臆度、揣測、“猜心”。怎麼把“絜”字裏面、“度”字裏面那個臆度的意思去盡？就是我們前面講“去私意”的意思。“矩”是“方”的意思，“規矩方圓”的那個“方”，“方方正正”那個“方”的意思。我圓你方，那我就不能絜你的那個方了；我方你圓，那我依然不能絜你的方。“方鑿圓枘”，格格不入，去絜矩之道最遠。必須是我方你方，然後纔能夠有這種相度、相絜的可能性，以我的方去合你的方。這種情況下說到上下、前後、左右。這中間要說的話，“事上使下”是一個君臣的關係，前後是說兄弟一倫；又比如說到“交”，這通常是說朋友的。天下是什麼？在現代的、西式的學問裏面，也會討論這個問題。說平天下是大家的心願，但是實踐起來極爲難事，乃至會認爲，當一個人說“我就是要以天下爲己任，我就是要以平天下爲志”，這個人不是在虛誇，就是失心瘋了。但是儒家說這個話的時候，是一種自自然然、平平正正的心態，沒有任何作態的意思。這是因爲有一個天下觀在這個地方，天下不是比國家更大的一個所在。開玩笑說：比海更大的是洋，比洋（羊）更大的是牛；比家更大的是國，比國更大的是天下。其實不是這樣的。看上去一味要往大裏說，但是從國說到天下，恰說到一個最日常處。什麼是天下？天下之本也在於身，在於最尋常的人倫之中。所以，說到這個"絜矩"，"絜矩"作爲平天下之道，其實說到底，也就是說"人""我"的一個關聯問題，如何"以我心，度彼心"。"以我心，度彼心"，好像戴東原就這麼來解釋的，他也不契朱子學，他說這個"絜矩"之"絜"是"絜情"的意思，他更多是在喜怒哀樂、好惡這個意義上說，很有些不同。但我的意思是說，絜矩之道，原來祇是一個"人""我"的相知之道。天下原來就是落實在這個地方。天下不是一個比國更大的東西，今世人們放眼祇見國家，充其量見一"聯合國"（國家集團），國家掩過了天下；須是見得天下真實有在。亞中說建立一種所謂的"天下制度"，國有制度、家有制度，天下好像也未必不可以有一個制度的意義，但天下之爲制度，祇能說是一種"軟"的制度，我們稱之爲秩序的東西，而不可能是一個剛性制度。這個問題怎麼來解釋我還不知道，我祇是從海軍老師那裏聽出似乎在同時間兩邊兒，一邊是問爲什麼到這個地方講"絜矩"，另有一邊是絜矩之道之與絜矩之意，這面是借了亞中引船山的說法，所以談點兒想法。

廖：李毅的這個問題，關於是否有可能兩種極端的危險，一個是獨斷，一個是暴民。不知道你現在還會不會有這樣的一個疑問呢？

李毅：這個問題被提出來，是因爲船山引朱子的時候，在朱子說"所操者約，而所及者廣"那裏，船山把"約"解爲"本諸身而已矣"，這樣一個"本諸身而已矣"就把這個絜矩整個的事情都從自己身上去發現而已。我個人覺得，"徵諸庶民"以及"考諸三王而不謬"這些好像都沒說到。船山之所以這樣說，《大學衍》裏面說到，他對那種"違道干譽，殉民之好惡"的做法特別憎恨，就是在"民之所好好之，民之所惡惡之"那節，《大學衍》裏面說那是他特別痛心的一件事，他說那是"違道干譽"和"殉其好惡"。我是結合了這兩個地方來提了這樣一個問題。剛纔我沒有覺得大家對這個問題有所回應，不過我也可以下去自己再想，因爲本來就是從船山那裏出來的問題。

秋莎：讀書會上大家糾結的是，"上老老而民興孝，上長長而民興悌，上恤孤而民不倍，是以君子有絜矩之道也”，這個“是以”是怎麼轉過去的。這裡朱子有很明確的表述：前面的“上老老而民興孝”等等是“化”，就是“上行下效”。從上行下效可以看出來，這是基於心同理同。也就是說，每個人所稟有的秉彝良善是一樣的，我見得自己這裡想要孝親、想要敬長，那麼我就知道，百姓那里也是想要孝親、敬長的。所以朱子接下來說“絜矩是處置功用處”，也就是說，絜矩使人我之間各得分願，“上下四方均齊方正”，均齊是性分上的均齊，而不是位分上或別的地方上的均齊；而方正，朱子說，左邊這家人占了我五分地，是他錯了，我一定要把這五分地拿回來，而不可能去占右邊這家人五分地。我不孝於上，我也讓百姓沒辦法孝於上，便不是方正。如果自己這裡想要孝，百姓那里也想要孝，那麼聖人用絜矩之道所要解決的，便是怎麼樣能夠讓所有百姓遂了和自己一樣的想要孝的心，讓這樣的心意能夠自自然然地、不受干擾地、順暢地發見出來，而不至於因爲政事之類的打擾，“不得以養其父母”。聖人之心就是“矩”，而絜矩是因著人心之所同然，上行下效，使天下所有人能遂其心。昨天和曾老師說到這裡的時候，秋莎也說，在有人我之分的時候就可以說絜矩了，爲什麼一定要到“平天下”章纔說？當時提出來一個可能性：朱子把絜矩很大程度上是說到了聖人使民興起，並讓這個興起能順暢發見，而不被很快地消磨下去或者被戕賊掉，這是一方面。然後，在平天下這個地方，君子在天地間的“場”是一個徹底打開的狀態。絜矩雖然到人我之間已經可以說，但到平天下這裡，《大學》的整個規模纔徹底打開，由這個地方來說絜矩，恰見大至無外的一個規模，也祇是一心去絜度。

曾：李毅的這個問題還是得有人來回應。

柯：我想把兩個問題放在一起說說自己的看法。爲什麼絜矩之道要放在“治國平天下”章來講？這裡有兩個呼應，第一個呼應是八條目最後一個條目和第一個條目之間的呼應。格物爲何會跟這裡發生呼應？因爲絜矩的“矩”來源於“格物”。這個“物”，一定是對人而言的，因爲祇有人能夠從物那裡看到一些關於心的東西。而且，人可以賦予無心之物以心，所以，其實從物那裡看出來的道，也祇是人的道而已。單獨說格物的話，我們會覺得是一個很簡單的事情，但是比如面對太學裏面的那些將來會爲國家治理者的士人，他們面對一個人群的時候，怎麼纔能知道民眾的想法呢？按照我們現在的看法，這是需要做調查研究的，這個調查研究在周代就是"格物"，通過"格物"知道了民心的好惡，從而知道如何將自己的心和老百姓的好惡聯繫在一起，這是爲政之道的開始，這樣也就得到了一個"矩"。中間的條目都是貫穿著這條線的，但是最後相當於是在平天下這章收了一個口。李毅所提的那個問題，我不能祇以自己的想法強加給民眾，但我也不能沒有自己的判斷而一味順從民眾的想法去做。這裡有一個前提，就是八條目是爲了實現三綱領而有的，而三綱領第一條也是最基本的一條是明明德，後面的八條目都不能違反明明德。百姓是有不同層次的，大家不是鐵板一塊，所以需要靠明德來樹立你的旗幟，爭取到最大的支持，在支持者中做新民的工作，以便最後你的治理止於至善。如果不把明德的旗幟樹立起來的話，就會出現李毅提到的問題。《大學》提到的這個原則，在《中庸》裏面表現得特別明顯。"率性之謂道"這裡的"性"，不僅僅是個人的性，治理者固然不能和民眾對著干，但是也不能被民眾牽著鼻子走，祇能到了合適的關節點纔能夠順勢而爲。這種理解聽起來可能比較現代，但是我相信這是古今通用的原則。所以我覺得，在最後提到絜矩之道，既是對八條目第一條目的呼應，也是對三綱領的呼應。一點想法，僅供參考。

李毅：您所說的兩個照應我沒有能夠太清晰地理解，但是您說的有一點我會非常贊同。朱子說絜矩的"矩"是心，而您說這個"矩"是由格物獲得的，這一點我很贊同。因爲格物的工夫，正是不斷地擦亮此心，使得這顆心能夠擔當得起"以民心爲己心"的責任來。所以治國平天下一定是要求一顆物格知至的心，要求一個仁者之心。這一點有助於我來清理我的問題。我的問題應該是想問：這樣的一個仁者，他的好惡已經沒有任何偏頗了，但他還是得去絜矩，一定要去察民心，而不是說因爲我已經有了至公無私之心，所以祇要按照我的想法來，便一定不會違背民眾的好惡，這是爲什麼？這是我的問題所在。

秋莎：朱子說絜矩之道，沒有說是察民心啊。絜矩之道是說，在民眾已經興起的前提下，以政教讓民眾興起的孝、悌、慈能夠順暢地彰見出來，而不是被扼殺或者磨滅掉。這裡沒有察民心的意思。

李毅：確實如此。朱子說"不惟有以興起之，而又有以處之"，絜矩之道主要是在說這個"處之"。

秋莎："被民眾牽著鼻子走"這一危險，在儒學內部是不存在的。即使《尚書》"天視自我民視，天聽自我民聽"，也不是說完全順從民意。儒家對於民的"日用而不知"是知道的。就像朱子在《大學章句序》裡面說的那樣，"一有聰明睿智能盡其性者出於其間，則天必命之以爲億兆之君師"，聖人作爲先知先覺者，是自己這裡孝悌慈愛，知道民眾也孝悌慈愛，然後以絜矩之道處之；而不是看到民眾孝悌慈愛，自己纔知當孝悌慈愛。至於對獨裁的擔心，應該考慮的是，自己這裡如何能夠便是人心之所同然，不摻雜任何私意？這便要聯繫到格物致知的工作了。物格知至，則所發莫非人心之所同然，如何可能是一種獨裁呢？

李毅：確實是如此。但是獨裁之所以在儒學是不可能的，不但是因爲儒學的根據在公心，而獨裁的根據在私意，而且是因爲公心必然要求治理者去察民之好惡。

秋莎：讀絜矩之道，就先讀絜矩之道，先不要聯繫後面民之好惡來讀。

李毅：是不該牽涉，但是我意識到自己的問題其實不在絜矩之道，而更多地在"民之所好好之，民之所惡惡之"這裡。這句話很容易被人誤解。

秋莎：昨天討論的時候秋莎說到，有兩個方面是可以期於同的，一方面是好善惡惡的秉彝，另一方面是希求飽食暖衣的大欲，因爲人人同得此理以爲性，同得此氣以爲形。以秋莎的理解，儒家認爲一個國家存在的必要性，在於使民眾止於至善。在此前提下，使民眾"遷善也易"；使民眾遷善也易，便須飽食暖衣有教。飽食暖衣有教基於"使民遷善也易"這個目的。我們可以想象一種很壞的制度，它會阻遏民眾良知的發見，甚至會使得民眾根本無法活下去。"民之所好好之，民之所惡惡之"，說到底線意義上是說：雖然在聖賢那裡充沛彰顯的秉彝在百姓身上祇表現爲希求飽食暖衣以及最基本的善端著見，但是，如果一個國家連飽食暖衣的希求以及最基本的善端著見都阻遏的話（比如弑父弑君、使百姓失去基本生活保障這樣明顯的、天下人都能判斷得清楚的惡，這個國家卻不以爲惡），那麼這個國家的在上位者的好惡一定是極有問題的。這不是指自己這裡全然取百姓的好惡作爲好惡，但聖王作爲先知先覺者，他們理所當然會是百姓的真實好惡最好的代言者，超過百姓自己。這樣一個代言，一定不會違背百姓那裡的基本善端發見以及飽食暖衣的希求；而且，百姓那些還沒有明起來的善，也至少能夠獲得"由之"的機會。百姓的真實好惡，聖王是一定負有引導之責的。

（本次筆錄由李毅同學負責整理，四川大學哲學系儒家哲學方向約二十余名同學參與）

賀麟故居《大學》讀書記

　　第三期"儒家經典研習營"結束後的數日中，我囑各參與高校的同學們盡快趁著鮮活的記憶，寫一篇在賀麟故居的《大學》讀書記出來。這一面是由於資助本期研習營的成都賀麟教育基金會要求提交這方面的文章，同時我也想著可以爲今後的"儒家經典研習營"留下一些紀念性的文字。任務佈置下去後，陸續收到各校同學所寫讀書記共十篇，這其中包括廖恒老師的一篇。此次任務的完成，數中山大學哲學系的同學們最爲積極，人手一篇，值得褒獎。所收到的讀書記體裁不一、篇幅各異，隨寫作者的性情、旨趣或文風而各有不同：有活潑地揮灑的，亦有嚴謹地書寫的；有事關生活美景的，抑或關涉學問大旨的；有表感懷留戀之態的，或做沉潛理會之狀的……如此等等，不一而足。十余日的研習營生活，不僅僅祇是指望在學問上加深了對《大學》的理解和把握，同時也希望在彼此心意相通的相處過程中，使得對於自身所謂"氣稟所拘、人欲所蔽"，如盧辰在最後一篇讀書記裏所言，不祇是作爲一種調侃，而是成爲真正的人生課題。最後，全部讀書記盡量保持原貌刊發，僅少數同學的讀書記略有刪節。

曾海軍

九月初九

　　今年的儒家經典讀書班在賀麟先生故居進行，對我而言這有某種特別的意味。年初的時候，我爲《黑格爾學述》（《賀麟全集》版）寫了一篇書評，賀先生是我素所仰慕的前賢，他的弟子薛華老師更予我有過直接的指點。二○○七年六月我隨楊煦生老師去薛老師家中拜訪，談及他新近譯出的《哲學科學全書綱要（1817 年版、1827 年版、1830 年版）》，薛老師說，此書是獻給賀先生的，後記中有《讀易憶賀麟先生》一詩：“論旨天地人神，習坎行尚維心。明德首晉自昭，成道迹隨鳳麟。”“自昭”是賀先生的字，也是其道德學問的真實寫照，賀先生的著作我大體通讀過，從薛老師回憶與銘感中，對賀先生“不誠無物”的立身爲學之旨有了更真切的體會。

成都東南方向出去不遠，是川西平原的龍泉山脉，丘陵之間坐落著大大小小的村落，賀先生的故居就位於其中。清季以降，蜀中素重經史之學，同時代的鄉賢蒙文通、劉咸炘均爲此中大家，賀麟則究心於理學。據彭華教授《年譜新編》，賀麟幼年時隨乃父賀松雲先生誦習《朱子語類》《傳習錄》，及其長，先後求學於北平清華學堂、美國奧柏林大學、芝加哥大學、德國柏林大學等校，主攻黑格爾哲學，希圖通達西方學術正脉。但賀麟不同於西化論者，其紹述西學，移譯黑格爾，旨在“儒化西學”而求得本民族文化在新時代的復興。在賀麟看來，宋明理學是“化佛”的中國哲學，儒家思想面臨西學東漸的又一次挑戰，則應對之方亦應以宋儒爲典範。

故居的格局、陳設、家規等處處呈現著賀氏一族的門風，在賀先生這位現代新儒家的重要人物誕生和成長的環境裏，會讀先哲遺書，乃是置身於一段精神的歷史之中，所思所感也自有不同處。朱子《章句》我曾反復讀過，且素宗之，但如這般諸家注釋的綜匯却是頭遭，更有各位老師和學友的切磋講論，於我實多有啓發。如鄭康成注本以“博學可以爲政”定《大學》之旨，注疏皆爲此言，仔細看去，其中自有一套體系在；如《或問》《語類》中許多細微處是以前未曾注意或看得差池的；如看陽明之評朱子、船山之評陽明，中間呈示出多少意思，此處與區平學友的討論尤其爲多，學理之外，尚在返觀自家的學程與心路，於己身之未格處多有省思。

以前讀蒙文通劄記，蒙先生以經學名世，而自謂理學爲所得最深者，蓋性理之學非驗之身心不可謂得，其學之實如此。文通先生垂范於前，經學、理學不惟未可視爲冰炭，更有以相佐相成而皆能有以進益，此義亦經丁老師於最後一講道出，洵爲要義。

故居的讀書時日倏忽即逝，離去之日，想望賀先生哲風，心有所感。賀先生之譯《黑格爾學述》，堅持用"中國固有之名詞"，不避格義之嫌，意在會而通之，其以"太極"譯"The Absolute"（der absolute Geist，絕對精神），并與張素痴（蔭麟）反復辯難宋儒太極義，意在以德國惟心論發揮理學而爲新學之途徑。七十餘年後的今天，平心檢討這一工作的得失，賀先生之釋太極，由朱子《太極圖說解》入而以陸王出，甚而誤讀朱子爲陸王，或不免用心過切。佛教東傳千餘年，至宋方有道學出，西學入華已近五百年，近百年來衝撞尤劇，前賢懷濟世愛國之誠，意圖救時弊而開新途，其學或有可商，其心則未可輕侮。更切要的是，在時代的更革變遷中，無論兩宋諸子，抑或近代學人，俱已盡己之心力而爲世道人心之重新安立；而這於我們仍是未盡的責任。

讀書會前後，有劄記數條，不揣淺陋，陳之以求爲正：

"知止"即"心知理之所在"；"致知"、"知至"，皆已有一個理在，一個心在。

格致誠正皆修身一件事，能格致則誠正可期而至，知行合一衹在此中。

有工夫必有效驗，有效驗必有工夫；格物爲工夫，致知爲效驗，致知在格物，"在"則相即而不離。

"顧者，常目在之"，天之明命何以能目見？此心眼也，心之目開，知止之謂也。

某晚大家競說"鬼故事"，余中學時嘗習靜坐，念頭紛擾，光景叢生時，即默誦"以道莅天下，其鬼不神"、"鎮之以樸"之語以排之。今則非是，蓋鬼神者，陰陽二氣之良能，心魔者，外感積鬱之非正，物有內外，理則惟一；故持心與接物非二事，以莊敬待之，鬼神自安。以玄秘奧詭爲說者，或不及於理，或不及於誠。

一種思想，無論如何高妙宏富，如有違人倫，即不可信。人若不能爲己成人，遑論其餘。

朱子所疑者非經，經之傳衍耳。

意誠者，非格致無以至；《庸》云誠之，《孟》言思誠；擇善而固執，格致之功、自明誠之謂也。

格人之病易，格己之病難；膝理之未格，及至於骨髓，復關公之勇亦無以爲力矣。

陸王與朱子之別非在內外，非在工夫入手處，而在見道之高下淺深處，證道之真實虛妄處。

因心者常蔽於心，以人有氣稟之雜，非克己無以復本體之明；物格而後知至，知至即理見也，斯心正之途也。

陽明四句教，若謂良知爲性體，則意在心先歟？若謂良知謂心體，則如何無善惡？故首句即已失本。

良知爲衡定善惡者，自誠明也；知善知惡者，自明誠也，必有一段工夫在。

不明格致，則枉說良知。

爲善去惡是格物；爲善去惡之前，亦是格物。

錢緒山頗見師門之弊，其論“第二義”之要、“最上層”之非皆能微中，而寄《大學問》之出有以正之。而《復楊斛山書》以“因時設法”爲首句教說解，於“善”“至善”“至善無惡”“無善無惡”強作調和，惜亦入於其所惕怵之門矣。

或言船山責陽明過苛，讀《禮記章句序》，“夫之生際晦冥，遘憫幽怨，悼大禮之已斬，懼人道之不立”，易代之際，忍見天下傾覆，斯文斷絕，則船山之心爲可知，狂蕩之學爲必去，其注張子《正蒙》斥象山之語亦同此。

王船山之“不祥”，在國亡而孤遺，太史公之自穢，在形虧而辱先；猶於未死之暇、忍辱之餘繼道垂文於後世者，蓋垢由外鑠，命則自任；心體於性，理勝於氣者，非賢者不能爲之。

（廖恒，西南交通大學中文系）

今年七月有幸赴武夷山瞻觀朱子故里，此次同參加“朱子之路”的李秋莎同學給我留下了極深的印象，那是在黃坑朱子墓前，在大家展墓拜祭完（拜手）準備離開，秋莎突然在墓前跪下，冒雨拜了三拜，那份誠於中形於外的嚴恪矜莊打動了我。雖然下著雨，石頭砌成的墓階甚是濕滑，秋莎卻堅持不持傘，面向文公墓後退著一步一步下山，同時我聽到她低聲反覆念叨著一句話：「不肖後學，來之遲矣。」我大爲動容，也爲之赧愧萬分，儘管前來拜祭的兩岸師生在文公墓前也絕無「肆」態，我卻在秋莎身上親切體認到真正「敬」的工夫，非平日涵養有素，焉能容貌辭氣如此？此前我以爲自己也讀過幾年聖賢書，祇是未能神明積中，發華於外，所以出言行事仍是泯然眾人矣；而我生平，亦罕遇誠能以古學自修者，愧惕之外，不由得生出益然興趣。在臨別的第二天，交談之下，方知八月我要趕赴成都參加的讀書會秋莎也會來，而且她還協理曾海軍老師安排了整個讀書會的程式與讀書內容。

在交談中，秋莎告訴了我很多這個讀書會的趣聞逸事，包括在珠海和成都的兩場前傳，並談及她對母校川大的印象，提醒我說川大哲學系有點兒儒家原教旨主義，初次接觸的外來同學可能會不習慣，我不假思索地表示，正待要好好體察這種不一樣。秋莎提到的第二點，依往屆經驗，便是讀書會的日程安排甚緊，像我和陳峴在行前，便商議著要讓川大畢業的陳松做好導遊與東道主，游遍錦城的好山好水，怕是難逞心如意的。我回到上海後，便發短信告知了正雲遊在西陲佛國尼泊爾的陳峴，因爲決定結伴參與讀書會時，酷嗜遊玩的我們便打著玩兒爲主，讀書爲輔的小九九，擬請他重估是否按原議程參與讀書會，陳峴還回了句「見機行事」，祇是，成都今夏的讀書會卻完全是另一個光景，深深震動了我們三人，當然，此是後話，下文再表。

於是八月出發前，我便在懸想秋莎說的川大中哲那種儒家原教旨主義風格到底該是什麼樣。幫我們三個復旦同學聯繫這個讀書會的是本校中哲郭曉東、同濟大學中哲亦二位老師，據二位老師況諸形容，川大的讀書會主要也是讀經，我們先前以爲也是像曾、郭兩位老師所帶讀多年的經學讀書會一樣，關注三禮，尤其是喪禮，參與者輪流將經、傳、正義一字一句念過一遍，於疑義處稍加尋考、討論，讀書間隙便是縱談學術、學屆、學風，偶議天下事。我在復旦讀書已有五年，前前後後去過幾個讀書會，讀書方式大體同此，但堅持有年的惟剩這個經學讀書會。曾、郭二位老師近些年於喪禮尤其是喪服制度頗爲留意，《士喪禮》等瑣細微纖的節目通常都要巨細無遺地討究個通透。我祇以爲，川大的讀經會大略也是這般風格，所以被貫以儒家原教旨主義，不想今夏的《大學》讀書會，全然不是上述逆料之情形。

…………

今年的讀書會得到了成都賀麟基金會的支持，所以我們得以在哲學屆元老賀麟先生的故居安住下來，我們三人乘坐了一輛從成都市區開往五鳳鎮的班車前往故居，開出成都主城區不久，便進入了滿眼疊翠的山區，一路上公共汽車翻山越嶺，在單車道的公路上轉彎上坡、下坡是平常事，在平原地區住慣了，看到公共汽車在城市里上山下山，著實覺得很新奇。上海是一個完全沒山的沖積平原，臨近的蘇南地區也是坦蕩千里無起伏，從川大畢業、在復旦就讀滿一年的陳松在公交車上簡直興奮得手舞足蹈，雖然礙於滿車的土著川民，他祇能壓低了聲音歎一句：看我大好河山！而賀麟故居就深深地隱藏在這片山區中，真叫前不著村，後不依店，周遭也是稀疏的民居，沒有城市的消費娛樂設施，當然也就遠離了城市的喧囂與濁障，連房屋都是依山而建，自然形成錯落有秩的幾進院落，沿著石頭砌成的台階拾級而上方能洞開一門，正是舊式大戶人家門庭森然謹飭之古貌，故居在荒疏多年後已經重新修整，原居辟爲紀念館，陳列一些遺物、介紹文字和歷史圖片，在原居的後山上——先前當是賀家花園蔬圃植蕃處新修起一棟兩層的小樓，予以精細裝修，用以居宿外來遊客，而我們讀書班的大多數學生便住在這裡，我們親切慣習地將之呼爲"宿舍"。一樓女生宿舍東邊是一間寬敞明亮的大會議室——不僅是明亮，簡直是剔透亮敞，因爲除西壁外，其餘三面都無實牆，室開多門，皆以玻璃爲之。門外茂林修竹，枝葉扶疏，始到的幾日尚是蟬噪聒耳，這便是本次讀書會的主要教室，我們三十來人的規模恰好可以圍著大長桌團坐一圈，每天上午長達三四个小時的分組彙報和大討論便在這裡進行，下午是分小組讀書，按照朱注《大學章句》（包括《語類》）、朱注

《大學或問》（包括《語類》）、古本《大學》的鄭注孔疏等分爲三小組，另有一個輪休組，每天下午便在小組内讀完分到的内容，第二天上午就此討論。晚上往往是自由活動時間，當然在海軍老師、中大的劉偉老師等的組織下，我們也在這裡進行過很多與眾樂樂的活動，像捉鬼遊戲、夜飲、唱歌樣樣不少。

參加本次讀書會的師生成員主要來自川大、中大和人大，有不少成員也參與過前兩屆讀書會，彼此之間並不陌生，這次新加入的便是武大的幾位師生及我們三個復旦的學生。我曾私下觀察比對過每個學校的讀書風格，像東道主四川大學來的全部是中哲碩士生，除了李毅外，其餘幾位都是碩一學生，他們有一個共同的特徵，便是《四書》文本非常熟，《四書章句集注》之書比較舊，用功之勤於此可以想及。在私下交談中，我獲知川大中哲有一個常規讀書會，每周讀上一整天，一般同年級的中哲同學皆會參與。讀書會結束的 21 號中午，我們返回成都市區，川大同學還特別邀請了我們去文科樓的中哲教研室參觀，那個一壁全是書櫥的小房間便是他們每周舉行讀書會的教室。讀書會還能從早上八點進行到晚上，整整一整天，有時甚至要拖到文科樓熄燈閉門，不得不翻出短牆回寢室。川大同學還有一個晨讀的好習慣，李秋莎能諳熟地誦出《四書》《詩經》《易傳》全文及許多經典篇章，除了記憶力過人，便是受用於在川大多年晨讀的好習慣，而我一到故居，便聽說川大碩二的李毅同學組織大家每日晨讀《大學》，受此感召，我自到達的第二日早晨便加入晨讀，計 21 號離開的最後一次晨讀，在故居也算將《大學》和《章句序》集體誦讀了十來遍。五年前離開山水園林般的武大校園後我便再沒有過晨讀經歷，因爲常常晚睡晏起，即使“昏誦”都沒有過，參加本次讀書會的武大劉樂恆老師有一次說，用心誦讀過《大學》一百遍，絕對能夠變化氣質，而秋莎則形象地形容爲《大學》護持，百病不侵，我想一定如此。賀麟故居雖杳然塵寰外，我們卻每天都能吃到新鮮瓜果，這都有賴於曾老師和幾位川大同學逢小鎮開集日“趕集”買來，每天晚上，總有一盤切好的西瓜或洗好的或蘋果或棗子等擺在會議室桌子上供自修或耍戲的的同學品嚐。如果不是惡毒的無處不在的蚊蛻將大家腿臂咬得體無完膚，這裡的讀書生活真稱得上盡善盡美了，於是各種花露水、驅蚊水的氣味與川大同學日日點起的蚊香氣味一直伴隨著我們十來天的讀書生活。

21 號中午我與陳峴、陳松一起在川大周圍碰頭吃飯，三人都感慨不已，這樣的讀書會，這樣的山居生活，你祇欸知曉得太晚，來得太遲，根本沒有當初想象的沉悶、枯燥。川大同學之團結友善、師生關係之親近融洽、讀書問學之精一篤實，都在使我們欣羨歎佩，我們的學校亦不乏名師，不缺逸才，除了校園風景稍遜，從資料室到教研室到宿舍的一切硬件環境都好過這裡，祇是一切都太自由了，自由到嗅不出太多的古風和古書香。我們三人回滬前在成都逗留了幾日，投住在川大的學生宿舍，由他們帶著我們去望江樓公園露天茶館喝茶，嘗遍川大周圍的美食，又同赴張發智、楊柳夫婦在郊區的畫家別墅做客，每晚繞著偌大的校園散步、賞月、閑聊、歌唱而舍不得散去，提筆憶起那快活的幾日，真是夢境一般。

參加讀書會的同學大體來自東西南北中的五所高校，多數是碩士和博士，當然由任慧峰、劉樂恆、王林偉三位武大老師帶隊，帶來的主要是武大國學院的幾位優秀本科生。大家的讀書背景和學術旨趣不盡相同，但都極爲謹細認真，護惜聖賢之心溢於言表，所以無論下午的小組討論還是上午的大討論中，都不乏往復論辯或觀點相左，但這裡完全沒有意氣之爭，甚至迫遽急屬的語調都沒有，以仁心說，以學心聽，以公心辯，恰切地符合了川大哲學系所編輯刊《切磋集》之取名意旨。慚愧地說，我本科時雖然誦讀過《大學》，卻至今沒有認真研讀過這個文本，尤其本次讀書會是以朱子注爲主體，更關乎對朱子學問的理解，尤其是對理解朱子學十分關鍵的 "格物致知" 之旨的準確闡解，所以我們讀得很慢，也很細緻，一個 1751 字的文本，我們花了整整半個月細細磨過一遍，而這比預定的進度還提前了五天。所幸參與老師好幾位是理學背景，一首一尾參與的丁紀先生還有一本專著《大學條解》，而像學問極純篤的李秋莎更是專攻朱子學。大多時候我細緻地讀了文本，而後聽他們疏解，或提出疑問向他們請益。像人大國學院來的呂明煊、宮志翀、吳天宇就很重視《禮記正義》的大學古本，對鄭注孔疏就讀得很認真，發揮得很細，顯示出比較厚實的經學背景。

讀書會結束時，我基本熟悉了這個重要文本，也大體厘清《大學》朱注的許多爲人提醒出的細節。而尤使我記憶深刻的，還在"格致補傳"一章的極富啟發性的討論，先前雖然也對朱子學有所了解，但並沒有將朱子極爲重視的"格物"學說來一個通盤了解，心中一直備感疑惑，實在不解於外物所窮格之"理"怎麼就與作爲道德法則的"天理"爲一？由於我和秋莎分在同一個小組，在小組討論上就我的疑惑請她給了長篇答復，秋莎相當全面地向我解釋了朱子對"格物"的闡解，其核心要義是格物是於物所格之"所當然之則"與"所以然之故"，此所謂"理"也，見得所當然之不容已，便是所以然之故，因而人自然而然便獲得了處置這一事物之"宜"，此謂格物；以至於應物之處，無少差謬，而無適不然，便是"物格知至"。而聞見之知則是格當然之則時被附帶出來的，不能孤存；推而極之，如果朱子的格致之學被專門化，也與西方的自然科學殊致，因爲在格致之學背景中所發明之新物定是有助於實現人之善行之物件。旁聽我們小組討論的曾海軍、廖恆兩位老師就這個問題也參與了我們的討論，使得我對這個問題的偏差理解大體得以釋惑。讀書會的倒數第二天，我們舉行了一個大討論，上午每人輪流發表讀書心得與觀感並提幾個尚感疑惑的問題，下午則在高小強、丁紀、廖恆三位老師的主持下就這些問題分塊大討論，格物問題又成爲拋給重來的高、丁兩位老師的主要問題，進行了長時間的討論，曾老師總結說這個問題難解之處就在於現代人無法理解從對物的所以然怎麼就能直接通向物的所當然。丁老師以"仰觀俯察，所以爲教也"一句來說明古人觀物是三個層面合一：即解釋（"然"）、"規範"（"所以然"）、"感召"（"所當然"）三位一體，所以朱子會說"物理即道理，天下初無二理"，觀物成教是也。

問學思辯外，我對那個儒家原教旨主義的說法也有了革新的體知，那便是循循有古禮。今日之學界，大學窮理盡性之學務之者眾，但小學灑掃應對進退之節夫爲之者罕，朱子強調小學工夫是拘檢住身心，養“敬”工夫之始，而“敬”更被朱子反覆強調爲貫穿小學、大學之終始工夫，是聖門工夫第一義。我注意到一個細節，川大學生在老師面前開口說話，永遠是以“學生某某某”開頭，而秋莎在碩士導師丁紀先生面前，捧手而立、趨進受命、溫恭自虛、其儀不忒，更讓我親切領受到執弟子禮者之恭敬肅莊；而在我們玩殺人遊戲時，遊戲設置有說謊混淆是非的環節，李毅同學疚難於說謊而早早敗局或乾脆不參與，這種日常生活中的謹飭修爲都使我大感震動。像朱子說的，心下自肯自信得及，方能持守如斯。雖然朱子的學問工夫及個人修爲都偏於整齊嚴肅、端莊謹恪一路，重視研讀朱子學的川大師生卻並沒有變得凝滯呆板，相反，倒時時郁發出一種“鳶飛戾天，魚躍於淵”的活潑潑的天機樂趣，祇是這種活潑潑絕非縱放狂歡，因而多了一縷雅意。像秋莎就常常自謔自己“賣萌”；在活動相冊中，我發現有一張是中場休息時，莫天成蹲在會議室外的地上在凝神觀察什麼小昆蟲；而不知是盧辰還是王亞中，曾拾得一塊脈理清晰的圓形鵝卵石，將其放在《大學章句》書的中縫上，拍下了一張“《大學》紋石”的美圖。

（沈娟，復旦大學哲學學院）

從成都回到廣州月餘，瑣事纏身，撥弄光影。回想在故居的小半個月，更覺彌足珍貴。《大學》對我來說本不熟悉，經各位老師、學友點撥之後更知所知甚少。最大的收穫是太多問題仍無法蓋棺論定，最慚愧的是仍沒有多少感想。

跟東西南北中各高校的老師、同學共同學習的這些天，得以領略各自的學風，受益匪淺。川大丁老師頗有幾分馬一浮先生風骨，秋莎學姐爲代表的各位同學切己篤實；人大以明煊爲首的幾位同學思路敏捷，眼界開闊；復旦幾位同學展示了什麼叫“樂學”，他們的熱情令人嚮往；武大諸位師友風格迥異，包羅百象，其間我數次向劉樂恒老師求教，後有幸拜讀劉老師博士論文，更增敬服。明德自新應該是個無間斷的過程，我卻不知道中斷多少回了。這次不得不提前回廣州，當然也是。不過，雖然如此，還是感謝賀麟基金會的這次資助，感謝曾海軍老師的支持、安排，感謝一起參與的各位老師、同學直接或間接給與我的幫助。

附上我一點不甚完整的想法。

《大學》本是編在《禮記》中普通的一篇。先儒多以爲表彰大學自二程始，陳確《〈大學〉辨》中則說："蓋自宋仁宗特簡《中庸》、《大學》篇賜兩新第，上有好者，下必有甚焉，學者輒相增加附會，致美其稱，非有實也。"事實上，二程將《中庸》《大學》兩篇從《禮記》中抽出來即便受到宋仁宗影響，也沒什麼不可以。誠如陳確所說，上有好者下必有甚焉，通俗來講，來自上風榜樣的作用，無論好還是壞，都無不是先儒所重視的。譬如"其身正，不令而行；其身不正，雖令不從"、"上老老而民興孝"等，都是典型的例子。於是，因仁宗而重視大學也似乎不是什麼絕對不可接受的事。但陳確指出這一點明顯是讓那些爲程朱做辯護者無法接受的。一方面可能因爲朱子本人堅持這並非他自己的創造；更爲根本的可能是，在儒學系統裏，不聲稱遵從了孔孟，哪怕小範圍的改造都往往意味著僭越。

於是，判定程朱所做的工作是否將先儒並不看重的篇章單獨拿出來雕琢，從而使得越來越多人以爲它們真的很重要，不僅關乎朱子對《大學》分經傳的解讀是否合乎《大學》本身的主題的問題，更可能關係到朱子改本乃至朱子本人在道統內地位的正當與否。無論程朱還是陳確，都標榜自己纔是理解孔孟更到位的那一方。這是因爲大家都是同一個"信仰"共同體內，且都承認在這個共同體內聖人纔是惟一不可懷疑的對象。

朱子以爲大學乃孔門聖經，祇是傳承過程中出錯，他增格致補傳的目的就是還原孔子的原意，這在當時頗受非議，但最終朱子改本還是成爲主流；反過來，陳確在陽明反對朱子增加格致補傳這一主張的基礎上更進一步，又認爲即便不增加格致補傳，《大學》仍與孔子原意相左。這就是學界所熱衷於討論的"格致"與"誠意"的問題。

在故居討論期間，我們小組雖然對"朱子增格致補傳是否其改本區別於古本的關鍵"這一問題沒能達成一致意見，但討論過程中卻發現無論朱子對格致的看重還是陽明對誠意的主張都無法解決程子遺留下來的"格致誠敬孰先"這個問題。在沒有認識到天理的情況下有沒有所謂的誠敬，或者說那樣近似誠敬的狀態怎麼解釋？如果沒有誠敬工夫可否體貼到天理？天理是什麼，跟知識有沒有關聯？

　　天理如果與知識沒有直接的關聯，則不免有些懸空。即便天理不是虛無縹緲，同天理相比，個人內心意識的活動更容易把捉。基於此，我個人堅持：與其告訴自己有一個完全無法經驗的世界，毋寧靜下心來檢查一下自己可以看到什麼。這不是對聖賢的不尊，而是讓自己跟人雲亦云者，乃至自欺欺人者劃清界限。對形而上的追求不應該道致任何神秘主義的岐向，對可確定的"天理"的追求，如果不從自己的意識活動開始觀察，難免陷入盲目虛誕。

（曹孟青，中山大學哲學系）

　　曾老師命以賀麟故居大學讀記，敢不從命？首則以題解。賀麟先生，字自昭，四川金堂人氏。先生生平學術，茲不贅述，惟此次研習營之開辦，全因緣先生也。書院，雖命題稱故居，猶以書院行者，主人自宣稱賀麟書院，宜從主人。且今之故居又異古：古之故居也憑吊以思賢，今之故居也休閒而縱欲。而故居之名猶在，蓋取本意而不忍去也。矧此故居即一院，去書院惟欠書爾，故有院中諸齋古今中外若干書籍之藏，故書院雖尚草創，亦是苟完矣。大學，核心是也。朱子云，大學者，大人之學也；鄭康成云，名曰大學者，以其記博學可以爲政也。余竊云，其實一也。又云，漢之於大（太）學，猶宋之於書院也；又漢宋類也，是書院猶大學也。然有宋書院不稱大學者，以書院雖盛，大學猶存也。今則不然。今之大學全不肖古大學，雖名不正而猶得大學之名者，以古大學書院之自失也。傳言四川聯合大學之所以改回原名四川大學，以時川師欲乘虛而改名川大，川聯大恐，遂改之。是名尤不可假人也。雖一時不能正名，今大學之人，宜不可不知也。讀記，幸非論文，依去年故事，故可如余右所記（當然，左亦將如右），以余愚鈍，正業不能務，權作一場外圍話語，縱不爲磚，亦以補餘。至於正業，虛左以讓諸君子也。

　　賀麟書院背山面水，風水殊勝。院中及四圍又多竹，陡增幾多清幽。東坡言，寧可食無肉，不可居無竹。無竹令士俗而不可醫故也。不啻高士，雖百姓亦然，以竹可制器而切於日用倫常也。故川中人家，每有茂竹幾叢相守。人常言桑梓，余則多念竹也。又大學引淇奧詩曰，瞻彼淇奧，菉竹猗猗，非此之謂歟？諸君子相與切磋琢磨，洵為樂事。惜余不能而僅忝與焉。又幸得聞劉樂恒老師論竹，大感佩。某友笑曰，陽明知此，斷不大病。

　　首日傳海兄首講，不可謂不精彩，後丁先生有評曰，惟舉例子太多。是以諸友出言，念茲在茲，惟恐己之不意舉也。縱已舉，亦必反曰，又舉例子矣。甚趣！

　　某日晨讀，先大學章句序，至朱子名諱時，秋莎學姐以某代之。於是大動。子生三月，父咳而名之。男子二十冠而字，女子十五笄而字，且字由冠禮之賓命之（女子字由笄禮之女賓乎），是敬父所取之名也。逮及戰國，余已少見人之有字矣。余孤陋寡聞乎？其字不傳乎？抑亦禮壞乎？殆孤寡也。余惟讀史公孔子世家，方見聖人之後之全有字也。其存亡繼絕於一線，可不肅然乎？而今之一陽之復，其來遠乎？

　　朱子言誠意是人鬼關。亦有一遊戲名曰捉鬼，有人有鬼亦須實言，投票是過關。主持先定兩相類之詞，一作人，一作鬼，鬼一人二，後隨機密示一詞與與者。於是第一輪始，與者依次描述所見之詞一番，須實言，又不可太清晰，以免過早暴露身份。一圈過後，眾投出一異己者。又第二輪，直至鬼全被投出、人比鬼少以及有與者跳鬼（分辨人鬼）為止。某局兩詞為新民與親民，竟因斷電而未始描述即止也。眾皆惋惜。而余若跳鬼，新民其人乎？

　　某日遊五鳳溪古鎮。天油然作雲，沛然下雨，於是一眾人等，復入關聖宮避雨。及至申牌尾聲，誦經聲夾雜雨聲由大殿傳來。余近而觀焉，見四道士立於關帝像前以方言誦經。語速奇快，所誦不逮辨知。惟其間一段梵語，大疑之。抬頭瞥見關帝右之菩薩像，又釋然。旁一道長出，語余。方知此乃正一道之晚課也。憶三教往昔同罹災禍，幾至覆亡，而今二教復興，有目可覩。若吾儒教，竊尤憂焉。去歲余至位列華夏三大文廟之德陽文廟，泯然一旅遊景點矣。大成殿有似釋道道場，殆可藉以斂財與？更有茶館公然合法侵占東廂地，怎地不令人疾首痛心？是則收復大業，任重而道遠。

（涂漢培，中山大學哲學系）

……今略記此次讀書會所見所感。

1. 《大學》讀書會以朱子《大學章句》爲主本，輔以《或問》《語類》；此外還有《禮記正義·大學》、陽明《大學問》等。相對而言，對朱子注解的探討更深入些。去之前我曾讀了朱子的《大學章句》《或問》及《語類》相關部分，自以爲已經對朱子《大學》思想比較熟悉。參加讀書會後，纔發現還有很多不懂的。故感到收穫頗多。對朱子解《大學》的結構、脈絡、解經方式、細部分析、字義訓釋等都有更深一層的瞭解。

因記從前學習，於朱子向所畏敬。一直希望能多有機會較完整地瞭解朱子，而非止於道聽塗說。而首先則欲瞭解朱子四書之學，並欲從《大學》開始。故先就朱子《大學章句》及相關的《或問》《語類》參互大致讀了一遍（《語類》尚有小部分未讀完），並參考了《文集》有關《大學》的部分文字。這是在獲知讀書會將讀《大學》之前讀的。所以聽到讀書會讀《大學》後，頗爲激動，以爲將能多聽取諸師友之真知高見。回校後與秋莎師姐聊起此事，師姐言：「此前所聞，多是可惜改了《檀弓》，終於聽到一位說爲改大學高興的了。曾老師會開心的。」呵呵，姑記此以聞。

2. 讀書會中更多領略了不同學校各具特色的學風。去年在天臺山參加《王制》讀書會即有感觸，此次則更豐滿、深切了。以個人所體會到的而言：川大（有丁、高、曾老師）學生有李秋莎師姐、李毅學友等，其爲學甚爲切己，且能篤信朱子理學；人大學生多有受陳壁生老師指導或影響（但壁生老師這次沒來），其爲學分析犀利，視野開闊，常能以小見大，且多能由經學路向而來致思；復旦三位師兄師姐，學習與生活都很熱情；而中大諸學友在諸老師帶領下，思維也挺開放。這次又見識到武大的劉樂恒老師，言談和厚，誠孝感人，讀書之認真專心與不厭重復，《四書章句集注》一書圈圈點點密密麻麻，讀得很舊了，猶記前年在京時，經陳椰師兄介紹得幸相識，那時見其讀《十力語要》亦已重讀多遍，令人敬服十分。

3. 此外，通過這一次讀書會，還有兩個最大的收穫：

一是，在讀書會的分組輪流主講中，覺得自己的發言平平淡淡沒有味道，後與劉老師聊，他說起我之發言在細節方面分析細緻，有些細節甚或非常關鍵，但如果沒有將細節積累、凝聚起來，從中得出重要的觀點、重大的結論，那麼聽者就不會覺得你所說的細節有什麼重要意義。故以爲我需在綜合、貫穿細節方面多做努力。而這方面，人大同學的思維值得學習。——我從前也覺得自己太鑽細節，而想在綜合概括方面多做努力（思維或可分細節分析和綜合概括兩方面）。但是綜合似乎也可分兩種：機械而外在的，與靈活而有力度的。從前就覺得自己的綜合思維總很死板、外在，難以深入到內在脈絡而超出局部視野。細節分析已是條條羅列，綜合概括又是外部總結，所以難得長進，而又不得其方。故經過此次實際發言鍛煉，又聽了劉老師的一席話，並跟人大等同學，尤其是小組成員作較多交流後，對自己思維之缺陷始有更深切的體認和反省。惟願今後能多加努力。

二是，經過這次讀書會，感到自己對於如何研讀經典（包括經典性的註釋），有比從前更切實的把握。即如研讀朱子《大學章句》，熟讀、細讀經文及註釋自是基本要求。對緊要字眼需著力推究，又行文脈絡、作者意圖等等皆可留意。這種方法，從前也大概知道些，但似少著力去鍛煉，而少切實體會。（例如去年讀《王制》，因對此文本不熟悉，且事先未充分準備，故主要精力放在熟悉此文本、瞭解有關禮制知識等方面，而沒怎麼鍛煉對經典的閱讀；而在學校的上課和讀書，幸有劉偉老師等做榜樣並加指導，故覺大有進益，但自己仍做得比較倉促，始終未能從容研讀經典。）——經過此次讀《大學》，又更切實地感受到熟讀文本之有得力處，感受到細讀慢讀以及放寬視野之有味道。

（又，在與諸師友的討論中，對不同文本的定位問題略有思考。如朱子於《大學》有《章句》《或問》及《語錄》相關部分，以及《文集》散見討論，且《章句》多次改動而《或問》未加修正。何以有的問題在《章句》中沒講到，卻留在《或問》中細說？何以有的在《章句》及《或問》中都沒有說，卻在《語類》中討論到了？值得注意的是，《章句》所沒有說的觀點，當不可一律用《語類》中所說簡單地加以補充。問題在於：何以朱子沒有在《章句》中說那些觀點？這不僅《大學》注解如此，整個《四書》注解等都是如此。至少，在朱子的四書詮釋體系中，《語類》並不在其構想範圍之內。這似乎挺關鍵的。當然，並非《語類》所說全是如此。但留意如何區別對待這些不同的文本，對理解朱子《大學》乃至《四書》思想當不無裨益。）

4. 在讀書會中，而除了讀書學習，也玩得挺熱鬧的。劉偉老師常言做學問需做得有意思，又言要學得好，也要玩得樂。又記得少明老師《經典世界中的人、事、物》自序末亦言：我希望這本書帶給讀者的，不僅是理智，還有熱情。向來服膺斯語。讀書會時，晚上常常好多人聚在一起聊天，談心，玩遊戲（遊戲挺有點血腥的，殺人遊戲，捉鬼遊戲，講鬼故事）。此外自然還有喝酒。川大丁老師酒量挺大，高老師喝酒即臉紅潤，而臨行前一晚，二老師高歌一二曲，令人神醉。此外，中大在喝酒方面似乎也喝出了佳名。一是劉偉老師喝酒豪爽，酒風特佳，極令諸師生敬服。二是有一次玩遊戲時，輸了要喝酒，因川大有一女生不大能喝，中大的邱楚媛師妹乃挺身而出，數次替那女生擋酒，眾皆爲之傾倒，致有稱之爲女中豪俠者。惜乎自己喜歡喝酒而身體欠佳，又亦愛沉醉其中。

5. 但最不能忘記的，還在於人。讀書會中有幸認識了丁老師，認識了天宇、志翀、亞中、天成、伊凡、沈娟師姐等學友，並重遇樂恒老師，跟廖老師、曾老師以及明煊等比上次在天臺山聊了更多，實爲難得。日月往矣，天長地久，願彼此都安好。

（賴區平，中山大學哲學系）

時維八月，序屬仲秋。山色碧而寒潭清，群鴨嬉而書聲朗。值此佳期，與諸師友相會於金堂賀麟故居，共襄問道論學之盛會，仰承先哲福地之靈光，實甚妙哉！十餘日晝讀夜思，於某學問長進之助益自不可勝數，而與諸師友相習相交之趣味，更時時湧現，每思及此往往感慨不已。古曰人生得一知己足矣，而吾今日得此佳遇與同道師友研幾學理，切磋工夫，其可樂可感之甚不可盡夫言矣。

《大學》之教，曲通幽遠，字字珠璣，必細磨之方可見其體，篤行之方能明其用。朱子謂《大學》乃聖學從入之門徑，於四書之中當先讀《大學》，以定其規模，規模之語猶今日建築之地基、框架也，實地方所用力之所從處也。讀罷《大學》，再觀儒門諸經，脈絡頓覺清晰，言語亦感親切，而於宋明儒心、理二學之學脈分別亦明蹤跡。得此收穫，歡欣鼓舞之余，益明前路之艱，得此從入之向，尚需經歷百轉千回之重重考驗，方可言進入聖學門徑。聖學之門徑爲何？以《大學》之教，印諸吾心，而得“本末”“知止”四字。辨其本末方能立乎其大，於真常處發見全體大用無不明，此等立本宗旨即源頭即工夫，明乎此理可開出一貫通《大學》八條目脈絡之綜說，亦可明分解條目之內在邏輯與理悟旨歸，至切近處則可貫通於日用倫常之間，以躬行實踐、格物致知也。“鳥人之辨”以明知止之殊勝處，至於是而不遷以立志，此意頗似《大學》之於四書，立格致誠正修齊治平之志，存乎心而發乎學，始幾於道而無所偏。由古及今之偉岸者，無不立定向之志而后行以卓絕不拔之功，方成其人。故於此指點，不可不長存心中，必時時提撕省察以絜矩身，以達勿忘勿助長之精熟也。讀熟《大學》方明學問立意處工夫，儒學從入之途豁顯，而於人生立意之當機指點亦不容忽視，儒學之爲生命學問所發心之旨隨之暢明矣。

山居雖祇數日，已然對此中之種種生活情景眷戀已極。既有晨起讀經心胸灑然之暢快，亦有日中講習切磋琢磨之砥礪；既有困學躊躇備習報告之惶惑，亦有困惑得解乍起靈光之雀躍。當然亦少卻不得碩蚊細蚋汲汲營營啜飲不休之擾，此或爲喚醒學人時時戒慎恐懼之怵惕心也，爲學問工夫之益或遠勝於皮肉叮嚀之苦也哉。最爲稱道感念者，當爲夜間煮酒捉鬼、對月狼嚎之放跡，逍遙之境油然其中也或未可知，然友朋歡聚之樂則實心之所感也。

山居猶似隱居，其要緊處在於斷電斷網斷信號，此境甚是照應古意，使吾輩得以體察邵子所謂"心靜方能知白日，眼明始會識晴天"之境而無俗事紛擾之憂。仲秋之巴渝暑氣尚濃，惟山間清爽之氣常在，自有薰風徐來，山林冥寂，天地自闊，日月自長之意趣，而得助長吾心淳一無滯之照、凝練吾心專一不惑之體也。於此美盛之地讀聖賢書，實乃人生一大快事！

（邱楚媛，中山大學哲學系）

今年夏天，我有幸來到四川，參加四川大學哲學系組織，賀麟基金會資助的《大學》研習營。這次的研習營，彙聚了四川大學、中山大學、武漢大學、復旦大學和中國人民大學五校的優秀學子，進行爲期兩周半，深入研讀《大學》文本的封閉式學習。此間的收穫不是簡單的言語可以說的盡的，所以在此祇簡要說一點點切身的感受。

首先，在儒學已經成爲無所依附的游魂的現代中國，共三十多位老師儒者和莘莘學子願意遠離現代社會的生活，來到山中靜心研讀，著實是難能可貴的。我想，讀書會的衆位老師同學多少都是在内心對儒學有贊同，甚至有踐履的，說實話，這讓一直枯坐書齋的儒者或弟子們有了很大的信心和歡喜。五個高校的學子彙聚在一起，真的見到和自己能夠價值取向相同，精神關懷相同的同道中人，是莫大的振奮。離開金堂以後，我仍時時想起在那裏相談甚歡的師兄師姐們，想起他們也在認真地讀經典，真切地關懷儒學的未來命運，往往精神爲之一振。在這裡我想最值得我們其他高校同學學習的是四川大學的諸位學友們。川大中國哲學專業有他們的哲學傳統，這不祇是哲學研究的傳統，更是一種身心修養，真知實行的儒學踐履。川大的同學確實在行止上有儒者的樣子，而三位老師的氣象更讓人仰羨。我想，我們這些同學雖然在思想上對儒家有認同，對中國文化有關懷，但是我們不可避免的仍然是在現代性的浸染中成長生活的人，處處都有著現代人的特徵。若是真的願做孔門的弟子，就必須在自身上先下些功夫，克去一些身上的習氣。川大的同學這方面做得很好，值得我們深思。

其次，儒學該如何重新證明自身的正當性？必須有儒者行世，人能弘道，非道弘人。培養儒者的方式，現在看來，就是做經典細讀的工夫，做扎實的讀書工夫。必須深入經典的脉絡，體察先儒的智慧，作爲己之學，纔能真的有辦法在現代社會重新挺立儒門。所以，這次《大學》研習營的方式是最扎實、最基礎的。我們很多學校的同學都來自哲學系，從我們自己專業的角度，很少會重視這種經典的爬梳和會讀。導致哲學系的同學雖然在思想上有很多的想法，但往往會因爲根本沒有體察文獻的意思就斷章取義的做哲學思考，這樣的哲思，對儒家來說是否真的有用且無害，是值得懷疑的。這次的讀書會，我們不放過每一個注本的每一處問題，就連最細小的文字句讀問題都拿出來討論，因爲學無大小，道貫始終。

（宮志翀，中國人民大學國學院）

癸巳暑假，有幸與來自全國各地的青年才俊齊聚四川金堂賀麟書院，共讀《大學》，探微索隱，體悟聖哲之妙義。過往場景，雖以我性情慵懶，不急於形諸筆端，然歷歷在目，往來於心，斯又不可以磨滅也。

書院極靜，極清。遠離喧囂，獨處一山坳中，四周并無多少人家。登上天臺四望，衹是群山連綿，滿目青翠，不覺清氣生矣。若於此中久居，不知可洗去多少渣滓。書院前傍一小溪，衹是遺憾溪水渾濁，與書院氣象稍有不匹。溪前獨有一條水泥路，綿延伸向遠方。路邊種了許多蔬果，但有似并無人特意打理，皆自在生長，生意益然，其主人想必亦與之相類吧。這是散步的極好地方，猶記一天傍晚，與任老師及另外三位同學相携，悠然而去，閑咏以歸，胸中極灑落坦蕩。

讀書風格的差異還是較爲凸顯的。重歷史文獻的不喜歡做太多玄遠的形上的發揮，從哲學入手的，又容易強探力索，甚至有時叠床架屋，做太多主觀的闡釋。我是不大主張單純的歷史的視角，但又對太過主觀性的發揮感到不侔，特別是在對鄭注《大學》的理解上。古人的語言說得極爲涵容，故極不易瞭解，因此非收攝心思，涵泳體悟，不能深造自得。"體悟"之所得，本來祇是至於此地，此"至于"本是一種非邏輯的躍進，故對未有此體悟者關於爲何如此的質問，多有難與之言個中曲折者。故對體悟這一方法，人多不屑一顧。這便是讀中國哲學的難處所在。然若果真實有諸己，亦不屑於汲汲與人言，不以他人之不解爲意。

明煊師兄與秋莎師姐兩位的發言很多，一以架構之慧巧，一以義理之深厚，皆給人留下了深刻的印象。而師生之間更是謙遜有加，彬彬有禮，晚上一起活動時，更是親密無間，其樂融融，至今回想起，猶有默默溫情在心。

猶記讀書期間，難得有一日下午空出，師生自由組隊赴鎮上一游。走過曾經散步過的水泥路，重會路邊無人搭理生意盎然的瓜果地，用折下的狗尾巴草驅趕一路騷擾的蚊蟲，便來到了不遠的鎮上。新鎮是打造所謂古鎮風情的産物，但游客除了我們，又并未見到幾個。老鎮顯得略破敗，但隨處可聞的麻將聲，街邊小攤上擺的大西瓜，鹵品店裏的夫妻肺片，摻了花椒的鍋盔，給人以撲面而來，真實可感的四川風情。途中遇到一家肥腸粉店，有人提議回來時再嘗。而恰好不久後天公變色，下起瓢潑大雨來，遂在返回途中，進小店避雨。師生坐了兩桌，每桌各上一大碗，碗空見底，意猶未盡，便又各上一碗，且嚷嚷：不够辣，不够辣。其實在座的亦有廣東、安徽人。

老鎮的盡頭便是沱江，大江茫茫，而兩岸又有群山增勢，更顯氣象非凡。劉老師說：看賀麟寫的回憶，他小時候私自去沱江裏游泳，回去後被他父親打了一頓。看著浩浩的江水，我想能在此中游泳者必定心力超凡，而如此江山養育如此深厚玄遠之哲思，我不禁遺憾相機未帶來，不能永久定格以爲珍藏。而王老師說：用心去拍下足矣。誠哉斯言。

（吳爭先，武漢大學國學院）

　　……這次讀書班的印象深刻，感受美好，還有的是對自己觀念的震撼與撞擊。

　　先來談談上午和下午的發言討論。上午和下午均有三個半小時的討論絲毫不會覺得度日如年，因為我沉浸在其中，思考發言人與討論者的講話。很多人都是帶著自己的學術背景的，發言時能夠充分體現出來，我有時聽不太懂，有時若即若離，有時受益匪淺。除過討論内容之外，我最多的思考是關於自己和他人的比較。其他學校的同學在純學問研究方面甩了我幾條街，他們有系統的學識背景，能夠單獨進行系統的研究，而且真的可以稱之為"學術研究"，他們能從一段話、一件事中看出後面的理論背景和系統。而我自己，所有的對"四書"和孔孟程朱的見識卻是碎片式的，沒有一套完整的學術理路；寫出的論文味同嚼蠟，完全沒有學術研究在其中。因此，我認為自己不適合做學問，沒有學術精神，也沒有研究能力。或者，我沒有試過訓練自己向這方面發展。我向自己問了這個問題：我適合做學問嗎？這個問題到現在都沒有徹底地解決，我不能肯定現在認為的不適合究竟是因為自己的不勇敢、不堅韌還是真的天生不適合。但我能肯定的一點是，不論何時何地，我都心向儒家，即使工作了，也不會丢開儒家的書，也會繼續向著儒家意義上的真正的人去做。所以我還是想給自己寬限時間去想這個問題。

　　討論之後，最常做的事情是圍在秋莎師姐身邊一起聊天。師姐的學問和修身已經達到一定程度了，因為和她在一起的人，都會自覺或不自覺地改變。師姐的影響力和感染力就是這麼強，跟她在一起，心會變得安定，其他瑣事不會煩擾到自己；思考會變得深入，師姐教會我思辨地思考，學理上的關鍵點經她指明會變得清晰明確；感情會變得深邃純正，由她的眼光看去，看到的感情都是應當的、純正的、合理的。我這裡不是在讚美師姐，祇是在說通過她的眼睛看世界，讓我頗受影響，我真心喜歡和嚮往。

　　　　　　　　　　　　　　　　　　　（薛蓮，四川大學哲學系）

　　讀書班結束距今已有一些日子。我想我現在最想要記錄的，應該是真的有所感觸的。

首先是致謝：感謝提供贊助支持的賀麟教育基金會；感謝提供飲食與居所的賀麟故居——尤其是負責我們教室衛生、送給我們雞冠花種子、送別時說喜歡我們并邀請我們以後再來的阿姨；感謝對我們生活關懷備至的曾老師；感謝在學問上提攜我的所有與會老師和學友——儘管我的進益是那麼的微。我們可能都會有所感受——至少我在生活中多有感受到：類似於上面這段致謝詞的表達，由於在很多現實情境之中被極具表演性和形式化的使用，而導致其在這個浮誇和解構無處不在的當今社會之中，變成了調侃的表達方式。我在這裡致謝當然不是在調侃。本來極好的東西因爲使用者的不明或不誠而變得不好，這在經驗生活里太多了。物沒有辦法自我成就，衹是人在使其成就爲其應當，或使其不能成就其應當。我想說的是我作爲人在生活中的作用。我始終是在的，隨事之來，我以應之。事不存在完滿不完滿，而我在處置之時則有盡心與否的區別。事物對我來說可能存在輕重緩急，所以可以說意義有不同；但是我對待事物用心的程度則是應該相同的——一事至則天下間衹有此一事是我當務之急。所以我想說，生活里每時每刻都是飽滿的、對於我的意義是相當的——衹是要成就一個我在。這個理解來自讀書會期間的觸動，姑妄置此。

還有一點關於生活的感觸，可能與上述思考有關，但是肯定與劉樂恒老師的教誨有關，在此先感謝劉老師。去淮口中學做活動那天，我們請教劉老師待會兒如何與高三的同學們交流。劉老師通過講述了一個故事，大概表達了被我理解爲這樣的一個意思：對於高三同學來說，大學生就是一個理想的存在，大學的老師就是傳說中的存在！在苦苦奮戰的高三歲月，忽然有大學教師和大學學生來到面前“現身說法”，即使我們說了一些平平淡淡的話，對高三同學們的影響也是很大的。我們對高三同學們說的話，不僅僅是“話”，還有我們作爲他們嚮往或“崇拜”的對象，對他們做出的“指導”；重要的不是我們做得多麼好——當然我們還是要儘量做好，而是他們理解中的“我們”對他們造成的直觀觸動。這種真實情境中的直觀感受對人的觸動和影響，在往日的生活中被我忽視的太多了。劉老師不衹言傳，更有身教。接觸劉老師的時間里，劉老師一直都在刻苦用功讀書，這是大家有目共睹的。希望劉老師對我造成的直觀感觸能夠激勵我以後的學問生涯。

　　賀麟故居環境優雅，諸學友講習討論之餘，生活豐富多彩，大有可樂，此段經歷令人難以忘懷。最後引《朱子語類》一條以示誡勉，且作爲結束：

　　（學生）問：“山居頗適。讀書罷臨水登山，覺得甚樂。”（朱子）曰：“祇任閒散不可，湏是讀書。”又言上古無閒民，其說甚多，不曾記錄，大意似謂閒散是虛樂，不是實樂。（《朱子語類》卷一一三）

（盧辰，四川大學哲學系）

图书在版编目（CIP）数据

切磋四集:四川大学哲学系儒家哲学合集/曾海军主编.-北京:华夏出版社,2014.4

ISBN 978-7-5080-8068-0

Ⅰ.①切… Ⅱ.①曾… Ⅲ. ①儒家－研究 Ⅳ.①B222.05

中国版本图书馆CIP数据核字(2014)第064414号

切 磋 四 集

主 编	曾海军	
责任编辑	马涛红	
责任印制	刘 洋	

出版发行	**华夏出版社**	
经 销	新华书店	
印 刷	三河市李旗庄少明印装厂	
装 订	三河市李旗庄少明印装厂	
版 次	2014年4月北京第1版	
	2014年4月北京第1次印刷	
开 本	880×1230 1/32	
印 张	12.25	
字 数	330千字	
定 价	48.00元	

华夏出版社 地址:北京市东直门外香河园北里4号 邮编:100028
网址:www.hxph.com.cn 电话:(010)64663331(转)
若发现本版图书有印装质量问题，请与我社营销中心联系调换。